唐文治集

唐文治 著
鄧國光 輯釋

上海古籍出版社

選堂

歐陽艷華 何潔瑩 輯校

唐文治經學論著集

第五册

第五册目録

孟子編

孟子編

整理説明

唐先生諸經論撰，自信於《孟子》最有心得。本編彙録唐先生《孟子大義》《孟子救世編》，傳注、文法、經義具在，主綱義目俱全，乃先生經學著述體制之典範。並附録先生於二十世紀三四十年代之交在滬上之演講稿《孟子分類大綱》《孟子論知覺學》，以見先生《孟子》學之全體。

一

早在《十三經讀本》出版前，唐先生任教上海南洋公學期間，因教學需要，以朱子《孟子集注》爲基礎，統匯古來漢、宋兩脈説孟之作，精擇詳辨；同時附上其圈點評語並諸家評語，指示文法；復爲《孟子》七篇各撰寫「大義」，貫講每篇義理，由是傳注、文評、大義共匯一編，題《孟子新讀本》，於一九一七年在上海工業專門學校印出。是書遠非坊間入門粗淺讀本所可擬其萬一，乃博大精深之集大成之作。

唐先生《自訂年譜》甲寅(一九一四年)五十歲譜載:「冬,編《孟子大義》,《梁惠王》《公孫丑》《滕文公》三篇成。仿《論語大義》體例,采用朱注,兼采張南軒先生《孟子説》。余別爲傳義,以《穀梁》釋經法行之,頗有古致。每篇後各附《大義》一篇。」馮振先生按云:「先生此書,貫串羣言,發揮新義,於孝弟人倫之本,出處取與之經,察識擴充之幾,闢邪反正之道,不憚剴切敷陳。而其尤注意者,則在剖析義理,警覺良知。又以《孟子》之文,筆陣縱橫。兼采眉山蘇氏、桐城方氏評語著於篇,於《孟子》道德文章之指歸,可謂兼備矣。」指出唐先生注釋與評點之用意。又先生門人陳起紹、何葆恩《唐蔚芝先生〈茹經堂叢書〉提要》介紹此書云:「是書貫串羣言,發揮新義。孝弟人倫之本、出處取與之經、察識擴充之幾、闢邪反正之道,不憚剴切敷陳。而其尤要者,則在剖析義理、警覺良知。略采朱注,兼擷張氏南軒、顧氏亭林、黄氏梨洲、王氏船山、陸氏桴亭、陳氏蘭甫、羅氏羅山諸説,雖零金碎玉,俱爲精當不磨。又別撰《大義》七篇,首篇純係愛民宗旨,故列無數民字;二三篇係出處大節,兼闢異端;四篇係政治學,而道揆法守之綱具;五篇係窮理學,而天下爲公之義明;六篇係盡性學,而天降大任之功顯;七篇係立命學,而道統授受,一以貫之。豪傑之士,聞斯言者可以興矣。」指出唐先生分類貫講義理之方法。故後之《孟子救世編》分十類歸納《孟子》大義乃爲結穴。

一九一九年開始，因編纂《十三經讀本》之需要，删除《孟子新讀本》文法部分，題《孟子大義》以示焦點，凡十四卷，録入《十三經讀本》之中，於一九二三年在無錫國專刊出。

本編根據原刻本《十三經讀本》之《孟子大義》爲底本整理，參校《孟子新讀本》初刻本。收入《十三經讀本》之《孟子大義》，未録《孟子新讀本》之眉批與評語，陸修祜先生則過録於《十三經讀本評點劄記》之《孟子》評點中，全同《孟子新讀本》之批語。《孟子大義》未著序文，其實《孟子新讀本》之序文與凡例具在，且附録有桐城古文家方宗誠論《孟子》文法之總論。透過文法掌握文義，此是先生講論經義學之關鍵，若删除其眉批，則大失意義。故今之整理，乃復原其全貌，大凡《孟子新讀本》眉批，皆全體補入《孟子大義》之中，其中異文，皆出校注明。至於過録之《孟子新讀本》，則以一九一七年之初刻本爲底本也。方宗誠論《孟子》文法之文，則移至全書之後。核對引文，校正文字，大凡差異，皆爲出注；人物或詞彙，擇要解釋；經文章節，謹依據朱子《孟子集注》標號分題。至於徵引先生其他著作以相參者，則標識「編者謹按」。

二

《孟子救世編》十卷，乃唐先生戰時完成之孟學「經義」專書，體統完備，原稱乃是《孟子分類簡明讀本》，所以補足《孟子新讀本》未爲分類衍義之不足。蓋唐先生治經，重視經義分類，以簡馭繁，乃繼承朱子纂《孟子要略》五例之方法，拓而充之，心得所及，綜括其分類，計孝弟學、尊孔學、貴民學、心性學、政治學、外交學、教育學、文辭學、氣節學、雄辯學、論戰學、《周易》學等。經文互證，融攝「致良知」之學，以圖喚醒當世人心。唯《孟子分類簡明讀本》未出版，然其大體，則刊載於一九四〇出版之《交通大學演講録》第四集上卷，此系列講義乃一九四七年出版之《孟子救世編》之原型，亦是其《孟子》學之義目。至於諸類目之「題辭」，乃大義所寄，先生具載於一九四四年刊出之《茹經堂文集》四編中，蓋自信足以正人心者。

《孟子救世編》是唐先生孟學義理分類之代表作。其始擬名爲《孟子分類簡明讀本》，一九三八年已經草擬全書綱目，並預撰序文；唐先生於上海交通大學國學演講稿中，詳細交代作意與全書綱領，於《交通大學演講録》第一集《孟子分類大綱（政治學本於心性學）》開宗明義云：「讀經之法，前數期已詳言之。而救世之方，尤以熟讀

《孟子》爲要。孟子生當戰國時，目擊殺機洋溢、人道淪胥，故所著七篇，如孝弟人倫之本、出處取與之經、察識擴充之幾、闢邪反經之道，不憚剴切敷陳。而尤注意者，則在剖析義利，唤醒良知於醉生夢死之中，俾良心乍露。因其乍露而操存之，即正人心之本旨也。顧學者讀之，必先明分類之法。宋朱子輯《孟子要略》，共分五類。一，性善與存心養性之功。二，孝、弟之道。三，義、利之辨。四，王、霸之分。五，尚論古人與授受道統源流。元金仁山先生録其目，近代劉氏茉雲纂成之，曾文正刊行之。余仿《要略》之意，擴充爲十一類，曰尊孔學，曰貴民學，曰論戰學，曰孝弟學，曰心性學，曰政治學，曰教育學，曰論辯學，曰氣節學，曰社會學，曰大同學。内以心性、政治二類爲重心。」[一]今《交通大學演講録》第四集上卷，收録此義類講義，順次爲孝弟學、尊孔學、心性學、政治學、貴民學、論戰學，文辭學、外交學、雄辯學、氣節學、《周易》學等十一類，可稱《孟子分類簡明讀本》之初版。

先生整理孟子義理之分類，非至此而止，其精進未曾自畫，仍拾級而上。迨至一九四三年刊出之《茹經堂文集》四編，其中收録《孟子》分類專題之題辭十二篇，其目

[一] 此講辭收入文集編講義類，互參爲是。

順次爲論戰學、尊孔學、貴民學、孝弟學、政治學、心性學、教育學，論辯學、氣節學、社會學、大同學、通《周易》學，重寫或損益部分類目題辭。然以戰時物資匱乏，《孟子分類簡明讀本》無法出版，唯序文與題辭保留在《茹經堂文集》四編之中。

至一九四七年初，門人集資並奔走，終於在兩月内刊出《孟子救世編》十卷，重整過去十年之研治所得，分類爲十，順次爲孝弟學、尊孔學、貴民學、政治學、心性學、教育學、氣節學、雄辯學、論戰學、《周易》學，原《交通大學演講録》專題類選目，大部分涵蓋其中，所有選録之經文章節，類聚區分，實事求是，均就專題意義詮釋，從而開拓孟學義理之深度與廣度，尤其是《孟子》通《周易》九則，先生精思體會，更是學術前沿成果，至今尚閃耀智慧之光芒。至此《孟子新讀本》《孟子分類簡明讀本》所涵蓋之傳注、文法、大義、分類等四大面向，及身完成，而爲世人所熟知者，乃《孟子大義》《孟子救世編》。

《孟子救世編》從構思至成書十年間，正處於八年國難時期，存亡救絶，故先生耽志於聖賢道統之傳，發揮孟子「正人心，息邪説，距詖行，放淫辭，以承三聖」之堅毅承擔，一本强烈道德文化責任感，肩負保存與發揚中國文化之學術使命。此書與《孝經救世編》《性理救世編》凡三種，明白標示「救世」之作，允爲先生晚年大經綸，其與學堂之授讀或專業研究大異其趣。道心有在，故詮釋之間，讀者均能感受到一股極度强烈之反思精神與熱烈期盼未來之善願，其保種存文之救國尊民之神聖用心，雖春秋已遠而神理無隔，至今仍然足以興起奮鬥自强之精神。

《孟子救世編》，以一九四七年初刻《茹經堂叢書》本爲底本。此《孟子救世編》十卷，刊行於動蕩不安時期，自難精緻；如每卷標題《孟子孝弟學》卷一、《孟子尊孔學》卷二，如此至最後《孟子周易學》卷十，易致誤解爲獨立著述，故重訂標題，本《孟子救世編》爲前提總名，標示每卷編號與核心詞，如卷一孝弟學、卷二尊孔學之類，此乃根據其一九四七年初刻本頁邊魚口所標示者而定。

數書皆孤本流傳，綿綿若存，搜求整理，頗耗時日，今得保存其完整面目，庶或有補於世，而於先生令名，無有忝辱也。而須一表者，乃歐陽艷華博士與何潔瑩博士襄助整理參校，經年不懈，用功至勤，方克成篇，功不可没者。其不當之處，大雅指正爲盼。

歲次丁酉立秋　鄧國光　謹誌

孟子大義

孟子大義序

【釋】《國文經緯貫通大義》卷三唐先生自評此序云：「文境詼詭，氣可排山，古人所謂『燃犀照渚，萬怪惶惑』者也。說經之文用此法，尤不易得。救國之道，實事求是而已（此四字見《漢書·河間獻王傳》）。實事者，務事實也；求是者，求真是而不惑於似是之非也。苟主張虛僞之學說，則一身不可救藥，浸至一國不可救藥矣！此篇之大意如此。以『且夫』作綫索，係仿賈生《過秦論》；『於是』二字，韓文公《原道》『今也』二字之法，其要在『言有序』。不善學之，則淩亂矣。」此唐先生金針度人之深意也。謹按：此序先生提出「尊民」之學大義，乃明《孟子》義理向度，意在「救民」也。以「尊」之一義，概括可愛、可畏、可親三義，則「救民」大義出自良知天德也。

聖賢之士，所以栖栖皇皇，不惜以其一身爲犧者，志在救民而已矣。《孟子》一書，「尊民」之學也，其言曰：「民爲貴，社稷次之，君爲輕。」天下可愛者民，可畏者民，可親可寶者民。養君惟民，保君亦惟民，是故民以君爲天，而國以民爲本。後世人主，不知此誼，於是乎虐民殄民，戕賊其民，吸民之脂膏，椎民之骨髓，以殺其民，此亡國破家所以相隨屬也。孔子曰：「舉直錯諸枉，則民服；舉枉錯諸直，則民不服。」〔一〕「見負版者則式之」〔二〕，此尊民之學也。孟子願學孔子，故一以尊民爲旨，而又大暢厥辭。昔者孔子慨想大同之世，喟然歎曰：「大道之行也，與三代之英。」而孟子則曰：「中天下而立，定四海之民。」先聖後賢，其揆一也，志在救民而已矣。

堯舜之道，孝弟爲先；儒者之義，出處進退爲大。孟子論虞舜之孝，曰：「不得乎親，不可以爲人；不順乎親，不可以爲子。大孝終身慕父母。」又曰：「事孰爲大？事親爲大。守孰爲大？守身爲大。」蓋孟子得曾子之傳者也，曾子守身以事親者也。孟子本大孝立孝之旨，而發揮其宏綱，故言孝弟者，必以孟子爲本。孝弟者，生機也，人道之所以生生而不息也〔三〕。

〔一〕《論語·爲政》載孔子語。

〔二〕《論語·鄉黨》記載孔子「凶服者式之，式負版者」，邢昺《論語注疏》説：「言孔子乘車之時，見送死之衣物，見持邦國之圖籍者，皆馮式而敬之也。」

〔三〕此言堯舜之道。

孟子又得子思之傳者也，子思子氣節最嚴，出處進退之間，懔乎不少假借，故魯繆公無人乎子思之側，則不能安子思；亟問亟餽鼎肉，子思不悦；於卒也，摽使者出諸大門之外，北面再拜稽首而不受。孟子私淑子思，故曰：「吾未聞枉己而正人者也。」「故將大有爲之君，必有所不召之臣。」子思有壁立萬仞之氣概，孟子有泰山巖巖之精神，是故言出處進退者，必以孟子爲本。士未有不講出處進退之大義，而見齒於儒林者也〔一〕。

政治之學，當世無可與言者，則尚友古人，而聽其詔語，不仁者可與言哉？《孺子》一歌，滄浪渺然，情韻敻絶〔二〕。天下之至道，亦天下之至文也。曰：「出乎爾者，反乎爾者也。」何其言之恕也！曰：「既不能令，又不受命。」何其言之悲也！曰：「率土地而食人肉，罪不容於死。」何其言之礪齒也！曰：「不信仁賢，則國空虚；無禮義，則上下亂；無政事，則財用不足。」何其言之恫心也！凡生於天地之間者皆曰「命」，民命之重於天地間當何如？戰國時人君，專務辟土地、充府庫，視民命若土苴、

〔一〕此言儒者之義。
〔二〕謂極遠。

若草芥，故孟子特痛哭流涕長太息言之。嗚呼！及是時明其政刑，及是時般樂怠敖，同此時也，而求禍求福，判如霄壤，在此心一轉移之間耳！是故言政治學者，必以孟子爲本。

司馬遷曰：「孟子述唐虞三代之德，所如不合，退而與萬章之徒，作《孟子》七篇。」蓋公孫丑、萬章皆爲孟子高弟，孔門之徒三千，傳嬗最衆，孟門弟子不及孔門，佐成七篇之書者，厥惟二子。今讀《公孫丑篇》，知言養氣，皆孟子生平得力之所在。《萬章》一篇，首揭人倫，推崇虞舜，至矣盡矣；繼乃言唐虞三代相與禪讓授受之理，示天下重器，王者大統，天視民視，天聽民聽，謳歌訟獄，悉順民心，剖析精微，折衷至當，而廓然大公之氣象，令人神遊皇古之間。古之人蓋未有能道之者，辨義之學，斯爲極則。然則孟子固精義以入神，而公孫、萬章之徒，其學識亦不可及哉！

《告子》一篇，言心性仁義之辨，而「牛山之木」章，直揭良心；「魚我所欲」章，直揭本心。《盡心》一篇，言盡心知性之學，而「不學不慮」章，直揭良知良能。宋陸氏象山之學，直指本心；明王氏陽明之學，專致良知。本所心得，各樹一幟。而論者謂「性理」也，心兼理氣者也。若專以心之靈氣爲主，期於一超頓悟，則與釋氏之光明寂照，所謂心之精神是謂之聖者，殆無所異，恐非孟氏立教之本意。或且屏絶之，以爲不得與於儒家之列。不知世有乞墦之齊人、壟斷之市儈，雞鳴而起，孳孳爲利，其心縱極卑鄙齷齪，然苟闔户而詔以良心所在，則未有不面赤汗下悚然憬悟者。然則本心之呈露，良知之發見，其有功於世道固非細也。然則陸氏、王氏之學，不得謂非孟子之支與流裔。且世固有崇拜陽明而國以寖强者矣〔一〕，通人達士，必不黨同伐異而自隘其門牆也。

孟子曰："五百年必有王者興，其間必有名世者。"又曰："由堯舜至於湯，由湯至於文王，由文王至於孔子，皆五百有餘歲。由孔子而來，百有餘歲，去聖人之世，若此其未遠也，近聖人之居，若此其甚也。"蓋孟子之意，以其學直紹孔子。而司馬遷則曰："自周公後五百歲而有孔子，孔子卒後至於今五百歲，有能紹名世、正《易傳》、繼《春秋》、本《詩》《書》《禮》《樂》之際，意在斯乎！"是司馬氏之意，欲以《史記》紹孔子，則近於亡矣！余嘗謂自古聖賢，皆躬膺道統之寄，與夫名世之勛，亦非必以五百年爲定。《周易》"六子卦"以《乾》《坤》爲主卦，六十四卦以八卦爲主卦，而每卦又各自有其主爻，元會之運適然。云五百年者，其大較耳。孟子曰："無有乎爾，則亦無

〔一〕指日本。

有乎爾。」數百年後有韓子，得孟子之傳者也。又數百年有周、程、張、朱諸子，亦得孟子之傳者也。道之所在，即屬聖賢之統系。豪傑之士，雖無文王猶興，烏可以妄自菲薄乎哉！

丙辰（一九一六）秋九月唐文治自序

孟子大義卷一

梁惠王上

1 **孟子見梁惠王。**

朱注：「梁惠王，魏侯罃也。」〔一〕

（方宗誠云：此章是辨「利吾國」三字，以仁義爲主，後人辨、論、書、説、奏諸體之所祖也。）〔二〕

王曰：「叟，不遠千里而來，亦將有以利吾國乎？」

愚按〔三〕：戰國時世變愈下，人心滔滔，沈溺於利，豈獨一梁惠王哉？蓋知有私而

〔一〕朱子《孟子集注》。唐先生徵引前賢注解，皆經精心選裁。其中省略處，隨文標出省略號。

〔二〕唐先生《孟子新讀本》引録。

〔三〕「愚按」二字，《孟子新讀本》無，《孟子大義》補入，全書同例。

不知有公，知有己而不知有人，知有盜竊爭奪，而不知有羞惡辭讓，所以成爲風氣而蔽錮其本心者，非一朝一夕之故也，由來者漸矣！

孟子對曰："王何必曰利，亦有仁義而已矣。

愚按：仁者人也，本心之德，所以爲人之道也。義者我也，本我心以裁制萬事，所謂處物爲義也。此節一句闢惠王之言利，一句即提出仁義，語意斬釘截鐵。

王曰何以利吾國，大夫曰何以利吾家，士庶人曰何以利吾身，上下交征利而國危矣。萬乘之國弒其君者，必千乘之家；千乘之國弒其君者，必百乘之家。萬取千焉，千取百焉，不爲不多矣。苟爲後義而先利，不奪不饜。

（詳盡。筆力恣肆。"不奪不饜"句，筆力斬截，使梁王一腔熱念，如冷水澆背。）〔一〕

羅氏羅山〔二〕云："人以仁義爲心，則天地萬物皆吾一體；以利爲心，則一身之外盡是仇敵。蓋其百計經營，惟利是圖，此心祇知有我，不知有人，即此一念，已便是衆

〔一〕 唐先生《孟子新讀本》批語。
〔二〕 羅澤南（一八〇七～一八五六），字仲岳，號羅山。

叛親離、亡國敗家景象，況存之於心，即見之於事。我欲利我，人亦各欲利其我，我之心不記得有箇人，人之心亦衹各記得有箇我，竊奪之心，由此而起；弑逆之禍，由此而生。利心一開，自有不至此不止者。曰利吾國、利吾家、利吾身，三吾字，直將斯人好利心思，一一繪出，讀之令人悚然。」〔一〕

愚按：此節宜重讀首句：「王曰何以利吾國，則大夫曰何以利吾家，士庶人曰何以利吾身，上下交征利。」上行則下效，上有好者，下必甚焉，皆王之一身提倡之。苟舍利而爲仁義，其風行草偃，亦猶是也。萬取千，千取百，其心猶以爲未滿，則必出於奪，至於奪而篡弑相殺，無已時矣，可不懼哉？

未有仁而遺其親者也，未有義而後其君者也。

（蘇云：翻兩段作波瀾，就繳上文。）〔二〕

愚按：爲仁者非求民之不遺其親，爲義者非求民之不後其君也。而孟子言不遺

〔一〕羅澤南《讀孟子劄記》卷一，郭嵩燾編《羅忠節公遺集》，咸豐九年（一八五九年）刊本。按：「經營」羅氏文作「打算」；「知有我」作「曉得一箇我」；「不知有人」作「並不見得有箇人」；「心思」作「心腸」。

〔二〕唐先生《孟子新讀本》引蘇軾批語。

其親，不後其君者，見仁義之未嘗不利也。仁義中之利，仁義之君未嘗謀之。孟子特申言之者，所以誘掖梁王，俾知仁義之中有大公至正之利也。仁者愛情所發，故不遺其親；義者利物之和，故不後其君。

王亦曰仁義而已矣，何必曰利？」

（蘇云：此篇務引君當道，得進諫之體。）

（方云：末節收句，如峭壁縣崖，乃文家歸題法之所本也。）[一]

羅氏羅山云：「義、利二字，王霸所由辨，亦千古治亂所由分也。三代盛王，初無利天下之心，損益張弛，慶賞征伐，純是從生民起見，大中至正，毫無私曲，所以治道日躋於蕩平，民心日即於醇厚。三代而下則不然矣，以功利之心，行帝王之事，縱使功成勳就，總是爲一己起見，卒之朝兼市道，四海薰心，寇盜劫奪之禍，不可勝詰。三代之休風，不克復見於其世，皆利之一念爲之酖毒故也。讀《孟子》者，能先於此見透，洗滌利欲，拔本塞源，庶乎可以勵聖賢之功修，而語三代之盛治矣。」[二]

[一] 此兩評皆唐先生《孟子新讀本》引。
[二] 羅澤南《讀孟子劄記》卷一。

愚按：朱注云：「此章言仁義根於人心之固有，天理之公也。利心生於物我之相形，人欲之私也。循天理，則不求利而自無不利；徇人欲，則求利未得，而害已隨之。所謂毫釐之差，千里之謬。此《孟子》之書，所以造端託始之深意。」其説極精。

竊嘗論之，三代以上，風氣純樸，民心渾厚。降至戰國，仁義之世，一變而爲利欲汩没之世，此世界轉移之一大關鍵也。諸侯放恣，所以放恣者，無非爲利也；處士横議，所以横議者，無非爲利也。當此之時，雖有孟子提倡仁義之説，而世之人終莫之信也。然幸有孟子提倡仁義，後之人尚知有仁義之説，而人心不至於遽死也。故孟子之功所以不在禹下者，雖在於闢楊、墨，而實在於言仁義也。雖然，義利之辨，夫豈易言！蓋其剖析在至精至微之間，天下有爲仁義之言者，而心嗜於利，其言未嘗不仁義也；有竊仁義之名者，而心主於利，其名未嘗不仁義也。然而利欲薰心，亦孔之昭者，飾僞之事，必不能以長久也，此其端判於幾希，而其功歸於慎獨。孟子得曾子、子思之傳，故特於開宗明義，大聲疾呼以曉天下萬世。嗚呼！聖賢之士，寧持方枘以内圜鑿，必不屑揣摩苟合以求容於人，乃不獨當時人主鮮有信之，即後世人君，亦多專利無厭，至於殞身亡國，蒙篡弑之禍，而莫之悟，此司馬遷作《孟子列傳》，所以歎息而不置也。

編者謹按：唐先生極重視此章，視與《論語・學而》首三章同屬綱領要義，乃效朱子《玉山講義》，撰爲「講義式」，總論「仁義爲人道之當然」，綜約「人道」要義。此唐先生在《無錫國學專修館學規》第九項「維持人道」大張其義，其爲「式」之重旨也。文云：「戰國時爭地以戰，殺人盈野；爭城以戰，殺人盈城。殺機洋溢於中國，而百姓受禍之慘酷，如水深，如火熱，求生不能，求死不得，至於耳不忍聞，口不忍言，皆舉世好利有以致之也。利者，殺機所由起。何以救之？仁義而已矣。故《孟子》七篇，首辨義利，此爲救世道救人心之根本。兹特講明法式如下。《史記》梁惠王三十二年，卑禮厚幣以招賢者，故孟子有往見之義，而梁王即以利國爲問。《史記・孟子列傳》太史公曰：余讀梁惠王『何以利吾國』之問，未嘗不廢書而歎曰：嗟乎！利誠亂之始也！夫子罕言利，常防其原也。自天子以至庶人，好利之弊，何以異哉？〔一〕實隱括此章之義，子長具有特識。兹特講明利字、仁字、義字本訓。《易傳》曰：『利物足以和義。』〔二〕《大學》曰：『此謂國不以利爲利，以義爲利。』利字本訓爲刈禾，是爲天下之美利。若徇一己之私利，專務以身發財，則此利旁之刀字，將壹意殺人，久之即以自殺。《韓詩外傳》曰：『利者，害之萌。』〔三〕朱子曰：

〔一〕謹按：唐先生節引自司馬遷《史記・孟子列傳》文。
〔二〕《易・乾卦・文言傳》文。
〔三〕韓嬰《韓詩外傳》卷一曰：「夫利爲害本，而福爲禍先，唯不求利者爲無害，不求福者爲無禍。」

『求利未得而害已隨之。』〔一〕利與害如影之隨形，吁可懼哉！仁字從二人，其一爲己，其一爲人。然而一人之心，千萬人之心也，人之心無異於己之心。賢者先人而後己，不肖者有己而無人。我欲居於安而處人以危，我欲居於尊而待人以卑，我欲居於安富尊榮而處人於困窮貧賤，甚至專制驕盈，訑訑之聲音顔色，拒人於千里之外，其招殺身之禍不遠矣。《論語》：『夫仁者，己欲立而立人，己欲達而達人。』〔二〕推己及人之謂，故曰：『强恕而行，求仁近焉。』〔三〕義字從羊，羊跪母而乳，性最善良，故善字、美字，義皆從羊。漢董子曰：『義者我也。』〔四〕由我裁度事物而得其宜，故又曰：『行而宜之之謂義。』〔五〕《易·説卦傳》『立人之道，曰仁與義』，無仁義則無人道矣。王曰何以利吾國節，專注重『王曰』句，利吾國非欲利吾民也，求一己之私利也。惟王專欲利國，故大夫專欲利家，士庶人專欲利身，皆王提倡之也。『上下交征利』，非獨上征下也，上與上交征利，下與下亦交征利，交征必至於交爭，終必出於劫奪弑殺而後已。《大學》所謂『爭民施奪』，言爭鬥其民，而施之以劫奪之教也，皆上之人提倡之也。《大學》又云：『不仁者以身發財。』吾國人全誤在發財二字，人人欲求發財，此危國之

〔一〕朱熹《孟子集注》卷一注文。
〔二〕《論語·雍也》文。
〔三〕《孟子·盡心上》文。
〔四〕《春秋繁露·仁義法》文。
〔五〕韓愈《原道》文。

本，而亂國之階也。由是王亡其國，大夫亡其家，士庶人亡其身矣。『不奪不饜』，心理之所致；不亡不饜，亦心理之所造成也。不遺親，孝也；不後君，忠也。《孝經》云：『以孝事君則忠。』忠孝者，乃仁義中之利，天下之大利、美利也，何必言一人之私利乎！仁義爲人道之當然〔一〕，非求利也，而利自隨之。不犯上，不作亂，天下和平，災害不生。此節通於《論語》學，兼通於《孝經》學。『王亦曰仁義而已矣』，重言亦者，欲王之反省也。仁義爲人心所固有，王試自省本心中亦有仁義乎，即大夫、士、庶人亦當自省本心中亦有仁義乎。孟子言安其危而利其災〔二〕，利爲災之所由起。小人長國家而務財用，則災害並至矣。六國亡於好利，秦亦亡於好利，後世亡國破家相隨屬，亦莫不由於好利。朱子謂此《孟子》一書所以造端托始之本意〔三〕，吾謂此章非獨七篇之綱領，實萬世有國者之殷鑑也。嗚呼！懍之哉！」

2　孟子見梁惠王，王立於沼上，顧鴻雁麋鹿，曰：「賢者亦樂此乎？」孟子對曰：「賢者而後樂此，不賢者雖有此不樂也。

〔一〕「仁義爲人道之當然」乃先生儒學精義，視爲「天演之公理」。

〔二〕《孟子・離婁上》文。

〔三〕朱熹《孟子集注》卷一注文。謹按：《孟子集注》「本意」作「深意」。

（方云：此章蓋梁王疑仁義拘苦，故孟子以「賢者而後樂此」引誘之，與民偕樂是歸宿處，亦後人書、説、奏、疏體也，又爲遊記之所本。「賢者而後樂此」二句提筆，奇横恣肆，極鼓舞，亦極悚惕。中後引證申明，何等開展！若曰「賢者不可樂此」，陳腐之言，何能動人？然下文曰與民偕樂，豈能獨樂？仍是勸王行仁義，只是用鼓舞歆動之詞，所以不腐。）〔一〕

愚按：不言囿沼之無可樂，而曰賢者而後樂此，固見開導之妙，文字之奇，然要知苦心即在於此。

楊氏龜山〔二〕説：「梁王顧鴻鴈麋鹿以問孟子……世之君子，其賢者乎，則必語王以憂民，而勿爲臺沼苑囿之觀，是拂其欲也。其佞者乎，則必語王以自樂，而廣其侈心，是縱其欲也。二者皆非引君以當道，惟孟子之言，常於毫髮之間，剖析利害之所在，使人君化焉而不自知。夫如是，則可以格君心之非，而其言易行也。」〔三〕

〔一〕唐先生《孟子新讀本》引。
〔二〕楊時（一〇五三～一一三五），字中立，晚年隱居龜山，世稱龜山先生。
〔三〕楊時《語録》，見《龜山集》卷一〇。唐先生徵引，删略部分文句。

《詩》云：『經始靈臺，經之營之，庶民攻之，不日成之。經始勿亟，庶民子來，王在靈囿，麀鹿攸伏。麀鹿濯濯，白鳥鶴鶴，王在靈沼，於牣魚躍。』文王以民力爲臺爲沼，而民歡樂之，謂其臺曰『靈臺』，謂其沼曰『靈沼』，樂其有麋鹿魚鼈。古之人與民偕樂，故能樂也。

愚按：勿亟者，文王之心惟恐勞民也。子來者，民之樂爲，如子之趨其父事也。於，歎美辭。牣，滿也。重言物之樂其生，以見文王之仁被於庶物也。謂其臺曰靈臺，民謂之也；謂其沼曰靈沼，民謂之也；樂其有麋鹿魚鼈，民樂之也。麋鹿魚鼈無可樂，而亦與民偕樂者，古之聖王，其國之有游觀，皆爲公而非爲私也。與民偕樂，則非樂己之樂，而實樂民之樂也。樂民之樂，故民亦樂其樂也，君與民無形迹之隔也。

《湯誓》曰：『時日害喪，予及女偕亡。』民欲與之偕亡，雖有臺池鳥獸，豈能獨樂哉？』

（方云：《湯誓》二語與「臺池鳥獸」，全不相干，須觀孟子引歸本旨處，何等靈快。「雖有臺池鳥獸」二句，與首二節回抱，神氣完固。）[一]

羅氏羅山云：「曰偕樂者，帝王大公之心也。芸芸蒼生，無日不在懷抱之中，一

[一] 唐先生《孟子新讀本》引。

夫不獲，引爲予辜，想其平日，不知幾許憂勤，幾許惕厲。厚其生、正其德，必使之盡得其所，而後其心始快。此等樂事，直從兢兢業業得來，非倖致也。獨樂者，暴主一己之欲也，斯民之顛連困苦，毫不關於其心，惟日斂斯民之痛恨，以恣一己之佚慾，是以其樂愈獨，而怨者愈多。帝王大度、亡國景象，已於偕、獨二字中，盡情畫出。」〔一〕

愚按：亡者，人之所大惡，不願有其事，亦不忍言其事者也。乃欲與之偕亡者，民但知死之爲樂，而不知有生之爲樂也。人情不知有生之爲樂，則其國將無復治之望，雖有善者，無如之何矣！曰「雖有臺池鳥獸，豈能獨樂」，蓋惟君之心但求獨樂，是以雖有此而不能樂也，哀哉！

3 **梁惠王曰：「寡人之於國也，盡心焉耳矣。河內凶，則移其民於河東，移其粟於河內。河東凶亦然。察鄰國之政，無如寡人之用心者。鄰國之民不加少，寡人之民不加多，何也？」**

朱注：「河內、河東皆魏地……移民以就食，移粟以給其老稚之不能移者。」

〔一〕羅澤南《讀孟子劄記》卷一。

（蘇云：翻一問作節奏，不覺文勢奔進。）〔一〕

愚按：此二事皆荒政之所當行，然欲因此而望民之加多，則駁豎之論矣！雖然，梁王固猶勝於世之玩視民瘼而毫不動心者。

孟子對曰：「王好戰，請以戰喻。填然鼓之，兵刃既接，棄甲曳兵而走，或百步而後止，或五十步而後止，以五十步笑百步，則何如？」曰：「不可。直不百步耳，是亦走也。」曰：「王如知此，則無望民之多於鄰國也。

（方云：引喻一詰，若與王説閑話者然，奇特，令人不測。「王如知此」二句，忽入正意，靈快之至。）〔二〕

愚按：因好戰之人，而即語以戰事，亦設喻之妙法也。

不違農時，穀不可勝食也；數罟不入洿池，魚鼈不可勝食也；斧斤以時入山林，材木不可勝用也。穀與魚鼈不可勝食，材木不可勝用，是使民養生喪死無憾也。養生喪死無憾，王道之始也。

〔一〕唐先生《孟子新讀本》引。
〔二〕唐先生《孟子新讀本》引。

愚按：不違農時，樹藝之經也；數罟不入洿池，養魚之法也；斧斤以時入山林，森林之律也；養生喪死無憾，人情之大順也。人情之大順，是爲王道之始。云始者，言以是爲基，而王政乃可次第舉行也。

五畝之宅，樹之以桑，五十者可以衣帛矣；雞豚狗彘之畜，無失其時，七十者可以食肉矣；百畝之田，勿奪其時，數口之家，可以無飢矣；謹庠序之教，申之以孝悌之義，頒白者不負戴於道路矣。七十者衣帛食肉，黎民不飢不寒，然而不王者，未之有也。

朱注：「此言盡法制品節之詳，極財成輔相之道，以左右民，是王道之成也。」

張氏[一]云：「庠序之教，孝弟爲先，申之云者，申其義以告也。夫自鄉黨之間，而各立之學，以教民孝悌，薰陶漸漬之深，其君子固有以自得其良心，而其小人亦知畏義而遠罪。至於頒白者不負戴於道路，則足以見孝悌之教，行於細民，雖負戴者亦知有親，而王道成矣。」[二]

羅氏羅山云：「細讀《移民章》，知孟子當日欲行王道，其施爲甚有次弟。夫王政

[一] 張栻（一一三三～一一八〇），字敬甫，號南軒，漢州綿竹人，仕至右文殿修撰，與朱子善。
[二] 張栻《孟子説》卷一。「申之云者」句《四庫全書》本無「之」字。

不外教養，教養不外井田學校。然當饑饉之後，生民仳離，遽欲伍其田疇，則騷擾紛更，民不堪命；驟欲謹其庠序，救死猶恐不贍，奚暇治禮義？惟先因天地自然之利，而撙節愛養之，待其養生喪死有備，而後次第施行。當其時井田雖壞，大略猶未盡失，不過即其經界爲之整頓，猶必有待而後行。况秦漢而下，溝洫無復遺留；天下之田，又多爲富者所占，驟欲復古，誠爲甚難。有志民事者，其法制不能不與時爲變通，而行之又須有漸，庶幾其有補乎！」〔一〕

愚按：七十者衣帛食肉、黎民不飢不寒，此人情之大願也。人情之大願，是爲王道之成。梁王自矜其凶年後之盡心，孟子特告以凶年以前之當盡心，體國經野之綱，備於是矣。

狗彘食人食而不知檢，塗有餓莩而不知發，人死，則曰：『非我也，歲也。』是何異於刺人而殺之，曰：『非我也，兵也。』王無罪歲，斯天下之民至焉。」

（方云：王好戰節用一喻起，收處「刺人而殺之」，又用一喻以相應，恣態横生，精

〔一〕羅澤南《讀孟子劄記》卷一。

神完固，亦極有色澤。）〔二〕

羅氏羅山云：「君天下者，豈僅未聞有惡行，遂足以稱天位哉？必也其德足以立萬民之極，其才足以任宇宙之重，仁育義重，除弊興利，然後可以代天理物，以膺天命之重。才德不足，則天下之紀綱法度，盡墮壞於冥冥之中，强藩因之而僭竊，奸宄因之而作亂。其君雖無甚惡行，天下之受其害者，殆不可勝言矣！夫庸主之亂天下，與暴主之亂天下，其迹不同，其害則一。暴主之亂，肆一人之欲以亂天下也；庸主之亂，縱天下人之欲以亂天下也。君臨天下，使人人皆得肆虐於天下，尚足以膺天命乎哉？周至戰國時，祇因六七大國，相持不下，此欲窺周則憚彼，彼欲窺周則憚此，是以得偷日夜之安。天命之去，人心之離，不待赧王獻地時矣。孟子勸齊梁行仁政以王天下，蓋驗之天命，觀之人心，必須有一番更張，而後可以靖天下之難也。李氏以周顯王未聞有惡行而咎孟子，亦不知天命者耳！天下之物力，止有許多。五穀之美，本以供生人之食，以之豢養狗彘肥馬，則獸得食人之食，而生人之食乏矣，何異率獸而食人哉？大約好畜狗彘以充庖廚，好畜肥馬以供

〔二〕唐先生《孟子新讀本》引。

戰爭，故孟子屢以此言之。」〔一〕

愚按：此言所以致歲凶之由也。米穀不能敷人之食，乃狗彘食之而不知檢，塗有餓莩，慘不忍覩，而不知發粟以振恤之，抑何其忍也！天下之大患，莫患乎爲人上者諸事推諉，以爲於己無與。人死則曰「非我也，歲也」，推諉之辭，如聞其聲。蓋自戰國以來，人君之待其民，一切聽其自生自滅，於百姓之事，尠有能用心以經畫之者。及遇水旱凶荒，又復〔二〕重賦税以致之於死，嗚呼！是何異於刺人而殺之乎？然而刺人，有形者也；致民於死，無形者也。且刺人而殺之，不過一人，而致民於死，動輒千萬人，則其罪當何如也？

4　梁惠王曰：「寡人願安承教。」

朱注：「承上章言願安意以受教。」

孟子對曰：「殺人以梃與刃，有以異乎？」曰：「無以異也。」

〔一〕羅澤南《讀孟子劄記》卷一。

〔二〕「復」字，唐先生《孟子新讀本》作「猶」。

「以刃與政，有以異乎？」曰：「無以異也。」

（此二節，文心奇險。以下三節，文尤奇快。）〔一〕

曰：「庖有肥肉，廄有肥馬，民有飢色，野有餓莩，此率獸而食人也。

（方云：此章只庖有肥肉節是正面，前二節用挑剔，然後入正位，語意犀利，令人不測。後二節復用兩挑剔以悚動之，語意愷惻纏緜，章法亦極奇整。）〔二〕

愚按：肥肉肥馬，非固有之也，剥民以肥之也。剥民以肥肉肥馬，非率獸食人而何？嗚呼！肥肉肥馬，孟子特舉一端而言耳。凡取民無度，而致民於死者，皆所謂食人者也。率獸，則已亦獸，而惡於獸，罪更浮於獸也。

獸相食，且人惡之；爲民父母，行政不免於率獸而食人，惡在其爲民父母也。

（方云：不曰：「爲人君，行政惡在其爲人君也？」而曰：「爲民父母，行政惡在其爲民父母也。」語意便覺悱惻動人，真所謂：「仁義之人，其言藹如也。」）〔三〕

〔一〕唐先生《孟子新讀本》評語。
〔二〕唐先生《孟子新讀本》引。
〔三〕唐先生《孟子新讀本》引。

愚按：民之父母亦民也，以其爲民之長上，故尊之曰民之父母。既尊之曰父母，乃至於率獸而食人，揆之於良心，其何忍乎！嗚呼！人所以異於禽獸者幾希，亦視乎良心之存焉否耳。

仲尼曰：『始作俑者，其無後乎！』爲其象人而用之也。如之何其使斯民飢而死也？」

羅氏羅山云：「二五之精，儲而爲人，芸芸蒼生，皆吾同類。作俑象人，孔子惡其不仁；塑像具人形貌，程子便不背坐。以其似人，猶且不忍，況爲生人乎哉！乾父坤母，化生萬物，四海黎獻，盡屬天地之赤子。然天雖生此民，厚生正德，有非天之所能爲者，則命此有德之君以統治之。故君之行政以治民，實爲代天理物，而有父母斯民之責，是必生育涵濡，如天之無不覆；撫字卵翼，如地之無不載；斯民之身家性命，無一不在愛惜之中，而後父母之責乃盡。縱一己之嗜慾，視人命如草菅，是大拂天地生物之心矣，尚得謂之父母乎哉？」〔一〕

愚按：既爲「民之父母」，則當知有責任。曰「使民飢」，則非民之自飢也，有迫之使

〔一〕羅澤南《讀孟子劄記》卷一。

飢者也。曰使民飢而死，則非民之當死也，有逼之使飢而死者也。象人而用之，爲民上而不知責任，已則本類於俑。至於聚斂煩苛，聽吾民之宛轉哀呼，漠[一]然無所動於中，而竟致之於死，嗚呼！忍者刃也，彼其所以無後者，無異於自刃其子孫也，殷鑑固不遠矣。

5 **梁惠王曰：「晉國，天下莫强焉，叟之所知也。及寡人之身，東敗於齊，長子死焉，西喪地於秦七百里，南辱於楚，寡人恥之，願比死者一洒之，如之何則可？」**

朱注：「魏本晉大夫魏斯，與韓氏、趙氏共分晉地，號曰三晉。故惠王猶自謂晉國。惠王三十年，齊擊魏，破其軍，虜太子申。十七年，秦取魏少梁。後魏又數獻地於秦，又與楚將昭陽戰敗，亡其七邑。比，猶爲也，言欲爲死者雪其恥也。」

孟子對曰：「地方百里而可以王。

（方云：梁王之言，來得衰颯，故孟子先以「地方百里而可以王」二句一提，以振作其氣，鼓動其心。氣象何等雄偉！）[二]

[一]「漠」字，唐先生《孟子新讀本》作「膜」。
[二]唐先生《孟子新讀本》引。

張氏云：「『地方百里而可以王』，孟子豈徒爲是言哉？其所施爲，皆有實事而知其必然也，下所陳亦其大綱耳。」〔一〕

愚按：梁王之意在洒耻，孟子絶不與言洒耻之事，而惟與言王政之原；蓋所謂治本之策，豈區區洒耻云乎哉？

王如施仁政於民，省刑罰，薄税斂，深耕易耨。壯者以暇日，修其孝弟忠信，入以事其父兄，出以事其長上，可使制梃以撻秦楚之堅甲利兵矣。

愚按：仁政之要維何？省刑罰、薄税斂而已。刑罰愈繁、税斂愈重，則民心日以離畔。下文父母凍餓，兄弟妻子離散，與夫陷溺其民，皆刑罰、税斂爲之也。孝弟忠信，無形之梃也。無形之梃，勝於有形之甲兵也。蓋孟子之意，惟以盡心於民事，而得民心爲王道之根本。

又按：制梃而可以撻堅甲利兵，孟子之言，豈不迂乎？然而厥後秦始皇刑罰〔二〕税斂，困民於水深火熱之中。其兵之强，六國莫敢攖其鋒，陳涉一匹夫，崛起什伯之

〔一〕張栻《孟子説》卷一。
〔二〕「罰」字，唐先生《孟子新讀本》作「法」。

中，斬木爲兵，揭竿爲旗，天下雲集響應。其竿其木，足以撻秦始皇而有餘，孟子之言，豈非見於先幾乎？以陳涉之梃，猶可以撻秦之堅甲利兵，然則堅甲利兵，曾何用乎？而况行仁政者未必無堅甲利兵乎！

彼奪其民時，使不得耕耨，以養其父母。父母凍餓，兄弟妻子離散。

此節極沈痛〔一〕。

彼陷溺其民，王往而征之，夫誰與王敵？故曰仁者無敵，王請勿疑。」

（方云：梁王所以聞孟子言，有許多翻瀾者，只在一「疑」字。「王請勿疑」四字，直是將王病根抉出，收束一章，即是收束五章，何等筆力！）

此節極歆動之意〔二〕。

6 **孟子見梁襄王。**

朱注：「襄王，惠王子，名赫。」

〔一〕唐先生《孟子新讀本》批語。

〔二〕唐先生《孟子新讀本》所引與批語。

出語人曰：「望之不似人君，就之而不見所畏焉。卒然問曰：『天下惡乎定？』吾對曰：『定於一。』

（「出語人曰」是文法變換處，實則亦紀問答之辭，僅「望之」二句，因此顯明耳。）〔一〕

愚按：「定於一」者，天下古今大勢，亂極則治，分久則合，非特人事之當然，實天行之公理也。

『孰能一之？』對曰：『不嗜殺人者能一之。』

愚按：「不嗜殺人」，非不殺人也，不嗜殺也。不嗜殺者，發於好生之本心。古來民心聚則天下合，民心散則天下分，故土地之分合，實根於人心之分合，而形式之分合，實係乎精神之聚散。「不嗜殺人者」，天地之大德曰生，其好生之心，足以聚合天下之民心，故曰「能一之」。

『孰能與之？』

對曰：『天下莫不與也。王知夫苗乎？七八月之間旱，則苗槁矣。天油然作雲，沛然

〔一〕唐先生《孟子新讀本》批語。

下雨，則苗浡然興之矣。其如是，孰能禦之？今夫天下之人牧，未有不嗜殺人者也，如有不嗜殺人者，則天下之民，皆引領而望之矣。誠如是也，民歸之，由水之就下，沛然誰能禦之？』」

（蘇云：再用前語結。又開一喻，于一句之中，前後關鎖。）

（方云：「不殺人者能一之」「天下莫不與也」數句，正意已畢。下文「今夫天下之人牧」數句，是申此二語。若直接於此，亦可通，但文境直促。孟子乃以「王知夫苗乎」一語宕開，便生出無限煙波。收句復用「水之就下」一喻，與前相應，恣態橫生，有色澤。）〔二〕

羅氏羅山云：「人君殺人，非盡以刃殺之也，以其有殺人之政。其有殺人之政也，以其有殺人之心。暴斂橫征，則殺人於賦稅；峻法酷刑，則殺人於罪獄；工作頻興，則殺人於力役；興兵搆怨，則殺人於戰爭。且兵連禍結，我欲殺鄰國之人，以闢疆土，人亦欲殺我國之人，以資富强。是皆因嗜利之心不能割斷，因而『殺機』日啓，無所顧惜。人命草菅，中原肝腦，天下之大，幾盡爲殺人之區矣！夫人皆嗜生，君獨

〔二〕此兩條唐先生《孟子新讀本》所引。

嗜殺，觸目四海，罔非刀鑊，幾無生路可投。忽有不嗜殺人之君出，不啻烈火焚炙，忽有清涼之可乘；洪水沈溺，忽有曠土之可棲；自莫不奔走歸之，冀延一日之命；雖欲禦之，而有不能禦者。」〔一〕

愚按：苗之興，最易見者也，襄王之所能喻也。戰國時人牧，非特殺人，而且嗜殺。嗜殺者，忍之至也，故並歸於亡，而見吞於秦。秦始皇焚《詩》《書》，坑儒生，專嗜殺人者也，而能一天下，孟子之言不驗，何也？

曰：始皇僅傳二世，墳土未乾，天下怨叛，不得謂之定天下。譬諸篝火狐鳴、拔山扛鼎之雄，皆逐鹿之徒耳，豈得謂之定天下乎？漢高殘忍，亦不得謂之定天下。定天下者，文帝也。唐高亦不得爲定天下，定天下者，太宗也。自古人君享天下之久暫，必視其德之厚薄，其德能至七八百年者，則享天下至七八百年，周室是也。次之其德能至三四百年者，則享天下至三四百年；能至一二百年者，則享天下至一二百年，漢、唐、宋以下是也。未有不積德而享天下能長久者也。如有不嗜殺人者，則天下之民，皆引領而望之矣。

〔一〕羅澤南《讀孟子劄記》卷一。唐先生於「殺機」一詞，深爲措意，經常運以警世。

望治者民也，怨叛者亦民也。强以制之，弗能久也，故孟子更不論「一」而深論「與」，見嚮背之機，在於民也。是故讀此章書，當知有天下者，所以一之之德在君，所以與之之機在民。民誰與？曰：好生之仁。

7　齊宣王問曰：「齊桓、晉文之事，可得聞乎？」

朱注：「齊宣王，姓田氏，名辟疆。」

（方云：齊王開口，便是大欲所發動。）〔一〕

孟子對曰：「仲尼之徒無道桓、文之事者，是以後世無傳焉，臣未之聞也。無以，則王乎？」

（蘇云：「仲尼之徒」，引小歸大，倚柱生言。）

（方云：「無以，則王乎」，孟子開口，便含要發政施仁。兩語已將通章精神振起，又極渾含。大凡文字發端處須如此。）〔二〕

〔一〕唐先生《孟子新讀本》所引。
〔二〕此兩條唐先生《孟子新讀本》所引。

愚按：黜霸尊王，是孟子一生學問。

曰：「德何如則可以王矣？」曰：「保民而王，莫之能禦也。」

（方云：「保民而王」，是一篇主義。作四大段看，先挑不忍，次示推恩，次辨大欲，末明營政施仁。文之開闔，縱横奇幻，變化不可端倪。）〔一〕

愚按：保民乃爲人君者之本務。

曰：「若寡人者，可以保民乎哉？」曰：「可。」曰：「何由知吾可也？」曰：「臣聞之胡齕曰：王坐於堂上，有牽牛而過堂下者，王見之，曰：『牛何之？』對曰：『將以釁鐘。』王曰：『舍之，吾不忍其觳觫，若無罪而就死地。』對曰：『然則廢釁鐘與？』曰：『何可廢也？以羊易之。』不識有諸？」曰：「有之。」曰：「是心足以王矣！百姓皆以王爲愛也，臣固知王之不忍也。」

愚按：不忍爲保民之根本，有不忍之心，斯有不忍之政。

王曰：「然。誠有百姓者。齊國雖褊小，吾何愛一牛？即不忍其觳觫，若無罪而就死地，故以羊易之也。」

〔一〕唐先生《孟子新讀本》所引。

曰：「王無異於百姓之以王爲愛也。以小易大，彼惡知之，王若隱其無罪而就死地，則牛羊何擇焉？」王笑曰：「是誠何心哉？我非愛其財，而易之以羊也，宜乎百姓之謂我愛也。」

曰：「無傷也，是乃仁術也，見牛未見羊也。君子之於禽獸也，見其生，不忍見其死；聞其聲，不忍食其肉。是以君子遠庖廚也。」

（蘇云：此段又翻。文勢至此，已抑而不振，故必揚之。）

（方云：「是心足以王矣」下，原可直接「見其生，不忍見其死，聞其聲，不忍食其肉，是乃仁術也」，然文境不免直促。「百姓皆以王爲愛」以下，用幾開、幾合、幾縱、幾擒，而後出「仁術」，筆力天縱。）〔一〕

羅氏羅山云：「問：未見羊，遂可忍於羊乎？曰：此待物之道也。鐘本當釁，牛本釁鐘之物，君子之於禽獸，於其所宜用者，亦不得不殺。特一時偶見此牛，感動其惻隱之心，不能自已，是故以羊易之，其不忍乎羊之心，此時尚未觸發耳！君子之遠庖廚，此足見君子愛物之仁，又足見君子愛有差等之義。未聞其聲，未見其生，不忍

〔一〕此兩條唐先生《孟子新讀本》所引。

之心，未曾觸發，亦必取而用之。若於人，則雖不見，而其惻隱之心自露。人物異等，待之有別，是亦至性至情，出於自然者也。不忍於物之心，施於見聞之所及；不忍於民之心，施於見聞之所不及。物與我同生而弗類，民則同類者也。」[一]

愚按：「仁術」二字，孟子所特創。猶孔子所謂仁之方，非權術之術也。兩言不忍，與上相應[二]。君子遠庖廚，雖屬細故，實係仁人之行。蘇氏説云：「屠殺牛羊，刳臠魚鼈，以爲膳羞，食者甚美，死者甚苦。使見其號呼於梃刃之下，宛轉於刀几之間，雖八膳之美，必將投箸而不忍食矣。」[三]故論者謂生人多食植物，可以培養其慈善之念。多食動物，將益增其殘忍之心。嗚呼！物猶如此，民何以堪？

王説曰：「《詩》云：『他人有心，予忖度之。』夫子之謂也，夫我乃行之，反而求之，不得我心。夫子言之，於我心有戚戚焉。此心之所以合於王者，何也？」

曰：「有復於王者，曰：『吾力足以舉百鈞，而不足以舉一羽；明足以察秋毫之末，而

[一] 羅澤南《讀孟子劄記》卷一。

[二] 「猶孔子所謂仁之方……與上相應」句，唐先生《孟子新讀本》作：「有仁而無術，則仁政終不能行。連點『不忍』二字，與上文應。」

[三] 蘇軾《代張方平諫用兵書》文。

不見輿薪。』則王許之乎？」曰：「否。」「今恩足以及禽獸，而功不至於百姓者，獨何與？然則一羽之不舉，爲不用力焉；輿薪之不見，爲不用明焉；百姓之不見保，爲不用恩焉。故王之不王，不爲也，非不能也。」

（蘇云：「今恩足以及禽獸」數句，忽然打轉易牛本案，平地驚雷，奇絶警絶。此章大抵欲其推愛牛之心，然不能推者，必有以害之也。以下故反覆開合以攻擊之。此兩節用比喻，排奡震盪。《國策》中多用此法，漢文中襲用此法尤夥。）〔一〕

曰：「不爲者與不能之形，何以異？」曰：「挾太山以超北海，語人曰我不能，是誠不能也。爲長者折枝，語人曰我不能，是不爲也，非不能也。故王之不王，非挾太山以超北海之類也，王之不王，是折枝之類也。

愚按：枝、肢古字通，折枝者，折肢體以致敬，猶言鞠躬也。不爲不能，辨之宜審。世之自暴自棄者，何嘗不能，皆由於推諉而不爲，以致治己則自放其心，治人則自廢其政。

老吾老以及人之老，幼吾幼以及人之幼，天下可運於掌。《詩》云：『刑于寡妻，至于

〔一〕唐先生《孟子新讀本》所引評。

兄弟，以御於家邦。』言舉斯心加諸彼而已。故推恩足以保四海，不推恩無以保妻子。古之人所以大過人者，無他焉，善推其所爲而已矣。今恩足以及禽獸，而功不至於百姓者，獨何與？

愚按：此擴充之説也。擴充二字，爲行政第一要義。「人皆有不忍人之心」章云：「凡有四端於我者，知皆擴而充之矣。若火之始然，泉之始達，苟能充之，足以保四海；苟不充之，不足以事父母。」正與此節互相發明。「天下可運於掌」，即所謂以不忍人之心，行不忍人之政，治天下可運諸掌上是也。蓋先王所以親親仁民，仁民愛物者，恕而已矣！恕者，即舉斯心加諸彼，擴充之道也。能擴充斯心，迺能使萬物各得其所。斯心不忍人之心也。文王發政施仁，必先鰥寡孤獨；孔子老安少懷，己立立人，己達達人，莫非善推所爲。善推所爲，則絜矩之道得，人人親其親、長其長，而天下平矣。《易傳》曰：「后以裁成天地之道，輔相天地之宜。」〔一〕裁成、輔相，皆推恩之事也。

權然後知輕重，度然後知長短，物皆然。心爲甚，王請度之。

〔一〕《易・泰》卦象辭文。

愚按：此「察識之説」也。察識二字，爲治心第一要義。孟子言不忍人之心，而推論今人乍見孺子將入於井，皆有怵惕惻隱之心，非所以内交於孺子之父母也，非所以要譽於鄉黨朋友也，非惡其聲而然也，亦度心之法，與此節互相發明。

凡人之心，雖墮於氣質，實則皆渾然而至善。迨外物交侵，嗜欲日盛，惡念日多，而善念亦未嘗不時露焉。因其時露之頃而察識之，而擴充之，則可以漸進於善。若不知察識，則將斬絶之，而終其身於不善之中。是以儒者之治心，首在提撕警覺，務使善念盤旋於中而不消，久之如萬物之發榮滋長，天機盎然充滿，惡念無從而生。夫如是，乃能合人己爲一，舉斯心以加諸彼。此行政之要，所以首在於治心也。

《中庸》言「喜怒哀樂之未發謂之中」，李延平先生教人觀静中喜怒哀樂未發氣象，此於念慮未起之前察識之法也。孟子言：「學問之道無他，求其放心。」又曰：「心之官則思，思則得之。」此於念慮既起之後察識之法也。知此二言，可與言治心矣。

然而更有進焉者。輕重長短，在物固有之則，實則吾心固有之則也。惟吾心之輕重長短得其則，而後萬物得其平。自古以來，人君不尠聰明之主，而一念偶雜以私，則輕重長短即失其平，而萬事無序矣。無序則天下擾，天下擾者，皆吾心輕重長短無主宰爲之也。是故，度心之法，始在於明善，中在於窮理，而終則在自審行之力與不力。

抑王興甲兵，危士臣，構怨於諸侯，然後快於心與？」

王曰：「否。吾何快於是？將以求吾所大欲也。」

（凡探人之志意，有直取法，有反折法。二者皆須盤旋以作勢。此節乃反折法也。）〔一〕

曰：「王之所大欲可得聞與？」王笑而不言。曰：「爲肥甘不足於口與？輕煖不足於體與？抑爲采色不足視於目與？聲音不足聽於耳與？便嬖不足使令於前與？王之諸臣，皆足以供之，而王豈爲是哉？」曰：「否。吾不爲是也。」曰：「然則王之所大欲可知已。欲辟土地、朝秦楚、莅中國，而撫四夷也。以若所爲，求若所欲，猶緣木而求魚也。」

（方云：「今恩足以及禽獸」下，幾次挑撥，而後推出「大欲」，便有奇勢，不平直。）

〔一〕唐先生《孟子新讀本》批語。

「王之所大欲，可得聞與」下，原可直接「欲辟土地」數句矣，然仍傷直促，故又用「王笑而不言」一句閃開，極力騰挪，總不使一直筆。）〔一〕

王曰：「若是其甚與？」曰：「殆有甚焉。緣木求魚，雖不得魚，無後災。以若所爲，求若所欲，盡心力而爲之，後必有災。」曰：「可得聞與？」曰：「鄒人與楚人戰，則王以爲孰勝？」曰：「楚人勝。」曰：「然則小固不可以敵大，寡固不可以敵衆，弱固不可以敵强。海内之地，方千里者九，齊集有其一。以一服八，何以異於鄒敵楚哉？蓋亦反其本矣。今王發政施仁，使天下仕者皆欲立於王之朝，耕者皆欲耕於王之野，商賈皆欲藏於王之市，行旅皆欲出於王之塗，天下之欲疾其君者，皆欲赴愬於王，其若是孰能禦之？」

（蘇云：至此上下之間，呼吸變化，奔騰控御，若捕龍蛇，真文之至也。）

（方云：「可得聞與」下，便可直接「小固不可以敵大」數句矣，乃又用「鄒人與楚人戰」數語離開，筆筆縱，筆筆横，文境開展，不可測度。自「今恩足以及禽獸」至「何

〔一〕 唐先生《孟子新讀本》所引。

以異於鄒敵楚哉」，一大縱。「蓋亦反其本矣」，一筆抱回不忍、推恩，何等神力！）〔一〕

王曰：「吾惛，不能進於是矣。願夫子輔吾志，明以教我，我雖不敏，請嘗試之。」曰：「無恒産而有恒心者，惟士爲能。若民則無恒産，因無恒心。苟無恒心，放辟邪侈，無不爲已。及陷於罪，然後從而刑之，是罔民也。焉有仁人在位，罔民而可爲也？

（蘇云：此一轉，方到「保民」處作大波瀾。）〔二〕

（此節盤空作勢，神氣直注下數節。）〔三〕

愚按：不耻貧賤而講求禮義之學者，最上教育之法也。先富後教，倉廩足而知禮義，中等教育之法也。專講生計，而不顧禮義廉耻者，下等教育，驅天下而爲奴僕者也。戰國時人民，知識雜而程度卑〔四〕。故孟子專以中等教育爲主。恒心，禮義之心也，無恒産而有恒心，惟士爲能。古時之重士如此，今之號爲士者，尚有能之者乎？「焉有」二句，其言藹如。民無恒産，即爲罔民，此誼亦當擴充也。

〔一〕此兩條唐先生《孟子新讀本》所引。
〔二〕唐先生《孟子新讀本》所引。
〔三〕唐先生《孟子新讀本》批語。
〔四〕自「專講生計」以下至「知識雜而程度卑」共三十七字，唐先生《孟子新讀本》作「王道不外人情」六字。

是故明君制民之產，必使仰足以事父母，俯足以畜妻子，樂歲終身飽，凶年免於死亡，然後驅而使之善。故民之從之也輕。

今也制民之產，仰不足以事父母，俯不足以畜妻子，樂歲終身苦，凶年不免於死亡，此惟救死而恐不贍，奚暇治禮義哉？

愚按：戰國時人君未嘗不制民之產，而民至救死惟恐不贍者，因慢其經界，私而非公也。「救死」二語，何其悲也！如是豈特不能行王道，即欲求桓文之事業，其可得乎？王欲行之，則盍反其本矣？五畝之宅，樹之以桑，五十者可以衣帛矣。雞豚狗彘之畜，無失其時，七十者可以食肉矣。百畝之田，勿奪其時，八口之家，可以無飢矣。謹庠序之教，申之以孝弟之義，頒白者不負戴於道路矣。老者衣帛食肉，黎民不飢不寒，然而不王者，未之有也。」

（方云：此章「是心足以王矣」以前，用鼓舞誘掖之筆。自「然後快於心與」以前，用挑撥啓發之筆。自「王笑而不言」以下，用騰挪之筆。總之，無一直筆、平筆、順筆，真大文字也！凡文字設喻，須新奇。觀此章又可悟。）〔二〕

〔二〕唐先生《孟子新讀本》所引。

愚按：「五畝之宅」兩句，是種植法；「雞豚」兩句，是畜牧法；「百畝之田」兩句，是經制法；「謹庠序之教」兩句，是學校教授管理法。至黎民不飢不寒，而不忍人之心，爲無歉矣。

此章前半注重不忍人之心，後半注重不忍人之政，而扼要全在「權然後知輕重」一節。蓋不知輕重，則不明先後之分；不知長短，則不明廣狹之義。雖有不忍人之心，而行之無序，政治亦終於乖舛。

至讀「五畝之宅」一節，而尤歎孟子之不生於今時也[一]。蓋戰國時阡陌既開，田疇異畝，是以孟子亟注意於此。此不能行於遂古之世，亦不能行於秦漢以後，所謂因時以制宜也。且黎民不飢不寒，亦豈足盡王道之能事？而孟子以此爲先者，繇爾時人君爭地爭城，嗜殺無已，民皆困於飢寒，故必以此爲先務之急，亦所謂因時以制宜也。

後世學者讀「不違農時」兩節，與此節當融貫其義[二]，心知《孟子》之意，因時而善用之。若泥古而薄今，或徇今而菲古，胥失之矣。

[一] 唐先生之感概，因重視農政與實業等民生建設。

[二] 「義」字，唐先生《孟子新讀本》作「大義」。

孟子大義卷二

梁惠王下

1 莊暴見孟子曰："暴見於王，王語暴以好樂，暴未有以對也。曰：好樂何如？"孟子曰："王之好樂甚，則齊國其庶幾乎！"

他日見於王曰："王嘗語莊子以好樂，有諸？"王變乎色曰："寡人非能好先王之樂也，直好世俗之樂耳。"曰："王之好樂甚，則齊其庶幾乎！今之樂，由古之樂也。"

（蘇云：此篇悲壯頓挫，深得告君之體。）〔一〕

（此章用筆，純在空際著意，排奡震盪，韓文之祖。《原毀》分兩大扇，其格局即本

〔一〕唐先生《孟子新讀本》所引。

於此。）〔一〕

愚按：由、猶通，與上篇「由水就下」同。《禮記》魏文侯曰：「吾端冕而聽古樂，則惟恐臥；聽鄭衛之音，則不知倦。」〔二〕古樂今樂，豈能無異？孟子所以云然者，亦誘導齊王之苦心耳。

曰：「可得聞與？」曰：「獨樂樂，與人樂樂，孰樂？」曰：「不若與人。」曰：「與少樂樂，與衆樂樂，孰樂？」曰：「不若與衆。」

（方云：「可得聞與」以下，若遽接「今王鼓樂」二節，則顯直促，故又拓開挑撥，引出王「不若與人」「不若與衆」二語，以含起末節「與民同樂」意。）〔三〕

愚按：本文曰「不若與人」、曰「不若與衆」，是齊王是非之心猶未泯也。雖然王之所謂與人與衆者，便嬖近臣而已耳，其心豈知有民哉！

「臣請爲王言樂。今王鼓樂於此，百姓聞王鐘鼓之聲、管籥之音，舉疾首蹙頞而相告曰：『吾王之好鼓樂，夫何使我至於此極也？父子不相見，兄弟妻子離散。』今王田獵

〔一〕唐先生《孟子新讀本》批語。
〔二〕《禮記・樂記》文。
〔三〕唐先生《孟子新讀本》所引。

於此，百姓聞王車馬之音，見羽旄之美，舉疾首蹙頞而相告曰：『吾王之好田獵，夫何使我至於此極也？父子不相見，兄弟妻子離散。』此無他，不與民同樂也。

（方云：「臣請爲王言樂」以下，若遽直接「今王與民同樂，則王矣」，又顯直促。故姑且從效驗説起，一開一合，皆在空際盤旋，極騰挪之至。末節方實説出，精神完固。「今王鼓樂於此」二節，俱用逆筆，則勢振。若用順筆，則平弱矣。）〔一〕

愚按：父子不相見，兄弟妻子離散，吾民皆顛連而無告矣，何其苦也？以王之好鼓樂、田獵有以致之也。且不僅好鼓樂、田獵有以致之也，不與民同樂者，其心但知有我，而忘其國之有民也。

今王鼓樂於此，百姓聞王鐘鼓之聲、管籥之音，舉欣欣然有喜色而相告曰：『吾王庶幾無疾與？何以能鼓樂也？』今王田獵於此，百姓聞王車馬之音，見羽旄之美，舉欣欣然有喜色而相告曰：『吾王庶幾無疾病與？何以能田獵也？』此無他，與民同樂也。

羅氏羅山云：「不與民同樂，則百姓憔悴虐政，日不聊生；故一聞王之鼓樂田獵，便思及己之困窮。與民同樂，則民涵養於仁政之中，父母兄弟妻子，莫不各得其

〔一〕唐先生《孟子新讀本》所引。

所，自享其樂，而竊恐君之不樂；故一聞君之鼓樂田獵，遂欣欣然喜君之能如是。同樂與不同樂，在乎君之能推與不能推耳。不能推其好樂之心，恣一己之樂，忘萬姓之苦，雖有田獵鼓樂，不能獨樂矣。能推則發政施仁，民各遂生，天下皆引領望矣，成王業何有哉？」〔一〕

愚按：爲人上者之大患，莫患乎有己而無人。己欲處於樂，而不顧人之苦；己欲處於安，而不顧人之危；己欲安富尊榮，而不顧人之窮餓離散而在溝壑。是故孟子之意，非果欲王之好今樂也，亦非謂今樂之果無異於古樂也，特欲王推好樂之心以行仁政耳！行仁政則恕，恕則君民爲一體，愛情團結，而能與民同樂。

今王與百姓同樂，則王矣。

楊氏云：「樂者，天地之和也，故樂以和爲主。人和則氣和，氣和則天地之和應之矣。使人聞鐘鼓管絃之音，舉疾首蹙頞，雖奏以《咸》《英》《韶》《濩》，無補於治也。故孟子告之以此，姑正其本而已。」〔二〕

〔一〕羅澤南《讀孟子劄記》卷一。
〔二〕楊時《經解》「今樂猶古樂」條，見《龜山集》卷八。

愚按：人主之喜怒好惡，一切舉動，皆當順民心爲轉移。蓋堂陛尊嚴者，蔽隔之根本；欲惡與共者，大同之精神。彼夫疾首蹙額，欣欣然有喜色，情狀何相懸也？父子不相見，吾王庶幾無疾病，言詞何迴異也？一則怨情結於中，一則愛情露於外，後世人君讀此章書，可以知民心之歸往矣。所歸維何？曰：公。

2　齊宣王問曰：「文王之囿，方七十里，有諸？」孟子對曰：「於傳有之。」

愚按：傳謂古書。文王之靈囿，大小無所考。言於傳有之者，文王行仁政，固宜有此公囿也。

曰：「若是其大乎？」曰：「民猶以爲小也。」曰：「寡人之囿方四十里，民猶以爲大，何也？」曰：「文王之囿方七十里，芻蕘者往焉，雉兔者往焉，與民同之，民以爲小，不亦宜乎？

（方云：上既如此說，則「寡人之囿方四十里，民猶以爲大」之下，真覺不能轉身，須觀《孟子》下文開縱靈敏處。）〔一〕

〔一〕唐先生《孟子新讀本》所引。

愚按：此節仍歸結到「與民同樂」，當與梁惠王「沼上」章參看。蓋文王以一人之囿，公諸天下之民，不盡天下之力，以爲一人之囿也。

臣始至於境，問國之大禁，然後敢入。臣聞郊關之內，有囿方四十里，殺其麋鹿者，如殺人之罪。則是方四十里，爲阱於國中，民以爲大，不亦宜乎？」

（方云：「民以爲小不亦宜乎」下，若遽接「今王之囿」，則平板矣。忽從「臣至於境」起，則文有峯巒。「爲阱於國」中句，緊練有鋒芒。）[一]

愚按：禮，「入境而問禁」[二]。邑外謂之郊。蓋有人而無己謂之公，有己而無人謂之私。囿何爲而小？公之至也。囿何爲而大？私之至也。秦二世爲苑囿，優旃諷之曰：「寇從東方來，令麋鹿觸之足矣。」[三]麋鹿而可同於人乎？惟其私之至，則麋鹿竟同於人，悲哉！以方四十里之地，爲阱於國中也，民視王囿如阱，其對於王之心何如？夫囿者，非王之所建也，民爲王建之也。竭民之力以爲囿，而私之於一己，惟其

[一] 唐先生《孟子新讀本》所引。

[二] 《禮記·曲禮》語。

[三] 《史記·滑稽列傳》載：「始皇嘗議欲大苑囿，東至函谷關，西至雍、陳倉。優旃曰：『善。多縱禽獸於其中，寇從東方來，令麋鹿觸之足矣。』始皇以故輟止。」

視一國皆私産，故其視一囿亦爲私産，所謂以天下奉一人，私之至也。然則囿無所謂大，亦無所謂小，惟視乎一心之公私，而吾民心目之間，因以爲轉移耳。聖王至公無私，故能與民同樂，而得民之心。

3 **齊宣王問曰：「交鄰國有道乎？」孟子對曰：「有。惟仁者爲能以大事小，是故湯事葛，文王事昆夷；惟智者爲能以小事大，故大王事獯鬻，句踐事吴。**

張氏云：「齊宣王亦厭夫兵戈之相尋，是以有交鄰國之問。孟子則爲陳交鄰國之道，有二端焉：若湯文之心，蓋不忍坐視其民之困窮，不憚屈己以感之，庶幾有以拯其民也；若太王之於獯鬻、句踐之於吴，則其勢力誠不能以相及，若强而與之抗，則國將隨之，是以從而事之也。仁者愛人，故能以大事小；智者知幾，故能以小事大。」[一]

愚按：湯之事葛，專以含容爲主。《滕文公》篇孟子曰：「湯居亳，與葛爲鄰，葛伯放而不祀。湯使人問之曰：『何爲不祀？』曰：『無以供犧牲也？』湯使遺之牛羊。

[一] 張栻《孟子説》卷一。

葛伯食之，又不以祀。湯又使人問之曰：『何爲不祀？』曰：『無以供粢盛也？』湯使亳衆往爲之耕。」是專導之禮義，所謂仁也。

文王事昆夷，見於《詩·大雅》：「肆不殄厥慍，亦不隕厥問。」含容之至也。獯鬻，狄人也，太王事之，見下「滕文公」章。至句踐事吴，專以堅忍爲主，詳見《史記·越世家》：「子貢告句踐曰：『無報人之志，而令人疑之，拙也。有報人之志，使人知之，殆也。事未發而先聞，危也。三者舉事之大患。』」[一]句踐用其言，臥薪嘗膽，生聚教訓，卒以報吴，所謂智也。

以大事小者，樂天者也。以小事大者，畏天者也。樂天者保天下，畏天者保其國。

愚按：張子《西銘》云：「乾稱父，坤稱母；知化則善述其事，窮神則善繼其志。」朱注謂：「人皆爲天之子，既皆爲天之子，則大國之視小國，當如兄弟然。有以包含而偏覆之，故曰樂天。天下有道，小德役大德，小賢役大賢。天下無道，小役大，弱役强。能知順天存、逆天亡之理，則兢兢業業，制節謹度，而不敢違天，故曰畏天。」樂天

〔一〕此見《史記·仲尼弟子列傳》。唐先生誤記。

者保天下，公而已矣；畏天者保其國，正而已矣。樂天是何等氣象！畏天是何等精神[一]！

《詩》云：『畏天之威，于時保之。』」

愚按：《書》曰：「天明威，自我民明威。」顧畏於民不敢自恣，即所以畏天之威，已引起下文安民之意。

王曰：「大哉言矣！寡人有疾，寡人好勇。」

對曰：「王請無好小勇。夫撫劍疾視，曰：『彼惡敢當我哉？』此匹夫之勇，敵一人者也，王請大之。

（方云：此章仁、知、勇三字是脈絡。仁者「以大事小」，知者「以小事大」，交鄰正意已盡矣。下「文王曰寡人好勇」，作一翻波瀾橫闊。「王請無好小勇」接得奇特不腐，變化不測。）[二]

張氏云：「勇有大小。血氣之勇，勇之小也。義理之勇，勇之大也。以血氣爲

[一] 可互參先生《性理學大義》之《張子大義》卷一《西銘》當句下。

[二] 唐先生《孟子新讀本》所引。

勇，則其勇不出於血氣之內，勢力可勝，利害可絀也；義理之勇，不以血氣，勢力無所加，利害無所絀也。故曰：『王請無好小勇。』欲其擴於義理也。」[一]

《詩》云：『王赫斯怒，爰整其旅，以遏徂莒，以篤周祜，以對於天下。』此文王之勇也，文王一怒而安天下之民。

（方云：仁者，引湯、文兩人作證。知者，引太王、句踐兩人作證。勇者，引文、武兩人作證。奇局而整。「一怒而安天下之民」是大勇，仍是仁知、樂天、畏天作用，與上文似不相應而實相應，神乎文者也！）[二]

朱注：「徂，往也。莒，《詩》作旅。徂旅[三]，言密人侵阮徂共之衆也。」

張氏云：「謂文王見密人之爲民害，則赫怒整旅，以遏止其所行之衆，而篤周家之福，以答天下望周之心。是文王之怒，以天下而不以己也。」[四]

[一] 張栻《孟子説》卷一。
[二] 唐先生《孟子新讀本》所引。
[三] 「徂旅」二字脱，據朱子《孟子集注》補入。
[四] 張栻《孟子説》卷一。

《書》曰：『天降下民，作之君，作之師。惟曰其助上帝寵之〔一〕，四方有罪無罪，惟我在，天下曷敢有越厥志。』一人衡行於天下，武王耻之，此武王之勇也，而武王亦一怒而安天下之民。

張氏云：「謂君師之任，當助上帝以寵綏斯民。四方之有罪無罪，其責在吾之身，天下孰敢有越此志者乎？一人逆理而動，則武王以爲己之耻，是武王以天下自任也。」〔二〕

愚按：古者君道兼師道〔三〕，故曰：「作之君，作之師。」〔四〕言君即師也。「惟曰其助上帝寵之」句，四方有罪無罪惟我在，猶湯言「朕躬有罪，無以萬方；萬方有罪，罪在朕躬」也〔五〕。一人衡行，指紂也。

今王亦一怒而安天下之民，民惟恐王之不好勇也。

張氏云：「方戰國之際，斯民之憔悴於虐政，亦既極矣。顧乃於此獨不一怒，而

〔一〕朱子讀此句「寵之四方」。唐先生引張栻《孟子説》讀「四方」屬下，亦從其句讀，謹保存唐先生原意。

〔二〕張栻《孟子説》卷一。

〔三〕此唐先生論學宗旨。

〔四〕此《尚書·泰誓》句。《泰誓》强調「惟天地萬物父母，惟人萬物之靈，但聰明，作元后，元后作民父母」。君師所以爲民父母，孟子主意所在。

〔五〕見載《論語·堯曰》。

區區於尋干戈、較强弱，不亦悖乎？使王慨然以天下爲公，不徇血氣之小，行交鄰之道，而篤救民之志，則王政將以序而舉，不期於求天下，而天下歸戴之不暇矣。噫！血氣之怒，人主不可有也；而義理之怒，人主不可無也〔一〕。憎苦言之逆耳，而至於殺諫臣；忿小夷之不賓，而至於敝中國；惡侈欲之不廣，而至於竭天下之膏血，是皆血氣之所使也。其不至於亡國也幾希，此怒豈宜有乎？」〔二〕

愚按：血氣、義理，判於公私之間，理欲之辨，幾希而已。一念而公，則仁義之師，有以對答於天下，文、武是也。一念而私，則血流漂櫓，不旋踵而貽害於子孫，秦政是也。

4 齊宣王見孟子於雪宫。王曰：「賢者亦有此樂乎？」孟子對曰：「有。人不得，則非其上矣。

愚按：「非其上」者何也？爲其私也。私則民不服，不服則非其上。民皆非其

〔一〕此謂見義勇爲也。

〔二〕張栻《孟子説》卷一。

上，則上之身危而國亦危。

不得而非其上者，非也；爲民上而不與民同樂者，亦非也。

（方云：「賢者亦有此樂」句，正面無可發揮，故止以一「有」字輕輕答之。以下乃用「人不得則非其上」，引到當「樂民之樂」。極小題，能大發揮。於此，可悟後來歐公《豐樂亭記》、范文正《岳陽樓記》、宋文憲《閱江樓記》皆本此。）〔一〕

張氏云：「不得其樂而非其上固非也，然而自人主言之，則不當怪其非己，而以自反爲貴。蓋爲民上而不與民同樂，亦非也。」〔二〕

樂民之樂者，民亦樂其樂；憂民之憂者，民亦憂其憂。樂以天下，憂以天下，然而不王者，未之有也。

愚按：君與民一體者也。君者民之元首，民者君之手足；君者民之根本，民者君之枝葉。手足傷，元首何所賴？枝葉傷，根本何所庇？君之視民如子弟，則民視君如父兄；君之視民如土芥，則民視君如寇讎。感應之理，捷於影響。樂以天下，憂以

〔一〕 唐先生《孟子新讀本》所引。
〔二〕 張栻《孟子説》卷一。

天下者,團體既堅,休戚與共,天下一體之明效,盛世大同之精神也。

昔者齊景公問於晏子曰:『吾欲觀於轉附、朝儛,遵海而南,放於琅邪,吾何修而可以比於先王觀也?』

朱注:「轉附、朝儛,皆山名……琅邪,齊東南境上邑名。」

(方云:「『然而不王者,未之有也』以上,正意已盡。下復引證,文境便開闊,兼有色澤。『觀於轉附』數句,可對照『雪宫』。《莊子·養生主》文境相似。」)〔一〕

愚按:此孟子道齊國之故典以告王也。

晏子對曰:『善哉問也!天子適諸侯曰巡狩。巡狩者,巡所守也。諸侯朝於天子曰述職。述職者,述所職也。無非事者,春省耕而補不足,秋省斂而助不給。夏諺曰:「吾王不遊,吾何以休?吾王不豫,吾何以助?一遊一豫,爲諸侯度。」

愚按:「巡狩者,巡所守也」二句,爲解字法。巡狩、述職之外,又有省耕、省斂之典。天子則於畿内,諸侯則於國中,蓋人君一舉一動,無非爲民之事,故曰「無非事者」。「吾王不遊,吾何以休」,是遊非真遊也,所以休民也。「吾王不豫,吾何以助」,

〔一〕唐先生《孟子新讀本》所引。

是豫非真豫也，所以助民也。王之舉動，皆以法則，無絲毫縱慾之心，更無擾累吾民之事，故可以爲諸侯度。

今也不然，師行而糧食，飢者弗食，勞者弗息。睊睊胥讒，民乃作慝。方命虐民，飲食若流。流連荒亡，爲諸侯憂。

（此節無意而成韻文，特奇橫。）[一]

張氏云：「『今也不然』，其出也直以肆其欲而已。師行以其衆行也，以其衆行而無糧食，飢者既不得食，而勞者又不得息焉，曾不之恤也。民即困苦，則睊睊然交相爲讒以作慝而已。方命，謂逆天之命也，天之立君，以爲民也，虐民，是所以爲方命也。『飲食若流』，縱極其飲食之欲也。」[二]

愚按：糧，裹糧也。飢者弗食，謂居民因師行之裹糧以去，而弗得食也。勞者弗息，謂師行之勞苦遠役而弗得息也。讀此節，如聞閭閻歎息之聲矣。

從流下而忘反，謂之流；從流上而忘反，謂之連；從獸無厭，謂之荒；樂酒無厭，謂

[一] 唐先生《孟子新讀本》批語。
[二] 張栻《孟子說》卷一。

之亡。

張氏云：「『從流下而忘反謂之流，從流上而忘反謂之連』，言其從流上下，樂遊而忘歸也。『從獸無厭謂之荒，樂酒無厭謂之亡』，言其逐欲而不倦也。」〔二〕

愚按：上流則民流離矣，上連則民顛連矣，上荒則國荒而不治矣，上亡則國亡可立而待矣。其字義，其事理，皆相因而致者也。

先王無流連之樂、荒亡之行，惟君所行也。』

愚按：流連之樂、荒亡之行，百姓因吾君之有此行，至於敗産破家、斷頭折足者，不知凡幾矣。嗚呼！人君亦何樂而爲此行哉？

景公說：『大戒於國，出舍於郊。』於是始興發，補不足。召大師曰：『爲我作君臣相說之樂。』蓋《徵招》《角招》是也。其詩曰：『畜君何尤。』畜君者，好君也。」

（方云：前段「爲民上而不與民同樂」，隱含下文「流連荒亡」一層。「樂民之樂，憂民之憂」，隱含下文「一遊一豫，爲諸侯度」一層。後段以景公之説晏子，誘宣王之聽己言也；以晏子之畜君好君，喻己之言亦畜君好君也。語意含蓄不露，兩大段似

〔二〕張栻《孟子說》卷一。

不相干，而神實相應。真奇妙也！）〔一〕

愚按：戒，告命也。「始興發，補不足」，則民獲〔二〕蘇醒矣。景公不過小小補苴，而君臣相説已若此，況能本實心以行仁政者乎！畜者，止也，能止其君之欲，而遏絕其方恣之心，所以好君也。《易·大畜》上爻「占天衢之慶」，象傳曰：「道大行也。」所以能大行其道者，蓋好君而不逢迎其君也。

5　齊宣王問曰：「人皆謂我毀明堂，毀諸？已乎？」

趙氏云：「明堂，泰山明堂〔三〕，周天子東巡守〔四〕，朝諸侯之處。」〔五〕

孟子對曰：「夫明堂者，王者之堂也。王欲行王政，則勿毀之矣。」

張氏云：「人皆謂宣王毀明堂者，惡其害己而去其籍之意，而孟子所以使之勿毀

〔一〕唐先生《孟子新讀本》所引。
〔二〕「獲」字，唐先生《孟子新讀本》作「或」。
〔三〕「明堂，謂泰山明堂」，趙氏文作「謂泰山下明堂」。
〔四〕「周天子東巡守」，趙氏原文句首有「本」字。
〔五〕趙岐《孟子章句》，《梁惠王下》卷二。

者，乃不廢餼羊之義。蓋使王者作，則制度典章，猶可因是而求故爾。」[一]

王曰：「王政可得聞與？」對曰：「昔者文王之治岐也，耕者九一，仕者世禄，關市譏而不征，澤梁無禁，罪人不孥。老而無妻曰鰥，老而無夫曰寡，老而無子曰獨，幼而無父曰孤，此四者，天下之窮民而無告者，文王發政施仁，必先斯四者。《詩》云：『哿矣富人，哀此煢獨。』」

愚按：周家仁政之美[二]，自文王始。治岐之法，即經理天下之法也。耕者九一，即井田之制：方里而井，井九百畝，其中爲公田，八家皆私百畝，同養公田，是九分而税其一也。士世禄而不世官，恐其未必賢也。「關市譏而不征」，察非常，禁奇衺而已，不征其物也。後世關市征取無節，商政受其病，而商民日困矣。

「澤梁無禁」，與民共之也。「罪人不孥」，不及其妻子也。鰥、寡、孤、獨，窮民之無告者，取可憫念也。張子《西銘》云：「民吾同胞，物吾與也……尊高年所以長其長，慈孤弱所以幼其幼……凡天下疲癃殘疾、惸獨鰥寡，皆吾兄弟之顛連而無告者

[一] 張栻《孟子説》卷一。
[二] 周家「仁政之美」句，唐先生《孟子新讀本》作「周家之政」。

也。」[一]顛連無告，爲仁政之所必先，故此經宜重讀一「先」字，文王仁政，非專於是四者，特以此爲先爾。因是四者而推之，以及於同胞，及於吾與，則萬民萬物，皆得其所矣。《詩·小雅·正月》之篇，孟子「斷章取義」，惻然仁人之言也。

王曰：「善哉言乎！」曰：「王如善之，則何爲不行？」王曰：「寡人有疾，寡人好貨。」對曰：「昔者公劉好貨，《詩》云：『乃積乃倉，乃裹餱糧。于橐于囊，思戢用光。弓矢斯張，干戈戚揚，爰方啓行。』故居者有積倉，行者有裹糧也，然後可以爰方啓行。王如好貨，與百姓同之，於王何有？」

（方云：「寡人有疾」下，作一大波瀾，文境便層出不窮。「昔者公劉好貨」「太王好色」，接得奇肆，令人不測。）[二]

朱注：「《詩》，《大雅·公劉》之篇。積，露積也。餱，乾糧也。無底曰橐，有底曰囊，皆所以盛餱糧也。戢，安集也。言思安集其民人，以光大其國家也。戚，斧也。揚，鉞也。爰，於也。啓行，言往遷於豳也。」

[一] 張載《正蒙·乾稱篇》第一七。
[二] 唐先生《孟子新讀本》所引。

王曰：「寡人有疾，寡人好色。」對曰：「昔者太王好色，愛厥妃。《詩》云：『古公亶父，來朝走馬。率西水滸，至於岐下。爰及姜女，聿來胥宇。』當是時也，内無怨女，外無曠夫，王如好色，與百姓同之，於王何有？」

朱注：「《詩》，《大雅·綿》之篇也。古公，太王之本號，後乃追尊爲太王也。亶父，太王名也。『來朝走馬』，避狄人之難也。率，循也。滸，水涯也。岐下，岐山之下也。姜女，太王之妃也。胥，相也。宇，居也。」〔一〕

羅氏羅山云：「觀孟子告君之言，其要在於仁。而行仁之道，則在於恕。恕也者，推己以及人也。愛物乃仁民之餘恩，則反其本而推之，若鐘鼓，若田獵，若園囿宫室，若色若貨，亦人情所不能無者，己有是欲，則必推而同之於民，使之各得所欲，而後君心乃盡。夫君之於民，猶心之於身也。身之疾痛疴癢，無一不與心相貫通。民之好惡休戚，無一不與君相關切。縱一己之欲，不能好民之所好，惡民之所惡，是不啻一頑痺麻木之身，氣血全不流通，醫家所謂『手足痺痿爲不仁』也。故人君能推己之欲以及人，則君

〔一〕朱子注文「太王」各本均作「大王」，今遵唐先生文作「太王」。

也，不能推，直獨夫而已！《大學》於『絜矩』，切切言之，孟子之言，其得此旨矣。」〔一〕

愚按：公劉非真好貨也，特欲「居者有積倉，行者有裹糧」，以啓行爾。太王非真好色也，特偕姜女以「胥宇」爾。而孟子「斷章取義」，以爲公劉好貨、太王好色者，非事揣摩也，欲偕〔二〕此以引王於道焉爾。

朱子云：「此篇自首章至此，大意皆同。蓋鐘鼓、苑囿、游觀之樂，與夫好勇、好貨、好色之心，皆天理之所有，而人情之所不能無者。然天理人欲，同行異情。循理而公於天下者，聖賢之所以盡其性也；縱欲而私於一己者，衆人之所以滅其天也。二者之間，不能以髮，而其是非得失之歸，相去遠矣。故孟子因時君之問，而剖析於幾微之際，皆所以遏人欲而存天理也。」〔三〕其説精矣。

6　孟子謂齊宣王曰：「王之臣有託其妻子於其友，而之楚遊者，比其反也，則凍餒其妻子，則如之何？」王曰：「棄之。」

〔一〕羅澤南《讀孟子劄記》卷一。
〔二〕「偕」爲錯字，唐先生《孟子新讀本》作「借」。
〔三〕朱子《孟子集注》文，原文起句有「愚謂」二字，結句無「也」字。

（方云：首段起得飄忽，令王不測其意。次段從對面刺入，亦令王不測。三段忽上正面，令王無從避閃，亦奇幻不測。「王顧左右而言他」，忽然放開，又令人不測。此章文境，最奇縱變化。）〔一〕

愚按：凡人立身處事，以責任爲第一要義。受人之託，宜忠人之事也。乃至凍餒其妻子，是失其爲友之責任也，故曰棄之，以其自棄其責任也，王明矣。

曰：「士師不能治士，則如之何？」王曰：「已之。」

愚按：士師以治士爲責任者也，爲士師而不能治士，是失其爲士師之責任也。故曰已之，以其自已其責任也，王明矣。

曰：「四境之内不治，則如之何？」王顧左右而言他。

愚按：人君以治四境爲責任者也，爲人君而不能治四境之内，是失其爲人君之責任也，豈不當棄而已之乎？孟子所以警王者至矣。「顧左右而言他」，齊王之良心猶未泯也，乃因憚於改過，而卒不能振拔，惜哉惜哉！

〔一〕唐先生《孟子新讀本》所引。

7 **孟子見齊宣王曰：「所謂故國者，非謂有喬木之謂也，有世臣之謂也。王無親臣矣！昔者所進，今日不知其亡也。」**

愚按：「王無親臣」三句，沈痛之至。無親臣，則國事何所委任？「昔者所進，今日不知其亡」，屢進屢更，不能久於其位，則事益棼亂。

王曰：「吾何以識其不才而舍之。」

愚按：此語所答非所問，齊王之昏庸如見。

曰：「國君進賢，如不得已，將使卑逾尊，疏逾戚，可不慎與？左右皆曰賢，未可也；諸大夫皆曰賢，未可也；國人皆曰賢，然後察之，見賢焉，然後用之。左右皆曰不可，勿聽；諸大夫皆曰不可，勿聽；國人皆曰不可，然後察之，見不可焉，然後去之。左右皆曰可殺，勿聽；諸大夫皆曰可殺，勿聽；國人皆曰可殺，然後察之，見可殺焉，然後殺之。故曰國人殺之也。

（方云：此章「慎」字是主義。首節從齊王無賢說起，語意悲涼悱惻。「國君進賢」節提「慎」字，鄭重。左右兩節，發揮「慎」之實事，恣肆開展，收句「然後可以爲民

父母」是「慎」之效驗。意謂如此，而後可以保故國也，收拾通篇，神完氣固。）〔一〕

愚按：《泰誓》曰：「天視自我民視，天聽自我民聽。」孟子曰：「民爲貴，社稷次之。」蓋古時設君，本以爲民，故其政體，要以順民心爲主。國家之治亂安危，判於王者一心之公私，順民心者安而治，逆民心者危以亂，此自古以來興危之大較。稽諸前王之政治心術，毫髮不爽。

昔者舜避堯之子於南河之南。天下諸侯朝覲者，不之堯之子而之舜；訟獄謳歌者，不之堯之子而之舜。禹避舜之子於陽城，天下之民從之若從舜也。益避禹之子於箕山之陰，朝覲訟獄者，不之益而之啓；謳歌者不謳歌益而謳歌啓，皆曰：「吾君之子也。」〔二〕夫朝謹、訟獄、謳歌，民心之所寄也，而古帝王順之。是唐虞時之政體，以民心爲重也。

迨降及後世，君權尊，名分定，而箕子之陳《洪範》，曰：「謀及卿士……謀及庶人。卿士從，庶民從……是之謂大同。」又曰：「曰蒙，恒風若。」蒙者，上下之情，蒙蔽

〔一〕 唐先生《孟子新讀本》所引。

〔二〕 本段自「昔者」以下，皆本《孟子·萬章上》「萬章問曰堯以天下以舜」的內容。

而隔絶也。是商周之政體，以民心爲重也。

又降及後世，諸侯力爭，民心離涣，而《王制》一篇，曰：「爵人於朝，與士共之。刑人於市，與衆棄之。」《王制》爲秦漢時博士所作，是秦漢雖專制，而儒者之論政體，猶以民心爲重也。

蓋天下之事，當與天下之人公之。國君而進賢，是天下之所謂賢，非一人之所謂賢也；國君而退不肖，是天下之所謂不肖，非一人之所謂不肖也；國君而用刑頒賞，是天下之公刑公賞，非一人之私刑私賞也。惟因一人之公心，以順天下之民心，故萬事易集。若民心所不順，而强以制之，其後恐有潰泮而不可收拾者矣。

顧或謂政體宜尊，用人之權，操之自上，不宜旁落。此説是矣，抑未知左右皆曰賢、皆曰不可、皆曰可殺，然後察之，察之然後用之、去之、殺之，是用舍生殺之權，仍在於上，固無所謂旁落。否則寄其權於左右諸大夫，得不謂之旁落乎？而政體之尊安在乎？且或行一政，施一令，國人皆以爲非，至於川壅而潰，傷人尤多，而政體之尊又安在乎？然則政體之尊卑，正判於立心之公私。公者爲尊，私者爲卑，故吾嘗謂治天下者，必集天下之善以爲善。

蓋一人之聰明，必不如千萬人之聰明；一人之心思，必不如千萬人之心思。

是故集天下之視以爲視，則所視者周；集天下之聽以爲聽，則所聽者廣；合天下之心思以爲心思，則所慮者無遠而弗届。《尚書》曰：「作朕股肱耳目。」言合天下之股肱耳目，以爲一人之股肱耳目也。又曰：「今予其敷心腹腎腸。」〔一〕言合天下之心思，以爲一人之心思也。近人創名詞曰「團體」，要知團體非聚衆之謂，其義實本於《尚書》。由是而天下之善，集於一人之身，夫然後輿情洽。輿情洽而政體益尊，政體益尊而國家億萬年遂基於苞桑之固。《周易》大義所謂「上下交而其志同」者，謂政治一出於大公，而得乎民心之大順也。是故欲決政體之尊卑，當先驗一心之公私。

如此，然後可以爲民父母。」

羅氏羅山云：「人君者，萬民之父母也。大臣者，克家之令子，體父母之意，以率一家之衆子庶子者也。其人賢，一家受其福；不賢，一家受其禍。向使舉錯失宜，小人在位，率皆竭下民之膏脂，逢君上之私欲。民憂民樂，罔知顧惜，斯民之困苦，遂有不堪問者。欲不至敗家亡國，豈可得哉？」〔二〕

〔一〕《書·盤庚下》文。

〔二〕羅澤南《讀孟子劄記》卷一。

愚按：「如此，然後可以」六字，何等鄭重！不如此則不可，意在言外。爲民父母奈何？如舜而已矣！孟子之贊舜曰：「善與人同，舍己從人，樂取於人以爲善。」取諸人以爲善，是與人爲善者也。蓋舜惟取人爲善，與人爲善，故能集天下之善以爲善，而成其爲大聖，成其爲大智。

於傳有之〔一〕：「亶聰明，作元后。」〔二〕元后作民父母。夫聰明，非可自作者也。惟集天下之善以爲善，於是聰明至乎其極。惟聰明之至，乃可以作民父母。此其要道在於虛衷，而其學問基於窮理。本文云「然後察之」者三，所謂察者，即窮理之方，兼考言試功而言。由是或以德進，或以事舉，或以言揚，非是者黜，貪墨者刑，盡集天下之善，即以陶鑄天下之人才。能盡鑄天下之人才，則其量直與天地同矣。君哉舜也！是「爲民父母」之標準，萬世人君〔三〕之法也。

〔一〕此用《孟子》成句：「孟子對曰：『於傳有之。』」見下文。
〔二〕《書・泰誓上》文。按：「傳」與「經」可互通。
〔三〕「人君」一詞，唐先生《孟子新讀本》作「帝王」。

8 齊宣王問曰：「湯放桀，武王伐紂，有諸？」孟子對曰：「於傳有之。」

朱注：「放，置也。」

曰：「臣弒其君可乎？」

曰：「賊仁者謂之賊，賊義者謂之殘。殘賊之人，謂之一夫。聞誅一夫紂矣，未聞弒君也。」

（方云：「臣弒其君可乎」一句，鋒鋩甚鋭，令人難以開口。須看《孟子》下文轉身法，説得何等奇創，又極正大。仁義是君道，「賊仁」「賊義」，無君道，先將「其君」二字駁倒，「臣弒」字易破矣。）[一]

朱注：「賊，害也。殘，傷也。害仁者，凶暴淫虐、滅絶天理，故謂之賊。害義者，顛倒錯亂、傷敗彝倫，故謂之殘。一夫，言衆叛親離，不復以爲君也。《書》曰：『獨夫紂。』[二]蓋四海歸之，則爲天子；天下叛之，則爲獨夫。所以深警齊王，垂戒後世也。」

[一] 唐先生《孟子新讀本》所引。

[二] 《書·泰誓》文。

張氏云：「仁義者，人道之常也。賊夫仁義，是絶滅人道也。故賊夫惻隱之端，至於暴虐肆行而莫之顧也。賊夫羞惡之端，至於放僻邪侈而莫之止也。夫仁義之在天下，彼豈能賊之哉？實自殘賊於厥躬耳。爲君若此，則上焉斷棄天命，下焉不有民物，謂之一夫，不亦宜乎？嗚呼！孟子斯言，昭示萬世，爲人上者聞之，知天命之可畏，仁義之爲重，名位之不可以恃也，其亦兢兢以自强乎？」〔一〕

愚按：賊仁、賊義者，言紂之傷天害理，毒痛四海，不獨殘賊仁義，實殘賊天下也。然亦非殘賊天下，實自殘賊其一心，自殘賊其一身也。周武王之言曰：「百姓有過，在予一人。」〔二〕此言百姓之過，皆在於一人之身也。乃周之季世，以「予一人」爲名詞，後人遂誤會，以爲惟我獨尊之意。又如後世人主，稱孤、稱寡人。按《左氏傳》云：「以是藐諸孤。」言先君之遺孤，此即位之初哀痛之辭也。寡人者，寡德之謂，謙辭也。乃後世亦誤會，以爲稱孤稱寡人，皆惟我獨尊之意，於是長人主驕肆之心，惟其言而莫予違。而專制之害，迄於秦政，其禍乃比紂爲尤酷矣！孟子曰：「殘賊之

〔一〕張栻《孟子説》卷一。
〔二〕見載《論語·堯曰》。

人，謂之一夫。」嗚呼！「一夫」何名也？孰謂之？自致之耶？

9 **孟子見齊宣王曰：「爲巨室，則必使工師求大木。工師得大木，則王喜，以爲能勝其任也。匠人斲而小之，則王怒，以爲不勝其任矣。夫人幼而學之，壯而欲行之，王曰姑舍女所學而從我，則何如？**

（兩節皆用比喻，以正意含蓄其間。而第二節文法又復變化，筆勢媲天馬行空，與《國策》宋玉對楚王問極相似，而氣體之純粹，則遠過之。）〔一〕

愚按：格致、誠正、修齊、治平，聖功王道之學〔二〕，人君苦於不知。乃既不能知之，非特不肯虛心以求之，且欲人舍所學以從之，是心也，所謂惟其言而莫予違之心也，此蔑貞之兆也。

今有璞玉於此，雖萬鎰，必使玉人彫琢之。至於治國家，則曰：『姑舍女所學而從我。』則何以異於教玉人彫琢玉哉？」

〔一〕唐先生《孟子新讀本》批語。
〔二〕此大學之道。

愚按：人君之大患，在欲人舍所學以從我，而士大夫之大患，則在舍所學以從人。孟子没，李斯興，專以揣摩秦始皇爲事，卒至焚書坑儒，而天下被其毒。揆厥所原，何也？舍所學以從人也。司馬遷作《李斯傳》，首載其辭荀卿入秦之言曰：「詬莫大於卑賤，而悲莫甚於困窮。」是其心專惡卑賤困窮，而惟欲求富貴，則亦何所不至哉？惟其居心若斯之卑鄙，於是始皇得以利用之〔一〕。

嗚呼！非大匠而斲木，木受傷也；非玉人而琢玉，玉受傷也。皆其小焉者也。惟爲人君者，專用揣摩苟合之人，而揣摩苟合之人，皆以其類至，卒至亡其身，亡其家，而並以亡天下，然而如始皇者不悟也，以舍所學而從我之爲便利也。然而如李斯者，亦不悟也，以舍所欲而從人之爲得計也。嗚呼！其可哀也哉〔二〕！

10 齊人伐燕，勝之。

朱注：「《史記》：燕王噲讓國於其相子之，而國大亂，齊因伐之。燕士卒不戰，

〔一〕唐先生舉出李斯，乃自捨所學而從人，自作孽之實例，以警惕人心。
〔二〕唐先生此按語猶如一篇制藝經論。

城門不閉，遂大勝燕。」[一]

宣王問曰：「或謂寡人勿取，或謂寡人取之。以萬乘之國，伐萬乘之國，五旬而舉之，人力不至於此。不取，必有天殃。取之，何如？」

愚按：《左氏傳》曰：「竊人之財，猶謂之盜，況貪天之功以爲己力乎？」[二]宣王欲取燕，惟思貪天之功，其意乃畢露於辭氣之間。

孟子對曰：「取之而燕民悦，則取之。古之人有行之者，武王是也。取之而燕民不悦，則勿取。古之人有行之者，文王是也。

愚按：古來成非常之功者，必視乎民心之嚮背。民嚮則取之，民背則勿取。仁義之君，行仁義之師，未有不如此者也。文王、武王積德尤厚，故舉以爲標準。

以萬乘之國，伐萬乘之國，簞食壺漿，以迎王師，豈有它哉？避水火也。如水益深，如火益熱，亦運而已矣。」

愚按：國之寶惟民，國之寶惟民之心。桀紂之失天下也，失其民也。失其民者，

[一] 朱子注有「按」字啓首。

[二] 《左傳·僖公二十四年》文。

失其心也。如水益深，如火益熱，吾民之哀哀而無所控訴者，慘何如也！雖然，投民於水，實無異自投其身於水；置民於火，實無異自置其身於火。凡人君之待民不留餘地者，即其待己不留餘地也。孟子曰：「亦運而已矣。」運焉者，猶其幸焉者也。

11 齊人伐燕，取之，諸侯將謀救燕。宣王曰：「諸侯多謀伐寡人者，何以待之？」孟子對曰：「臣聞七十里爲政於天下者，湯是也。未聞以千里畏人者也。

（方云：宣王之意在「待」，孟子之意在「止」。章法：首節一提。次節、三節承。明末節正意。）[一]

張氏云：「宣王有利燕之心，則諸侯有利齊之意矣。孟子謂成湯以七十里而爲政於天下，今宣王以千里而反畏人，欲其察夫義利之分也。」[二]

愚按：齊王本意在問所以待諸侯之策，而孟子對以爲政於天下，是猶梁王問洒恥而對以施仁政也。

[一] 唐先生《孟子新讀本》所引。
[二] 張栻《孟子説》卷一。

《書》曰：『湯一征，自葛始。』天下信之。『東面而征，西夷怨；南面而征，北狄怨。曰：奚爲後我？』民望之，若大旱之望雲霓也。歸市者不止，耕者不變。誅其君而弔其民，若時雨降，民大悦。《書》曰：『徯我后，后來其蘇。』

張氏云：「孟子言民之望湯，則曰：『若大旱之望雲霓。』言湯之慰民望，則曰：『若時雨降。』可見民之望湯，精誠切至；而湯之撫民，浹洽慰滿如此……曰：『徯我后，后來其蘇。』湯未有天下，而民固已后之，亦猶《汝墳》之詩稱文王爲父母也。」〔一〕

愚按：孟子論政治，專以尊民爲主〔二〕。曰：「天下信之。」天下之民信之也。曰「民望之」、曰「弔其民」、曰「民大悦」，皆尊民之宗旨也。「應乎人」即所以「順乎天」也。徯，待也。蘇，若甦而復生也。

今燕虐其民，王往而征之，民以爲將拯己於水火之中也，簞食壺漿，以迎王師。若殺其父兄，係累其子弟，毁其宗廟，遷其重器，如之何其可也？天下固畏齊之彊也，今又倍地而不行仁政，是動天下之兵也。

〔一〕張栻《孟子説》卷一。
〔二〕唐先生一再强調《孟子》尊民之旨。

愚按：本文曰「燕虐其民」，曰「民以爲將拯己於水火之中也」，每語不忘乎民心，心不忘乎民也。「簞食壺漿，以迎王師」，其心意何其至誠也！其情狀何其可憐也！「殺其父兄，係累其子弟，毀其宗廟，遷其重器」，所以報其簞食壺漿者，何其慘而酷也！動天下之兵無怪也。違天下之公理，悖天下之公法也，皆王之自召之也。

王速出令，反其旄倪，止其重器，謀於燕衆，置君而後去之，則猶可及止也。」

張氏云：「『反其旄倪』數者〔一〕，此弭禍之策也，雖固已失之於初，然使是心一回，則人情猶可復，天怒猶可解，四方諸侯，亦將畏其義而不敢圖矣。此特如反手之間，而宣王人欲方熾，不能自克，故諸侯疾之，燕人畔之。比及一世，而燕昭王復先世之讎，湣王卒死於難，齊祀不絶如綫，是其取燕，卒所以『動天下之兵』也，豈不信哉？」〔二〕

愚按：「謀於燕衆」，謀於衆民也。古者有謀及庶人之法，《書·盤庚》所謂「王命衆悉至於庭」是也。曰「置君而後去之」，則其所置之君，爲燕民之所推舉可知也。人

〔一〕唐先生以「數者」概括張栻《孟子說》原文所引《孟子》文。
〔二〕張栻《孟子說》卷一。

心服則土地安寧，此《孟子》尊民之宗旨也〔一〕。

12　鄒與魯鬨，穆公問曰：「吾有司死者三十三人，而民莫之死也。誅之則不可勝誅，不誅則疾視其長上之死而不救，如之何則可也？」

朱注：「鬨，鬭聲也。穆公，鄒君也。」

（方云：穆公歸咎於民，孟子歸咎有司。穆公但就與魯鬨時，定民之罪。孟子則就前此凶歲時，定有司之罪，末又歸之於君。蓋有司之虐民，實由君不行仁政也。此是文字推原法，以行仁政爲主。「親其上，死其長」，與首節反對，神完氣固。公曰「有司」，孟子曰「君之民」。公曰「三十三人」，孟子曰「幾千人矣」。皆對鍼立説。）〔二〕

愚按：悲哉民〔三〕，疾視其長上之死而不救〔四〕，抑何可悲也。蓋惟痛心疾首之極，乃若假手於敵國之人，而己實快心焉，夫何以至於斯極也？

〔一〕再表尊民之旨。
〔二〕唐先生《孟子新讀本》所引。
〔三〕「悲哉民」三字原脱，據唐先生《孟子新讀本》補入。
〔四〕唐先生《孟子新讀本》補「也」字。

孟子對曰：「凶年饑歲，君之民，老弱轉乎溝壑，壯者散而之四方者，幾千人矣。而君之倉廩實，府庫充，有司莫以告，是上慢而殘下也。曾子曰：『戒之戒之，出乎爾者，反乎爾者也。』夫民今而後得反之也，君無尤焉。」

愚按：「倉廩實，府庫充，有司莫以告」，非必盡有司之無良也，君之意旨在聚斂，不敢以告也。不敢以告，而吾民輾轉溝壑之狀，君不得而聞，是謂蒙蔽。蒙蔽者，其罪出乎爾者也。反乎爾者，所謂反動力是也。

反動力之在天地間，如空氣然，無隙不入。隣有詈人者，人反詈之；市有毆人者，人反毆之。孟子曰：「殺人之父，人亦殺其父；殺人之兄，人亦殺其兄。非自殺之也，一間耳。」〔一〕然則詈人者，實自詈之也；毆人者，實自毆之也。愛人者，人恒愛之；敬人者，人恒敬之；害人者，人恒害之；侮人者，人恒侮之。皆所謂反動者也。

庸人昧焉，知有我而不知有人，於是乎人心不平，而爭奪相殺，遂不絶於世。戒之之道奈何？惟有「強恕」，以公好惡而已。《大學》云：「民之所好好之，民之所惡惡之，此之謂民之父母。」又云：「好人之所惡，惡人之所好，是謂拂人之性，菑必逮夫

〔一〕《孟子·盡心下》文。

身。」蓋民情至愚而難欺，民心難得而易失，惟所欲與聚，所惡勿施，乃可以平天下之不平，而漸臻於太平。若常拂人之性，而自以爲是，竊恐他日民之所反於我者，將有倍於我之所施者矣！此非特人情如此，亦天道消息之樞機也。

夫民今而後得反之也，壓制之極，民不敢動，而乃假手於敵國之人，所謂天道好還，非意料所能及者也。

君行仁政，斯民親其上，死其長矣。」

愚按：仁政者〔一〕，制其田里，教之樹畜，薄其税斂，用之以禮是也。何謂長？民之長也。何謂上？民之上也。長上者，所以治民之事，非剥民之財，以圖安富尊榮者也。欲求民之親，責民之死，必在我先有可以親、可以死之道。蓋長上與民，本一體者也。長上，民之腹心也。長上視民如手足，則民視長上如腹心；長上能與民親，爲民死，則民之親之、死之也，如手足之衛腹心，不期然而然也。是故古之仁君，其對於民負行政之責，其心常與民爲一體，休戚與共，夫然後民乃親之而死之也。此非强制而倖致之也，先有可以親、可以死之道也。

〔一〕「仁政者」，唐先生《孟子新讀本》作問句「何謂仁政」。

後人讀此章書，當知鄒之有司所以死者，實非魯人殺之也，鄒民殺之也，穆公殺之也。然穆公不行仁政，而有司不知諫，且樂爲穆公之爪牙，而吮民之膏血，以爲安富尊榮之地，則亦非穆公殺之也，自殺之而已矣。

13　滕文公問曰：「滕小國也，間於齊、楚，事齊乎？事楚乎？」

愚按：齊以滕事楚爲滕罪，楚以滕事齊爲滕罪，介於兩大，而不能自立爲可憫也。

孟子對曰：「是謀，非吾所能及也。無已，則有一焉，鑿斯池也，築斯城也，與民守之，效死而民弗去，則是可爲也。」

愚按：此節或疑孟子之謀爲迂闊，孟子豈迂哉？「鑿斯池也，築斯城也」，則宜經畫地利也。「與民守之」，則宜聯絡民心也。「效死而民弗去」，則是民信已立，而衆志成城也。天下之事，莫難於使人願爲我死。而與我以共死，是非精誠感格不爲功。登陴涕泣，慷慨誓師；易子而食，析骸而爨；何其酷也！抑何其壯也！此必其平日有以大得乎民心者矣，孟子之謀豈迂哉？

14 滕文公問曰：「齊人將築薛，吾甚恐，如之何則可？」

周氏廣業《孟子出處時地考》云：「《國策》靖郭君將城薛，客多陳戒，謁者勿通。後有諫者曰：『君失齊，雖隆薛之城到於天，猶無益也。』乃輟城薛……薛本有城，靖郭君欲更築而崇隆之，故諫者甚多，而客言如此也。滕文公言齊人將築薛，築即『築斯城也』之築。曰將，則固其初議也。」〔一〕

孟子對曰：「昔者大王居邠，狄人侵之，去之岐山之下居焉。非擇而取之，不得已也。

愚按：邠，公劉之國。朱注云：「言大王非以岐下爲善，擇取而居之也。」

苟爲善，後世子孫必有王者矣。君子創業垂統，爲可繼也。若夫成功，則天也。君如彼何哉？彊爲善而已矣。」

愚按：古語云：「作善，降之百祥；作不善，降之百殃。」〔二〕又曰：「吉人爲善，惟日不足；凶人爲不善，亦惟日不足。」〔三〕爲人君者，無論處安危常變，道在爲善而已

〔一〕周廣業《孟子四考》卷四《孟子出處時地考》。
〔二〕《書·伊訓》文。
〔三〕《書·泰誓》文。

矣。吾初不解造物之待惡人，常使之得志，而善人常受其危〔一〕，心爲愀然。迨觀其究也，善人之後必昌，而惡人之終必滅。吾又不解造物，若有司其命者，心爲快然。吾又不解積善獲報之説，高明之士必欲闢之，以開惡人無忌憚之門，而爲善者因以中沮。孟子曰：「苟爲善，後世子孫必有王者矣。」周家以忠厚開基，而其國祚綿延至八百載，然則爲善必報之説，豈非信而有徵者乎？孟子又曰：「若夫成功，則天也。」爲善者非爲求報也，而報恒隨之。以劉先主英雄之姿，而其臨終告後主，不過曰：「勿以惡小而爲之，勿以善小而不爲。」吾願後世爲人君者，毋惑於乖謬之説，以善惡爲不足憑，且毋溺於計功謀利之私，而惟日孳孳爲善焉，庶幾乎國祚緜延而弗替矣。

15 **滕文公問曰：「滕小國也，竭力以事大國，則不得免焉，如之何則可？」孟子對曰：「昔者大王居邠，狄人侵之，事之以皮幣，不得免焉。事之以犬馬，不得免焉。事之以珠玉，不得免焉。乃屬其耆老而告之曰：『狄人之所欲者，吾土地也。吾聞之也：君子不以其所養人者害人。二三子何患乎無君？我將去**

〔一〕「危」字，唐先生《孟子新讀本》作「厄」。

之。』去邠，逾梁山，邑於岐山之下居焉。邠人曰：『仁人也，不可失也。』從之者如歸市。

張氏云：「太王之遷，本以全民，不敢必民之歸，而强民以從也，特曰：『二三子何患乎無君。』此天地之心，真保民之主也，民心自不庸釋乎大王。而曰：『仁人也，不可失也。』非特斯言有以感動之，蓋民之戴其仁有素矣，故曰：『從之者如歸市。』」〔一〕

愚按：「不得免」而至於再，至於三，太王處此，可謂艱苦矣。非媚狄人也，以力不能抗，而欲求安民也。「不以其所養人者害人」，其言何其仁也！「從之者如歸市」，邠人感大王之至誠，非有所爲而致之也。

或曰：『世守也，非身之所能爲也，效死勿去。

愚按：民爲貴，社稷次之。上言太王能得民心，此言能守社稷者也。世守者，先世之所守也。「效死勿去」，爲義而死，此心可以對於祖宗神明而無愧。

君請擇於斯二者。」

〔一〕張栻《孟子說》卷一。

朱注：「遷國以圖存者，權也。守正而俟死者，義也。審己量力，擇而處之可也。」

（前二章，一言「與民守之」，一言「太王去邠」。此章總結，仍不外斯二義。）〔二〕

方氏宗誠云：「聖人之心，天理爛熟，一言一行，皆自純乎天理中流出。其論古聖賢，亦能得其天理運用之實。後人私心不克，又挾私以測古人，雖古人正大光明之事，往往看成一段私意。如孟子論大王居邠、居岐山，曰：『非擇而取之，不得已也。』苟爲善，後世子孫必有王者矣。君子創業垂統，爲可繼也，若夫成功，則天也。』是何等光明正大！

蘇子由《隋論》有曰：『周之興，太王避狄於岐，邠之人民，扶老攜幼而歸之岐山之下，累累而不絕。喪失其舊國，而足以大興。及觀秦、隋，雖不忍失之而至於亡。然後知聖人之爲是寬緩不速之行者，乃其所以深取天下者也。』則全以私心窺聖人矣。

孔子論文王曰：『三分天下有其二，以服事殷。周之德，其可謂至德也已矣。』孟

〔二〕唐先生《孟子新讀本》批語。

子曰：『取之而燕民説，則取之。古之人有行之者，武王是也。取之而民不説，則勿取。古之人有行之者，文王是也。』亦何等光明正大！子由之言曰：『周人之興，數百年而至於文、武。文、武之際，三分天下有其二，然商之諸侯，猶有所未服，紂之衆未可以不擊而自解也。故以文、武之賢，退而修德，以待其自潰，誠以爲后稷、公劉、大王、王季勤勞不懈，而後能至於此，故其發之不可輕，而用之有時也。』此將文、武直説成久竊神器之人，乃《老子》所謂『欲取故予，欲翕故張』之機心也。視聖人止是如此，輕以立論，豈不害人心術！」注：此是方宗誠批評蘇轍語。〔一〕

16　魯平公將出，嬖人臧倉者請曰：「他日君出，則必命有司所之。今乘輿已駕矣，有司未知所之，敢請。」公曰：「將見孟子。」曰：「何哉？君所爲輕身以先於匹夫者，以爲賢乎？禮義由賢者出，而孟子之後喪踰前喪，君無見焉。」公曰：「諾。」

（臧倉下加一者字，輕賤之意自見，書法特妙。）〔二〕

〔一〕方宗誠《柏堂讀書筆記》卷二《讀文雜記》。後注是唐先生自注。

〔二〕唐先生《孟子新讀本》批語。

愚按〔一〕：孔子云：「誣善之人其辭游。」〔二〕游者，何也？蓋小人之心，本無定見，譖人之語，皆臨時造作，隨意編成。曰「何哉？君所爲輕身以先於匹夫者，以爲賢乎？」其辭之吞吐閃爍，其意中尚未有「後喪踰前喪」一語也。曰「禮義由賢者出」云云，僅三語而君子已中傷矣。小人口吻，宛然如聞其聲。靳尚之譖屈平曰：「王使屈平爲令，衆莫不知，每一令出，平伐其功，曰：『以爲非我莫能爲也。』」亦不過數語，而平已中傷矣。悲夫！然則爲人上者之察言也，惟察其成人之美與成人之惡而已。其動輒毁人而不留餘地者，必小人也。公曰：「諾。」何應之速也？平公昏庸若此，縱使孟子見之，亦無行道之望也。

樂正子入見曰：「君奚爲不見孟軻也？」曰：「或告寡人曰：『孟子之後喪踰前喪。』是以不往見也。」曰：「何哉！君所謂踰者？前以士，後以大夫，前以三鼎，而後以五鼎與？」曰：「否，謂棺槨衣衾之美也。」曰：「非所謂踰也，貧富不同也。」

〔一〕唐先生《孟子新讀本》補入感嘆句：「甚矣小人之可畏也！」

〔二〕《易・繫辭下》文：「將叛者其辭慚，中心疑者其辭枝，吉人之辭寡，躁人之辭多，誣善之人其辭游，失其守者其辭屈。」參孔穎達《周易正義》：「『誣善之人其辭游』者，游，謂浮游。誣罔善人，其辭虛漫，故言其辭游也。」

朱注：「樂正子，孟子弟子，仕於魯〔一〕。三鼎，士祭禮。五鼎，大夫祭禮。」

（至此突叙入樂正子，文法超妙。用一「或」字爲臧倉諱，尤妙。）〔二〕

樂正子見孟子曰：「克告於君，君爲來見也。嬖人有臧倉者沮君，君是以不果來也。」曰：「行或使之，止或尼之。行止，非人所能也。吾之不遇魯侯，天也。臧氏之子焉能使予不遇哉？」

（樂正子引進孟子，不叙於魯平公將出之前，而於其口中補出，可悟文法。）〔三〕

（方云：自章首至「君是以不果來也」，叙事，將臧倉寫得可惡可恨，宜孟子聞之嗔怒矣。乃末段孟子一論歸之於天，將臧倉撇開，毫不嗔怒，胸襟如此闊大，故文境如此開拓，變化令人不測。）〔四〕

羅氏羅山云：「人之出處，有關一己之氣運者，有關天下之氣運者。尋常之士，其遇不遇，一己之氣數爲之也。聖賢道大德盛，一出則可以贊天地之化育，造萬民之

〔一〕「仕於魯」三字脱，據朱子《孟子集注》補入。
〔二〕唐先生《孟子新讀本》批語。
〔三〕唐先生《孟子新讀本》批語。
〔四〕唐先生《孟子新讀本》所引。

福祉。惟當天地之運隆盛欲興，急需斯人一出爲之位育，因而得位行道，以成天下之文明，此堯、舜、禹、湯、文、武、周公所以行道於天下也。至春秋、戰國時，天地之氣運已閉塞，所以孔、孟僕僕列國，終不獲展其所學。此固時運之盛衰使然，非人力所可爲者。若君相則是能挽回天地之氣運者也，不得諉之於天也。」〔一〕

愚按：此孟子樂天之學也。曰：「吾之不遇魯侯，天也。」天不可知者也，而孟子委之於天者，既不屑爲營求之事，則當聽之於天。「孔子進以禮，退以義，得之不得曰有命」〔二〕，命不可測者也，而孔子委之於命者，既不肯〔三〕爲營求之事，則當聽之於命，此孔子安命之學也。士君子惟樂天而安命，故能安於素位，砥柱中流。非然者，營營擾擾，奔走於形勢之途，而出處之大節虧矣。豈知功名之事，自有際會。天命所不當得，雖百計求之，亦復何益？徒自喪其氣骨而已。聖賢之道，内重外輕，吾自有吾之學問，有吾之道德，則人當有求於我，我當無求於人。世之治亂，身之進退，造化者實

〔一〕羅澤南《讀孟子劄記》卷一。
〔二〕《孟子·萬章上》載孟子語。
〔三〕「肯」字，唐先生《孟子新讀本》作「屑」。

主之而已，無可勉强也。孔子曰：「道之將行也與？命也；道之將廢也與？命也。公伯寮其如命何？」亦此意也。天下如公伯寮、如臧氏之子，亦已多矣，彼豈能竊造化之柄耶？士君子坦然以處之可矣，又何難焉〔一〕？

梁惠王篇大義

司馬遷曰：「余讀孟子書至梁惠王問何以利吾國，未嘗不廢書而歎也，曰：嗟乎！利誠亂之始也。夫子罕言利者，常防其原也。故曰：『放於利而行，多怨。』〔二〕自天子至於庶人，好利之弊，何以異哉？」

文治曰：子長之言允矣。自三代以下，言利者何其囂囂也。人君知有利而不知有仁義，於是知有一身而不知有萬姓。己處於甘，而不顧人之處於苦；己處於安富尊榮，而不顧人之饑饉餓窮，顛沛流離，遑論與民同樂乎哉！文王，萬世人君之師表

〔一〕言氣骨自持，樂天安命，皆在知命。

〔二〕《史記·孟子荀卿列傳》文。

也；與民偕樂，仁義之所推也〔一〕。「時日害喪，予及女偕亡」，人情樂亡而不樂生，民心大可哀已。

梁惠王自以爲盡心於民，而孟子警之，一則曰：「狗彘食人食而不知檢，塗有餓莩而不知發。」再則曰：「民有飢色，野有餓莩。」三則曰：「父母凍餓，兄弟妻子離散。」率獸食人，誰始作之俑乎？蓋治世之民貴，貴則皆上之子弟也；亂世之民賤，賤則皆上之俎上肉也。故曰：「仁者無敵。」總結以上數章。《老子》曰：「夫樂殺人者，不可得志於天下矣。」〔二〕不嗜殺人之君，「民歸之，由水之就下」，非以其仁乎？「保民而王，莫之能禦」，如何而可保民？「老吾老以及人之老，幼吾幼以及人之幼」而已！孟子生平至精之學問，在於度心〔三〕。察識〔四〕，度心之始基也。擴充，度心之實驗也。推恩至於保四海，度心之極功也。

孔子之學，務在尊民。然而《易傳》《論語》之中，語皆渾涵而未盡，至《孟子》而大

〔一〕「與民偕樂，仁義之所推也」原無，據先生《孟子新讀本》補入。

〔二〕《老子》三十一章。

〔三〕「度心」乃唐人李義府《度心術》提出駕馭心術之第一步工夫。唐先生借其詞以申「察識」之義。

〔四〕「察識」乃宋明性理學之修養工夫。

暢厥旨。《梁惠王》上篇長言之不足，乃復於下篇繼續言之。鼓樂田獵，當與民同也；園囿，當與民同也；交鄰國之道，所以安天下之民也；春省耕、秋省斂，皆所以爲民事也；好貨，當與民同也；好色，當與民同也。如是而君之責任盡矣。然而四境之内，非一人可治也，於是有選舉之法焉，有刑賞之典焉。

昔者周武王既應天順人而有天下，訪治道於殷之逸民曰箕子。箕子乃言曰：「汝則有大疑，謀及乃心，謀及卿士，謀及庶人……卿士從，庶民從……是之謂大同。身其康强，子孫其逢吉。」〔一〕韙哉斯言！卜世三十，卜年七百，周家之基業肇於此矣。如此然後可以爲民父母，反是而賊仁而賊義。賊也，殘也，即上篇所謂「狗彘食人食而不知檢，塗有餓莩而不知發」者也，所謂「民有飢色，野有餓莩」者也，所謂「父母凍餓，兄弟妻子離散」者也。始作俑者，誰也？一夫紂也。齊宣王伐燕，「取之而燕民不悦則勿取」，所以尊民也。止天下之兵，當謀於燕衆也，所以尊民也。「鄒與魯鬨」，民心之積憤於有司已久，今而後得反之也，「君無尤焉」，去民之怨府，平民之怨心也，所以尊民也。《滕文公》三章，「與民守之，效死而民弗去」，至於「創業垂統爲可繼」，由

〔一〕《書·洪範》文。

於順民心也。「從之者如歸市」，太王仁人也。仁人我師也，爲仁必先尊民也[一]。

人君心術之大害，在乎嗜利而忘義，士大夫心術之大害，亦在乎嗜利而忘義[二]。昔商鞅之事秦孝公也，因景監以進；李斯之事秦始皇也，與趙高朋比。彼以爲出處之際，苟焉而已，無傷也，枉尺而直尋，宜若可爲也。乃曾不逾時，一則車裂而滅其家，一則身被五刑於市。天命之不可違，邪佞之不可近，彼曾絲毫莫之悟，而卒至於此。哀哉！

夫人幼而學之，壯而欲行之，曷爲而舍所學？且舍所學以順庸主，以從暴君，此無他，有大迷途焉，利爲之也。天下惟專利之君，必求嗜利之臣，以傅之翼而恣其毒。而天下嗜利之臣，亦必求專利之君，如蠅之附膠，同歸於盡而後快。自古以來，天下之大亂，皆坐是二者同氣之相求，而民生之受其荼毒者，乃至於不忍言，且更不可以勝紀。是故《梁惠王》上篇以辨義利始，而其下篇，則以謹出處終，君與臣交惕之，其嚴乎！其嚴乎！

[一] 唐先生重申尊民大義。

[二] 此君臣兩面乃度心之要，故先生以心術言之。

孟子大義卷三

公孫丑上

1 **公孫丑問曰：「夫子當路於齊，管仲、晏子之功，可復許乎？」**

朱注：「公孫丑，孟子弟子，齊人也。當路，居要地也。」

（此章氣勢發皇，爲陽剛最美之類。賈生《過秦論》第三篇實本於此。）〔一〕

孟子曰：「子誠齊人也，知管仲、晏子而已矣！

（方云：二句撇筆，輕快。）〔二〕

愚按：孔子曰：「齊一變至於魯。」而孟子又嘗曰：「齊東野人之語也。」蓋齊俗

〔一〕唐先生《孟子新讀本》批語。

〔二〕唐先生《孟子新讀本》所引。

急功利，喜夸詐，風氣閉塞，所見者小，故爲當時君子所菲薄。

或問乎曾西曰：『吾子與子路孰賢？』曾西蹵然曰：『吾先子之所畏也。』曰：『然則吾子與管仲孰賢？』曾西艴然不悦曰：『爾何曾比予於管仲？管仲得君，如彼其專也；行乎國政，如彼其久也；功烈，如彼其卑也，爾何曾比予於是？』

朱注：「曾西，曾子之孫……先子，曾子也……桓公獨任管仲四十餘年，是專且久也。」

張氏云：「夫以子路一匹夫，事業曾未著於當時，而曾西聞其名則蹵然而懼，以爲己何敢與之班。管仲爲齊卿相，九合諸侯，一匡天下，功業如此其著，而曾西聞其名，則艴然不悦，以爲何乃比己於是，果何意哉？此學者所宜精思力體，以究其所以然也。一言以蔽之，亦在於義、利之分而已。子路在聖門，雖未班乎顔、閔之列，然觀其進德之勇，克己之嚴，蓋有諸己而充實者，其用力於斯道也久矣。雖其事業不著於時，而其規模，固王者之道也。至於管、晏，朝夕之所以處己處人者，莫非圖功而計利耳。故得君之專，行政之久，而其事業有限，蓋不出於功利之中，君子不貴也。然則其意味相去，豈不如碔砆之於美玉乎！」〔二〕

〔二〕張栻《孟子説》卷一。

（方云：管仲功大，晏子功小。引曾西之不屑爲，管仲則不屑爲，晏子意自在內。一筆作兩筆，文法之簡括，於此可悟。）〔一〕

曰：「管仲，曾西之所不爲也，而子爲我願之乎？」

愚按：管仲，天下才也，而孟子不屑爲之者，爲其先詐力而後仁義也。先詐力則不誠，不誠則凡事皆有爲而爲，飾僞浸於人心，而天下受其害，是以孟子深斥之。

曰：「管仲以其君霸，晏子以其君顯。管仲、晏子猶不足爲與？」

曰：「以齊王，由反手也。」

（蘇云：一句擺脱，文絶而意未絶。）〔二〕

愚按：反手，易也〔三〕。辨王、霸，是孟子一生大學問。

曰：「若是則弟子之惑滋甚。且以文王之德，百年而後崩，猶未洽於天下。武王、周

〔一〕唐先生《孟子新讀本》所引。
〔二〕唐先生《孟子新讀本》所引。
〔三〕朱子《孟子集注》云：「反手，言易也。」

公繼之，然後大行。今言王若易然，則文王不足法與？」曰：「文王何可當也？由湯至於武丁，賢聖之君六七作，天下歸殷久矣，久則難變也。武丁朝諸侯有天下，猶運之掌也。紂之去武丁未久也，其故家遺俗，流風善政，猶有存者；又有微子、微仲、王子比干、箕子、膠鬲，皆賢人也，相與輔相之，故久而後失之也。尺地莫非其有也，一民莫非其臣也。然而文王猶方百里起，是以難也。

張氏云：「『文王何可當』，謂文王之德之盛爲不可及也。『由湯至於武丁，賢聖之君六七作』，其間如太甲、沃丁、祖乙、盤庚，皆賢君也；而太戊、武丁，則幾於聖矣。賢聖之君，相望如此，其志氣之所感發，德澤之所漸被爲如何？紂去武丁之没，實百十有一載，而孟子以爲未遠者，蓋武丁之澤，其流長故耳。『故家遺俗』之所傳，『流風善政』之所被，爲未泯没，而又有賢臣以輔之，故雖以紂之無道，亦在位三十四祀，而後周代之，所謂久而後失之者也。然以紂有天下之大，而周卒以百里興，亦可見文王之莫可當矣。此論其理勢之然，非謂文王有取商之心也。」〔一〕

〔一〕張栻《孟子説》卷二。

（方云：此節又一大翻，波瀾更肆。）[一]

齊人有言曰：『雖有智慧，不如乘勢。雖有鎡基，不如待時。』今時則易然也。

（方云：此數句作上下關鍵，局更奇橫。）[二]

愚按：「齊人之言」，里諺也。鎡基，田器，耒耜之屬。

夏后、殷、周之盛，地未有過千里者也，而齊有其地矣。雞鳴狗吠相聞，而達乎四境，而齊有其民矣。地不改辟矣，民不改聚矣，行仁政而王，莫之能禦也。

愚按：此節指勢而言[三]。改，猶從新也。

且王者之不作，未有疏於此時者也。民之憔悴於虐政，未有甚於此時者也。饑者易爲食，渴者易爲飲。

（此節氣更震盪，用譬喻語頓住，尤奇。）[四]

[一] 唐先生《孟子新讀本》所引。
[二] 唐先生《孟子新讀本》所引。
[三] 朱子《孟子集注》謂：「此言其勢之易也。」
[四] 唐先生《孟子新讀本》批語。

愚按：此節指時而言〔一〕。幽王之後，王者不作久矣，故曰：「未有疏於此時者也。」漢賈生云：「寒者利裋褐，飢者甘糟糠。天下之嗷嗷，新主之資也。」〔二〕此言勞民之易爲仁也。故先王見始終之變，知存亡之機，是以牧民之道，務在安之而已。蓋處亂久則望治，居危久則思安，此人之大情也。聖王撥亂反正，非利其時機也，道在秉公心以行仁政而已。

孔子曰：『德之流行，速於置郵而傳命。』

愚按：此言感化之易也。然德貴乎積，不積不行，孔子蓋指盛德者而言。孟子特引之以證其易。

當今之時，萬乘之國行仁政，民之悦之，猶解倒懸也。故事半古之人，功必倍之，惟此時爲然。」

羅氏羅山云：「世俗之見，動謂儒術迂疏，不能切時勢以立論。予謂善用時勢者，莫如真儒之經濟也。蓋急小利，圖近功，逐時逞勢，以遂一己之私，每至坐失機會，不能成

〔一〕朱子《孟子集注》謂：「此言其時之易也。」
〔二〕《史記·秦始皇本紀》載賈誼《過秦論》文。

王業於天下，此甚暗於時勢者也。惟道德之儒，本原素裕，時有可爲，不難返運會於皇初；勢有可憑，不難沛仁義於海内。蓋有其德，則可乘時勢；無其德，雖有時勢，亦難爲功。向使孔子乘管仲之時勢，尊周室，攘夷狄，扶綱植紀，一本義理之正，則《春秋》可以不作。孟子乘戰國之時勢，以行道於天下，發政施仁，王業丕著，則嬴秦之毒可消。惜乎徒託之空言，不獲見諸實事也。孟子而後，時之有可爲，勢之有可乘者，不知凡幾。漢高乘秦、項之亂，而王關中；太宗乘六朝之後，而起太原，皆得乎時勢者也。特以區區智力行乎其間，不能修德以治之。三代之天下，遂終爲漢、唐之天下，惜哉！」〔一〕

愚按：倒懸者，言其困之極，而望救之切也。此節更推言之，蓋孟子屬望於當世之人主，不僅爲齊國言也。

2　公孫丑問曰：「夫子加齊之卿相，得行道焉，雖由此霸王不異矣，如此則動心否乎？」孟子曰：「否，我四十不動心。」

〔一〕羅澤南《讀孟子劄記》卷一。

愚按：四十不動心，即孔子四十而不惑[一]。窮理至此，幾於盡情之域矣。

曰："若是，則夫子過孟賁遠矣。"曰："是不難，告子先我不動心。"

（蘇云：一轉。）（先伏告子，而下忽論黝、舍，是文字布置要著之法。）[二]

曰："不動心有道乎？"曰："有。

（蘇云：二轉。）[三]

北宫黝之養勇也，不膚撓，不目逃，思以一毫挫於人，若撻之於市朝。不受於褐寬博，亦不受於萬乘之君。視刺萬乘之君，若刺褐夫，無嚴諸侯。惡聲至，必反之。

（體會數虛字，爲北宫黝不動心之學。）[四]

愚按：勇士至此，確有壁立千仞氣象，故孟子取之。

孟施舍之所養勇也，曰：『視不勝猶勝也。量敵而後進，慮勝而後會，是畏三軍者也。舍豈能爲必勝哉？能無懼而已矣！』

[一] 朱子《孟子集注》謂："孔子四十而不惑，亦不動心之謂。"
[二] 唐先生《孟子新讀本》所引及批語。
[三] 唐先生《孟子新讀本》所引。
[四] 唐先生《孟子新讀本》批語。

（體會數虛字，爲孟施舍不動心之學。）〔一〕

愚按：勇士至此，確有從容鎮定氣象，故孟子取之。蓋國多「俠士」，則民氣易以强；然苟無道德以範圍之，則適以長囂然不静之風，（而）〔二〕啓天下之亂。讀《史記·游俠列傳》，未嘗不神往而深惜也。北宫黝、孟施舍，皆「俠士」中之佼佼者〔三〕，然而皆血氣之勇也。天下有大勇焉，道德備於身，卒然臨之而不驚，無故加之而不怒，其可爲「俠士」之師也已。

孟施舍似曾子，北宫黝似子夏。夫二子之勇，未知其孰賢？然而孟施舍守約也。

（蘇云：三轉。）（以上爲一段，專論不動心。由孟、賁而及告子，遂及北宫黝、孟施舍，又及曾子、子夏，末以曾子爲一結束。文法極參伍錯綜之妙。）〔四〕

愚按：任氣而不動心，與明理而不動心，正大有别。此節因論心之氣，而將論心之理，故以「守約」二字轉入曾子之言。實則孟施舍之守約，所謂能無懼而已者，亦不

〔一〕唐先生《孟子新讀本》批語。
〔二〕「而」字乃唐先生《孟子新讀本》所補。
〔三〕朱子《孟子集注》謂：「黝蓋刺客之流。」又謂：「舍蓋力戰之士。」唐先生俱歸入「俠士」類人物。
〔四〕唐先生《孟子新讀本》所引及批語。

過守心之氣而已。

昔者曾子謂子襄曰：『子好勇乎？吾嘗聞大勇於夫子矣：自反而不縮，雖褐寬博，吾不惴焉。自反而縮，雖千萬人，吾往矣。』

愚按：此節係論心之理，與任氣者氣象雖略同，而重讀「自反」二字，其治心之學，則與任氣者迥不相同矣。

孟施捨之守氣，又不如曾子之守約也。」

愚按：此節結出理氣本旨。

曰：「敢問夫子之不動心，與告子之不動心，可得聞與？」

「告子曰：『不得於言，勿求於心。不得於心，勿求於氣。』不得於心，勿求於氣，可。不得於言，勿求於心，不可。夫志，氣之帥也。氣，體之充也。夫志至焉，氣次焉，故曰持其志，無暴其氣。」

羅氏羅山云：「『不得於心，勿求於氣』，《集注》謂：『强制其心，不必更求其助於氣。』此『助』字從下節『配』字來。孟子之不動心，是平日有集義工夫，養成此浩然之氣，足以配道義。告子之不動心，則惟强制之於臨時，不爲他所動，雖心有所不安，祇是一味割斷，罔所顧惜，不必求其心之慊，使氣不餒乏，足以助我之道義也。佛、老之

教，所以能去君臣，棄父子，離夫婦兄弟，皆以此也。」[一]

愚按：「不得於言」四句，均是治心中之把截法。「不得於心，勿求於氣」，足以泯怒，所以爲可。若「不得於言，勿求於心」，此不動心法，乃是釋氏宗其本無之旨，以言爲筌蹏，即以理爲障礙。告子之學，本以無善無惡爲宗旨，正如後世陽儒陰釋之徒，守其塊然不用之知覺，靈光雖葆，而性理全乖，所以爲不可也。志爲氣帥，氣爲體充。『持其志，無暴其氣』，則此心清明廣大，物來而順應矣。此吾儒不動心之學也。

「既曰『志至焉，氣次焉』，又曰『持其志，無暴其氣』者，何也？」曰：「志壹則動氣，氣壹則動志也。今夫蹶者趨者，是氣也，而反動其心。」

（蘇云：四轉。）（以上爲一段，專論吾人之不動心，所以異於告子。）[二]

王氏船山云：「《集注》云：『蹶，顛躓也。』顛躓者，固非心之過，抑非氣之過，不得云是氣也。且顛躓則形氣交爲之動，而不但動其心矣。按許慎《説文》：『蹶，跳躍也。』故漢有材官蹶張，言能跳躍上車也。踐地安而始舉足曰步，流水步曰趨，跳走曰

[一] 羅澤南《讀孟子劄記》卷一。
[二] 唐先生《孟子新讀本》所引及批語。

蹶，蹶蓋趨之甚者。方蹶則心爲之揚厲，方趨則心爲之悚敏，故曰：『反動其心。』趙注云：『氣閉不能自持，故志氣顛倒。』殊爲無謂。《集注》因之，過矣。」〔一〕

羅氏羅山云：「如人有一件可惡底事來，自家心下不能容他，則怒氣因之而發，此志動氣也。及發後，不能節制忿怒之氣，至於不能自禁，發之過當，此氣動志也。凡喜怒哀懼，言笑舉動，往往有氣用事底時候，此心反不能主張。如士卒驕悍，大將之號令不行，因而致敗者多矣。孟子舉趨蹶爲喻，只就其粗且顯者言之耳。」〔二〕

愚按：不動心而推極於蹶與趨，斯爲精細之極，足徵持志與無暴其氣，均不外「居敬」二字。

「敢問夫子惡乎長？」曰：「我知言，我善養吾浩然之氣。」

〔一〕王夫之《四書稗疏》卷一《孟子》「蹶者」條，同治《船山遺書》本。又王夫之於《讀四書大全説》論《孟子》此章：「蹶之爲義，自當從《説文》正訓云：『跳也。』促步曰趨，高步曰蹶。若作顛躓解，則既害文而抑害義。顛者非氣也，形也，形動氣而非氣動心也。蹶、趨亦不是不好事。古人於朝廷宗廟必趨，臨戎登車則蹶。孟子之言此，只是借喻意，故加以『今夫』二字，非謂蹶者、趨者之暴其氣也。」比録以供參考。

〔二〕羅澤南《讀孟子劄記》卷一。

（蘇云：五轉。）（此節爲自言所學。）〔一〕

陸氏桴亭云：「朱子有云養氣一章，只是要得心氣合〔二〕。夫心必合氣，而後始可謂之心；離氣言心，心非心矣。故孟子養氣之學，總不外持志；而告子不求氣之學，并不動心亦非。一則合氣於心，一則離心於氣也。陳白沙詩曰：『時時心氣要調停，心氣工夫一體成。莫道求心不求氣，須教心氣兩和平。』善哉言乎！」〔三〕又云：「『持志所以無暴其氣』，然著意持志，亦易動氣，蓋矜持急迫，則氣拘而不得展，反生差錯，皆所謂暴其氣也。說一『養』字最妙，便有從容不迫之意，正可濟持志之過。」〔四〕

愚按：「知言養氣」，乃不動心之切實工夫。知言爲窮理之根源，正與告子之「不得於言，勿求於心」異。養氣爲正心之萌柢，亦與告子之「不得於心，勿求於氣」異。孟子一生學問，全在於此，學者切宜領會而善學之〔五〕。

〔一〕唐先生《孟子新讀本》所引及批語。
〔二〕李侗《延平答問》載朱子語。
〔三〕陸世儀《思辨録輯要》卷二八「人道類」。
〔四〕陸世儀《思辨録輯要》卷二八「人道類」。
〔五〕唐先生貫通「知言養氣」與《大學》格致誠正之義。

「敢問何謂浩然之氣？」曰：「難言也。其爲氣也，至大至剛，以直養而無害，則塞於天地之間。

（蘇云：六轉。）（方云：「敢問夫子之不動心，與告子之不動心」下，却先承「告子之不動心」。「我知言，我善養吾浩然之氣」下，却先承「浩然之氣」。皆文法變幻處。）〔一〕

羅氏羅山云：「天地之氣，本自浩然，充周宇宙，而不見其稍虧，一何大也。流行古今，而不見其或阻，一何剛也。人秉此氣而生，故皆有此浩然者。其大也，則萬事萬物，莫不可以有爲；其剛也，則凡富貴死生，利害禍福，皆不得而阻之。特人自蔽於物欲，大者失其爲大，剛者失其爲剛，故與天地不相似耳！惟能直養而無害，仰不愧，俯不怍，此氣自可充塞宇宙而無間矣！蓋天人一也，吾身之氣，即天地之氣。自反不直，以任一己之事而不足；自反而縮，以贊化育而有餘。古之人所以能位天地、育萬物者，亦以其能養此剛大之氣，足以當其任而不動心耳。人何可自失其

〔一〕唐先生《孟子新讀本》所引及批語。

養哉？」[一]

愚按：凡人之生，莫不秉天地至正之氣，而有存有不存者，養與不養之别，即其人直與不直之别也。《論語》云：「人之生也直。」唯直而後有生氣，有生氣然後能自養也。《易傳》云：「直其正也，君子敬以直内。」惟正而後能直，能直而後能葆天地之正氣。而其功則原於居敬也，塞於天地之間，所謂「下則爲河嶽，上則爲日星，天柱賴以立，地維賴以尊」，是何等氣象！今人自命爲巧妙，吞吐其辭，險詖其行，自負其七尺之軀，而跼蹐以自喪其正氣，何邪？亦曰不直而已。

其爲氣也，配義與道。無是，餒也。

愚按：天下事皆理爲主，而氣爲輔。配義與道者，道義爲主，而氣爲之輔也。唯道義愈精邃，則氣愈無餒。若道義有一分之欠缺，則氣即有一分之餒。「無是」二字當活看。「配義與道」，其始在辨一介之取與，其終在行一不義，殺一不辜，而得天下，有所不爲，方爲能全其分量。

是集義所生者，非義襲而取之也。行有不慊於心，則餒矣。我故曰『告子未嘗知義』，

[一] 羅澤南《讀孟子劄記》卷一。

以其外之也。

羅氏羅山云：「人受天地之中以生，此理此氣，本是一齊付與，各無欠缺。緣人爲物欲所錮，行事不能合宜，義理日喪，故氣日餒。惟能克去己私，顧道義而行之，此事求合乎義，彼事求合乎義，義漸集而漸多，斯氣漸生而漸長。故此浩然之氣，必由集義而生，非謂止行一兩件好事，便可掩襲此浩然之氣，便可當大任而不動心也。蓋義積得一分，其氣亦長得一分；義集到十分，氣亦足到十分。苟事已九分九釐九毫合義，而有一毫未合，此理有一毫之缺損，此心即有一毫之愧怍，此心有一毫之愧怍，此氣即有一毫之虧欠，亦不得謂浩然之氣矣。事雖在外，而裁制之以合乎義者，則在乎心。告子不知義爲吾心之固有，而以爲外，則不能集義矣。不能集義，而欲其生浩然之氣，豈可得哉？」〔一〕

愚按：集義之始在辨義，其終乃能精義。辨義自知而言，集義自行而言，至精義則知行合一矣。朱子注「集義」，猶言積〔二〕善，可見集義全是積累功夫。義襲而取者，

〔一〕羅澤南《讀孟子劄記》卷一。
〔二〕「積」字，唐先生《孟子新讀本》作「集」。

是爲虚憍之氣，唯其作僞也。告子外義，由不知在物爲理，處物爲義之旨，處物仍在於内也。義内義外之辨，「孟季子問公都子」章最爲精覈。

必有事焉而勿正，心勿忘，勿助長也。無若宋人然。宋人有閔其苗之不長而揠之者，芒芒然歸，謂其人曰：『今日病矣，予助苗長矣。』其子趨而往視之，苗則槁矣。天下之不助苗長者寡矣，以爲無益而舍之者，不耘苗者也，助之長者，揠苗者也。非徒無益，而又害之。」

（蘇云：引喻先提一句。《莊子》多此法。）〔一〕

（以上數節爲一段，是養氣學問。）〔二〕

愚按：忘與助長，皆治心之弊，而助長者爲多。忘則氣餒，助長則任氣而動其心；忘者毗於陰，助長者毗於陽；忘者柔惡，助長者剛惡；忘之誤在專以無爲爲宗旨，如虚無之學是也；助長之誤在專以强探力索爲精神，如縱横之學亦是也。人之心苗無不善，苟得其養，則吾心之氣，自與天地之氣相接。若不得其養，而以盛氣淩

〔一〕 唐先生《孟子新讀本》所引。
〔二〕 唐先生《孟子新讀本》批語。

之，傲氣中之，僞氣雜糅之，則心苗立槁矣。故忘與助長二者，固治心之大弊，亦養氣之大害也。

「何謂知言？」曰：「詖辭知其所蔽，淫辭知其所陷，邪辭知其所離，遁辭知其所窮。生於其心，害於其政，發於其政，害於其事。聖人復起，必從吾言矣！」

（蘇云：七轉。）〔一〕

（此節自爲一段，是知言本領。）〔二〕

羅氏羅山云：「問：詖淫邪遁之辭，甚爲難辨，知言之功，當自何始耶？曰：惟先深格物致知工夫，將聖賢大中至正之道，辨得明白，表裏精粗，毫無蒙蔽。則彼説來前，便能燭其病之所在。否則我之理未明，彼之説可聽，不惟不能辨其是非，將有墮於其中而不自知者。權衡既設，輕重不可得而淆；繩墨既立，曲直不可得而混。欲知言者，詎可不窮理哉？」〔三〕

〔一〕唐先生《孟子新讀本》所引。
〔二〕唐先生《孟子新讀本》批語。
〔三〕羅澤南《讀孟子劄記》卷一。

愚按：朱注云：「詖，偏陂也。淫，放蕩也。邪，邪僻也。遁，逃避也。四者相因，言之病也。蔽，遮隔也。陷，沈溺也。離，叛去也。窮，困屈也。四者亦相因，則心之失也。」是故，由詖而淫而邪而遁，此必然之理；由蔽而陷而離而窮，亦必至之情。此正孟子闢異端之要指也。老莊申韓、楊墨蘇張，舉不外是四者之弊。是四者之言，深中於天下士大夫之心，則政治可知矣。

故君子之立言也，首先戒詖；其治心也，首先戒蔽。一入於詖，而淫而邪而遁，遂至於不可究詰；一入於蔽，而陷而離而窮，亦至於不可挽回，而政治遂大受其害。朱子訓詖爲偏陂，訓蔽爲遮隔。惟有偏陂遮隔之心術，而後有偏陂遮隔之政令，如是而天下否矣。然則在上者之心術〔一〕，可不慎哉？

又按：知言爲君子窮理之先務。同一言也，聖人聽之在此，庸人聽之則在彼；君子聽之在此，小人聽之則在彼；善人聽之在此，惡人聽之則在彼。天下之言萬殊，而聽之者亦萬殊焉。惟聖賢爲能正一己之心，以察天下之言。《易·繫辭傳》曰：「將叛者其辭慙，中心疑者其辭枝，吉人之辭寡，躁人之辭多，誣善之人其辭游，失其

〔一〕此唐先生言度心之旨也。

守者其辭屈。」此亦知言之學也。惟能正其心，乃能知天下之言。能知天下之言，乃能知天下人之心。

「宰我、子貢，善爲説辭；冉牛、閔子、顔淵，善言德行。孔子兼之，曰：『我於辭命則不能也。』然則夫子既聖矣乎？」

（蘇云：八轉。）〔一〕

愚按：「善爲説辭」，即聖門言語之科；「善言德行」，即聖門德行之科。以孔子之大聖，而云「我於辭命則不能」，可見辯學爲自古所難學者，所最當究心者也。

曰：「惡！是何言也？昔者子貢問於孔子曰：『夫子聖矣乎？』孔子曰：『聖則吾不能，我學不厭而教不倦也。』子貢曰：『學不厭，智也；教不倦，仁也。仁且智，夫子既聖矣乎？』夫聖，孔子不居，是何言也？」

（以上兩節爲一段，言不敢自居於聖。）〔二〕

愚按：「學不厭」，即近世所謂智育。五德中以「仁」「智」二字，尤爲親切有味。

〔一〕唐先生《孟子新讀本》所引。

〔二〕唐先生《孟子新讀本》批語。

智者動，仁者静，一動一静，互爲其根，聖功之本也。

「**昔者竊聞之子夏、子游、子張，皆有聖人之一體，冉牛、閔子、顔淵，則具體而微。敢問所安？**」

（蘇云：九轉。）〔一〕

愚按：聖人德行、學問，無所不包。有聖人之一體，蓋得其學問之一端。「具體而微」，謂具有德行之粹美，而未造於學問之極功也。

曰：「姑舍是。」

（蘇云：十轉。）〔二〕

曰：「伯夷、伊尹何如？」曰：「不同道。非其君不事，非其民不使，治則進，亂則退，伯夷也。何事非君，何使非民，治亦進，亂亦進，伊尹也。可以仕則仕，可以止則止，可以久則久，可以速則速，孔子也。皆古聖人也，吾未能有行焉，乃所願，則學孔子也。」

〔一〕唐先生《孟子新讀本》所引。
〔二〕唐先生《孟子新讀本》所引。

子之特識。

（以上三節爲一段，折出願學孔子。）〔一〕

愚按：戰國時無有能尊孔子者，尊孔爲孟、荀二子之特識，而願學孔子，尤爲孟子之特識。

「伯夷、伊尹於孔子，若是班乎？」曰：「否。自有生民以來，未有孔子也。」

（蘇云：十一轉。）〔二〕

愚按：孟子之學出於曾子，得師法之真傳，故尊崇孔子如此。

曰：「然則有同與？」曰：「有。得百里之地而君之，皆能以朝諸侯有天下。行一不義，殺一不辜，而得天下，皆不爲也。是則同。」

（蘇云：十二轉。）〔三〕

（以上兩節爲一段。）〔四〕

愚按：「得百里之地而君之，皆能以朝諸侯有天下」，仁之至也。「行一不義，殺

〔一〕唐先生《孟子新讀本》批語。
〔二〕唐先生《孟子新讀本》所引。
〔三〕唐先生《孟子新讀本》所引
〔四〕唐先生《孟子新讀本》批語。

一不幸，而得天下皆不爲」，義之盡也。行仁所以愛人，精義所以自處，聖人課心之學，雖百世胥同也。

曰：「敢問其所以異？」曰：「宰我、子貢、有若，智足以知聖人。汙不至阿其所好。

（蘇云：十三轉。）[一]

宰我曰：『以予觀於夫子，賢於堯舜遠矣。』

（方云：宰我、子貢、有若三賢之言，亦是知言，方能説得的當不易。孟子非知言，亦不知三子之言之確，篇終引三子之言，極力贊歎孔子，所以摹寫願學孔子之神。故後一大段，似與前大段不相關，而神理融貫，不可思議。）[二]

愚按：程子曰：「語聖則不異，事功則有異。『夫子賢於堯舜』，語事功也。」[三]此説恐未明晰。蓋堯舜昌明政治，孔子開宗教育。政治爲事功之本，教育則彙事功德行之全，此孔子之所以賢於堯舜也。

[一] 唐先生《孟子新讀本》所引。

[二] 唐先生《孟子新讀本》所引。

[三] 《河南程氏遺書》卷五《二先生語五》。

子貢曰：『見其禮而知其政，聞其樂而知其德，由百世之後，等百世之王，莫之能違也。自生民以來，未有夫子也。』

愚按：見禮知政五句，實指孔子而言。（注以爲子貢自言者，恐非是。）〔一〕由百世之後，等百世之王，所以品評列代之得失是非，而折衷至當也。莫之能違，言莫能違孔子之評論。

有若曰：『豈惟民哉？麒麟之於走獸，鳳凰之於飛鳥，泰山之於丘垤，河海之於行潦，類也。聖人之於民，亦類也。出於其類，拔乎其萃，自生民以來，未有盛於孔子也。』

（以上四節爲一段，皆孔子論贊，而孟子自己不著一語，可云高絶。）〔二〕

愚按：《大戴禮記·易本命》篇曰：「有羽之蟲三百六十，而鳳凰〔三〕爲之長；有毛之蟲三百六十，而麒麟爲之長……倮之蟲三百六十，而聖人爲之長。」此乾坤之美

〔一〕此唐先生批評李光地《讀孟子劄記》「而子貢獨顯言之」之論，李説見引於焦循《孟子正義》卷六本經疏引趙佑《温故録》之轉録。
〔二〕唐先生《孟子新讀本》批語。
〔三〕「凰」字，《大戴禮記》作「皇」。

類也。」〔一〕義即本此。「聖人之於民，類也。出於其類，拔乎其萃」，聖人豈生知哉？由於學而已矣。學之之道奈何？當自此章知言養氣始。

知言本於窮理，養氣本於居敬。然則學聖人之道，不外居敬窮理而已矣，有爲者亦若是，自古以來，豈真有天生之神聖哉？陸桴亭先生云：「走獸不能爲麒麟，飛鳥不能爲鳳凰，而惟民則可勉爲聖人，此人所以爲萬物之靈也。」〔二〕然則類也萃也，人可自安於類，自處於萃，而不求其出乎拔乎〔三〕？

3　孟子曰：「以力假仁者霸，霸必有大國。以德行仁者王，王不待大，湯以七十里，文王以百里。

愚按：假者，有借之義〔四〕，亦有僞之義。假仁者，憑恃其勢力而假借乎仁之名，

〔一〕「羽之蟲」「毛之蟲」，《大戴禮記·易本命》作「有羽之蟲」及「有毛之蟲」。末句《大戴禮記》作：「此乾坤之美類，禽獸萬物之數也。」先生省下禽獸句，蓋避免比類聖人也。

〔二〕陸世儀《思辨録輯要》卷二六「人道類」。

〔三〕此勉上達無已。

〔四〕此度心也。朱子《孟子集注》云：「借其事以爲功。」唐先生收攝此義，再拓出作「僞」之心術。

其名非不仁也，然而僞也。其僞奈何？如齊桓之侵蔡，爲蔡姬也。蔡既潰矣，乃遷怒於楚，無名矣，乃責之曰：「爾貢包茅不入……寡人是徵。昭王南征而不復，寡人是問。」〔一〕皆僞也。晉文因「民未知義，於是乎出定襄王，入務利民；因民未知信，於是乎伐原以示之信；因民未知禮，於是乎大蒐以示之禮」〔二〕，義也、信也、禮也，無非有爲而爲也，皆僞也。然而能霸者，齊、晉皆憑恃大國之勢力。故必有大國，而後可以霸。若夫王者，則不待大，其心惟至誠惻怛，修德行仁，以合於天理之公，非期於王天下也，而王自隨之。

以力服人者，非心服也，力不贍也；以德服人者，中心悦而誠服也，如七十子之服孔子也。《詩》云：『自西自東，自南自北，無思不服。』此之謂也。」

愚按：「以力服人者」，專恃壓制，民非心服而力不足，故不可以久，久則散矣離矣，發之暴矣。「中心悦而誠服」，德之感人深也，無恃乎力也。天下之道，不敢與不忍而已。不敢不服者，勉强之道，可暫而不可久；不忍不服者，自然之道，歷久而不

〔一〕《左傳·僖公四年》文。

〔二〕《左傳·僖公二十八年》晉、楚城濮之戰文。唐先生舉出齊桓、晉文之事以佐證。

渝。以力服人者，不敢不服者也，故五霸之興，少則一二十年，多至數十年而止。以德服人者，不忍不服者也，故三王之興，或二三百年，或七八百年，其流風善政，猶有存者。心迹公私之判，其明效蓋彰彰矣。

孟子曰：「以力服人者，未有能服人者也；以善養人，然後能服天下。天下不心服而王者，未之有也。」[一]與此章同意。蓋以善養人者，有漸漬教育之功；以德服人者，有慈惠周普之效。《詩》云：「自西自東，自南自北，無思不服。」此《大雅·文王有聲》之篇，美文王之聲教訖於四海也，曷爲而闃寂於後世也乎？

4 孟子曰：「仁則榮，不仁則辱。今惡辱而居不仁，是猶惡濕而居下也。

（此章以「仁則榮」二句作主，作一提一振。「及是時，明其政刑」，仁則榮者也。「及是時，般樂怠敖」，不仁則辱者也。一則因「惡濕居下」句，而以「如惡之」串下。一則因「自求禍」句，而「以禍福自己求之」串下。一則引《詩》單言遠辱之道，一則引

[一]《孟子·離婁下》文。

《詩》《書》雙結榮辱二字。文境整齊，縝密之至。）〔一〕

愚按：仁者能以不忍人之心，行不忍人之政，注意於教養兩端，則名譽歸之，人心附之，夫焉得而不榮？不仁者反是。

如惡之，莫如貴德而尊士。賢者在位，能者在職，國家閒暇。及是時明其政刑，雖大國必畏之矣。

愚按：國家之於人才，猶魚之於水，鳥之於林也，得之則生，不得則死。故用人爲國家之先務，而用人尤在知人。賢者在位，能者在職，先賢而後能，德爲主，而才爲輔也。

《詩》云：『迨天之未陰雨，徹彼桑土，綢繆牖户。今此下民，或敢侮予？』孔子曰：『爲此詩者，其知道乎！能治其國家，誰敢侮之？』

愚按：此節宜熟讀。周情孔思，悉寓於此。凡人莫不惡受侮，而又不能自治，「徹彼桑土，綢繆牖户」，自治何難？在平日於用人、行政，加之意而已。若陰雨已至而綢繆之，則無及矣。

〔一〕唐先生《孟子新讀本》批語。

今國家閒暇，及是時般樂怠敖，是自求禍也。

愚按：此「及是時」與上「及是時」，均有如不及之意。明其政刑，如不及也；般樂怠敖，亦如不及也。一如不及，而福即隨之；一如不及，而禍即及之。

禍福無不自己求之者。

愚按：此與《不仁者章》自取二字參看。

《詩》云：『永言配命，自求多福。』《太甲》曰：『天作孽，猶可違；自作孽，不可活。』此之謂也。」

愚按：《左氏傳》曰：「禍福無門，惟人所召。」福也禍也，人以爲「數也，偶然之事也」；而不知爲善而獲福，爲惡而獲禍，乃天行之理，感應之機，有毫髮不爽者。宋歐陽修曰：「憂勞可以興國，逸豫可以亡身，自然之理也。」[一] 蓋自然之理即當然之數，天之降祥降殃，不必設一局以待人，而人偏若故入其局，及身罹於禍，乃曰：「此數也，偶然之事也。」豈不謬哉？孟子此章，苦口之言至矣！

[一] 歐陽修《五代史·伶官傳序》文。

5 孟子曰：「尊賢使能，俊傑在位，則天下之士，皆悦而願立於其朝矣。

（方云：此章即發揮上章仁政之實，先分後總。先説政，後説效，如百川之匯大海後，一段極波瀾縈洄之致。）[一]

愚按：國家根本，在乎用人。進賢退不肖，則士心服。退賢進不肖，則士心不服。「皆悦而願立於其朝」者，誠服故心悦也。司馬遷曰：「人君莫不欲求賢以自爲，舉忠以自輔。然亡國破家相隨屬，而聖君治國累世而不見者，其所謂忠者不忠，賢者不賢也。」[二]然則如何而爲賢能？如何而爲俊傑？要知其奔走於我而求富者，皆非賢也、非能也、非俊傑也。

市廛而不征，法而不廛，則天下之商，皆悦而願藏於其市矣。

趙注：「廛，市宅也。古者無征，衰世征之。《王制》曰：『市廛而不税。』《周禮·載師》曰：『國宅無征。』『法而不廛』者，當以什一之法，征其地耳，不當征其廛

[一] 唐先生《孟子新讀本》所引。
[二] 《史記·屈原列傳》文。

宅也。」〔一〕

愚按：興商爲王政之大綱。廛而不征，法而不廛，是商政無征也。〔二〕不征商則百貨集，皆悦而願藏於其市，則國之財用饒，而命脉固矣。

關譏而不征，則天下之旅，皆悦而願出於其路矣。

愚按：旅，兼農工商而言，皆悦而願出於其路，則物無停滯，而泉貨流通，其國日以殷盛。今之爲關也，其意主於征，多征則益阻天下之旅，譬諸人身血脈不通，元氣耗竭，其亡可立而待也。

耕者，助而不税，則天下之農，皆悦而願耕於其野矣。

朱注：「但使出力以助耕公田，而不税其私田也。」

愚按：《管子》以農爲本事〔三〕。本事，根本之事也。耕者終歲勤動，惟以養人爲務，一遇水旱凶荒，則啼飢號寒，所在皆是。故農有蓋藏〔四〕，爲國之本事，尚何忍多取

〔一〕趙岐《孟子章句》卷三。
〔二〕「商政」是唐先生所措意的政策。
〔三〕以農事爲王政本事，詳《管子・治國》。
〔四〕鄭玄注《禮記・月令》孟冬之月「命百官，謹蓋藏」謂：「府庫囷倉有藏物。」即公共糧食儲備。

之乎？

廛，無夫里之布，則天下之民，皆悦而願爲之氓矣。

趙注：「布，錢也。」〔一〕

朱注：「《周禮》：『宅不毛者有里布，民無職事者，出夫家之征。』〔二〕鄭氏謂：『宅不種桑麻者，罰之使出一里二十五家之布；民無常業者，罰之使出一夫百畝之税，一家力役之征也。』今戰國時，一切取之。市宅之民，已賦其廛，又令出此夫里之布，非先王之法也。」

信能行此五者，則鄰國之民，仰之若父母矣。率其子弟，攻其父母，自有生民以來，未有能濟者也。如此，則無敵於天下。無敵於天下者，天吏也。然而不王者，未之有也。」

朱注：「此章言能行王政，則寇戎爲父子；不行王政，則赤子爲仇讎。」

〔一〕趙岐《孟子章句》卷三。

〔二〕《周禮·地官·司徒下》載師之職：「凡宅不毛者，有里布；凡田不耕者，出屋粟；凡民無職事者，出夫家之征。」按：鄭衆及鄭玄俱解釋「布」爲布匹，趙岐則以爲是「錢布」。唐先生用前説，並列出趙注，明不專一説。

（天吏言奉行天命者也。）[一]

愚按：此章自首節外，要以輕賦稅爲主。蓋稅輕則民悦，稅重則民怨，怨氣日積，而國於是乎亂。或謂後世庶政殷繁，若不多取於民，奚以自給？不知先王之取於民也，皆以爲民也，且取之少，故民易以悦；後世之取於民也，非以爲民也，且取之多，故民易以怨。然先王取於民雖少，而不虞其不足者，蓋自來生財之道，在乎開利源；而理財之方，則在乎崇節儉。儉者，國之寶也。《易傳》曰：「何以守位曰仁？何以聚人曰財？」又曰：「節以制度。」不傷財，不害民，人君惟能節儉，而後能養心養身，而後能養民，而後能養國之元氣。然惟能先用天下之才，乃可以力行儉德，而理天下之財。故孟子此章，尤以尊賢使能、俊傑在位，爲先務之急也。

6 **孟子曰：「人皆有不忍人之心。**

（蘇云：陡起。）[二]

[一] 唐先生《孟子新讀本》所評。

[二] 唐先生《孟子新讀本》所引。

愚按：人者，天地之心也。朱子云：「天地以生物爲心，而所生之物，因各得夫天地生物之心以爲心。」[一]蓋人之所以善承天地者，惟在此生生之心。生生者，即不忍之心也。聖人存此生生之心，所以能配天；庸人去此生生之心，所以近於禽獸。**先王有不忍人之心，斯有不忍人之政矣。以不忍人之心，行不忍人之政，治天下可運之掌上。**

愚按：人徒有不忍人之心，無益也，要必行之於實政。心之發爲喜怒哀懼愛惡欲，先王因此七者，用之於正，發皆中節，則謂之和。由是而施之於實政，親親而仁民，仁民而愛物，老有所安，少有所懷，推而至於飛潛動植，咸若其性。所以位天地、育萬物者，在此實政；所以財成天地之道，輔相天地之宜者，在此實政；所以贊天地之化育，與天地參者，亦在此實政。張子《西銘》云：「民吾同胞，物吾與也。大君者，吾父母宗子；其大臣，宗子之家相也。尊高年，所以長其長；慈孤弱，所以幼其幼……凡天下疲癃殘疾、惸獨鰥寡，皆吾[二]兄弟之顛連而無告者也。」文王發政施仁，

[一] 此朱子解釋「不忍人之心」之理據。
[二] 「吾」字，《西銘》作「我」。

必先鰥寡孤獨，正是仁政下手之方。

然吾謂文王之惠鮮鰥寡，實爲殷之天下已被凋殘。若元氣方新之時，所注重者，則尤有在。蓋周濟已窮之民，爲仁政之普及。教養未窮之民，使天下無窮人，實爲仁政之首務。人生當世，莫不負有教養之責任。若吾之力能教養一二人，即應教養一二人；吾之力能教養十百人，即應教養十百人；吾之力能教養千萬人，即應教養千萬人。惟聖王爲能教養天下之人，故其仁政爲尤大。《棫樸》「作人」〔一〕，濟濟多士，爲文王教人之精神。制其田里，教之樹畜，爲文王養人之精神。教之中有養，養之中有教，教養徧及乎天下，此之謂經綸化育。於是人人有學問，人人有知識，天下無膈膜敷衍之事，故曰：「治天下可運之掌上。」〔二〕

所以謂人皆有不忍人之心者，今人乍見孺子將入於井，皆有怵惕惻隱之心，非所以内交於孺子之父母也，非所以要譽於鄉黨朋友也，非惡其聲而然也。

〔一〕《詩·大雅·棫樸》「周王壽考，遐不作人？」，《毛詩正義》解釋「作人」謂：「作人者，變舊造新之意。」意爲教育作新人也。
〔二〕唐先生極言教民與養民兼重之尊民宗旨。

（蘇云：就起語作一大轉。）

（方云：一提全神俱振。孟子一生與人言，只是挑發人不忍之心。此章是學問、政治之大本。）〔一〕

愚按：此節即所謂「良知」，陽明先生之學，實本於此。所最當注意者，在一「乍」字〔二〕。乍見孺子入井，良知即乍發。當此之時，「計較之心」未生，故曰非所以納交、非所以要譽、非惡其聲而然。迨久之，則計較之心生矣。故此乍發之良知，最當體驗。

今試設一境思之，冬日烈烈，雨雪載塗，有賣菜老翁，鶉衣百結，負戴於路，俄而傾跌。乍見之時，憐憫之心，油然自生，而尚忍減削其菜值乎？

又試設一境思之，凶年饑歲，哀鴻遍野，婦女老幼，流離道路，輾轉溝壑，號呼之聲，慘不忍聞。乍見之時，悲痛之心，油然自生，而尚忍征取其賦税乎？天下流離失所、無所控告之民，不一而足。而或視之若無覩者，以其習見，非乍見也。

惟聖王知乍見之爲時甚暫，而乍發之良知爲不足恃，故必擴充此不忍之心，以施

〔一〕此兩條唐先生《孟子新讀本》所引。

〔二〕此是唐先生卓見。張栻《孟子説》卷二謂：「必曰『乍見』者，方是時非安排作爲之所可及，而其端發見也。」

之於實政，而後吾之良知，乃周浹於宇宙之間。庸人昧焉，不能常保此乍見之心。於是乍發之良知，遂如電光石火，隨起隨滅，以致政治亦復顛倒錯亂。悲夫！此有國家者所以必講求「致良知」之説，而陽明之學，竊以爲終不可廢也〔一〕。

由是觀之，無惻隱之心，非人也；無羞惡之心，非人也；無辭讓之心，非人也；無是非之心，非人也。

愚按：此節文義，特爲復沓。朱子云：「因論惻隱而悉數之，言人若無此，則不得謂之人。」是以文義論之，當云：「無惻隱之心非人也，無羞惡辭讓是非之心非人也。」而孟子必如是之累規重疊者，見四端缺其一，即不得謂之人。「非人也」三字，何等直截！吾人讀此，當猛然深省四端之心有缺一者乎？

惻隱之心，仁之端也；羞惡之心，義之端也；辭讓之心，禮之端也；是非之心，智之端也。

羅氏羅山云：「仁、義、禮、智，四德也，渾然一理之中，自有條理之各異，然亦非截然分開，有此疆彼界之判。故有時發而爲仁，而義、禮、智即在其中，無、義、禮智，

〔一〕此先生設境寓情，苦口婆心，所以爲民請命之大義，非斤斤學術門户者。

亦不成其爲仁；有時發而爲義，而仁、禮、智即寓其中，無仁禮智，亦不成其爲義；禮、智亦然。未有截然成其爲仁，截然成其爲義與禮、智者。如陰陽本二氣也，而陽盛之際，陰亦未嘗不存；陰盛之際，陽亦未嘗不在，未有截然成其爲陰陽者。故天下未有盡得仁而不可謂之義者，未有盡得義而不可謂之仁者，分雖殊，理實一也。」〔一〕

愚按：此節爲察識之本。朱子云：「端，緒也，因其情之發，而性之本然，可得而見，猶有物在中，而緒見於外也。」〔二〕故人當獨居靜念，及日用行習之時，當隨時隨事體察，孰者爲仁之端、義之端？孰者爲禮之端、智之端？於察識之中，並寓辨別之理。惟此所謂端者，即上所謂良知之乍發，如草木之初萌，當其端緒乍見之時，或引起而生長之，或斬絶而剷除之，衹在斯須之頃。故學者當察識之時，急宜擴充以致於實〔三〕。

人之有是四端也，猶其有四體也。有是四端而自謂不能者，自賊者也。謂其君不能者，賊其君者也。

〔一〕羅澤南《讀孟子劄記》卷一。
〔二〕朱子《孟子集注》當句注文。
〔三〕唐先生具言察識之功夫，度心者，度仁義禮智之情，本此心以極其實之用也。

愚按：四體不可缺一，益徵四端不可缺一。若戕賊其四體之一，其痛楚爲何如？若戕賊其四端之一，其痛楚又當何如？然人知戕賊四體之可痛，而不知戕賊四端之可痛者，四體有形，四端無形。無形之體，貴於有形，而世人不悟，哀哉！「謂其君不能者，賊其君者也」，蓋天下最要者己，最重者君，人既不能自治，以自賊其心，自賊其性，而復戕賊治人之人之心與性，是雖戕賊一人之心與性，而實戕賊憶兆人之性與命，於事爲不祥，於德爲愆義。若是者，不有天殃，必有人禍，豈不尤可畏哉！

凡有四端於我者，知皆擴而充之矣，若火之始然，泉之始達。苟能充之，足以保四海；苟不充之，不足以事父母。」

愚按：此節當與齊宣王章老吾老、幼吾幼一節參看。「擴而充之」，即所謂舉斯心加諸彼，善推其所爲也。此其功效，在於行仁，而其根本，在於强恕。恕者，如心之謂。生人之大患，莫患乎血氣心知之隔，日隔一日，於是有己而無人。恕者，以己之心，如人之心，要知己心如是，人心亦復如是。己之所欲在於此，人之所欲亦在於此；己之所惡在於彼，人之所惡亦在於彼，《大學》之「所惡於上，毋以使下。所惡於下，毋以事上……民之所好好之，民之所惡惡之」。絜矩之方，即聖門一貫之學。一貫者，謂「己所不欲，勿施於人」，人與己，一以貫之也。孟子曰：「强恕而行，求仁莫近焉。」惟强恕而後能行仁。

「仁者，己欲立而立人，己欲達而達人」。己欲自立，人亦欲自立；己欲發達，人亦欲發達。惟能近取譬，有以立人達人，而後能造於博施濟衆之域。

孔子曰：「博施濟衆，堯舜猶病。」世人因此言，以爲堯舜猶病，遂推諉而不復爲。不知孔子所謂堯舜猶病者，蓋言堯舜實以博施濟衆爲目的，正是「望道而未見」之意。千古聖賢之學問行詣，要皆以博施濟衆爲主，惟是察識擴充之始，必先事事踏實，由親以及疏，由近以及遠，由小以及大。是以孟子曰：「堯舜之智而不偏物，急先務也。堯舜之仁不偏愛人，急親賢也。」要知孟子此言，正示人以擴充之先務，否則以堯舜之仁智，豈有尚不能偏物、尚不能偏愛人之理？

惟世人以「堯舜猶病」一語，爲推諉之據，於是異學轉借《墨子》之緒餘，以行其兼愛之術，遂謂《墨子》之學爲實，吾儒之學爲虛。千載而下，無有能糾正而發明之者，深可痛也。如韓子云：「博愛之謂仁。」後儒多駁難之，以爲仁者愛之理，博愛不可以言仁〔一〕。不知愛之理，

〔一〕程顥云：「孟子言惻隱爲仁，蓋爲前已言『惻隱之心，仁之端也』，既曰仁之端，則不可便謂之仁。退之（韓愈）言『博愛之謂仁』，非也。仁者固博愛，然便以博愛爲仁，則不可。」見《河南程氏遺書》卷一八。此條並載入朱子、吕祖謙合編《近思録》首卷「道體」。《近思録》輯録周敦頤、張載、程顥、程頤語録六百二十二，乃性理學入門典籍，影響極深。

正是博愛之根源，何所分别？因謂博愛不可以言仁，並謂孝弟不可以言仁，種種誤解，以自隘其途，此所謂舍實而騖虚，真不可解。

「若火之始然，泉之始達」，應上「乍見」二字。「火之始然」，其苗微，最易於滅；泉之始達，其源小，最易於涸；乍見之良知，其時暫，最易於消泯。苟能充之，推而放諸東海、西海、南海、北海而準；苟不充之，雖家庭之間，亦不能生其愛敬之誠矣。

孟子首章辨義利，推及於不能保萬乘之國、千乘之國。曷爲而不能保？爲其嗜利也。「天子不仁，不保四海；諸侯不仁，不保社稷」，曷爲而不能保？爲其暴虐而樂死亡也。《論語》首篇言孝弟，推及於不犯上、不作亂。而《孝經·五孝章》亦注重於保其社稷，保其宗廟，保其禄位、祭祀。然則在上者之自保，在於不嗜利、不暴虐、不驕不溢；在下者之自保，在於不犯上、不作亂，而要之保其不忍人之心而已矣！讀此章書，益見聖人窮理盡性之功，與夫配天之學，皆萌柢於乍發之良知〔一〕。而乍發之良知，要必擴充之以致於實。吾人勉旃，後世學者勉旃。

〔一〕「乍發之良知」，唐先生再三致意，融攝王守仁「致良知」之教。

7　孟子曰：「矢人豈不仁於函人哉？矢人唯恐不傷人，函人唯恐傷人。巫匠亦然，故術不可不慎也。」

張氏云：「矢人與函人，巫與匠，俱人也，而其所欲之異者，以其操術然也。故夫人自處於不仁，爲忌忮，爲殘忍，至於嗜殺人而不顧。夫豈獨異於人哉？惟其所處，每在乎人欲之中，安習滋長，以至於此。其性本同，而其習有霄壤之異，可不畏歟？」〔一〕

（方云：起筆用譬喻，中間又用弓人、矢人，末節又用射者，文境變幻不彰。）〔二〕

愚按：孔子曰：「少成若天性，習慣成自然。」〔三〕術者，爲人善惡之分途，詎可不慎乎哉？與惡人處而欲其善，譬猶操楚語者，不能復求其齊語也。曾子曰：「與惡人游，如入鮑魚之肆，久而不聞，則與之化矣。」〔四〕擇術可不慎乎？孟子此經，一則曰惟恐不傷人，則其務求銛利慘毒可知也；一則曰惟恐傷人，則其務求保護周密可知也。近世以來，人心日險，而不仁之器，乃日出而益精，嗚呼！可慨也。

〔一〕張栻《孟子説》卷二。
〔二〕唐先生《孟子新讀本》所引。
〔三〕賈誼《新書・保傅》引孔子語。
〔四〕《大戴禮記・曾子疾病》文。

孔子曰：『里仁爲美，擇不處仁，焉得智？』夫仁，天之尊爵也，人之安宅也，莫之禦而不仁，是不智也。

愚按：讀「里仁爲美」四字，油然如見敦樸渾厚氣象。蓋風俗不敦樸則浮囂。浮囂者，不仁之基也。不渾厚，則刻薄。刻薄者，不仁之基也。「擇不處仁」，則自居於蔽塞，浸至汩没其是非之心，焉得爲智乎？張氏云：「尊爵，言其至善爲可尊貴也；安宅，言其所止爲甚安固也。」〔一〕蓋人之所以尊、所以安固，在乎此而不在乎彼也。

不仁不智，無禮無義，人役也。人役而耻爲役，由弓人而耻爲弓，矢人而耻爲矢也。

（蘇云：活潑變幻，不可端倪，若游龍，若迅雷。）〔二〕

（「人役也」句，極辣。）〔三〕

愚按：人役而爲役，天演〔四〕之公理也；人役而耻爲役，良心之未泯也。然而其人浮囂矣、刻薄矣，卑鄙而棄其天爵，窮大而失其安宅，其氣質則人役之氣質也，其知

〔一〕張栻《孟子説》卷二。
〔二〕唐先生在《孟子新讀本》所引。
〔三〕唐先生在《孟子新讀本》批語。
〔四〕唐先生時代之流行詞語，義通「進化」。

識則人役之知識也。如是而求免於爲役，揆諸天道人事，蓋皆有所難矣。

如耻之，莫如爲仁。

（凡用譬喻，須不倫不類，却須不雜不贅。觀此節「由弓人」兩句，可悟用譬喻之法。）〔一〕

愚按：仁者，吾心之良知也；耻者，亦吾心之良知也〔二〕。耻之耻之，一念而耻爲役，即當一念而進於仁。惟因其心而擴充之，則浮囂者可進於敦樸矣！刻薄者可進於渾厚矣！閉塞者可進於開明矣！念念知耻，即日日求仁，如是而求免於人役，固天道人事之所許，實吾良心感應之機也。耻之耻之！人生以堂堂七尺之軀，何至甘爲人役耶？〔三〕

仁者如射，射者正己而後發。發而不中，不怨勝己者，反求諸己而已矣。」

（此節結出正意，故再用射字作譬，不覺其複。）〔四〕

〔一〕唐先生《孟子新讀本》批語。

〔二〕唐先生本「良知」界定「仁」之義，是其融通王守仁之學的識見。

〔三〕唐先生提醒國民自强自振。

〔四〕唐先生《孟子新讀本》批語。

愚按：人何以爲人役？怨人故也。人與人相處，孰者當勝、孰者當敗、孰者宜榮、孰者宜辱，皆有一定之公理。不明公理，於是乎但知怨人，怨者忌心之所萌，而惡心之所由起也。怨心愈甚，則反求諸己者愈疏，天下人役之氣骨，皆此怨人之心所造而成。而家之所以不興，國之所以積弱，皆由不能反求諸己而已矣。凡人莫不求勝，而己則處於敗者，有所以致敗之道也。凡人孰不求榮，而己則處於辱者，有所以取辱之道也。反求諸己，則得其道矣。仁者如射，射者不怨勝己，而恕心生焉。强恕而行，求仁莫近矣。仁者，生之道也，人能事事反求諸己，則得所以生存於天地間之道矣。

8　孟子曰：「子路，人告之以有過則喜。

（方云：此傳贊體也。首四節叙三人事，末節是贊「君子莫大乎與人爲善」。只贊舜一筆，而子路與禹，自包含在内矣，其未能大處，自在言外，太史公頗得此法。）〔一〕

周子《通書》曰：「仲由喜聞過，令名無窮焉。今人有過不喜人規，如護疾而忌

〔一〕唐先生《孟子新讀本》所引。

醫，寧滅其身而無悟也。」〔一〕

愚按：天下聞過之人，約分三等。聞而怒焉，復怙而不悟焉，下愚也。驟聞而不樂焉，既而稍稍省察焉，中人也。聞而心折焉，而心悦焉，自反而痛改焉，上也。上焉者，聖賢人也。凡人之大患，在己不能爲善，而忌人之爲善，中人以下之氣質大都如此。若聞過而喜，則是勇於克己，而忮求悉泯矣，豈非百世之師表乎？程子云：「子路爲百世之師。」〔二〕蓋天下有興起之師，有成德之師。成德之師，切磋琢磨，能造人材於精粹之域，顔、閔是也。興起之師，廉頑立懦，能拔人心於陷溺之中，子路是也〔三〕。

禹聞善言則拜。

愚按：《臯陶謨》曰：「禹拜昌言。」此其德行氣象，較子路爲廣大矣。古者席地坐，故拜也易〔四〕。

〔一〕並録於《近思録》卷一二「警戒」。

〔二〕朱子《孟子集注》當句注引程子語：「子路人告之有過則喜，亦可謂百世師也。」

〔三〕唐先生化用陸隴其《上湯潛菴（湯斌）先生書》語：「蓋天下有興起之師，有成德之師。興起之師，廉頑立懦，能拔人心於陷溺之中。成德之師，切琢磨磋，能造人才於粹精之地。」（陸隴其《三魚堂文集》卷五）擬諸孔門兩類人才。

〔四〕唐先生出使日本之後，體會席坐與「百拜」之可能性。詳唐先生《自訂年譜》。

大舜有大焉，善與人同，舍己從人，樂取於人以爲善。

（大舜句一提，以下氣象廣闊。蓋舜之度量，清明廣大。故孟子叙述之文，更覺清明廣大。）〔一〕

愚按：此節較大禹德行，氣象更爲廣大矣。《孟子》一書不言《易》，而此曰：「大舜有大焉，善與人同。」實即暗合《大有》、《同人》二卦義也。蓋德無不備，而能通天下之志，故曰大有。同心之言，推而布之於天下，以一己之善，兼善天下，故曰同人。《易·序卦傳》曰：「與人同者，物必歸焉，故受之以大有。」蓋善與人同，而大有隨之也。善在天下，公之而已，無所謂己也，無所謂人也。如舜之見善，無所謂舍也，無所謂從也。其取於人也，見善而已，忘乎其爲取也。惟忘乎其爲取，故其樂也，出於性而無所强。

自耕稼陶漁以至爲帝，無非取於人者。

朱注：「舜之側微，耕於歷山，陶于河濱，漁于雷澤。」

取諸人以爲善，是與人爲善者也。故君子莫大乎與人爲善。

愚按：與者，偕也。偕天下之人以爲善，非特爲一己之善而已。孟子曰：「舜之

〔一〕唐先生《孟子新讀本》批語。

居深山之中，與木石居，與鹿豕遊，其所以異於深山之野人者幾希。及其聞一善言，見一善行，若決江河，沛然莫之能禦也。」由是觀之，舜之無異於野人，實不惜下儕於庶民。至於善言有弗聞，聞即取之；善行有弗見，見即取之；如是而天下之善，有不集於一己之身者乎？惟其誠之至也。

孔子贊舜之大智曰：「舜好問而好察邇言，隱惡而揚善，執其兩端，用其中於民。」〔一〕用中於民者，即《論語》引《書》所謂「允執其中」。「人心道心」之説，係僞《古文》〔二〕，昔人言之已詳。蓋舜既集天下之善，以爲一己之善，即以一己之善，公之於天下。曰好問、曰好察、曰隱惡揚善，誠之至也。曰用中於民，明之至也。自古惟至誠、至明之君，斯能集天下之公善。《中庸》曰：「誠者非自成己而已也，所以成物也。成己仁也，成物智也，性之德也，合外内之道也，故時措之宜也。」蓋舜之「舍己從人，樂取於人以爲善」，爲成己之仁。至於「與人爲善」，則因成己之仁，進於成物之智，故孔子贊舜曰「大智」，以其能成物也。「合外内之道」，即合人己而一貫。「時措之宜」，道在用

〔一〕《中庸》引孔子語。
〔二〕指《古文尚書》。

中，取善之熟，以時措之，而皆得其宜也。此其道在於誠而已矣，明而已矣。蓋不誠則求善不切，而於天下之事不能導其源；不明則取善無方，而於天下之事不能窮其理。於是是非茫昧，譬諸無黍之尺，無星之稱，不能善己，安能善人？

周子曰：「誠精故明。」〔一〕舜之所以能與人爲善，成己而成物者，惟在於誠精而明。故《中庸》又曰：「惟天下至誠，爲能盡其性，盡人之性。」又曰：「惟天下至誠，爲能經綸天下之大經。」蓋其量直與天地同其大矣。是以孔子贊舜又曰：「無爲而治者，其舜也與。」無爲者，爲其能集天下之善，有爲之至，所以無爲也。孟子曰：「雞鳴而起，孳孳爲善者，舜之徒也。」天下舜之徒衆矣！善之途尤廣矣！我一人當爲之，何必我一人盡爲之？且我一人之力，亦豈能盡爲之？舜，人也，我亦人也，舜爲法於天下，可傳於後世，何也？善與人同，其心大公而無我也。我由未免爲鄉人，何也？忌人爲爲善，而私其善於一己也。

欲知善與惡之判，無他，公與私之間也。世有能取人爲善者乎？則可爲天下友。有能與人爲善者乎？則可爲天下師矣。然而空言以誦法古人，無益也。氣質之不能

〔一〕周敦頤《通書》文。

化也，知識之不能廣也，度量之不能宏而溥也，所以不免爲鄉人也。後世學者倘有志於爲善，當先學子路，次學大禹，終焉學大舜。故曰：「士希賢，賢希聖，聖希天。」〔一〕

9 孟子曰：「伯夷非其君不事，非其友不友，不立於惡人之朝，不與惡人言。立於惡人之朝，與惡人言，如以朝衣朝冠坐於塗炭。推惡惡之心，思與鄉人立，其冠不正，望望然去之，若將浼焉。是故諸侯雖有善其辭命而至者，不受也。不受也者，是亦不屑就已。

（方云：此《史記》合傳體也。二節叙事，已將隘與不恭之神，描寫盡致。末一贊，神味無窮。）〔二〕

愚按：伯夷，聖之清者也〔三〕。其意曰：非其君，非其友，皆足以損吾道也。「立於惡人之朝，與惡人言」，皆足以隳吾道也。「如朝衣朝冠坐於塗炭」，無一刻可以委蛇也。

〔一〕周敦頤《通書》文。謹按：唐先生申述積誠致治之實踐，乃堯舜禹與人爲善，一脈相承之本質。
〔二〕唐先生《孟子新讀本》所引。
〔三〕《孟子·萬章下》孟子語。

「諸侯雖有善其辭命而至者，不受也」，蓋其視天下幾無可與之人，故皆有不屑就之意，則惟有特立獨行而已。所謂一家非之而不顧，一國非之而不顧者也，清之至也。

柳下惠不羞汙君，不卑小官，進不隱賢，必以其道，遺佚而不怨，阨窮而不憫，故曰：『爾爲爾，我爲我，雖袒裼裸裎於我側，爾焉能浼我哉？』故由由然與之偕而不自失焉，援而止之而止。援而止之而止者，是亦不屑去已。

愚按：柳下惠，聖之和者也〔一〕。其意曰：汙君小官，不足以損吾道也。遺佚阨窮，不足以隳吾道也。袒裼裸裎，焉能浼我？無一人不可與周旋也。「援而止之而止」者，蓋其視天下幾無不可與之人，故皆有不屑去之意，則惟有和光同塵而已。所謂舉世混濁，何必與之清？衆人皆醉，何必與之醒也？和之至也。

孟子曰：「伯夷隘，柳下惠不恭。隘與不恭，君子不由也。」

張氏云：「伯夷不已其清，柳下惠不已其和……伯夷非不就也，特不輕就耳。柳下惠非不去也，特不輕去耳。伯夷聞文王作，興曰：『盍歸乎來？』柳下惠爲士師，蓋嘗三黜。是則伯夷果長往而不來者乎？柳下惠果苟容而居位者乎？此其就清、和之

〔一〕《孟子·萬章下》孟子語。

中，處之而盡其道。然而於是二端，終有所未化，故其意有所偏重，而未免乎流弊也。故夫『思與鄉人處，其衣冠不正，望望然去之，若將浼焉』，此其流弊，得無有入於隘者乎？曰：『爾爲爾，我爲我，雖袒裼裸裎於我側，而不以爲浼』，此其流弊，得無有入於不恭者乎？其端蓋毫釐之間，從而由之，則弊有甚。故其所爲隘與不恭者，君子所不由，而所願，則學孔子者也。」〔一〕

愚按：道以中庸爲主。伯夷之弊在不屑就，惟時時存不屑就之意，於是乎隘，隘於是乎矯焉激焉。柳下惠之弊，在不屑去，惟時時存不屑去之意，於是乎不恭，不恭於是乎慢焉放焉。蓋氣質之剛柔，一有所偏，即不能無流弊。聖人任人心風俗之責，惟恐己之性情言行，稍涉於偏，而人心風俗，即受其弊。蓋表正則景端，故本身起點，最宜戒慎。孟子曰：「君子不由。」此君子者，備中庸之德，聖之時者也〔二〕。

〔一〕張栻《孟子説》卷二。
〔二〕指孔子。

孟子大義卷四

公孫丑下

1 **孟子曰：「天時不如地利，地利不如人和。**

張氏云：「所謂天時者，用兵乘機得其時也。地利者，得其形勢也。人和者，上下一心而協同也。」[一]

（此篇格局完整，故曰以下，文氣尤浩瀚。）[二]

三里之城，七里之郭，環而攻之而不勝。夫環而攻之，必有得天時者矣，然而不勝者，是天時不如地利也。

[一] 張栻《孟子説》卷二。
[二] 唐先生《孟子新讀本》批語。

王氏船山云：《集注》云：「三里七里，城郭之小者。」按古之城制，都城不過百雉。三丈爲雉，百雉者，周圍三百丈耳。三百六十步爲一里，步凡六尺，則一里該二百一十六丈。三里，凡六百四十八丈。七里，凡一千五百一十二丈。是三里之城，爲二百一十六雉七里之郭，爲五百四雉侯國之城參大都，而此郭幾倍之，何得謂之小？且此以地利言之，而曰環而攻之而不勝，則亦以城大不易攻爲言，不當設言極小之城矣。〔一〕

城非不高也，池非不深也，兵革非不堅利也，米粟非不多也，委而去之，是地利不如人和也。

（方云：「夫環而攻之，必有得天時者矣」，與「城非不高也」數句，故用挑剔反跌之筆，則「不如」二字，理乃醒，神乃足。）〔二〕

愚按：立國之道，無論古今中外，要皆以人心爲主。城高池深，是得地形之優勝也；兵革堅利，是得器械之精良也；米粟多，是得糧餉之蓄積也。然委而去之者，人心之不附也。故愚嘗有言，人心一去，其國不救。

〔一〕王夫之《孟子稗疏》卷二。按，此段爲唐先生節引撮述，其中數字與王氏原文頗有差異。
〔二〕唐先生《孟子新讀本》所引。

故曰：域民不以封疆之界，固國不以山谿之險，威天下不以兵革之利。得道者多助，失道者寡助。寡助之至，親戚畔之。多助之至，天下順之。

張氏云：「得道者順乎理而已，舉措順理，則人心悦服矣……一失道，則違咈人心。心之所睽，雖親亦疏也，不亦孤且殆哉……雖然，孟子謂域民不以封疆，固國不以山谿，威天下不以兵革；而先王封疆之制，詳於《周官》，設險守國，與夫弧矢之利，並著於《易經》，何邪？蓋先王吉凶與民同患，其爲治也，體用兼備，本末具舉，道得於己，固有以一天下之心，而法制詳密，又有以周天下之慮，此其治所以長久而安固也。孟子之言則舉其本而明之，有其本，而後法制不爲虚器也。」〔一〕

以天下之所順，攻親戚之所畔，故君子有不戰，戰必勝矣。

愚按：此章言人和者，人心之和也。「得道者多助」，如何而得道？得其民也。得其民者，得其心也。「失道者寡助」，如何而失道？失其民也。失其民者，失其心也。「寡助之至，親戚畔之」，曷爲而畔？人心離也。「多助之至，天下順之」，曷爲而順？人心附也。以得人心者攻失人心者，未有不勝者也。

〔一〕張栻《孟子説》卷二。

顧或者謂孟子迂言也，孝、弟、忠、信，可使制梃以撻秦、楚之堅甲利兵？孝、弟、忠、信，無形者也；堅甲利兵，有形者也。以無形當有形，以血肉當鋒鏑，是殘民命也，是人和未足恃也。不知孟子非迂言也，天下惟無形之心，爲能統攝有形之具。孟子之意，以爲惟得人心，而後可以言戰學也，講戰法也，製戰具也。然則孟子非不言戰術也，得人心而益精於戰術也。

然則孟子非欲以無形敵有形也，以無形之心統攝有形之具，而後能無敵於天下也。否則委而去之，先失其無形者，即併失其有形者也。無形可以用有形，有形不能用無形者也。然則孟子非迂言也。

2　孟子將朝王，王使人來曰："「寡人如就見者也，有寒疾，不可以風，朝將視朝，不識可使寡人得見乎？」對曰："「不幸而有疾，不能造朝。」

張氏云："「孟子將朝王，是固欲朝王也。及王使人來告，謂欲就見而以疾不果，則遂不往，何哉？蓋王本不欲見孟子，而故爲之辭以要之，此私意也。孟子方欲消其邪志，引以當道，其可徇其私意之所爲乎？於是以疾辭而不往。方欲朝王，聞王之言

若此而不往，義所適也。」〔一〕

（方云：此章以「有不召之臣」爲主。首節「不幸而有疾」二句，微示以不當召之意，使王自悟，而不遽説明，是一騰挪。次節「昔者疾」三句，又不説明，何等忠厚！是再騰挪。三節「請必無歸而造於朝」之下，是憂王終不悟，故「不得已而之景丑氏宿焉」，然又不説明，是三騰挪。「未見所以敬王」，指王召而不往也，孟子但就敬字辨論，而又不急明不當召之意，是四騰挪。直至「豈謂是與」下，方極情説出。文境何等紆徐！總不使直筆。此可見孟子之於君，何等愷惻而忠厚也！）〔二〕

愚按：「不幸而有疾」二句，孟子之語意，可謂嚴毅矣。

明日，出弔於東郭氏。公孫丑曰：「昔者辭以病，今日弔，或者不可乎？」曰：「昔者疾，今日愈，如之何不弔？」

張氏云：「明日出弔於東郭氏，正欲王知其以疾辭而深惟其故，此亦孔子取瑟而歌之意也。公孫丑不知，以爲太甚也，孟子告之曰：『昔者疾，今日愈，如之何不

〔一〕張栻《孟子説》卷二。
〔二〕唐先生《孟子新讀本》所引。

弔？』其辭氣亦從容不迫矣。若其深意，則欲丑自思而得之。」〔一〕

王使人問疾，醫來，孟仲子對曰：「昔者有王命，有采薪之憂，不能造朝。今病小愈，趨造於朝，我不識能至否乎？」使數人要於路曰：「請必無歸而造於朝。」

張氏云：「齊王亦未識孟子之意，則使人問疾，醫來而孟子既出。孟仲子懼王以爲傲也，則詭辭而對曰：『孟子之出，固將朝矣。』孟仲子此言，蓋不知孟子之心，而徇私情之細矣。」〔二〕

愚按：孟仲子，孟子之從昆弟〔三〕，嘗學《詩》。《毛氏傳》於《周頌》篇曾引其説，故此節措辭甚婉而雅。

不得已而之景丑氏宿焉。景子曰：「内則父子，外則君臣，人之大倫也。父子主恩，君臣主敬，丑見王之敬子也，未見所以敬王也。」曰：「惡，是何言也？齊人無以仁義與王言者，豈以仁義爲不美也？其心曰『是何足與言仁義也』云爾，則不敬莫大乎是。我非堯舜之道，不敢以陳於王前，故齊人莫如我敬王也。」

〔一〕張栻《孟子説》卷二。
〔二〕張栻《孟子説》卷二。原文「王」，唐先生增字爲「齊王」。
〔三〕根據趙岐《孟子章句》之説。

（「不得已」句，一轉折有千鈞之力。）〔一〕

愚按：「不得已」者，不得已而朝王也。「之景丑氏宿」者，欲自明其託疾之心也。說見段懋堂《經韻樓集》。蓋孟子之心，非特齊王不能知之，即公孫丑、孟仲子亦不能知之，故特告景丑氏以明之。夫君臣固主乎敬，然敬有大小：奔走後先，奉命惟謹，敬之小者；格其非心，致君於堯舜，乃敬之大者，此千古人臣之軌範也。

景子曰：「否，非此之謂也。《禮》曰：『父召無諾，君命召，不俟駕。』固將朝也，聞王命而遂不果，宜與夫禮若不相似然。」

愚按：景子一則曰敬，再則曰禮，皆似正大之詞。然人臣之所以致敬而盡禮者，不在此瑣瑣之末也。惟三代以後，爲人臣者專尚儀文，於是君制乃日益尊，而臣節乃日益隳矣。不明大體，不求實事，可歎也！

曰：「豈謂是與？曾子曰：『晉、楚之富，不可及也。彼以其富，我以吾仁；彼以其爵，我以吾義。吾何慊乎哉？』夫豈不義而曾子言之？是或一道也。天下有達尊三：爵一，齒一，德一。朝廷莫如爵，鄉黨莫如齒，輔世長民莫如德。惡得有其一，以

〔一〕唐先生《孟子新讀本》批語。

慢其二哉？」

張氏云：「『豈謂是與』，謂不俟駕之意，非若景子之説也，孟子蓋嘗言之矣：『孔子當仕有官職，而以其官召之，故不俟駕也。』於是舉曾子之言。曾子非以仁義與彼較重輕也，蓋世衰道微，競於勢利，君以此驕士，而士亦不知自重，趨慕服役之不暇，不知仁義在躬，何所慕乎外？故曰：『吾何慊乎哉？』有所慊，則有所望於人；有所望於人，則爲富貴之所屈。若無所慊，則無所求，豈不綽綽然有餘裕乎？」〔一〕

愚按：曾子之言，非自爲尊大也。蓋天之生人，皆責以養人、教人之事務。而儒者之所以承天，不外乎盡養人、教人之事務而已。富所以養人者也，爵所以教人者也。諸侯而不能盡其養人、教人之責，雖謂之至貧賤可也。仁所以養人者也，義所以教人者也。儒者而能盡其養人、教人之責，雖謂之至富貴可也，故曰「吾何慊乎哉」。重讀「輔世長民」四字，則德之在天下，實爲至尊而無以尚。然則有德已較二者爲尊，而況有其二，而可慢之耶？

故將大有爲之君，必有所不召之臣，欲有謀焉則就之。其尊德樂道，不如是，不足與

〔一〕張栻《孟子説》卷二。

有爲也。

（一提，文境何等開拓，文氣何等震盪。）〔一〕

愚按：「欲有謀焉則就之」，其謀乃遠大，而行之重且久。「尊德樂道」，發於心之至誠，非陽慕道德之名，而貌敬之也。

故湯之於伊尹，學焉而後臣之，故不勞而王。桓公之於管仲，學焉而後臣之，故不勞而霸。

張氏云：「學焉而後臣者，以學爲先，而未敢遽臣之也。惟其學焉，則同德協志，謀無二慮，而事無不成矣。」〔二〕

愚按：古之大臣，有學派，有學說，粹然一出於正大高明之域。「學焉而後臣之」，則師生沆瀣一氣，其學派同，學說亦同，故謀無二致也。

今天下地醜德齊，莫能相尚。無他，好臣其所教，而不好臣其所受教。

朱注：「醜，類也……所教，謂聽從於己，可役使者也。所受教，謂己之所從學

〔一〕唐先生《孟子新讀本》批語。
〔二〕張栻《孟子說》卷二。

者也。」

愚按：古之時，君師之統合而爲一。至三王以後，君師始分而爲二，然師道猶特重。《詩》所云「惟師尚父，尹氏太師，赫赫師尹」之屬是也。至戰國時而師道陵夷矣，《國策》郭隗告燕昭王曰：「帝者與師處，王者與友處，霸者與臣處，亡國與役處。折指〔一〕而事之，北面而受學，則百己者至。先趨而後息，先問而後嘿，則什己者至。人趨亦趨，則若己者至。憑几據杖，眄視指使，則厮役之人至。若恣睢奮擊，呴籍叱咄，則徒隸之人至矣。此古服道致士之法也。」〔二〕蓋師友，所受教者也；役徒，所教者也。後世人主，長傲遂非，頤指氣使，日與厮役徒隸之人處，而不知亡國之隨其後，亦可痛矣！

湯之於伊尹，桓公之於管仲，則不敢召。管仲且猶不可召，而況不爲管仲者乎？」

張氏云：「《孟子》此章，於公孫丑、孟仲子，則告之不詳。二子，學者也，欲其深省而自識焉。至於景子，則陳義委曲著明如此。景子，大夫也，庶幾其明此義，而有

〔一〕「折指」，《戰國策》作「詘指」。
〔二〕《戰國策·燕策一》文。

以啓悟於宣王之心。孟子於宣王，庶幾有望焉。雖然，孟子初不可召，而後復爲卿於齊，何也？蓋使宣王而能若湯之於伊尹，桓公之於管仲，則孟子得以行其道，是其所望也。而莫之能焉，爲卿而留於齊，猶望其感悟於終也。聖賢伸縮變化，皆有深旨，學者所宜盡心焉。」〔一〕

（此節忽又承伊尹、管仲，又特撇去管仲，而自命伊尹之意，自見於此。可悟錯綜變化之法，且可悟全篇結穴法。）〔二〕

3 **陳臻問曰：「前日於齊，王餽兼金一百而不受；於宋，餽七十鎰而受；於薛，餽五十鎰而受。前日之不受是，則今日之受非也。今日之受是，則前日之不受非也。夫子必居一於此矣。」**

趙注：「陳臻，孟子弟子。」〔三〕

〔一〕張栻《孟子説》卷二。
〔二〕唐先生《孟子新讀本》批語。
〔三〕趙岐《孟子章句》卷四。

愚按：天下無兩可之事，陳臻之問，辨義之學也。

孟子曰：「皆是也。

愚按：惟精於義，故能裁斷。

當在宋也，予將有遠行。行者必以贐，辭曰：『餽贐。』予何爲不受？當在薛也，予有戒心，辭曰：『聞戒。』故爲兵餽之，予何爲不受？

王氏船山云：「薛，蕞爾國，安所得好金千二百兩，以餽游客哉？按五金之屬，統名爲金。兼者，雜也，雜青金、赤金、白金，可以鑄泉布器用者也。青金，鉛也；赤金，銅也；白金，錫也。《春秋傳》鄭伯朝於楚，楚子賜之金，與之盟，曰：『無以鑄兵。』故以鑄三鐘。則古者蓋以銅、錫、鉛爲貨賄相餽遺矣。孟子於薛曰『故爲兵餽之』，言以鑄劍戟也。」〔一〕

（方云：叙事，先齊後宋、薛。孟子答處，先宋、薛後齊，是文法變化處，不然則板。）〔二〕

〔一〕王夫之《孟子稗疏》卷二。
〔二〕唐先生《孟子新讀本》所引。

若於齊，則未有處也。無處而餽之，是貨之也。焉有君子而可以貨取乎？」

愚按：此章辨義之學，最爲精審，足爲辭受取與之標準。曰：「若於齊，則未有處也。」又曰：「焉有君子而可以貨取乎？」非特辨之於義，而尤盟之於心。孟子曰：「可以取，可以無取。取傷廉。」伊尹非道義一介不取，辨之於義也。漢楊震慎「四知」，却暮夜之金，曰：「天知地知，爾知我知。」此盟之於心也。君子外則處物以義，内則盟心如水，而慎獨尤爲根本之要事。不然齊王餽金，豈必無辭哉？惟宋辭之辭，真而意誠，故孟子以爲有處而受之。齊王則辭僞而意不誠，故孟子以爲無處而却之。

然則有處、無處之義，曷憑乎？憑乎本心之不欺而已。設使孟子在宋而並無遠行，而宋君之辭曰「餽贐」，孟子將受之乎？設使孟子在辥而並無戒心，而辥君之辭曰「聞戒」，爲兵餽之，孟子將受之乎？又使齊王亦曰「餽贐」，亦曰「聞戒」，孟子將受之乎？天下之巧飾文辭而取人貨財者多矣，是無耻之尤也，是小人之尤也。然則孟子曷爲以有處無處、定受不受？曰：是在乎本心之慎獨而不欺也，在乎實而不在乎名也，在乎己而不在乎人也，在辨之於義，更當盟之於心也。

而且臨財之時，又必用一刀斬截之法。其視貨也，實浼我而非益我，實害我而非利我，夫然後無沾戀之心，有堅決之志。故曰：慎獨爲根本也。嗚呼！昏夜苞苴，言甘幣重，其誘我也。君子遇之，必須如生死關頭，堅忍戰兢，不敢稍一失足。非然者，操守從此隳矣，名譽從此掃地矣，嗚呼！見可欲而心不亂，當今之世，此詣豈易言哉！吾願志節之士勉之。

4　**孟子之平陸，謂其大夫曰：「子之持戟之士，一日而三失伍，則去之否乎？」曰：「不待三。」**

（之平陸，謂其大夫，即見孔距心應負責任之意，敘法簡而密。）〔二〕

愚按：良知者，法律所自生，人惟具此良知，而後能定法律。食人之禄，當忠人之事，此責任所在，即法律所在也。持戟之士，不待三失伍而即當殺之，此距心之明於法律，即其知覺之不昧也。

「然則子之失伍也亦多矣。凶年饑歲，子之民，老羸轉於溝壑，壯者散而之四方者，幾千人矣。」曰：「此非距心之所得爲也。」

〔二〕唐先生《孟子新讀本》批語。

（一語轉入，極辣。）[一]

愚按：以法律言之，人與己本有界限，人之責任，我不得而預之。然而孟子一則曰：「子之失伍。」再則曰：「子之民。」明乎其爲距心之責任也。而乃曰「此非距心之所得爲也」，蓋因循推諉，沾染時習，遂致忘其責任而昧其良知也。

曰：「今有受人之牛羊而爲之牧之者，則必爲之求牧與芻矣。求牧與芻而不得，則反諸其人乎？抑亦立而視其死與？」曰：「此則距心之罪也。」

（比喻，不涉正事一語，特奇妙。）[二]

愚按：上節距心諉卸責任，至此則能明責任矣。百姓流離，輾轉溝壑，距心曰：「此君與大臣之責也。我大夫也，不得專也。」而孟子喻之，曰「今有受人之牛羊而爲之牧之者」，曰「受」，曰「爲之牧」，又曰「立而視其死」，明乎其爲距心之責任，將以激發其本心之明也，於是乃曰：「此則距心之罪也。」蓋聞聖賢之言，而良知乍露也。

他日見於王曰：「王之爲都者，臣知五人焉。知其罪者，惟孔距心。爲王誦之。」王

[一] 唐先生《孟子新讀本》批語。
[二] 唐先生《孟子新讀本》批語。

曰：「**此則寡人之罪也。**」

（方云：「『爲王誦之』妙。不說明王之罪，而王自不能辭其過。」）

（又云：此章告王是正意，而通篇只是告平陸大夫之詞。告王只用「爲王誦之」一語，便有含蓄不盡之意味。）〔一〕

愚按：天下之禍，莫大乎爲民上者不負責任，甲者諉之乙，乙者諉之丙，爲都者相率效尤，於是百務廢弛，而民生之困，乃至於不忍言。「知其罪者，惟孔距心」。何以能知其罪？良知存焉爾。王曰：「此則寡人之罪也。」王何以能知其罪？良知發焉爾。

然而王與距心雖亦有本心之明，而輾轉溝壑之民，餓死道旁如故者，蓋良知之乍露不足恃，一經私欲錮蔽，則其責任之心，隨之而昏蒙焉，而泯滅焉。夫持戟之士，獲罪而不免於殺，抑何其不幸！王與距心獲罪，則徒空言以謝之，抑何其幸歟！曰：此非其幸也。其罪之發，不在旦夕之間，或十數年，或數十年，蓋發之暴而禍且及於子孫也。

〔一〕唐先生《孟子新讀本》所引。

士君子欲以天下爲己任，而拯斯民之厄，必自能負責任始。昔范文正爲秀才時每日自省，其所辦之事，不能稱其食，則蹙然而不安。夫惟聖賢之士，常以良知教人，俾其治事之時，本心無稍或昧，而責任因以大明於天下。故無論爲君上，爲有司，苟得罪，皆當與持戟之士同科[一]，而不容有異也。此法律也，即良知也。

5 **孟子謂蚳鼃曰：「子之辭靈丘而請士師，似也。爲其可以言也，今既數月矣，未可以言與？」**

張氏云：「士師，掌國之刑罰而立於朝。王有闕德，朝有闕政，士師所當言也。故孟子以數月爲淹久而欲其言。」[二]

蚳鼃諫於王而不用，致爲臣而去。

愚按：士師有司諫之責。諫官者，其責任在言君之過。《孝經》曰：「將順其美，

[一] 此法律之前，人人平等之意。
[二] 張栻《孟子説》卷二。

匡救其惡。」故上下能相親也。後世不敢言君之過，而乃摭拾他人之過，浸假[一]而毛舉細故焉。浸假而收受苞苴，顛倒是非焉。是豈諫官之本事哉？是蚳鼃之罪人也。

齊人曰：「所以爲蚳鼃，則善矣；所以自爲，則吾不知也。」公都子以告。

朱注：「公都子，孟子弟子。」

曰：「吾聞之也，有官守者，不得其職則去；有言責者，不得其言則去。我無官守，我無言責也，則吾進退，豈不綽綽然有餘裕哉？」

（此節奇妙。）[二]

愚按：此章與上章連屬。「有官守者，不得其職則去」，孔距心是也。「有言責者，不得其言則去」，蚳鼃是也。失其職、失其言而不去，是曠官也，是箝口也，是無耻也。孟子既無官守，又無言責，對於齊王，可以不負責任；對於齊之民，亦可以不負責任，此其進退所以裕如也。是故撫綏安輯，有司之職也；拾遺補闕，諫官之職也。天下當其事而不負責任者，非也。不當其事而强與人事者，亦非也。古語有之曰：

[一] 漸漸演化同流之意。
[二] 唐先生《孟子新讀本》批語。

「《春秋》責備賢者。」[一]吾謂惟《春秋》然後可以責備賢者。聖人之過，賢人不知也，君子不知也。然則惟有孟子之道，與其學，與其識，與其品望，而後可以責距心，而後可以責蚔鼃。非然者，身居事外，而嘵嘵然以口舌責人，此非所謂越分者乎？

6 **孟子爲卿於齊，出弔於滕，王使蓋大夫王驩爲輔行。王驩朝暮見，反齊滕之路，未嘗與之言行事也。**

張氏云：「王驩，齊之嬖人也，出弔於滕，乃邦交之常事。孟子雖爲卿，而實賓師也，則夫禮文制數，固可付之於有司。是王驩雖曰輔行，然齊王之意，特欲藉孟子以爲重，有司之事不敢以煩，而王驩則行之者也。」[二]

公孫丑曰：「齊卿之位，不爲小矣；齊、滕之路，不爲近矣。反之而未嘗與言行事，何也？」曰：「夫既或治之，予何言哉？」

張氏云：「公孫丑固知孟子於驩難與言也，獨疑行事之間，豈無當言者？蓋未知

[一]《新唐書·太宗本紀贊》謂：「《春秋》之法，常責備於賢者。」
[二] 張栻《孟子說》卷二。

孟子深得夫遠小人、不惡而嚴之道耳。禮文制數，既有司之事，孟子特統其大綱於上，而驩則共其事於下。觀驩於孟子，蓋亦知所敬畏者，故朝暮見而不敢以失禮。驩之爲人，亦克勝其職者。故曰『夫既或治之，予何言哉？』使其不克治，則孟子不免有言也。其有言也，將以正其事之失也。彼既或治之，未見有可正之事，則亦烏用有言也。玩此辭氣，不亦正大而謹嚴乎？」〔一〕

愚按：張氏固足備一說。然竊有進一解者，據此章上節云：「未嘗與之言行事也。」下節云：「夫既或治之，予何言哉？」是孟子非不與王驩言也，不與言行事也。其不與言行事者，蓋因王驩不知禮也。夫既或治之，蓋指有司供職者而言，故曰「或」，非必指驩也。朝廷不歷位而相與言，不踰階而相揖，王驩且不知之；若與言行事，彼必懵然無所知，而雜以非禮之言。夫非禮之言而曲以徇之，是失己也；非禮之言而嚴以斥之，是獲罪於小人也。故惟不與言，而二者之弊可絶。世之敷衍詭隨，或圭角太露者，盍亦師孟子先幾之智乎？

〔一〕張栻《孟子説》卷二。

7　孟子自齊葬於魯，反於齊，止於嬴。充虞請曰："前日不知虞之不肖，使虞敦匠事。嚴，虞不敢請，今願竊有請也，木若以美然。"

愚按：嬴，齊南邑，去魯未遠。"止於嬴"者，戀親之誠，哀慕之念未忘也。

曰："古者棺槨無度，中古棺七寸，槨稱之。自天子達於庶人。非直爲觀美也，然後盡於人心。

愚按：古者，上古之世，中古周公制禮時也。人心者，本心也，對於我親而無憾，斯可對於吾心而無憾。

不得，不可以爲悦。無財，不可以爲悦。得之爲有財，古之人皆用之，吾何爲獨不然？

朱注："不得，謂法制所不當得。"

愚按：上文謂"自天子達於庶人"，疑無所謂不當得。竊意此不得，承上以美而言，謂不得美木也，得之爲有財。人子所難得之事也，乃得之而吝於其親，則不可爲人子也。常人且不可，況聖賢乎！

且比化者，勿使土親膚，於人心獨無恔乎？

朱注："比，猶爲也。化者，死者也。恔，快也。"

愚按：比化者無使土親膚，固屬人子至快之事，然實至痛之言也。《禮記》云：「霜露既降，君子履之，必有悽愴之心，非其寒之謂也。」蓋懼土之親親膚也。「春雨露既濡，君子履之，必有怵惕之心，如將見之。」如見土之親親膚也。然則人子所以安父母之體骨者，宜如何鄭重也？使土親膚，無使土親膚，在人子之盡心、不盡心而已。如何而土親膚？如何而無使土親膚？在人子之悉心研究，與夫愛護周防而已。然則比化者無使土親膚，「於人心獨無恔乎」？其言寧不痛乎？

吾聞之也：君子不以天下儉其親。」

愚按：儉爲節省之義，凡事皆宜儉，而惟吾親之事不可儉。曾子之論事親曰：「君子思其不可復者而先施焉。」[一]《孝經》曰：「爲之棺槨衣衾而舉之，卜其宅兆，而安厝之。」[二]此生民之本，死生之義也。孝子而至於葬親，事親終矣。故夫衣衾也、棺槨也、宅兆也，皆吾親千萬年之事，不可復得而盡心者也，不可復得而更易者也。父母之於人子，長育顧復，飲食教誨，至矣盡矣！欲報之德，昊天罔極。人子於是而儉

[一]《大戴禮記·曾子疾病》文。
[二]《孝經·喪親章》文。

其親焉，其何忍乎？

顧或者謂斂手足形〔一〕，懸棺而窆〔二〕，斯之謂禮，何也？曰：「此言乎無財不得爲者也。」朱注云：「送終之禮，所當得爲而不自盡。」夫得爲而不爲，其亦有隱悔於厥心者乎？然不爲而悔，本心猶未泯也。若不爲而不知悔，則不可爲人子也。夫君子不以天下儉其親，孟子斯言，爲葬親而發也。然葬而豐，何若生事而豐也？吾願後世人子，讀此章書，宜於父母逮存之日，所以致其養而盡其禮者，先不儉其親焉，則庶幾乎無遺憾也。不然，終身之悔，庸有盡乎？

又按：王氏船山於此章盡闢趙氏、朱注之説，以爲乃孟子葬妻之事，因子幼未任家政，故爲妻治葬；君子不以天下儉其親，乃以君子之道處其子〔三〕。其説極新而辯，可備其説，作爲别解。

〔一〕《禮記·檀弓下》載：「子路曰：『傷哉！貧也，生無以爲養，死無以爲禮也。』孔子曰：『啜菽飲水，盡其歡，斯之謂孝。斂首足形，還葬而無槨，稱其財，斯之謂禮。』」

〔二〕懸棺而窆，謂因繫結於墓碑之繩樞滑棺至墓穴安葬也。

〔三〕見王夫之《四書稗疏》卷二「葬於魯」條。

8

沈同以其私問曰：「燕可伐與？」孟子曰：「可。子噲不得與人燕，子之不得受燕於子噲。有仕於此，而子悦之，不告於王，而私與之吾子之禄爵。夫士也，亦無王命，而私受之於子，則可乎？何以異於是？」

張氏云：「孟子論堯舜授受之際，一以天言之，蓋非堯得授舜以天下也，亦非舜得受堯之天下也，『天與之』而已。聖人與天合德，故『先天而天弗違，後天而奉天時』〔一〕，非有一毫人爲與於其間也。子噲聞堯舜之事，而不勝愛子之受之私，故假此事而以國授焉。是其授也，子噲之私意，非天意也。而子之受之也，亦固利其國耳，又豈天意乎哉？故孟子答沈同之問，『以爲子噲不得與人燕，子之不得受燕於子噲』，又從而引喻以告之，如沈同之禄爵，王命之也，沈同不告王而以禄爵與人，其受之也，亦無王命而私受之，其不可也明矣。」〔二〕

（此章格局嚴整，曲折盤旋。又極峻厲痛快。爲辨駁文之祖。）〔三〕

〔一〕《易・乾・文言》文。
〔二〕張栻《孟子説》卷二。
〔三〕唐先生《孟子新讀本》批語。

愚按：此節乃法家言也。人與人交際，各有權限，即宜各安本分。如田之有畔焉，不可稍稍侵越也。

齊人伐燕，或問曰：「勸齊伐燕，有諸？」曰：「未也。沈同問『燕可伐與』，吾應之曰『可』，彼然而伐之也。彼如曰『孰可以伐之』，則將應之曰：『爲天吏，則可以伐之。』今有殺人者，或問之曰：『人可殺與？』則將應之曰可。彼如曰：『孰可以殺之？』則將應之曰：『爲士師，則可以殺之。』今以燕伐燕，何爲勸之哉？」

張氏云：「所謂天吏者，其德有以當天心，故天命之以討有罪，湯、武是也。故天吏之得討罪，與士師之得殺人同。命士師者，君也；而命天吏者，天也。何從而知天命之？人之所歸，天之所命也。燕雖有可伐之罪，然齊不得而伐之者，齊非天吏故也。何以知齊非天吏乎？以齊君所爲與夫人心而知之也。有人於此，罪雖可殺，然行道之人，不得而殺之也。惟士師當其任，則得以殺之矣。蓋亦非士師得專之也，君所命也。天吏之討有罪，亦天所命云爾。」〔二〕

愚按：此亦法家言也。凡人不獨治事當守法律，即語言亦當守法律。沈同問：

〔二〕張栻《孟子說》卷二。

「燕可伐與？」應之曰可；假而又曰：「爲天吏則可以伐之。」則此言爲非法矣。或問曰：「人可殺與？」應之曰可；假而又曰：「爲士師則可以殺之。」則此言爲非法矣，何也？以彼未問，則不宜答也。《荀子》所謂「問一而告二謂之囋」是也。故夫非法之事與非法之言，君子皆當杜絶之，嗚呼！人苦不自知耳。

有成湯而後可以放桀，有武王而後可以伐紂。必鄰國之民，皆仰之若父母，而又畏天之威，奉行天命，方可謂之天吏，而後可以伐人。非然者，以燕伐燕，即以暴易暴，既干天怒，復召人怨，禍機一發，而不可收拾矣。是故君子作事謀始，必内審諸己也，嗚呼！人苦不自知耳。

9 燕人畔，王曰：「吾甚慙於孟子。」

愚按：甚慙者，良心尚在也。人君當甚慙之時，當察識此羞惡之心，而痛改其所爲之失。

陳賈曰：「王無患焉。王自以爲與周公，孰仁且智？」王曰：「惡是何言也？」曰：「周公使管叔監殷，管叔以殷畔，知而使之，是不仁也。不知而使之，是不智也。仁、智，周公未之盡也，而況於王乎？賈請見而解之。」

張氏云：「甚矣小人之爲人害也！燕人畔而齊王以爲甚慙於孟子，使其即是心而知悔，其庶矣乎。而陳賈遽曰：『王無患焉。』遂引周公之事，以爲周公且有過，而況於我。其辭婉而巧，使王聞是言也，將頓忘其慙悔之心，而復起其驕怠之意，甚矣小人之爲人害也！」〔一〕

愚按：燕人事與周公使管叔監殷事，毫不相類〔二〕，而陳賈乃曲爲牽合，且妄誣古聖。《書》云：「截截善諞言。」〔三〕諞言者，諓言也。《詩》曰：「巧言如簧，顔之厚矣。」〔四〕巧言者，無耻之尤者也。

見孟子問曰：「周公何人也？」曰：「古聖人也。」曰：「使管叔監殷，管叔以殷畔也，有諸？」曰：「然。」曰：「周公知其將畔而使之與？」曰：「不知也。」「然則聖人且有過與？」曰：「周公，弟也。管叔，兄也。周公之過，不亦宜乎？

張氏云：「周公之事，孟子答之，可謂辭簡而理盡矣。賈曰：『周公知其將畔而

〔一〕張栻《孟子説》卷二。
〔二〕「類」字，唐先生《孟子新讀本》作「涉」。
〔三〕《書·秦誓》文。《説文》釋諞同便字，便言謂巧言。
〔四〕《詩·小雅·巧言》句。

使之與？』則應之曰：『不知也。』賈曰：『然則聖人且有過與？』則應之曰：『周公，弟。管叔，兄也。周公之過，不亦宜乎？』斯兩言也，而周公之心若揭日月矣。」〔一〕

愚按：天下至誠與欺詐者遇，往往易受其愚。然欺詐者雖獲一時之利，而終至於敗；至誠者雖受一時之愚，而終處優勝之域。周公之過，何過也？因至誠不欺而受過也。零雨三年〔二〕，可謂苦矣；然而「罪人斯得」〔三〕，至誠之心，卒以大白於天下。然則其過非真過也。《金縢》雷雨，天且諒其過矣，故吾嘗謂天下至誠之人，可以處於無過之地，亦惟至誠之人，爲能立於不敗之地。

且古之君子，過則改之。今之君子，過則順之。古之君子，其過也，如日月之食，民皆見之；及其更也，民皆仰之。今之君子，豈徒順之，又從爲之辭。」

（此章以「又從爲之辭」爲主。首節「王無患焉」，賈請見而解之。「然則聖人且有

〔一〕張栻《孟子説》卷二。

〔二〕《詩·豳風·東山》：「我來自東，零雨其濛……自我不見，於今三年。」《毛詩故訓傳》序謂：「《東山》，周公東征也。周公東征，三年而歸，勞歸士，大夫美之，故作是詩也。」

〔三〕《書·金縢》：「周公居東二年，則罪人斯得。」唐先生化用《書》《詩》有關周公東征之典。

過與」三句，是皆「從而爲之辭」之案，至章末方點出。）[一]

愚按：天下之罪，莫大乎成人之過。成人之過，即成己之惡也。蓋過者，常人之所不免，過而能改，則可復於無過。乃今之君子，從未聞有改過者，何也？惟其有順之者也。其所以順之者何也？將以求名也，將以爲利也，將以干富貴也，諂諛而覬其禄位也，日日揣摹伺察而承其意旨也。「又從爲之辭」，矜誇粉飾而不知顔汗也，蔽飾欺蒙而罔知悛悔也。我君羞惡之心，偶一露焉而已斬也，是牛羊之牧萌櫱也，是所以將順其過而成其惡者也。所謂一暴十寒，未有能生者也。生民之亂，皆若輩爲之也。故然吾有説焉，順過者固不勝誅矣，然必其君先有可以順之之意，而後人得以順之。彼將曰：「吾非欲順之也，我君之使之，而我不敢不順之也。」蓋君過既成，而彼乃專諉其過於君也。嗚呼！物必先腐也而後蟲生之，是以《易緯》曰：「正其本，萬事理。」[二]

[一] 唐先生《孟子新讀本》批語。
[二] 此語見載於《漢書・東方朔傳》，後世編入緯書之中，故大略稱《易緯》。

10 **孟子致爲臣而歸。**

朱注：「孟子久於齊而道不行，故去也。」

（以下數章文境，如雲水蒼茫，一望無際，極嗚咽淋漓之致。）〔一〕

王就見孟子曰：「前日願見而不可得，得侍，同朝甚喜。今又棄寡人而歸，不識可以繼此而得見乎？」對曰：「不敢請耳，固所願也。」

（此節着墨不多，而辭令委婉。《史記》「秦王遺平原君書」，與此相類。）〔二〕

愚按：王就見孟子，猶有好善之心也。「不敢請耳，固所願也」，孟子望齊王爲善之初心，未嘗一日忘也。士君子出處去留，一於義而已矣。

他日，王謂時子曰：「我欲中國而授孟子室，養弟子以萬鍾，使諸大夫、國人皆有所矜式。子盍爲我言之？」

愚按：天下之事，莫患乎「浮慕」，浮慕則敷衍。聆齊王之言，非不善也，然而其意則浮慕也，其辭則敷衍也。居高位者大都如此。彼其心以爲如此，則可以羈縻賢

〔一〕唐先生《孟子新讀本》批語。
〔二〕唐先生《孟子新讀本》批語。

者矣。而不知賢者將以行其道也，若恭敬而無實，不可以虛拘也。

時子因陳子而以告孟子，陳子以時子之言告孟子。

朱注：「陳子，即陳臻也。」

孟子曰：「然。夫時子惡知其不可也？如使予欲富，辭十萬而受萬，是爲欲富乎？

愚按：世俗之人，往往以己見測聖賢之心。蓋聖賢之心，彼焉能知之？以爲己欲富，則聖賢亦若己之欲富焉爾。

季孫曰：『異哉！子叔疑，使己爲政不用，則亦已矣，又使其子弟爲卿。人亦孰不欲富貴？而獨於富貴之中，有私龍斷焉。』

朱注：「龍斷，岡壟之斷而高也。」

（以下兩節，奇峯特起，令人不測。此節「欲富」二字，脱卸而下。下節又因「龍斷」二字，脱卸而下。此文家轉捩之法，較《莊子·繕性篇》爲更勝。）[一]

（蘇云：長於喻者，辭不迫而意獨至。）[二]

[一] 唐先生《孟子新讀本》批語。

[二] 唐先生《孟子新讀本》所引。

愚按：此節道破千古庸俗人之思想，最爲痛切。蓋庸夫心理之中，不獨欲己身之富貴，且欲傳之子孫，富厚累世不絶。天下庸有是理乎？

夫剥而必復者，道也；盛而必衰者，數也；進而必退者，幾也。一晝一夜，花開者謝，一秋一春，物故者新。人惟不知安命，於是以爲政不用爲大慼，而又使其子弟爲卿。豈知公卿者，危具也；富貴者，危機也。人人欲使子弟得高官厚禄，而使子弟不立品，不讀書，性情氣骨，日即於卑污，以致亡其身破其家者，比比者是。鐘鳴漏罷，興盡悲來，此非福其子弟，實乃害其子弟。《老子》曰：「金玉滿堂，莫之能守。富貴而驕，自遺其咎。」「功成名遂身退，天之道。」

富貴，人之大欲也，而獨於富貴之中，有私龍斷焉，此天道之所不容也。人孰不爲子孫計？然與使其辱也，無寧使之榮；與使其危也，無寧使之安；與使其滅也，無寧使之存；則與使其富貴而無耻也，無寧使之貧賤而有志。吾欲爲沈酣富貴者流涕以相告也。

古之爲市也，以其所有，易其所無者，有司者治之耳。有賤丈夫焉，必求龍斷而登之，以左右望而罔市利，人皆以爲賤，故從而征之。征商自此賤丈夫始矣。」

張氏云：「義利之幾，君子之所深謹，而去就之所由分也。後世爲人臣者，不明斯義，故爲之君者，謂利禄之果可以得士，而士之所以求於我者，亦不過乎此，於是而有輕士自驕之心。正猶征商之法，因龍斷之夫而立耳！夫惟君子守義而不苟就，所以明爲人臣之義也。」〔二〕

羅氏羅山云：「求登壟斷，以罔一市之利，尚可言也。據守要津，以罔國家天下之利，不可言也。聖學不明，利欲薰心，士人一登仕籍，則奔競干謁，貪婪恣肆，罔所不至。朝廷之安危，生民之休戚，一無所顧惜於其間，是賤丈夫不在市井而在朝廷矣。州縣登壟斷以罔愚氓，督司登壟斷以罔州縣，朝廷登壟斷以罔督司；竭生民之膏血，填無厭之谿壑，上下交征，無所不至，天下之禍，遂有不知所終極者。商賈罔利，猶必以其有易其所無；士大夫之罔利，則惟假勢位之赫赫，嚇詐斯民而已，其不至於敗者幾希！」〔二〕

（蘇云：但解龍斷二字，正意已躍躍言外。）〔三〕

〔一〕張栻《孟子説》卷二。
〔二〕羅澤南《讀孟子劄記》卷一。
〔三〕唐先生《孟子新讀本》所引。

愚按：「有司者治之」，《周官》「司市」之法也。見利而爭趨之，其志節已不堪言。至於以左右望而罔市利，則不堪之尤者矣，故皆目之曰賤。雖然，駔商市儈，人皆以爲賤矣，乃因駔商市儈之獲利，從而艷羨之，又從而征之，冀漁獵其錐刀之末，則所謂逐臭之夫，賤中之又賤者也。孟子砥礪名節之大賢，何屑與此輩絜長而較短！所以痛切言之者，蓋以戰國時人心滔滔於利，廉耻無復存者，故特明此心之如水，以挽既倒之狂瀾；而無如賤丈夫盈天下，卒至蠅聚蟻附，喪其性，滅其命，而終莫之悟也，噫！

11　孟子去齊，宿於晝。

趙注：「晝，齊西南近邑也。」〔一〕

有欲爲王留行者，坐而言。不應，隱几而卧。

愚按：「有欲爲王留行者」，非齊王之自留孟子也，客欲爲王留行也。而孟子之意，非齊王翻然悔悟，得以大行其道，則不可留也，是以卧而不應也。

客不悦，曰：「弟子齊宿而後敢言，夫子卧而不聽，請勿復敢見矣。」曰：「坐。我明語

〔一〕趙岐《孟子章句》卷四。

子。昔者魯繆公無人乎子思之側，則不能安子思；，泄柳、申詳，無人乎繆公之側，則不能安其身。

朱注：「泄柳，魯人。申詳，子張之子。」

（方云：「我明語子」以下，全不説明不可留之故，但借穆公之事，作一反證，何等含蓄！）〔二〕

愚按：孟子受業子思之徒，其學派傳自子思，其志節亦傳自子思。子思有泰山巖巖之概，凜乎其不可犯，故繆公之於子思也，亟問亟餽鼎肉，子思不悦，於卒也，摽使者出諸大門之外，北面稽首再拜而不受，曰：「今而後知君之犬馬畜伋。」蓋自是臺無餽也。〔三〕子思之爲人臣，其志節可謂尊嚴矣。孟子願學子思，故曰：「無人乎子思之側，則不能安子思。」千載而下，猶見其凜乎不可犯之節。凡爲賢臣爲名臣者，皆當如是也，必大有爲之君，而後能有是臣也。

子爲長者慮，而不及子思，子絶長者乎？長者絶子乎？」

〔二〕唐先生《孟子新讀本》所引。
〔三〕《孟子・萬章下》文。

愚按：客之欲留孟子，其意非不善也，而孟子乃責以爲長者慮不及子思者，蓋「魯繆公無人乎子思之側，則不能安子思」，今齊王非能自留孟子，而客乃欲爲王留之也。且客非能諫王而勸其堅留孟子，而特欲以己意爲王留之也，是不能以子思待孟子也。故曰：「子絶長者乎？長者絶子乎？」言其不知尊賢之禮，而亦見齊王之自絶於孟子也。至是而孟子出晝之心決矣。

12 **孟子去齊。尹士語人曰：「不識王之不可以爲湯、武，則是不明也；識其不可，然且至，則是干澤也。千里而見王，不遇故去。三宿而後出晝，是何濡滯也？士則兹不悦。」**

愚按：君士之言，皆似是而非，小人隨口之詞也。彼其於聖賢行道之心，固絲毫無所知也。

高子以告。

趙注：「高子，亦齊人，孟子弟子。」〔一〕

〔一〕趙岐《孟子章句》卷四。「齊人」，趙氏原文前有「亦」字，據以補入。

曰：「夫尹士惡知予哉？千里而見王，是予所欲也；不遇故去，豈予所欲哉？予不得已也。

張氏云：「詳味孟子答高子之辭，可謂温厚而不迫矣。試紬繹而思之，孟子千里而欲見王之心，其果何爲乎？蓋孟子既常以道自任，則其出也，有不可以已者。聞齊王之或可以告語也，則不憚千里而見之，故曰：『是予所欲也。』而卒不遇以去者，豈其所望哉？蓋有不得已焉者。」〔一〕

（蘇云：纏綿懇惻，《離騷》似之。）〔二〕

（以下情意纏綿，聲調抑揚，爲歐文之祖。）〔三〕

愚按：曰：「夫尹士惡知予哉？」又曰：「予不得已也。」蓋孟子不得已之心，非特齊人不能知之，尹士不能知之，即齊王亦不能知之也；惟後世有志行道者乃能知之。〔四〕

〔一〕張栻《孟子説》卷二。

〔二〕唐先生《孟子新讀本》所引。

〔三〕唐先生《孟子新讀本》批語。

〔四〕此唐先生之學術自信。

予三宿而出晝，於予心猶以爲速，王庶幾改之。王如改諸，則必反予。

朱注：「所改，必指一事而言，然今不可考矣。」

愚按：齊王之當改者多矣：百姓之流離也，伐燕之爲暴也，佞人之文過也，數者皆足以危其國，如何而能改？先正其心已矣。

夫出晝而王不予追也，予然後浩然有歸志。予雖然，豈舍王哉？王由足用爲善。王如用予，則豈徒齊民安，天下之民舉安。王庶幾改之，予日望之。

張氏云：「『予日望之』，孟子非不知道之行否有命，而拳拳不已者，吉凶與民同患之心也。」[一]

（《離騷》爲千古忠臣文字之祖。然不用辭藻，而能以情韻勝，則尚不逮此。）[二]

愚按：齊王由足用爲善，「於寡人如就見」「得侍同朝甚喜」二語，及自直言「吾惛」與「好勇、好貨、好色」見之，惜乎其質鈍而惛，雖有就學之志而無成也。曰：「王如用予，則豈徒齊民安，天下之民舉安。」蓋自有大經濟與大學問，其設施次第，已早

[一] 張栻《孟子説》卷二。

[二] 唐先生《孟子新讀本》批語。

定於胸中，自能措置裕如，非虚言也。而況時之可爲，勢之易乘，所謂行仁政而王，莫之能禦也。

予豈若是小丈夫然哉？諫於其君而不受，則怒，悻悻然見於其面。去則窮日之力而後宿哉？」

愚按：此特古之所謂小丈夫耳。若自後世言之，「諫於其君」，是能以直道諫其君也。「悻悻見於其面」，是猶有氣節也。「去則窮日之力而後宿」，是無絲毫繫戀禄位之情也。此特古之所謂小丈夫，此〔一〕特自聖賢觀之，乃爲小丈夫耳，然而固丈夫也。

尹士聞之曰：「士誠小人也。」

朱注：此章見聖賢行道濟時，汲汲之本心；愛君澤民，惓惓之餘意。

13 **孟子去齊。充虞路問曰：「夫子若有不豫色然。前日虞聞諸夫子曰：『君子不怨天，不尤人。』」**

〔一〕「此」字原無，據唐先生《孟子新讀本》補。

張氏云：「充虞蓋察孟子若有不豫之意，而淺心所量，遂有『不怨天，不尤人』之問也。而不知孟子之心，蓋疑王道之久曠，憂生民之不被其澤，是以若有不豫色然也。」〔一〕

曰：「彼一時，此一時也。五百年必有王者興，其間必有名世者。

張氏云：「『彼一時，此一時』，蓋疑辭也。謂『此亦一時，彼亦一時』何？彼時王者之數興，其闊絶者不過五百年，而名世間出者，亦有之矣。而乃今七百有餘歲，王政不行焉，言不應若是其久曠也。此孟子所以疑、所以憂，而未能釋也。」〔二〕

（一提，有「振衣千仞岡，濯足萬里流」之概。）〔三〕

愚按：《盡心篇》孟子曰：「由堯舜至於湯，五百有餘歲。若禹、皋陶，則見而知之；若湯，則聞而知之。由湯至於文王，五百有餘歲，若伊尹、萊朱，則見而知之；若文王，則聞而知之。由文王至於孔子，五百有餘歲，若太公望、散宜生，則見而知之；

〔一〕張栻《孟子説》卷二。
〔二〕張栻《孟子説》卷二。
〔三〕唐先生《孟子新讀本》批語。

若孔子，則聞而知之。」堯、舜、湯與文王，皆于百年而興，若禹、臯陶、伊尹、萊朱、太公望、散宜生，皆所謂名世者也。

由周而來，七百有餘歲矣。以其數則過矣，以其時考之，則可矣。

愚按：「以其時考之」，即上文所謂「此一時」也。由周公而上，上而爲君，而五百年王者之興輒應；由周公而下，下而爲臣，而五百年王者之興，乃從此而不驗，此孟子所以疑「此一時」異乎「彼一時」也。

夫天未欲平治天下也，如欲平治天下，當今之世，舍我其誰也？吾何爲不豫哉？」

朱注：「言當此之時，而使我不遇於齊，是天未欲平治天下也。然天意未可知，而其具又在我，我何爲不豫哉？然則孟子雖若有不豫然者，而實未嘗不豫也。蓋聖賢憂世之志，樂天之誠，有並行而不悖者，於此見矣。」

張氏云：「孟子之進退去就，蓋可無憂、無疑者也〔一〕。天未欲平治天下，故我之道未可行。使天而欲平治天下，則舍我孰與爲之者，則何不豫之有？由前所言，在君

〔一〕「孟子之進退去就，蓋可無憂、無疑者也」，張栻《孟子説》原文作「若乎在孟子之進退去就，則何疑何憂之有哉」，唐先生就前後文意稍改易詞句，以求文勢與文氣之暢順。

子不得不疑、不得不憂；由後所言，在君子夫何憂、夫何疑。故王通謂：『樂天知命吾何憂？窮理盡性吾何疑？』又曰：『天下皆憂，吾不得不憂；天下皆疑，吾不得不疑。』蓋近此意。」〔一〕

愚按：聖賢之心，何其仁也？曰若稽古，君明臣良，賡歌颺拜，尚矣。厥後湯與文、武，先後同揆，得志行乎中國，若合符節。五百年之興，若有一定之故。乃自文、武以來，遥遥七百有餘歲，王迹既熄，而王者傳嬗之統，於是焉中絶，此孟子所以欷歔而不自已者也。夫五百年王者之興，天也，亦人也。或者曰：理有定者也，數無定者也。而不知數本理以推演，數亦有定者也。「天未欲平治天下」，天豈真能平治天下哉？人心爲之，人事爲之也，未可以咎天也。

中古以前，每越五百年，王者一興，而民生得以蘇甦。戰國以還，干戈紛擾，四海困窮，百姓無寧歲。孟子後，非特王者與名世不作，而又生秦政以殺虐之。秦漢以降，世界分合，龍戰玄黄，求所謂王者，求所謂名世，如鳳毛麟角之鮮得一覯，是豈天於彼一時欲其平治，而於此一時之後，概不欲其平治歟？抑豈天於彼一時深愛天下

〔一〕張栻《孟子説》卷二。

之民，而於此一時之後，遂棄天下之民如遺歟？非也。彼一時之人心，尚質、尚樸、尚誠、尚和平、尚忠信，此一時之人心，尚欺、尚詐、尚險、尚爭、尚殺奪，然則天下之平治不平治，數爲之也，實理爲之也。天爲之也，實人心爲之、人事爲之也。聖賢之士，非不能與天爭，而決不能與人心爭、與人事爭。

孟子橫覽當世，慨然於五百年王者之統，將自此而中絶矣，乃曰：「當今之世，舍我其誰？」明知其不能與爭，而猶欲力與之爭者，聖賢之用心，何其仁也？然則孟子之不用於齊，不能無不豫，而實非不豫也。後之人讀此章書，不能無所感，而又何感焉？

14 孟子去齊，居休。公孫丑問曰：「仕而不受禄，古之道乎？」曰：「非也。於崇，吾得見王。退而有去志，不欲變，故不受也。

朱注：「孟子始見齊王，必有所不合，故有去志。變，謂變其去志。」

繼而有師命，不可以請。久於齊，非我志也。」

羅氏羅山云：「讀孟子致爲臣而歸五章，可見聖賢救世之心，與其去就之義，並行不悖。夫際世運之陵夷，憫生民之塗炭，抱此旋乾轉坤之具，自不忍束手坐視，任斯民之仳離無告。濟時之心，固未有一日去諸懷者，故其君苟足用爲善，則日望其改而不忍舍去也。然身無可進之理，則又一毫不肯苟且，蓋仕以行道，去就之義稍虧，未有能行道於天下者。聖賢之心，一於道而已。」〔一〕

愚按：此章於聖賢行道之誠，與君子廉介之節，蓋兩得之。夫孟子於齊既有去志，則曷爲而不去？冀齊王之一朝悔悟，而得行其道也，此惓惓之初心也。且人與人相處，非積以歲月之久，不能知其究竟也。曰：「有師命，不可以請。」當國家有事之時，不可以請去也。曰：「久於齊，非我志。」於是乎不受禄，以明我皓皓之節，見君子之不屑無功而食禄也。《史記·屈原傳》曰：「其志絜，其行廉。」又曰：「冀幸君之一悟，俗之一改也。」其存君興國，而欲反覆之，然終無可奈何，故不可以反，其亦猶孟子不得已之志也夫？

公孫丑篇大義

仕而不受禄，古之道乎？今世尚有其人乎？嗚呼！孟子之志苦矣。《公孫丑》首

〔一〕 羅澤南《讀孟子劄記》卷一。

章曰：「夫子當路於齊。」其次章曰：「夫子加齊之卿相，得行道焉。」此設辭也。而其下篇記孟子將朝王，孟子爲卿於齊，是孟子之於齊，未爲不得志也。然而常有去志者，何也？孟子初心，欲行其道也。道既不行矣，則不能鬱鬱久居此也，惟有不受禄，不負我之初志，以盟此心於幽獨而已，嗚呼！孟子之志苦矣。仕而不受禄，今世尚有其人乎？

且夫以千里之地而行仁政，未有盛於齊者也。湯與文王之以德行仁也，周公之綢繆牖户也，尊賢使能，五者之政治可王也。先王不忍人政之宜行也，擇術之宜慎，而不仁不智、無禮無義之不可爲也，與人爲善之宜公也，人和之無不勝也，此皆堯舜之道，孟子之所陳於王前者也。乃曾不踰時，致爲臣而歸矣。三宿留行，卧而不應；言告尹士，惆悵無聊。充虞之隨行也，東山鬱鬱，海水湯湯，搔首問天，寂寥奚語？舍我其誰？而空懷五百年之名世，豈不悲夫？蓋俯仰身世，既無孔距心之官守，又無蚳鼃之言責，而徒來此無處之兼金，而欲以貨取，恭敬而無實，君子豈可以虚拘乎？

嗚呼！大有爲之君，必有所不召之臣，此孟子所寤寐以期之者也。乃既不能如湯之於伊尹，並不能如桓公之於管仲，日惟與王驩、陳賈卑鄙齷齪之徒相居處，一日暴之，十日寒之，曾未有絲毫之裨益。而且矜式則徒託諸空言，受萬則人疑其欲富，是豈特不能爲不召之臣，直將以奔走奴隸之臣待我矣，則惟有致爲臣歸焉而已，豈不悲夫？《易》曰：「見幾而作，不俟終日。」又曰：「君子上交不諂，下交不瀆，其知幾乎？幾者動之微。」孟子其知幾者乎？

昔者子思子作《中庸》曰：「大哉聖人之道！君子尊德性而道問學，致廣大而盡精微，極高明而道中庸。」而其下文乃曰「居上不驕，爲下不倍。國有道，其言足以興；國無道，其默足以容」者，何哉？蓋言孔子躬備禮儀三百，威儀三千，具至德至道，而惟恐爲春秋之世之所蒙垢，故曰「既明且哲，以保其身」而已。孟子備知言養氣之學，持志養心，配義與道，上與天地清明之氣相往來，其德性問學，幾幾乎無愧於孔子，而惟恐爲戰國之世之所蒙垢。麒麟之於走獸，不可與同皁也；鳳凰之於飛鳥，不可與比翼也，則惟有歸焉而已矣。鳳兮鳳兮，當愛惜其羽毛矣。麟兮麟兮，來非其時矣。此孟子所以願學孔子者也。

然而當是時，龍斷之賤丈夫，方比肩立，尸位素餐，恬不知耻，極目皁汙，芸芸者皆是。孔子之言曰：「磨而不磷，涅而不緇。」士君子生斯世也，曷以砥柱中流而明我潔白之素志乎？是故《公孫丑篇》又特以公孫丑之問終，曰：「仕而不受禄，古之道乎？」則曰：「有去志，不欲變，故不受也。」又曰：「久於齊，非我志也。」嗚呼！孟子之道不行矣！孟子之志苦矣！仕而不受禄，今世尚有其人乎？士未有不講操守氣節，而可以使之爲政者。孟子非欲不受禄以矯世，而天下萬世之自好者，當知所處矣[一]。柳下惠，聖之和者也，其言曰：「枉道而事人，何必去父母之邦？」孟子願學孔子，而不由夷、惠之道者也。蓋是時將去齊魯之邦，而離先人之壟矣！是故回憶葬母之事，悽愴迴腸，而愈不能自已也。

（《公孫丑篇》本以孟子不能見用於齊爲主，此文乃以不受禄爲主。遥情勝概，横空而來，曲折離奇，一唱三嘆。後世有能知孟子者，即有能知吾文者。）[二]

（餘意一結，如神龍掉尾。子長常用此法。）[三]

[一] 唐先生有感於當時在位者貪墨之熾，而禍國殃民也。
[二] 唐先生《孟子新讀本》批語。
[三] 唐先生《孟子新讀本》自評。

孟子大義卷五

滕文公上

1 **滕文公爲世子，將之楚，過宋而見孟子。**

周氏柄中云：「是時楚都於郢，在今湖北襄陽府宜城縣西南九十里。宋都商丘，在今河南歸德府商丘縣。滕在今山東兗州府滕縣西南十四里。自滕之楚而取道商丘，路稍回遠也。」〔一〕

周氏廣業《孟子出處時地考》云：「孟子去齊居休，旋歸於鄒，年六十餘矣。聞宋王偃將行仁政，往游焉……時滕文公爲世子，將之楚，過宋來見。蓋孟子嘗以齊卿出

〔一〕周柄中《四書典故辨正》卷一四《孟子・滕文公》。

弔於滕，稔知其賢故也。」〔一〕

孟子道性善，言必稱堯舜。

程子曰：「論性不論氣，不備；論氣不論性，不明。」〔二〕

陳氏北溪云：「孟子道性善，從何而來？夫子繫《易》曰：『一陰一陽之謂道，繼之者善也，成之者性也。』所以一陰一陽之理者爲道，此是統説箇太極之本體。繼此者爲善，乃是就其間説，造化流行、生育賦予，更無别物，只是箇善而已。此太極之動而陽時，所謂善者，以實理言，即道之方行者也。至成此者爲性，是説一物受得此善底道理，去各成箇性，是太極之靜而陰時，此性字與善字相對，是即所謂善而理之已定者也。夫子所謂善，是就人物未生之前造化原頭處説，善乃重字，爲實物。若孟子所謂性善，則是就成之者性處説，是人生以後事，善乃輕字，言此性之純粹至善耳。其實由造化原頭處有是繼之者善，然後成之者性時，方能如此之善。則孟子之所謂

〔一〕周廣業《孟子四考》卷四「出處事地」之「過宋適薛」條。

〔二〕程頤語，見載《河南程氏遺書》卷六。按：程頤主張「性即理也。所謂理，性是也」，强調「論性不論氣，不備；論氣不論性，不明」，牟宗三先生《心體與性體》第三部「明道、伊川與胡五峰」認爲是宋、明儒者論心性共識。推而言之，宋明性理學是《孟子》此語義疏。唐先生精研性理學，因程頤説以開宗明義。

善，實淵源於夫子所謂善者而來[一]，而非有二本也。」[二]

陸氏桴亭云：「諸儒謂孟子道性善，只是就天命上説，未落氣質，予向亦主此論，今看來亦未是。若未落氣質，只可謂之命，不可謂之性。於此説善，只是命善，不是性善。且若就命上説善，則人與萬物同此天命，人性善則物性亦善，何從分别？孟子所云性善，全是從天命以後説，反覆七篇中可見，如『乃若其情，則故而已』，『形色，天性』，以及『犬之性猶牛之性，牛之性猶人之性』之類，並未嘗就天命之初未落氣質處説。」[三]

又曰：「生之謂性，言性只在氣質也，孟子未嘗非之；而至於昧人物之分，則孟子辨之矣。食色，性也，言性只在氣質也，孟子未嘗非之。至於爲義外之説，則孟子辨之矣。此可見孟子言性善，不離氣質也。且不但孟子，孔子曰：『性相近也。』不離氣質。子思曰：『天命之謂性。』朱子注曰：『氣以成形，而理亦賦焉。』不離氣質。

[一]「者而來」三字原脱，據陳氏文補入。
[二] 陳淳《北溪字義》卷上「性」。
[三] 陸世儀《思辨録輯要》卷二六「人道類」。

《書》曰：『厥有恒性。』〔一〕《易》曰『各正性命』『成之者性』。〔二〕《禮》曰：『人生而靜，天之性也；感於物而動，性之欲也。』周子曰：『性者剛柔善惡，中而已矣。』俱不離氣質，古來聖賢言性，總是一樣。」〔三〕

又曰：「予於性善之説，向以先入之言爲主〔四〕。以爲孟子論善，只就天命之初繼之者善處論，未敢説到成之者性。直至己亥〔五〕，始覺得『成之者性』以前，著不得性字。既説『成之者性』，便屬氣質。既屬氣質，何云『性善』？於是曠覽夫天人之原，博觀於萬物之際，見夫所謂異異而同同者，始知性爲萬物所同，善惟人性所獨。性善之旨，正不必離氣質而觀也。於是取孟子前後論性語，反覆讀之，始知孟子當時，亦只就氣質中説善。而程朱以後，尚未之能晰也。於是又取孟子以前孔子、子思之言按之，無不同條共貫。又取孟子以後周、程、張、朱之言觀之，周則無不脗合，程、朱則間

〔一〕《書・湯誥》文，原作「若有恒性」，涉下文之「克綏厥猷惟後」之「厥」字，後世學者每誤憶而讀成如此，宋明清以來性理學論述輾轉徵引，故特表出。
〔二〕《朱子語類》卷七四《易》類載朱子引此兩句以論證性，可見是當時共同論據。
〔三〕陸世儀《思辨録輯要》卷二七「人道類」。
〔四〕原文作：「然而性善之説，則終以先人之言爲主。」唐先生稍改以完整文勢。
〔五〕陸世儀自述「己亥」（順治十六年）之思想轉變，是時年四十九。唐先生精熟陸氏書，蓋家學也。

有一二未合，而合者常八九也。」〔一〕

陳氏蘭甫云：「孟子所謂性善者，謂人人之性，皆有善也。非謂人人之性，皆純乎善也。其言曰：『惻隱之心，人皆有之；羞惡之心，人皆有之；恭敬之心，人皆有之；是非之心，人皆有之。』父母之心，人皆有之。非獨賢者有是心也，人皆有之。『今人乍見孺子將入於井，皆有怵惕惻隱之心』，人皆有不忍人之心，人皆有所不忍，人皆有所不爲。孟子言人性皆有善，明白如此。又曰：『雖存乎人者，豈無仁義之心哉？無惻隱之心，非人也；無羞惡之心，非人也；無辭讓之心，非人也；無是非之心，非人也。』其言人性無無善者，又明白如此。蓋聖人之性純乎善，常人之性皆有善，惡人之性仍有善而不純乎惡，所謂性善者如此，所謂人無有不善者如此。後儒疑孟子者，未明孟子之説耳。」〔二〕

愚按：自程子之説出，而人知性有義理、氣質之分，於是紛紛持論者，羣相推極於天命之初，幾至不可究詰。不知義理實不離乎氣質之中。古聖賢言性，蓋皆指氣

〔一〕陸世儀《思辨録輯要》卷二七「人道類」。
〔二〕陳澧《東塾讀書記》卷三《孟子》首條。

質而言，不必推到人生而靜以前，轉致墮於玄虛也。桴亭先生説最爲精當，蘭甫先生説亦極切實，故並録之。舉凡空虛之論，與夫偏駁之談，皆可不攻而自息矣。

「言必稱堯舜」者，朱注謂：「每道性善，必稱堯舜以實之。」蓋孟子常言人皆可以爲堯舜，聖愚固無二性也〔一〕。

世子自楚反，復見孟子。孟子曰：「世子疑吾言乎？夫道一而已矣。

愚按：凡讀經，於本經書法，最宜注意。如此章首節曰「滕文公之宋見孟子」，下節曰「復見孟子」足矣，乃必書曰：「將之楚，過宋而見孟子。」又曰：「自楚反，復見孟子。」何也？下章大書曰：「有爲神農之言者許行，自楚之滕。」蓋文公之楚之時，已爲許行之徒所咻，而其時性惡之説，方在萌芽，文公不免惑於其説，故復見孟子，孟子直告之曰：「世子疑吾言乎？夫道一而已矣。」所以破其惑也。「道一」云者，蓋並耕等説，乃雜家之學。儒者信道，宜定一尊，古今祇有此道，不可爲雜家之説所淆也。

成覸謂齊景公曰：『彼丈夫也，我丈夫也，吾何畏彼哉？』顔淵曰：『舜何人也？予何人也？有爲者亦若是。』公明儀曰：『文王我師也，周公豈欺我哉？』

〔一〕朱子《孟子集注》本章注謂：「古今聖、愚，本同一性。」此唐先生「聖、愚本無二性」説之源。

朱注：「孟子既告世子以道無二致，而復引此三言以明之，欲世子篤信力行，以師聖賢，不當復求他説也。」

愚按：讀此節，自覺志氣百倍。彼丈夫也，我丈夫也，而卒以舜與文王爲師法者，舜與文王，皆大孝人也。孔子曰：「舜其大孝也與！」〔一〕又曰：「無憂者，其惟文王乎！」〔二〕蓋舜與文王，孔子之所師法，故孟子尚論古聖，亦必以舜與文王爲標準。舜與文王，皆大孝人也。孝者，性善根源之所發也，故曰：「孝弟也者，其爲仁之本與！」能師舜與文王之孝，而盡性之功基於是矣。

又考之《詩》曰：「天生烝民，有物有則。」〔三〕我與古人同此耳目，同此心思，曷爲古人則爲聖、爲賢、爲君子，我則爲愚、爲不肖、爲小人？蓋口之於味也，目之於色也，耳之於聲也，鼻之於臭也，四肢之於安佚也，此氣質之性也。氣質之性，凡民溺之，而君子有弗性者焉。仁之於父子也，義之於君臣也，禮之於賓主也，智之於賢者也，聖

〔一〕《中庸》引孔子語。
〔二〕《中庸》引孔子語。
〔三〕《詩·大雅·烝民》句。

人之於天道也，此義理之性也。義理之性，凡民昧之，而君子性之焉。故學聖之方，宜常自省察。

我有耳目，自有天則，曷爲而聽非禮之聲、視非禮之色？我有心思，自有天則，曷爲而有非禮之意念？推之有父子，曷爲而不知仁？有君臣，曷爲而不知義？有賓主，曷爲而不知禮？由是而精思之，而明辨之，而實踐之，則克念作聖，道不遠人，我亦可以爲舜，我亦可以爲文王矣，吾何畏彼哉〔一〕？

今滕絶長補短，將五十里也，猶可以爲善國。《書》曰：『若藥不瞑眩，厥疾不瘳。』

趙注：「瞑眩，藥攻人疾，先使瞑眩憒亂，乃得瘳愈也。」〔二〕

焦禮堂《孟子正義》云：「《周禮·天官·醫師》『聚毒藥以共醫事』，注云：『毒藥，藥之辛苦者。藥之物恒多毒，《孟子》曰：『若藥不瞑眩，厥疾不瘳。』』《方言》云：『凡飲藥傅藥而毒……東齊、海、岱之間謂之瞑，或謂之眩。』……韋昭注《楚語》云：

〔一〕唐先生提出省察要義。

〔二〕趙岐《孟子章句》卷五。「乃得瘳愈也」，趙氏原文句末無「也」字。

『瞑眩頓瞀，攻己急也。』」[一]

愚按：人之性善，國之本亦善。性善之説，人之藥也。善國之説，國之藥也。戰國之時，國疾甚矣，孟子將以療滕國之疾，無如病者不能用，而厥疾至於不可爲。然則後之人欲治其國，當先治其疾；而欲治其疾，當先自治其性。

2 **滕定公薨。世子謂然友曰：「昔者孟子嘗與我言於宋，於心終不忘。今也不幸至於大故，吾欲使子問於孟子，然後行事。」**

趙注：「然友，世子之傅也。大故，謂大喪也。」[二]

愚按：文公曰：「昔者孟子嘗與我言於宋。」可見孟子在宋時所言性善之旨，即孝弟之道也。

然友之鄒，問於孟子。孟子曰：「不亦善乎！親喪，固所自盡也。曾子曰：『「生事之以禮，死葬之以禮，祭之以禮」[三]，可謂孝矣。』諸侯之禮，吾未之學也。雖然，吾嘗聞

[一] 焦循《孟子正義》卷一〇。
[二] 趙岐《孟子章句》卷五。
[三] 曾子之語本孔子，《論語·爲政》載孔子語：「生事之以禮，死葬之以禮，祭之以禮。」

之矣。三年之喪，齊疏之服，飦粥之食，自天子達於庶人，三代共之。」

張氏云：「三年之喪，人子至情，而聖人制之以天理者也。故孟子荅世子之問，皆切其良心以告之。夫人子之於親喪，其至情深痛，孰爲而然哉？其哭泣衰麻之節、祭祀之禮，凡以自盡而已。苟惟知所以自盡，則有不待勉而行者矣。『生事之以禮，死葬之以禮，祭之以禮』，而後謂之孝，所謂禮者，蓋不可以不勉也。『三年之喪，齊疏之服，飦粥之食，自天子至於庶人』，此所謂禮也。」〔一〕

陳氏蘭甫云：「孟子説禮，有明言禮者，有不明言禮者，有與人論禮者。其曰：『諸侯之禮，吾未之學。』蓋禮文繁博，間或有未學者，故趙氏不以爲尤長耳。又云：『《檀弓》：穆公之母卒，使人問於曾子曰：「如之何？」對曰：「申也聞諸申之父曰：『哭泣之哀，齊斬之情，饘粥之食，自天子達。』」孟子告滕文公云：『吾嘗聞之矣，三年之喪，齊疏之服，飦粥之食，自天子達於庶人。』孟子所聞，蓋出於曾申所述曾子之語也。」〔二〕

〔一〕張栻《孟子説》卷三。
〔二〕陳澧《東塾讀書記》卷三《孟子》。

愚按：「生，事之以禮」數語，乃《論語》孔子告樊遲之言，而曾子述之，蓋此數語，專爲諸侯卿大夫家子弟言之也。春秋之季，世禄之家，鮮克由禮，居家既極驕奢，則於事親生事喪祭壹是，亦不免多所踰分，以致僭侈無度，陷親於不義，是不孝之大者。此孔子所以語樊遲以告孟懿子，而孟子復引曾子所述之言以告滕文公也。

《曾子本孝》篇云：「孝子之於親也，生則有義以輔之。」〔一〕義以輔之，此「生事之以〔二〕禮」也。《禮記・中庸》云：「周公成文武之德，追王太王、王季，上祀先公以天子之禮。斯禮也，達乎諸侯大夫，及士庶人。父爲大夫，子爲士，葬以大夫，祭以士；父爲士，子爲大夫，葬以士，祭以大夫，此葬祭之禮也。」蓋生事葬祭，約之以禮，則在上不驕，高而不危，滿而不溢之義，自在其中。故知此爲諸侯卿大夫家子弟言之也。

然友反命，定爲三年之喪。父兄百官皆不欲，曰：「吾宗國魯先君莫之行，吾先君亦莫之行也。至於子之身而反之，不可。且志曰：『喪祭從先祖。』」曰：「吾有所受之也。」

〔一〕《大戴禮記・曾子本孝》文。
〔二〕「以」字原脱，據經文補。

朱注：「父兄，同姓老臣也。滕與魯俱文王之後，而魯祖周公爲長，兄弟宗之，故滕謂魯爲宗國也。然謂二國不行三年之喪者，乃其後世之失，非周公之法本然也。」

張氏云：「『喪祭從先祖』，謂先王之時喪祭而言也。先王之時，喪祭皆有定制，懼後世有所更張而荒墜也，則曰：『喪祭從先祖。』且魯之先祖，周公、魯公也；滕之先祖，武王之庶弟叔繡也，在當時所行，皆先王三年之喪也。若用『喪祭從先祖』之說，則盍不反其舊乎？後人既已廢其先祖之禮，而來者方循已廢之失，乃曰：『吾從先祖而已。』何其不之思乎？大抵人心安於放肆，故以反古復禮爲難爾。」〔一〕

閻氏百詩云：「『吾有所受之也』，爲世子答父兄百官語，『吾』與下『謂然友曰』吾字，正一人。」〔二〕

焦氏理堂據此謂〔三〕：「加『曰』字，則明其爲世子答言。言定爲三年之喪，非我臆

〔一〕張栻《孟子説》卷三。
〔二〕焦循《孟子正義》卷一〇本章注引閻若璩《四書釋地又續》文。原文見閻若璩《四書釋地又續》卷上「吾有所受之」條。
〔三〕「謂」字，唐先生《孟子新讀本》作「故」。

見，吾受之於孟子，孟子則聞之於師說也。故下『謂然友曰』上，更不加『世子』字。」〔一〕

王氏船山云：「孟子之言『且志』者二。《集注》云：『志，記也。』意以志爲書名。而『且』者，轉語之助辭，乃『喪祭從先祖』，即上稱宗國先君之旨，枉尺而直尋，亦一見則大王小霸之意。且者，較前說而更進一義之辭，今未嘗別出一意，皆不得言且，抑滕人陳代兩不相謀，向稱志而必以且冠之，若出一口者然。蓋『且志』者，古書名，雜編古今雅俗共稱之成說，以彙記之，謂之『且志』者，言不擇而姑且志之，輯録之以聽人引證也……故其言義味短淺，通於流俗。滕人陳代，皆苟且合俗之士，故以爲談助。」〔二〕

謂然友曰：「吾他日未嘗學問，好馳馬試劍，今也父兄百官不我足也，恐其不能盡於大事，子爲我問孟子。」然友復之鄒問孟子。孟子曰：「然。不可以他求者也。孔子曰：『君薨，聽於冢宰，歠粥，面深墨，即位而哭，百官有司莫敢不哀，先之也。』上有好者，下必有甚焉者矣。『君子之德，風也；小人之德，草也。草尚之風，必偃。』〔三〕是在

〔一〕焦循《孟子正義》卷一〇本章注下。「則明其爲世子」之「則」原脱，據焦氏文補。
〔二〕王夫之《四書稗疏》卷一《孟子》「且志」條。按：此條今刊之《船山全書》失載。
〔三〕見《論語·顏淵》載孔子語。《論語》無兩「也」字。

世子。」

張氏云：「孟子言『不可以他求』者，蓋以爲父兄百官之不欲，亦在我有以率之而已矣，於是引孔子之言以告之。『君薨，聽於冢宰，歠粥，面深墨，即位而哭，百官有司莫敢不哀』者，吾有以先之故爾，此草上之風必偃也。又曰：『是在世子。』斯言欲世子立志爲本，而無事乎外也。」〔一〕

然友反命，世子曰：「然。是誠在我。」五月居廬，未有命戒，百官族人，可謂曰知。及至葬，四方來觀之，顔色之戚，哭泣之哀，弔者大悦。

趙注：「諸侯五月而葬，未葬，居倚廬於中門之内也。『未有命戒』，居喪不言也。異姓同姓之臣『可謂曰知』，世子之能行禮也。四方之賓來弔會者，見世子之憔悴哀戚，大悦其孝行之高美也。」〔二〕

愚按：三年之喪，古聖所定，戰國時何遽無行之者？齊宣王欲短喪，可見其時諸侯本行三年之喪，是以宣王欲短之爾。然則滕文欲行三年之喪，而父兄百官皆不欲，

〔一〕張栻《孟子説》卷三。
〔二〕趙岐《孟子章句》卷五。「四方之賓來弔會者」，趙氏原文「四方」後有「諸侯」二字，「賓」作「殯」。

何也?

考《論語・憲問篇》子張曰:「《書》云:『高宗諒闇,三年不言。』何謂也?」子曰:「何必高宗,古之人皆然。君薨,百官總己,以聽於冢宰三年。」竊疑此經然友反命,定爲三年之喪,蓋指「三年不治事」而言也。

滕之父兄百官,疑「三年不治事」,則國中無人焉以爲之主,故曰「吾宗國魯先君莫之行,吾先君亦莫之行」也。迨孟子復告以君薨,聽於冢宰,而世子曰「然」,五月居廬,未有命戒,是明指不聽朝政而言。「百官族人,可謂曰知」,則以聽於冢宰爲可行,而謂世之子之知禮也〔一〕。四方來觀之,見其顔色之戚,哭泣之哀,而大悅其孝行之美也〔二〕。

3 滕文公問爲國。孟子曰:「民事不可緩也。《詩》云:『晝爾于茅,宵爾索綯。亟

〔一〕「百官族人,可謂曰知」句,朱子《孟子集注》謂「疑有闕誤」,唐先生認爲守三年之喪並非謂不治理國事,而是委任冢宰攝行權力,如此則國事不廢,故百官族人皆稱讚爲「知」。依唐先生説,則此句未有「闕誤」,而且「治」更坐實爲「知禮」之義。

〔二〕「四方來觀之」以下至「而大悅其孝行之美也」四句,據唐先生《孟子新讀本》補入。

其乘屋，其始播百穀。』

趙注：「民事不可緩之使怠惰，當以政督趣，教以生産之務也。」「《詩》，《豳風・七月》之篇，言：教民晝取茅草，夜索以爲綯。綯，絞也。及爾閒暇，亟而乘蓋爾野外之屋。春事起，爾將始播百穀矣。言農民之事無休已。」[一]

（方云：「民事不可緩」一句是主，故首章提明，以含通章。又云：此章論治法，即《盡心章》《不忍章》之意而加詳焉。蓋齊、梁二君利欲薰心，故須歆動警戒之詞，多撥動其良心，直陳其利害，而後可告以王政之大略。滕文質仁而好善，無利欲之沮，所以不用如此煩言，而但詳告以教養之詞。因人而立言，明以爲聖賢之文也。）[二]

愚按：中國古來以農立國，孟子欲以滕爲模範之國，故首言民事。張氏云：「『民事不可緩』，斯言也，真有國之寶，幾於一言而可以興邦者也。」[三]而引《詩・邠風・七月》之篇以證之，教民晝取茅草，夜索以爲綯，暇時亟乘蓋野屋，春至而農事始

[一] 趙岐《孟子章句》卷五。
[二] 唐先生《孟子新讀本》所引。
[三] 張栻《孟子説》卷三。

也。《邠風》爲王政之本，孟子首以此告文公，其用意至深遠矣。〔一〕

民之爲道也，有恒產者有恒心，無恒產者無恒心。苟無恒心，放辟邪侈，無不爲已。及陷乎罪，然後從而刑之，是罔民也。焉有仁人在位，罔民而可爲也？

愚按：養先於教乎？教先於養乎？二說相持未決。或者曰：《孟子》「齊宣王」章言「無恒產而有恒心者，惟士爲能」，而歸本於制產。又言今也制民之產，救死而恐不贍，奚暇治禮義哉？此章言「有恒產者有恒心」，亦以井田與學校並舉，實與《管子》所謂「倉廩足而知禮義」厥旨相符，是養固當先於教。此說似矣，然有當辨之入細者。

蓋孟子所謂制產，言在上者爲民制產也；而後世之制產，則民之自爲制也。生計固爲國民之命脈，然聽其自爲制，則民於衣食而外，絕無所求，而禮義廉耻，因之掃地。故居今之世，治今之民，苟不先以道德爲教，而亟亟焉惟以生計爲務，則風俗人心，將有愈趨而愈下者矣。夫教化行而後民可富，民富而後教化乃愈盛。恒心恒產，實有相因而致者。故先教後養，先養後教，是二學說者，當並行而不可偏廢也。

〔一〕自「而引《詩·邠風·七月》之篇以證之」以下至「其用意至深遠矣」，據唐先生《孟子新讀本》補入。

恒心恒産，相因而致，彼民於衣食外，絶無所求，以致廉耻掃地者，聽民自爲制也。孟子所謂制産者，在上者爲之制也。本井田之制，而使之相友相助，疾病相扶持，而長其仁義之心也。是以教化行而民富，民富而教化愈盛。教養之道，並行而不悖也〔一〕。

是故賢君必恭儉禮下，取於民有制。

朱注：「恭則能以禮接下，儉則能取民以制。」

愚按：恭儉者，人君之寶也。《易傳》曰：「謙，德之柄也。」〔二〕又曰：「德言盛，禮言恭，謙也者，致恭以存其位者也。」〔三〕君子所以能「裒多益寡，稱物平施」者〔四〕，要在乎謙而恭。是恭與儉亦相輔而行者也。

「取於民有制」，惟人君能守法制，而後人民能守法律。自後世行攤派之法，不論有無多寡，動輒取之於民。其視民之財，如金山銅穴，取之無窮。於是剥民之膚，遂

〔一〕「恒心恒産，相因而致」至「教養之道，並行而不悖也」一段，據唐先生《孟子新讀本》補入。
〔二〕《易·繫辭下》文。
〔三〕《易·繫辭上》文。
〔四〕《易·謙》卦象辭文。

至於無所紀極，而天下騷然矣。

陽虎曰：『爲富不仁矣，爲仁不富矣。』

張氏云：「欲爲富，則惟富之徇，雖有害於人，不顧卹也，故必不仁。爲仁則以愛人存心，其肯以富己爲事乎？天理人欲之不兩立也。言之可取，雖陽虎亦不廢。」〔一〕

愚按：「爲仁不富矣」，斯言也，吾輩所當自決者也，不富奚害也？「爲富不仁矣」，苟存此心，則亦何所不爲乎？然既不仁矣，安能長保其富乎？

夏后氏五十而貢，殷人七十而助，周人百畝而徹，其實皆什一也。徹者，徹也。助者，藉也。

趙注：「夏禹之世，號夏后氏。后，君也。禹受禪於君，故夏稱后。殷周順人心而征伐，故言『人』也。民耕五十畝，貢上五畝；耕七十畝者，以七畝助公家；耕百畝者，徹取十畝以爲賦。雖異名而多少同，故曰皆什一也。」〔二〕

顧氏亭林云：「古來田賦之制，實始於禹。水土既平，咸則三壤。後之王者，不

〔一〕張栻《孟子説》卷三。

〔二〕趙岐《孟子章句》卷五。

過因其成蹟而已。故《詩》曰：『信彼南山，維禹甸之。畇畇原隰，曾孫田之。文治按：《毛傳》云：「甸，治也。畇畇，墾闢貌。曾孫，成王也。」我疆我理，南東其畝。』然則周之疆理，猶禹之遺法也。《孟子》乃曰：『夏后氏五十而貢，殷人七十而助，周人百畝而徹。』夫井田之制，一井之地，畫爲九區。故蘇洵謂：『萬夫之地，蓋三十二里有半，而其間爲川爲路者一，爲澮爲道者九，爲洫爲涂者百，爲溝爲畛者千，爲遂爲徑者萬。』使夏必五十，殷必七十，周必百，則是一王之興，必將改畛涂，變溝洫，移道路以就之，爲此煩擾而無益於民之事也。豈其然乎？蓋三代取民之異，在乎貢助徹，而不在乎五十七十百畝。其五十七十百畝，特丈尺之不同，而田未嘗易也。故曰：『其實皆什一也。』……故《王制》曰：『古者以周尺八尺爲步，今以周尺六尺四寸爲步。』而當日因時制宜之法，亦有可言。夏時土曠人稀，故其畝特大。殷周土易人多，故其畝漸小，以夏之一畝爲二畝，其名殊而實一矣。國佐之對晉人曰：『先王疆理天下，物土之宜，而布其利。』豈有三代之王而爲是紛紛無益於民之事哉？」〔一〕

愚按：徹者，徹也；助者，藉也，爲訓詁字法。徹之爲言，徹耕而通計之也。助

〔一〕顧炎武《日知録》「其實皆什一也」條。

之爲言，借民之力助公上以耕也。徹者，徹也，即以本字爲訓。助者，藉也，以雙聲字爲訓。

龍子曰：『治地莫善於助，莫不善於貢。貢者，校數歲之中以爲常。樂歲粒米狼戾，多取之而不爲虐，則寡取之。凶年糞其田而不足，則必取盈焉。爲民父母，使民盻盻然，將終歲勤動，不得以養其父母，又稱貸而益之。使老稚轉乎溝壑，惡在其爲民父母也？』

朱注：「龍子，古賢人。狼戾，猶狼藉，言多也。糞，擁[一]也。盈，滿也。盻，恨視也。勤動，勞苦也。稱，舉也。貸，借也。」

張氏云：「夏后之時，其弊未至如龍子之言也。春秋戰國之際，用夏之貢法，而暴君汙吏，虐賦於民，故使民至於終歲勤動而無以養其父母。見民之無以自養也，則又稱貸之，名以爲惠，而實取其倍稱之息以自益，使老弱轉死溝壑而後已。蓋先王之制，本以仁民，而後之所爲，祇以爲富也。」[二]

[一]「擁」字宋刊本如是。中華書局標點本據清刊本改爲「壅」，不從。
[二] 張栻《孟子説》卷三。

愚按：糞，除也，言除其耕種之費本而猶不足也。説見第五篇「耕者之所獲」節下。先王經制，量入以爲出；而後世之取於民，則皆量出以爲入。張氏謂夏后氏之時，尚不至如龍子所言，乃戰國時之流弊。此説誠然。然吾謂樂歲不多取，其風亦已古矣！

夫世禄，滕固行之矣。

趙注：「古者諸侯卿大夫士，有功德，則世禄。官有世功也，其子雖未任居官，得世食其父禄，賢者子孫，必有士之義也。滕固知行是矣，言亦當恤民之子弟，閔其勤勞者也。」〔一〕

朱注：「孟子嘗言文王治岐，耕者九一，仕者世禄，二者王政之本也。今世禄滕已行之，惟助法未行耳。」

《詩》云：『雨我公田，遂及我私。』惟助爲有公田。由此觀之，雖周亦助也。

張氏云：「助法周人亦兼用之於野，故引『雨我公田，遂及我私』之詩，惟助爲有公田，以見周之亦有助也。夫上與民同其豐歉，而民樂共其上之事，故民之情，欲先

〔一〕趙岐《孟子章句》卷五。「則世禄」句，趙氏原文作「則世禄賜族者也」。

雨乎公田，以及乎吾之私，可見民之親愛其上矣。助法之行，固有以養民之良心也。」[一]

設爲庠序學校以教之。庠者，養也。校者，教也。序者，射也。夏曰校，殷曰序，周曰庠，學則三代共之，皆所以明人倫也。人倫明於上，小民親於下。

朱注：「庠、校、序，皆鄉學也。學，國學也。」[二]

愚按：庠養、校教、序射，皆訓詁字法。庠養、校教以疊韻字爲訓，序射以雙聲爲訓。庠者，養也，養成其德行也，重德育之意。校者，教也，教民以開知識也，重智育之意。序者，射也，射必正容體，重體育之意。《虞書》五典，首重人倫[三]。人之大倫，天之所叙而人性所有也，人惟不能明其理，故不盡其分，以至於傷恩害義，而淪胥其常性。聖人有憂焉，爲之學以教之，使民各有以復其性而安其分。故人倫明則小民

[一] 張栻《孟子説》卷三。
[二] 唐先生省略朱子《孟子集注》原注文。
[三] 《尚書·舜典》言舜之受命，「慎徽五典，五典克從」，孔安國傳云：「五典，五常之教，父義、母慈、兄友、弟恭、子孝。舜慎美篤行斯道，舉八元使布之於四方，五教能從，無違命。」故唐先生概括五典爲人倫。《舜典》在《虞書》，故舉《虞書》以蓋之。

親，小民親則國本固，有和睦而無乖戾，有誠信而無詐虞。此三代盛治，所以必以教育爲先也〔二〕。

有王者起，必來取法，是爲王者師也。

愚按：戰國時，先王之法制蕩然，孟子因滕文公賢，特勸其設學校，興井田，以復成周之舊，而爲模範之國。蓋滕國褊小，不能建有天下之規模，而可以有爲天下者之模範。曰「爲王者師」，言其爲模範也。

《詩》云：『周雖舊邦，其命惟新。』文王之謂也。子力行之，亦以新子之國。」

愚按：人生世界之内，惟以日新又新爲切己之要計。《康誥》曰「作新民」，《大學》曰「在新民」。水不新則汙，木不新則腐，一身不新則惡積，一家不新則破絶，一國不新則亡滅。人生世界之内，惟以日新又新，爲切己之要計。故新國者，孟子所切望於戰國時之人君也。

使畢戰問井地，孟子曰：「子之君將行仁政，選擇而使子，子必勉之。夫仁政，必自經界始。經界不正，井地不均，穀禄不平。是故暴君汙吏，必慢其經界。經界既正，分

〔二〕謂德育也。

田制禄，可坐而定也。

朱注：「經界，謂治地分田，經畫其溝塗封植之界也。」

張氏云：「井田之法，以經土地爲本。經之云者，經理之使其分界明辨也。經界正則井地可均，井地均則穀禄可平。自公卿以至於士，各有常禄；自匹夫匹婦，各有常産；而鰥寡孤獨，亦各有所養。自五人爲伍而伍之，而兵可寓也；自五家爲比而比之，而民可睦也。鄉庠黨塾，春誦夏絃，而教化可行焉，賢能可興焉。爲治有要，如綱舉而目張者，其惟井田矣乎？暴君汙吏，其用之也無度，故其取之也無極。及始，慢其經界，蓋以經界之法明，則無以肆其虐取之計，不得不遂廢之也。」〔一〕

陸氏稼書云：「戰國之時與春秋異，滕之勢與齊梁異。春秋之時，經界固未嘗亂也，雖税畝丘甲，已非先王之舊，然但擴其什一之制，未嘗易其溝塗之位。但因田以加賦，未嘗因賦以壞田，則行仁政者，自不必以經界爲急也。至戰國而經界盡壞矣。自周興至於七國，歷歲彌遠，其制固不能不就湮。且當時諸侯，皆擴土敷圻地，大則統攝爲難，而姦弊易起。而一時富强之臣，又爭言盡地利之説，以阡陌爲無益而盡闢

〔一〕張栻《孟子説》卷三。

之，於是先王溝塗封植之制，不可復問矣。世之君子，雖有志於仁政，將何所憑乎？是故經界之在春秋與在戰國，其緩急固不得不異也。然其在齊、梁猶緩，而在滕獨急者，何故？齊、梁之國，方且窮兵黷武，方且嚴刑重斂，今日出師，明日略地，使人曾不得聚廬而處焉。徭賦煩興，丁男轉運，使人曾不得粒食而飽焉，何暇議先王之丘甸哉？且當政殘吏酷之世，而欲易其疆壟，變其溝洫，舉百年湮没之制，一朝釐定之，國必大擾。是故其所急者，在寬刑斂，戢兵戈，以與民休息，而經界之説，且以爲後圖。何則？虐政未去，則仁政未可舉也。若滕則彈丸耳，其疆理易考也，其山川易悉也，其原隰易甸也，無攻城略地之擾，無頭會箕斂之苦，修廢舉墜，固易易也。然則清經界以爲仁政之始，其時當爲，其勢可爲，固莫如滕矣，此孟子所以斷然以是爲始歟？」〔一〕

愚按：經界之事，難言之矣。晚近以來，苛政横行，不知清其本原，乃欲就民間土田，較其毫釐分寸，馴至紊亂田賦，侵漁貧弱，佃民之黠者，輾轉請託，賄賂公行，於是得賄者則放寬其丈尺，不行賄者則朘削其田畝，上下其手，不可究詰。然則所謂

〔一〕陸隴其《始經界論》，見載《三魚堂文集》卷三。

「正經界」云者，直爲姦民猾吏營私生利之地，是亂天下之道也。故治國家者，苟不得其人，雖有良法，終不可得而行也。吾嘗謂：處治世，多辦一事，則多興一利。處末世，多辦一事，則多滋一弊。用敢正告後世，非有學識至深之仁人，而又得其人而用之，慎毋輕言「正經界」，務虚名以害民也。

夫滕壤地褊小，將爲君子焉，將爲野人焉。無君子莫治野人，無野人莫養君子。

張氏云：「一國之間，有君子焉，有小人焉，其大要在於分田、制禄二事而已。田得其分，則小民安其業；禄得其制，則君子賴其養。上下相須而各宜焉，治之所由興也。惟夫爲君子者，虐取而無制；爲小人者，畔散而不屬，此井田之法所以壞，而周之所爲末世也。」〔一〕

請野九一而助，國中什一使自賦。

朱注：「野，郊外都鄙之地也。九一而助，爲公田而行助法也。國中，郊門之内，鄉遂之地也。田不井授，但爲溝洫，使什而自賦其一，蓋用貢法也。周所謂徹法者蓋如此。」

〔一〕張栻《孟子説》卷三。

卿以下必有圭田，圭田五十畝。

朱注：「此世禄常制之外，又有圭田，所以厚君子也。圭，潔也，所以奉祭祀也。不言世禄者，滕已行之，但此未備耳。」

餘夫，二十五畝。

朱注：「程子曰：『一夫，上父母，下妻子，以五口至八口爲率〔二〕，受田百畝。如有弟，是餘夫也，年十六，别受田二十五畝；俟其壯而有室，然後更受百畝之田。』」〔二〕

愚按：此百畝常制之外，又有餘夫之田，以厚野人也。

死徙無出鄉，鄉田同井。出入相友，守望相助，疾病相扶持，則百姓親睦。

趙注：「死，謂葬死也。」「同鄉之田，共井之家，各相營勞也。出入相友，相友耦也……守望相助，助察姦也。疾病相扶持，扶持其羸弱，救其困急。皆所以教民相親睦之道。睦，和也。」〔三〕

〔一〕程顥原語「以五口至八口爲率」，朱子引文漏「至」字，今據程氏原文補入。
〔二〕朱子所引程顥語見載於《河南程氏遺書》卷八「二先生語録」。
〔三〕趙岐《孟子章句》卷五。「睦，和也」句，趙氏原作「和，睦也」。

愚按：生民之樂，愛情而已矣。「死徙無出鄉」云云，皆愛情之所團結也。因愛其身家，以愛其鄉；因愛其鄉，以愛其國。先王之世，民之愛情如此，樂其樂，而利其利，人心純樸，不相猜也，其盛矣乎！

方里而井，井九百畝，其中爲公田。八家皆私百畝，同養公田。公事畢，然後敢治私事，所以別野人也。

朱注：「此詳言井田形體之制也……公田以爲君子之禄，而私田野人之所受，先公後私，所以別君子野人之分也。」

愚按：字義，自營爲私[一]，背私爲公。蓋「八」有分義[二]，分其私以爲公，乃所以爲公也。民視公家之事，無異於自營其私，且能先公而遂及我私焉。推上之厚於民者至，故民之報其上者尤厚也。

此其大略也。若夫潤澤之，則在君與子矣。

朱注：「喪禮、經界兩章，見孟子之學，識其大者。是以雖當禮法廢壞之後，制度

[一]《韓非子・五蠹》云「自營爲私」，《説文解字》引作「自環」。營、環古音同在匣母，可通。

[二]《説文解字》「八部」釋「八」云：「別也，象分別相背之形。」唐先生取以立説。

節文，不可復考，而能因略以致詳，推舊而爲新，不屑屑於既往之迹，而能合乎先王之意，真可謂命世亞聖之才矣。」

（蘇云：「『君與子』、『子之君』，雖非著意語，自相終始。」）〔一〕

愚按：立法以垂後者，千古之常經；而因時以制宜者，天下之通義。此先王之法所以必待潤澤也。迂儒泥古制，執而鮮通，其貽誤天下，非細也。

4 有爲神農之言者許行，自楚之滕，踵門而告文公曰：「遠方之人，聞君行仁政，願受一廛而爲氓。」文公與之處，其徒數十人，皆衣褐，捆屨織席以爲食。

張氏云：「許行其人亦清苦高介之士，遠慕古初，而燭理不明。見世有神農之説，不知其爲後世傳習之謬，則從而祖述之，以爲農者天下之本，善爲治者，必使斯民盡力於農，而人君必力耕以先之，不當使民勞而己逸，以爲是乃以道治天下，而非後世所及。此其説若高，而有以惑於人者也。嗟乎！帝王之道，如長江大逵，無往而不達者，以其述天之理故耳。異端之説，如斷港荒蹊，卒歸於不可行者，以其私意之所

〔一〕 唐先生《孟子新讀本》所引。

爲故耳。」[一]

（方云：此章只是辨許行、陳相兩大段。首節叙許行加「有爲神農之言者」七字，所以爲下並耕立案。次節叙陳相加「陳良之徒」四字，所以爲下倍師立案。「陳相見許行」節將二人紐合作一句，以許行並耕之邪説，與陳相之惑邪説，爲通篇作一提。「孟子曰：許行必種粟」以下，是辨許子並耕之邪説。「吾聞用夏變夷」以下，是辨陳相之惑於邪説，而倍師正意，至此盡矣。「從許子之道」二節，又以「不貳價」作一翻瀾。於山窮水盡處，特開一境界。章末「從許子之道，相率而爲僞，烏能治國家」，雖是辨「不貳價」，而語氣渾涵，連並耕之不可從，亦包裹得住。雖是辨許行，而陳相之不當從，亦包在裏，所以神完氣固也。）[二]

愚按：滕文公在楚時，必先與許行輩相周旋論議。文公天資頗純粹，鮮閲歷世故，易爲人所淆惑，故當其即位也，許行即率其徒而來也。其來也，欲以沮孟子也。文公即舍宅而與之處，若素相識然，則其先爲所惑可知矣。神農氏古之農師，古之聖

[一] 張栻《孟子説》卷三。
[二] 唐先生《孟子新讀本》所引。

皇也，其言可師、可法者也。若夫「爲神農之言」，則是僞託於其言也。僞托於其言，則是亂天下者也。夫僞託於古聖，而欲以惑人，是所謂亂名改作，行僞而堅，言僞而辯，其罪不可宥者也〔一〕。凡此等人，不獨人君宜謹避之，士君子有力者闢之，無力者亦宜遠之。

陳良之徒陳相，與其弟辛，負耒耜而自宋之滕，曰：「聞君行聖人之政，是亦聖人也，願爲聖人氓。」

愚按：陳相之至滕，出於誠心也，無他意也，而不圖爲異説所惑也。凡質美者易爲人所淆惑，可懼也。

陳相見許行而大悦，盡棄其學而學焉。陳相見孟子，道許行之言曰：「滕君則誠賢君也。雖然，未聞道也。賢者與民並耕而食，饔飧而治。今也滕有倉廩府庫，則是厲民而以自養也，惡得賢？」

趙注：「朝曰饔，夕曰飧，當身自具其食，兼治民事耳……三皇之時，質樸無事，

〔一〕《禮記·王制》：「析言破律，亂名改作，執左道以亂政殺……行僞而堅，言僞而辨，學非而博，順非而澤，以疑衆殺。」

故道若此也。」[一]

愚按：並耕而食，饔飧而治，此即平等之説也，於古蓋有之矣。然可行於狉榛之時，必不可行於文明之世也。有倉廩府庫，厲民而以自養，畸人憤激之辭，亦或有之矣，而不知文公將興井田，建學校，則是倉廩府庫，皆以爲民也，皆將以養民而教民也，非以自養也。許行蓋惑於平等之論，故不達上下之分，而爲此瞽説也。

孟子曰：「許子必種粟而後食乎？」曰：「然。」「許子必織布然後衣乎？」曰：「否。許子衣褐。」「許子冠乎？」曰：「冠。」曰：「奚冠？」曰：「冠素。」曰：「自織之與？」曰：「否，以粟易之。」曰：「許子奚爲不自織？」曰：「害於耕。」曰：「許子以釜甑爨，以鐵耕乎？」曰：「然。」「自爲之與？」曰：「否。以粟易之。」

「以粟易械器者，不爲厲陶冶。陶冶亦以其械器易粟者，豈爲厲農夫哉？且許子何不爲陶冶舍[二]？皆取諸其宮中而用之？何爲紛紛然與百工交易？何許子之不憚煩？」曰：「百工之事，固不可耕且爲也。」

[一] 趙岐《孟子章句》卷五。「故道若此也」，趙氏原文「此」後有「者」字。

[二] 「舍」屬前句。朱子《孟子集注》謂：「舍，止也。或讀屬上句，舍謂作陶冶之處也。」唐先生主張句讀屬前。

（方云：前段辨許行於「惡得賢」之下，即直入「有大人之事」數節，亦可。然覺平直，無勢力，少精采。故先用種粟、織布、釜甑諸喻，挑剔詰難，騰挪頓挫，以逼出陳相「百工之事不可耕且爲也」一句，然後出「治天下獨可耕且爲與」，乃有力。以下暢發，乃有勢、有神。故文字必先蓄勢。）〔一〕

（蘇云：三何字，此下若決江河。）〔二〕

愚按：以上辨駁之辭，令陳相皆出於不覺。「且許子何不爲陶冶舍」一句，與下「宮中」相應。

或以舍作「此」字解，屬下句讀者，非。〔三〕

「然則治天下獨可耕且爲與？有大人之事，有小人之事。且一人之身，而百工之所爲備。如必自爲而後用之，是率天下而路也。故曰：或勞心，或勞力。勞心者治人。勞力者治於人。治於人者食人，治人者食於人，天下之通義也。

〔一〕唐先生《孟子新讀本》所引。
〔二〕唐先生《孟子新讀本》所引。
〔三〕此指朱子《孟子集注》。

（前兩節曲折盤旋，如鷹隼之摩空。「然則治天下」句，乃斬關直入。）[一]

愚按：「有大人之事，有小人之事」，「勞心者治人，勞力者治於人」，此所謂「等」也。等者，階之級也，如衆山之有峰，層次環列，循級而登，不得而强平之也。唐韓昌黎云：「君者，出令者也；臣者，行君之令而致之民者也；民者，出粟米麻絲，作器皿，通貨財，以事其上者也。君不出令，則失其所以爲君；臣不行君之令而致之民，則失其所以爲臣；民不出粟米麻絲作器皿通貨財以事其上，則誅。」又曰：「君者，理我所以生者也；而百官者，承君之化者也。任有大小，惟其所能，此所謂天下之通義也。」[二]通達於天下，行之而宜而久，是即千古之常經，不容踰越者也。

當堯之時，天下猶未平，洪水横流，氾濫於天下。草木暢茂，禽獸繁殖，五穀不登，禽獸偪人。獸蹄鳥跡之道，交於中國。堯獨憂之，舉舜而敷治焉。舜使益掌火，益烈山澤而焚之，禽獸逃匿。禹疏九河，瀹濟、漯而注諸海，決汝、漢，排淮、泗而注之江，然後中國可得而食也。當是時也，禹八年於外，三過其門而不入，雖欲耕，得乎？

[一] 唐先生《孟子新讀本》批語。
[二] 韓愈《原道》文。

朱注：「九河，曰徒駭、曰太史、曰馬頰、曰覆釜、曰胡蘇、曰簡、曰潔、曰鉤盤、曰鬲津。瀹，亦疏通之意。濟、漯，二水名。決、排，皆去其壅塞也。汝、漢、淮、泗，亦皆水名也。據《禹貢》及今水路，惟漢水入江耳，汝、泗則入淮，而淮自入海。此謂四水皆入於江，記者之誤也。」

（蘇云：一耕字。以下反覆之考證，以見大人之事。）〔一〕

（方云：「當堯」以下數節，雖暢發，然每節下，必有停蓄，頓挫下文。又提起，又停頓，無一直説下之理，於此可悟。）〔二〕

愚按：益掌火，司火政者也。禹疏九河，司水政者也。《左氏傳》引《尚書》曰：「水、火、金、木、土、穀，惟修。」可見古時政治，立六府以代天工，秩然皆有條理，而必驗之於實行。「烝民及粒，萬邦作乂」〔三〕，實基於此。「八年於外，三過其門而不入」，據《莊子·天下篇》曰：「昔禹之湮洪水，決江河，而通四夷九州也。名川三百，支川

〔一〕唐先生《孟子新讀本》所引。
〔二〕唐先生《孟子新讀本》所引。
〔三〕《書·益稷》文。

三千，小者無數，禹親自操槖耜，而九雜天下之川。腓無胈，脛無毛，謂腓股無肉，膝脛無毛。沐甚雨，櫛疾風，置萬國〔一〕。禹大聖也，而形勞天下也如此。」雖欲耕，其可得乎？

后稷教民稼穡，樹藝五穀，五穀熟而民人育。人之有道也，飽食煖衣，逸居而無教，則近於禽獸。聖人有憂之，使契爲司徒，教以人倫：父子有親，君臣有義，夫婦有別，長幼有序，朋友有信。放勳曰：『勞之來之，匡之直之，輔之翼之，使自得之，又從而振德之。』聖人之憂民如此，而暇耕乎？

（蘇云：二耕字。）〔二〕

愚按：后稷，司農者也。契爲司徒，司教化者也。后稷教民稼穡，發明五穀，所以養人之道，其功德在民，故其後，生文、武、周公。契敬敷五教，發明五倫，所以教人之道，其功德在民，故其後，生湯與武丁。蓋其食德也，遠而大矣。「勞之來之」，不隔閡其民也。「匡之直之」，不回衺其民也。「輔之翼之」，惟恐有傷害其民者也。「使自

〔一〕「置萬國」句脱，據《莊子・天下》原文補入。
〔二〕唐先生《孟子新讀本》所引。

得之」，不壓制其民也。又從而振德之，振者，起也，言振興其德也。「君子之德風，小人之德草」[一]，中國教化之權，主於君上。君上主忠信，則民亦尚忠信；君上主禮義，則民亦尚禮義；君上主粉飾欺蒙，則民亦尚粉飾欺蒙。故中國自來教育之功，得於君上者多，得於師儒者少；蓋表正則影端，失之毫釐，則差以千里。史臣之贊堯，曰：「其仁如天，其智如神。」[二]然則放勳之教其民，其仁矣夫！其智矣夫！嗚呼！其盛矣夫！

堯以不得舜爲己憂，舜以不得禹、皋陶爲己憂。夫以百畝之不易爲己憂者，農夫也。

張氏云：「堯以不得舜爲己憂，舜以不得禹、皋陶爲己憂，蓋以未得其人，則民有未被吾之澤故爾。前稱禹、益、稷、契，而此獨言禹、皋陶者，龜山楊氏曰：『舜徒得此兩人，而天下已治。禹總百揆，而皋陶施刑，内外之治舉矣。古者兵刑之官合爲一，觀舜命皋陶以蠻夷猾夏，是其責也。則皋陶之職所施於外者爲詳，皋陶雖不可無禹，

[一]《論語·顏淵》載孔子語。
[二]《史記·五帝本紀》及《大戴禮記·五帝德》文。

而禹不可以無臯陶，故傳位之際，禹獨推之……而子夏亦謂舜選衆而舉臯陶也。』」[一]

愚按：禪讓豈易言哉？堯以不得舜爲己憂，舜以不得禹、臯陶爲己憂。其憂也，日日而憂之，時時而憂之，隨事隨處而憂之，皆爲民也。其憂也，皆出於至誠之心，而非有絲毫利天下之心也。苟無是憂之心則天下危，苟有是憂之之心而不得其人，則天下亦危。嗚呼！禪讓豈易言哉？

分人以財謂之惠，教人以善謂之忠，爲天下得人者謂之仁。是故以天下與人易，爲天下得人難。

張氏云：「『爲天下得人』則足以成天地生物之功，如是而後可以當仁之名也。『以天下與人』比夫『爲天下得人』，則猶爲易，何也？蓋堯舜未嘗有居天下之意也，『以天下與人』，於堯舜何有哉？而其所以爲難者，所付未得其人，則非天意耳。故堯以不得舜爲己憂，舜以不得禹、臯陶爲己憂也。」[二]

羅氏羅山云：「以天下與人易者，聖人初無利天下之心，苟當可與之時，又得可

[一] 張栻《孟子説》卷三。所引楊氏説，見楊時《龜山集》卷一一「語録」二。

[二] 張栻《孟子説》卷三。

與之人，自不難舉天下授之，無所動其心也。惟爲天下得人，極大難事。蓋天下之患難，非得人不能拯；天下之困窮，非得人不能甦；天下之性情，非得人不能正。向使堯不得舜，舜不得禹、皋陶，則恩澤難及乎廣大，教化莫推於無窮，中天之景運，恐亦難如此之盛矣。唐虞而後，求其能如是者，不可再得，是固堯舜之幸，亦當時天下之幸也。」〔一〕

又云：「『爲天下得人』，此足見聖人大公無我之心。世主之欲得人，爲一己起見也，欲其相爲輔翼，保我之天下勿失也。聖王之欲得人，爲天下起見也，欲其廣此德教，令萬物之得所也。堯一得舜，舜一得禹，其憂世之心方釋，舉天下而授之，知其能任天下之重故也。與後世之自私自利者，不已判若天壤哉！」〔二〕

愚按：分人以財，不自私其財，其心公矣。教人以善，不自私其善，其心尤公矣。爲天下得人，不自私其天下，則是曠然大公而無我者也。是故惠者，叀於一人者也。叀，古專字。忠者，誠於一心者也；而仁者，則覆及天下萬民者也。「以天下與人易，爲

〔一〕羅澤南《讀孟子劄記》卷一。
〔二〕羅澤南《讀孟子劄記》卷一。

天下得人難」，此二語，堯、舜心中之言也。堯、舜心中之言，而孟子直道之，後之人讀斯二言，如見堯、舜憂天下與其公天下之心，恍然神遊於唐虞之世矣。

孔子曰：『大哉堯之爲君！惟天爲大，惟堯則之，蕩蕩乎民無能名焉。君哉舜也！巍巍乎有天下而不與焉。』堯、舜之治天下，豈無所用其心哉？亦不用於耕耳。

（蘇云：三耕字。）（又云：三段通作一段。）〔一〕

愚按：本文曰：「大哉！」曰：「巍巍乎！」曰：「蕩蕩乎無能名其德！」無能名其公天下之心也。「不與」，猶言不相關，言其不以有天下爲樂，曲狀其公天下之心也。堯舜之治天下，惟以得人、救民爲心，而豈用於耕乎？

吾聞用夏變夷者，未聞變於夷者也。陳良，楚産也，悦周公、仲尼之道，北學於中國。北方之學者，未能或之先也，彼所謂豪傑之士也。子之兄弟，事之數十年，師死而遂倍之。

愚嚮謂孟子此節之言，未免存區域之見。蓋諸夏、夷狄以禮義教化而分，不以區域而分。古者幅員極狹，文化不能普及，於是九州之外，統謂之夷狄。然孔子曰：

〔一〕唐先生《孟子新讀本》所引。

「夷狄之有君，不如諸夏之亡。」是即指禮義教化而言。謂夷狄且有君長，不如諸夏之僭亂，反無上下之分。人居於中國，苟無禮義教化，是亦夷狄而已矣！唐韓昌黎云：「孔子之作《春秋》也，諸侯在夷狄則夷之，進於中國則中國之。」言無禮義教化則夷之，進於中國之禮義教化則中國之，非謂其進據中國之地也。「用夏變夷」，以諸夏有禮義教化，故能變夷也。孟子一則曰：「陳良，楚産也。」再則曰：「北方之學者未能或之先也。」斯言也，猶未免限於區域之見也。然孟子惟推崇陳良之學，能不爲風氣所囿，故爲斯言爾。

昔者孔子没，三年之外，門人治任將歸，入揖於子貢，相嚮而哭，皆失聲，然後歸。子貢反，築室於場，獨居三年，然後歸。他日，子夏、子張、子游，以有若似聖人，欲以所事孔子事之，彊曾子。曾子曰：『不可。江漢以濯之，秋陽以暴之，皜皜乎不可尚已。』

朱注：「三年，古者爲師心喪三年，若喪父而無服也……江漢水多，言濯之潔也；秋日燥烈，言暴之乾也。皜皜，潔白貌。尚，加也〔一〕。言夫子道德明著，光輝潔

〔一〕「尚，加也」脱，據朱子《孟子集注》原文補入。

白，非有若所能彷佛也。」

愚按：孔子之德，天德也。自古惟秉天德者，乃能當師統，故曰：「皜皜乎不可尚。」曾子之言，尊師統也。古時最尊師統，迨仲尼殁而師統絶，戰國秦漢，尚尊師法。《吕氏春秋》曰：「古之學者，説義必稱師。説義不稱師，命之曰叛。」其尊師法，有入水不濡、入火不爇之概。迨唐以後，則併師法亦絶矣。

又按：《史記·仲尼弟子列傳》載弟子進問有子事，淺妄可笑〔一〕，當以孟子此節糾正之。

今也南蠻鴂舌之人，非先王之道，子倍子之師而學之，亦異於曾子矣。

愚按：倍師者，不義之甚，不祥之至者也。許行僞託於古聖，非先王之道，意在於惑世誣民，此何等人而可學之耶？孟子之學，傳自曾子，故特尊師法，而告之曰：

〔一〕《史記·仲尼弟子列傳》記載：「孔子既没，弟子思慕，有若狀似孔子，弟子相與共立爲師，師之如夫子時也。他日，弟子進問曰：『昔夫子當行，使弟子持雨具，已而果雨。弟子問曰：「夫子何以知之？」夫子曰：「《詩》不云乎：『月離于畢，俾滂沱矣。』昨暮，月不宿畢乎？」他日，月宿畢，竟不雨。商瞿年長無子，其母爲取室。孔子使之齊，瞿母請之。孔子曰：「無憂，瞿年四十後，當有五丈夫子。」已而果然。問夫子何以知此？』有若默然無以應，弟子起曰：『有子避之，此非子之座也！』」唐先生所指「淺妄可笑」乃此事。

「亦異於曾子矣。」

吾聞出於幽谷，遷於喬木者，未聞下喬木而入於幽谷者。

愚按：此孟子引《小雅·伐木》之詩以取義也。《伐木》之詩曰：「伐木丁丁，鳥鳴嚶嚶。出自幽谷，遷於喬木。」屈靈均《楚辭》曰：「蘭芷變而不芬兮，荃蕙化而爲茅。」末世風俗詭異，識見遷流之士，下喬木而入於幽谷者，比比皆然，君子傷之久矣。

《魯頌》曰：『戎狄是膺，荆舒是懲。』周公方且膺之，子是之學，亦爲不善變矣。」

朱注：「膺，擊也。荆，楚本號也。舒，國名，近楚者也。懲，艾也。按今此詩爲僖公之頌，而孟子以周公言之，亦斷章取義也。」

（以「不善變」應上「吾聞用夏變夷」兩句。）〔一〕

愚按：不善變，謂其變於夷也。孟子此三節之言，非徒刺許行、陳相，欲將以感化之也。

「從許子之道，則市賈不貳，國中無僞。雖使五尺之童適市，莫之或欺。布帛長短同，則賈相若；麻縷絲絮輕重同，則賈相若；五穀多寡同，則賈相若；屨大小同，則賈

〔一〕唐先生《孟子新讀本》批語。

相若。」

趙注：「長短，謂丈尺。輕重，謂斤兩。多寡，謂斗石。大小，謂尺寸。皆言其同賈，故曰無貳賈者也。」〔一〕

愚按：許行以爲人可平等，則物亦可平等，故又託爲「齊物」之論也。

曰：「夫物之不齊，物之情也；或相倍蓰，或相什伯，或相千萬。子比而同之，是亂天下也。巨屨小屨同賈，人豈爲之哉？從許子之道，相率而爲僞者也，惡能治國家？」

張氏云：「有天地則有萬物，其巨細多寡、高下美惡之不齊，乃物之情，而實天之理也。物各付物，止於其所，吾何加損於其間哉！若强欲齊之，私意横生，徒爲膠擾，而物終不可齊也。故莊周之《齊物》，强欲以理齊之，猶爲賊夫道，況乎許子遂欲一天下之物，而泯其一定之分，其蔽豈不甚哉？孟子應之曰：『夫物之不齊，物之情也。』斯兩言也，足以發明天理之大，不但可以闢許行，而莊周之説，并可坐見其偏矣。故曰：『從許子之道，相率而爲僞者也。』强使巨者細，多者寡，高者下，美者惡，豈非相

〔一〕趙岐《孟子章句》卷五。「皆言其同賈」，趙氏原文無「其」字，「賈」作「價」，下句「賈」字亦同。

率而爲僞乎？」〔一〕

愚按：《漢書・藝文志》載有《神農》二十篇，實係後人所僞託〔二〕。班固云：「農家者流，鄙者爲之，以爲無所事聖王，欲使君臣並耕，誖上下之序。」〔三〕蓋許行言並耕而食，饔飧而治，實即上下平等之説。又因上下平等，遂謂物皆可齊。不知平等之説，在上者存是心，則爲仁而公；在下者倡是議，則爲非分而越禮。且果若其言，無等差則無禮義，無禮義則無尊卑，無貴賤，而上下亂，此必不可行者也。

《莊子・齊物論》云：「方生方死，方死方生；方可方不可，方不可方可；因是因非，因非因是。」又云：「凡物無成與毁，復通爲一。」此特欲一死生、齊是非，乃達人汪洋自恣之論，豈能行之於事實乎？「夫物之不齊，物之情也」，可謂千古名論。「相率而爲僞」，僞其可售乎？即得售而能久乎？吾願後世爲人君者，謹防夫爲僞者也。

5　**墨者夷之，因徐辟而求見孟子。孟子曰：「吾固願見，今吾尚病。病癒，我且往**

〔一〕張栻《孟子説》卷三。
〔二〕《漢書・藝文志》著録《神農》二十卷，班固自注：「六國時諸子疾時怠於農業，道耕農事，託之神農。」
〔三〕《漢書・藝文志・諸子略》文。

見。夷子不來！」

趙注：「夷之，治墨家之道者。徐辟，孟子弟子也。求見孟子，欲以辯道也。」〔一〕愚按：《漢書・藝文志》云：「墨家者流，蓋出於清廟之守，茅屋采椽，是以貴儉；養三老五更，是以兼愛；選士大射，是以上賢；宗祀嚴父，是以右鬼；順四時而行，是以非命；以孝視天下，是以上同。此其所長也。及蔽者爲之，見儉之利，因以非禮，推兼愛之意，而不知別親疏。」其説最古而實。夷子欲見孟子，而孟子以病辭者，欲觀其意之誠否也。夷子不來，有二解。一則謂夷子聞孟子之言而不來；一則謂亦係孟子之言，「不」，勿也，言我將往見夷子，夷子勿來也。以後説爲長。

他日，又求見孟子。孟子曰：「吾今則可以見矣。不直，則道不見；我且直之。吾聞夷子墨者。墨之治喪也，以薄爲其道也。夷子思以易天下，豈以爲非是而不貴也？然而夷子葬其親厚，則是以所賤事親也。」

趙注：「告徐子曰：『今我可以見夷之矣。不直言攻之，則儒家聖道不見，我且欲直攻之。』」「我聞夷子爲墨道，墨者治喪，貴薄而賤厚。夷子思欲以此道，易天下之

〔一〕趙岐《孟子章句》卷五。

化使從己，豈肯以薄爲非是，而不貴之也？如使夷子葬其父母厚也，是以所賤之道，奉其親也；如其薄也，下言上世不葬者，又可鄙。足爲戒也，吾欲以此攻之也。」[一]

愚按：《莊子·天下》篇曰：「古之喪禮，貴賤有儀，上下有等。墨子獨生不歌，死不服，桐棺三寸而無槨，以爲法式。以此教人，恐不愛人；以此自行，固不愛己。雖然……其生也勤，其死也薄……使人憂，使人悲，其行難爲也。恐其不可以爲聖人之道，反天下之心，天下不堪，墨子雖獨能任，奈天下何？」然則墨學之難堪，昔人皆知之矣。夷子爲墨氏之學，必於其本心有難安者，是以葬其親厚。而下文復有「施由親始」之説。

焦氏禮堂云：「趙氏是設辭。近時通解以『夷子葬其親厚』乃是夷子實事。孟子因其有此實事，異乎墨子之道，故直指爲以所賤事親，攻其隙所以激發其性也。此説爲得。」[二]

[一] 趙岐《孟子章句》卷五。「不直言攻之」，趙氏原文無「攻」字。「我聞夷子爲墨道」，句後有「者」字。「夷子思欲以此道」，無「思」字。「如使夷子葬其父母厚也」，「如」原作「始」。「奉其親也」，「奉」原作「事」。「足爲戒也」，「足」後有「以」字。「吾欲以此攻之也」，「之」後有「者」字。

[二] 焦循《孟子正義》卷一一。首句「趙氏是設辭」原文作：「趙氏『如使』云云，則是設辭。」

徐子以告夷子。夷子曰：「儒者之道，古之人『若保赤子』，此言何謂也？之則以爲愛無差等，施由親始。」徐子以告孟子。孟子曰：「夫夷子信以爲人之親其兄之子，爲若親其鄰之赤子乎？彼有取爾也。赤子匍匐將入井，非赤子之罪也。且天之生物也，使之一本，而夷子二本故也。

趙注：「之，夷子名。言儒家曰：『古之治民，若安赤子。』此何謂乎？之以爲當同其恩愛，無有差次等級相殊也。但施愛之事，先從己親屬始耳。若此，何爲獨非墨道也？」「親，愛也。夫夷子以爲人愛兄子，與愛鄰人之子等耶？彼取赤子將入井，雖他人子亦驚救之，謂之愛同也。但以赤子無知，非其罪惡，故救之耳！夷子必以此況之，未盡達人情者也。」「天生萬物，各由一本而出。今夷子以他人之親，與己親等，是爲二本，故欲同其愛也。」〔二〕

〔二〕趙岐《孟子章句》卷五。「夷子名」，趙氏原文句末有「也」字。「言儒家曰」，「言」原作「蓋」。「古之治民，若安赤子」，原文作「古之治，即若愛赤子」。「無有差次等級相殊也」，「相殊」原作「親疎」。「雖他人子亦驚救之」，「驚」原作「愛」。「謂之愛同也」，原文句首有「故」字。「非其罪惡」，原文無此句。「夷子必以此況之」，「此」原作「愛」。

焦氏禮堂引江氏艮庭〔一〕云：「赤子無知，或觸陷於死地，惟在保之者安全之，小民亦猶是也。保民如保赤子，則民其安治矣。《孟子·滕文公》篇墨者夷之〔二〕，稱儒者之道，『古之人若保赤子』，以爲『愛無差等，施由親始』。孟子解之曰：『彼有取爾也：赤子匍匐將入井，非赤子之罪也。』詳孟子之意，謂愚民無知，與赤子同，其或入於刑辟，猶赤子之入井，非其罪也。保赤子者，必能扶持防護之，使不至於入井。保民者當明其政教以教道之，使不陷於罪戾，是之謂『若保赤子』，此孟子説《書》之意。」〔三〕

羅氏羅山云：「『施由親始』，此言稍近理，究之仍是愛無差等之説。君子由親親而仁民，仁民而愛物，豈僅有次第之辨哉？親親之心，必厚於仁民；仁民之心，必厚於愛物。其分既殊，其用心有不能不異者。曰：『施由親始。』其愛親之心，仍與愛人無别。其施之也，雖有先後之殊，而其所以施之者，究無厚薄之辨，是不特『愛無差

〔一〕指江聲，所引之論在《尚書集注音疏》。

〔二〕焦氏原文「墨者夷之」下有「求見孟子」四字。

〔三〕焦循《孟子正義》卷一一。

等』之言爲二本，即『施由親始』之言，亦二本矣。此《語類》《或問》〔一〕所以嚴爲辨也。」〔二〕

（方云：《孟子》文最善於記事。見梁襄王，只記「出語人曰」四字，將許多問答，盡作追述之詞，所謂化板爲活也。此章孟子與夷之並未相見，許多論難之言，只是「徐子以告夷子」「徐子以告孟子」「徐子以告夷子」數筆，空靈之至，記事極有綫索。）〔三〕

（此節辨駁語，詰屈有致。）〔四〕

愚按：人之生也，最重者本，如木之附著於地也。本何在？《孝經》曰：「夫孝，德之本也。」〔五〕又曰：「衆之本教曰孝。」司馬遷曰：「父母者，人之本也。」〔六〕天無二日，民無二主，人無二父母。父母爲人之大本，是以《禮記》曰：「傷其親，是傷其本。

〔一〕指《朱子語類》及《四書或問》。
〔二〕羅澤南《讀孟子劄記》卷一。
〔三〕唐先生《孟子新讀本》所引。
〔四〕唐先生《孟子新讀本》批語。
〔五〕《孝經·開宗明義章》文。
〔六〕《史記·屈原列傳》文。

傷其本，枝從而亡也。」〔一〕墨子視其父母，無異於路人，是父母爲一本，而路人亦爲一本也。又因兼愛之説易窮，乃遁而至於明鬼，其言曰：「鬼神之能賞賢而罰暴也。」〔二〕見《墨子·明鬼篇》。迷信鬼神如此，是以人爲一本，而鬼神又爲一本也，吁！謬矣。

蓋上世嘗有不葬其親者。其親死，則舉而委之於壑。他日過之，狐狸食之，蠅蚋姑嘬之。其顙有泚，睨而不視。夫泚也，非爲人泚，中心達於面目。蓋歸反虆梩而掩之。掩之誠是也，則孝子仁人之掩其親，亦必有道矣。」

趙注：「上世，未制禮之時。壑，路旁坑壑也。其父母終，舉而委棄之壑中也。嘬，攢共食之也。顙，額也。泚，汗出，泚泚然也。見其親爲獸蟲所食，形體毀敗，中心慙，故汗泚泚然出於額。非爲他人而慙也，自出其心，聖人緣人心而制禮也。虆梩，籠臿之屬，可以取土者也，而掩之實是其道，則孝子仁人掩其親，有以也。」〔三〕

〔一〕《禮記·哀公問》文。

〔二〕《墨子·明鬼篇》文，原文有「之」字，今據補入。

〔三〕趙岐《孟子章句》卷五。「舉而委棄之壑中也」，趙氏原文作「舉而委之，棄於壑中也」。「攢共食之也」，「攢」原作「相」。「有以也」，原文作「亦有道矣」。

（此節文境，特沈鬱深痛。）〔一〕

愚按：「中心達於面目」者，本心之所發也。此泚也，何爲泚也？朱注所謂：「不能不視，而又不忍正視，哀痛迫切，不能爲心之甚也。」〔二〕孟子感動夷子，正在此數語。

徐子以告夷子。夷子憮然爲間曰：「命之矣。」

趙注：「憮然，猶悵然。爲間，有頃之間也。命之，猶言受命教矣。」〔三〕

（以三字作收，神遠而逸。）〔四〕

愚按：「道術」至難言矣。自老氏弟子楊朱倡爲我之學，拔一毛利天下而不爲，於不可已而已者，無所不已，絶人逃世，擯棄一切，以爲於我無與。墨氏聞其説而非之，摩頂放踵，犧牲其身，能勤能苦，能枯槁不舍以爲人，此其志宜無惡於天下。然而無等差，無親疏厚薄，至於悖天逆理，爲二本而不自知，君子閔焉。孟子傳曾子之學者也，曾子作《大學》曰：「其本亂而末治者，否矣。其所厚者薄，而其所薄者厚，未之

〔一〕唐先生《孟子新讀本》批語。
〔二〕朱子《孟子集注》當句注文。
〔三〕趙岐《孟子章句》卷五。「憮然，猶悵然」，趙氏原文作「憮然者，猶悵然也」。「爲間」，句末有「者」字。
〔四〕唐先生《孟子新讀本》批語。

有也。」孟子亦曰：「於所厚者薄，無所不薄也。」發明厚薄之誼，天性一本之根原，由是兼愛之説，絶迹於戰國以後者千數百年。

墨者曰：「儒家曷爲言博施濟衆？曷爲言仁者愛人？」不知儒家言愛、言施、言濟，皆有其等差，而不容或紊。孟子言「老吾老以及人之老」，曰「及人之老」，則與吾老固有別也；「幼吾幼以及人之幼」，曰「及人之幼」，則與吾幼固有別也。「親親而仁民，仁民而愛物」，不可曰親民也、親物也；夫聖人非不欲親民也、親物也，然而親民、親物，則其勢將有所窮，而其事必有所不能繼也。此由一本而推之於天下，所以爲不可易之道也。嗚呼！兼愛之學，詎非熱心救世者之所爲乎？何爲而至於偏乎？

乃近世高明之士，頗有揚其燄者，復巧爲之説曰：「中國儒者，其於家庭愛情過厚，宜移之於社會，於國家。均其厚薄，俾之相稱。」此姑無論社會國家之愛情未厚，而家庭已先薄焉。就令其愛社會、愛國家，與家庭無異，要即所謂愛無差等，其勢必有所窮，而其事必有所不能繼者也。

蓋天地之大德，曰仁曰義。聖人之要道，曰行仁，曰集義。若有仁而無義以濟之，其蔽也愚。莊子之譏墨翟曰「亂之上也」，見《天下篇》。郭象注曰：「亂莫大於逆物而傷性也。」是故一本者，天之理也，人之性也，越古今、貫中外而不能變者也。二本者，傷天之理也，拂人之性也，古今中外雖暫有行之者，而不能久也。孟子曰：「墨氏兼愛，是無父也。」無父者，謂其愛途之人，無異於所自生也。嗚呼！「道術」至難言矣。

孟子大義卷六

滕文公下

1 陳代曰：「不見諸侯，宜若小然。今一見之，大則以王，小則以霸。且志曰：『枉尺而直尋。』宜若可爲也。」

朱注：「陳代，孟子弟子……八尺曰尋。」

愚按：此節言論雖卑，實欲以枉道爲行道之地，而不知「道」之不枉也。

孟子曰：「昔齊景公田，招虞人以旌，不至，將殺之。志士不忘在溝壑，勇士不忘喪其元。孔子奚取焉？取非其招不往也，如不待其招而往，何哉？

（此節爲間頓法。如此間間一頓，下節「且夫」一提，便有高峰直聳之勢。）〔一〕

〔一〕唐先生《孟子新讀本》批語。

愚按：「志士不忘在溝壑」，何以能不忘？因有良知也。「勇士不忘喪其元」，何以能不忘？賴有氣骨也。此二句，乃孔子歎美虞人之説也。

且夫枉尺而直尋者，以利言也。如以利，則枉尋直尺而利，亦可爲與？

愚按：孟子生平痛惡一利字，此節詞意尤爲嚴厲。枉尺必至於枉尋，蓋既枉矣，又何論乎尺？何論乎尋乎？

昔者趙簡子使王良與嬖奚乘，終日而不獲一禽。嬖奚反命曰：『天下之賤工也。』或以告王良。良曰：『請復之。』彊而後可，一朝而獲十禽。嬖奚反命曰：『天下之良工也。』簡子曰：『我使掌與女乘。』謂王良。良不可，曰：『吾爲之範我馳驅，終日不獲一；爲之詭遇，一朝而獲十。《詩》云：「不失其馳，舍矢如破。」我不貫與小人乘。』請辭。

張氏云：「古者射與御相須而成，故曰：『不失其馳，舍矢如破。』不失其馳，謂御之者以其度也；舍矢如破，謂射者由其度而中節也。今王良之御嬖奚也，爲之範，則不能由之而中；爲之詭遇，則有獲焉。此王良之所羞也，故以爲不貫與小人乘而辭也。」〔一〕

〔一〕張栻《孟子説》卷三。

（上節詞嚴義正，此節却又極詼詭之趣。《史記》中有莊諧相間法，又有用諧爲莊、化莊爲諧法，實本於此。）〔一〕

愚按：「天下之賤工」「天下之良工」，小人之言，反覆如此。曰：「我不貫與小人乘。」直斥嬖奚爲小人，語意斬絶。御者而能爲是言，君子哉！

御者且羞與射者比，比而得禽獸，雖若丘陵，弗爲也。如枉道而從彼，何也？且子過矣。枉己者未有能直人者也。」

（此節極似《戰國策》文字。）〔二〕

愚按：御爲藝之末，且不屑枉道而從彼，而謂賢者爲之乎？「枉己者，未有能直人者也」，知己身爲重，即知名利爲輕。

此章文義如波詭雲屬，而論出處大節，則凜然斬絶。士人當讀書學道時，未嘗不詡詡自命，見委瑣齷齪者流，深譏痛詆。迨一入仕途，或盡失其初節，以視向之深譏痛詆者，鄙且什百倍焉。詎知富貴禄位，不可久長；品詣名譽，早已掃地。是豈本心

〔一〕唐先生《孟子新讀本》批語。
〔二〕唐先生《孟子新讀本》批語。

之無良乎？利誘之也。故名利二字，千古士人爲其所陷没而不能自拔者，不可以恒河沙數計矣。程子曰：「士君子當治世，則德行日進；在季世，則德行日退。」〔一〕洪爐之治，銷毁其氣骨，並銷毁其本心，痛乎利之爲害大矣！

2　景春曰：「公孫衍、張儀，豈不誠大丈夫哉？一怒而諸侯懼，安居而天下熄。」

愚按：公孫衍、張儀，持縱横捭闔之説，實則揣摩也、苟合也。景春見其「一怒而諸侯懼，安居而天下熄」而誇耀之，且稱之爲大丈夫，其鄙甚矣。

孟子曰：「是焉得爲大丈夫乎？子未學禮乎？丈夫之冠也，父命之；女子之嫁也，母命之，往送之門，戒之曰：『往之女家，必敬必戒，無違夫子。』以順爲正者，妾婦之道也。

（方云：此章以道字爲主。「是焉得爲大丈夫」句，已駁倒。「子未學禮乎」，忽宕開境界，筆意靈幻。「以順爲正，妾婦之道」，言丈夫之不如，何況大丈夫。是加倍譏

〔一〕《荀子·天論》謂：「故君子之所以日進，與小人之所以日退，一也。」唐先生所引程子語，未見載於《二程集》中，可能是誤記。

貶，筆筆有鋒鋩。末節正言大丈夫實際，氣燄光昌，讀之可生浩然之氣。）[一]

愚按：充衍、儀揣摩苟合之心，皆「以順爲正」之道也，故孟子直斥之曰：「妾婦之道。」賤之至也。士可以專尚順君乎哉？

居天下之廣居，立天下之正位，行天下之大道。得志，與民由之；不得志，獨行其道。富貴不能淫，貧賤不能移，威武不能屈，此之謂大丈夫。」

張氏云：「廣居，仁也。正位，禮也。大道，義也……『得志與民由之』，與之共由乎此也。『不得志獨行其道』，雖不得志，此道未嘗不行於己也。『富貴不能淫』，不能淫此也。『貧賤不能移』，不能移此也。『威武不能屈』，不能屈此也。『此』者何也？廣居、正位、大道是也，蓋得乎己而外物不足以貳之也。」[二]

愚按：此章與上章意相連接，既枉己而詭遇，則必至「以順爲正」，陷於「妾婦之道」而不自知。人皆曰我大丈夫，要其材力、心思、耳目、口鼻、形骸，固皆有爲大丈夫之資，與爲大丈夫之格，而考其所爲，乃與妾婦無異，是爲賤丈夫之資，小丈夫之格。

[一] 唐先生《孟子新讀本》批語。
[二] 張栻《孟子説》卷三。

然則性情也、志節也、德行也，履而行之，躬而備之，乃謂丈夫。又進而上之，希賢、希聖，乃謂大丈夫。非然者，堂堂七尺之軀，天下固人人皆大丈夫也，然而妾婦矣。

3 **周霄問曰：「古之君子仕乎？」孟子曰：「仕。傳曰：『孔子三月無君，則皇皇如也。出疆必載質。』公明儀曰：『古之人三月無君則弔。』」**

張氏云：「周霄見孟子歷聘於諸侯而不倦，疑其欲仕也；而未嘗有所就焉，則又疑若不欲仕者，故從而問焉。孟子以爲古之君子，未嘗不欲仕也。孔子『三月無君，則皇皇如也』，皇皇云者，求而不得之意。古者臣執質以見君，士之出疆必載其質以行，是亦未嘗忘夫見君也。」[一]

（方云：周霄原是疑孟子難仕，而先不説明，故意將「仕之急」挑剔騰挪，反逼反敲，作數波瀾，然後突出「君子之難仕，何也」，有勢，有力，有步驟。）[二]

「三月無君則弔，不以急乎？」

[一] 張栻《孟子説》卷三。
[二] 唐先生《孟子新讀本》所引。

愚按：周霄謂三月無君，則朋友弔之，疑於急功而近名也。

曰：「士之失位也，猶諸侯之失國家也。《禮》曰：『諸侯耕助，以供粢盛；夫人蠶繅，以爲衣服。犧牲不成，粢盛不絜，衣服不備，不敢以祭。惟士無田，則亦不祭。』牲殺、器皿、衣服不備，不敢以祭，則不敢以宴，亦不足弔乎！」

張氏云：「諸侯之失國家則無以祭，士之失位，無田以爲粢盛，而牲殺、器皿、衣服皆不備焉，則亦無以祭也。是則可弔矣。蓋古人於祭祀爲甚重，諸侯必親率耕，夫人必親蠶，爲士者亦必躬治其田，備其牲殺、器皿、衣服，以事其祖考，所以自盡如此故也。」[一]

（方云：三節俱用三喻，文境變化亦整奇。）[二]

「出疆必載質，何也？」

曰：「士之仕也，猶農夫之耕也。農夫豈爲出疆，舍其耒耜哉？」

曰：「晉國，亦仕國也。未嘗聞仕如此其急。仕如此其急也，君子之難仕，何也？」

[一] 張栻《孟子說》卷三。

[二] 唐先生《孟子新讀本》所引。

曰：「丈夫生而願爲之有室，女子生而願爲之有家。父母之心，人皆有之。不待父母之命、媒妁之言，鑽穴隙相窺，逾牆相從，則父母國人皆賤之。古之人未嘗不欲仕也，又惡不由其道。不由其道而往者，與鑽穴隙之類也。」

張氏云：「『丈夫生而願爲之有室，女子生而願爲之有家』者，固其常理也。然而必也待父母之命、媒妁之言，以禮行而後可。不然，謂室家爲急，棄禮而不卹，其可乎？士之欲仕，亦其常理也。然而必也守道以待時，可進而後進也。若謂仕爲急，而不由其道以求之，則與兒女子之[一]鑽穴隙者何異？非獨此也，凡一飲食、一語默、一動靜之際，皆當以是體之。苟惟見利而忘其義，皆鑽穴隙之心也。雖然，在己者，學未成則欲仕，其可乎？子使漆雕開仕，對曰：『吾斯之未能信。』而夫子悦之。苟所學未至，不勝其私，假借聖賢之言，而欲以輕試，是亦鑽穴隙之心而已矣！」[二]

（蘇云：三段後方折入本意，欲字從上願字生來，惡字從上賤字生來，以欲字引

[一]「兒女子之」四字脱，據張栻《孟子説》原文補入。
[二]張栻《孟子説》卷三。

起惡字。）〔一〕

愚按：此章承上兩章之義，蓋既爲詭遇，則必爲鑽穴隙之類也；既以順爲正，亦必爲鑽穴隙之類也。君子之仕也，行其道也，然欲行其道，而先不由其道，道其可行乎？司馬遷曰：「趙女鄭姬，設形容……揄長袂……目挑心招，出不遠千里者……犇富厚也。」〔二〕要知仕而不由其道者，亦「犇富厚」也，其賤一也。然而鑽穴隙相窺，踰牆相從，則父母國人皆賤之；仕而不由其道，則父母國人不知賤之，或反從而榮之者，蓋廉恥道喪，人情明於小而昧於大久矣。嗚呼！鑽穴隙固可得富貴矣，鑽穴隙豈能長富貴乎？徒爲此禽獸之行而已矣！

4　彭更問曰：「後車數十乘，從者數百人，以傳食於諸侯，不以泰乎？」孟子曰：「非其道，則一簞食不可受於人。如其道，則舜受堯之天下，不以爲泰，子以爲泰乎？」

〔一〕唐先生《孟子新讀本》所引。
〔二〕《史記·貨殖列傳》文。

朱注：「彭更，孟子弟子。泰，侈也。」

張氏云：「彭更疑傳食爲泰，是以世俗利害、貴賤之見觀聖賢也。孟子之所以告之者，蓋常道耳。夫非其道，則一簞食不可受於人；如其道，則舜受堯之天下而不以爲泰。所謂其道者，天理之所安也。故伯夷、叔齊不食周粟之心，即舜、禹受天下之心也。而孟子『後車數十乘，從者數百人，以傳食於諸侯』之心，即顔子『一簞食，一瓢飲，在陋巷』之心也。皆以其道故也。」[一]

（蘇云：轉换如走丸。）

（方云：此章彭更之言，凡三波，皆翻得有理，難以立言。須觀孟子轉身處，何等開闊正大！皆由天理爛熟，非善辨也。）[二]

曰：「否。士無事而食，不可也。」

張氏云：「以爲『士無事而食，不可』，觀更之意，亦許行之類與？」[三]

[一] 張栻《孟子説》卷三。

[二] 此兩條唐先生《孟子新讀本》所引。

[三] 張栻《孟子説》卷三。

曰：「子不通功易事，以羨補不足，則農有餘粟，女有餘布；子如通之，則梓匠、輪輿皆得食於子。於此有人焉，入則孝，出則弟，〔一〕守先王之道，以待後之學者，而不得食於子。子何尊梓匠、輪輿，而輕爲仁義者哉？」

朱注：「通功易事，謂通人之功而交易其事。羨，餘也。有餘，言無所貿易，而積於無用也。梓人匠人，木工也。輪人輿人，車工也。」

羅氏羅山云：「得志行道，功在一時；守先待後，功在萬世。孟子當聖教不行、邪説横流之日，黜管、晏之卑陋，辨楊、墨之淫邪，堯、舜、禹、湯、文、武、周公、孔子之道，焕然復明於世，後之言道者始有所宗，此所謂功不在禹下也。百世而下，猶俎豆而馨香之，況當時哉！」〔二〕

愚按：「入則孝」四句爲孟子生平本事，孟子以後能當此四語者〔三〕，代不數覯。然必能入孝出弟，而後能守先待後。蓋仁義之道，自孝弟始也。

〔一〕《論語・學而》載孔子語云：「弟子入則孝，出則弟，謹而信，汎愛衆，而親仁。行有餘力，則以學文。」因唐先生以「入則孝」四句爲孟子平生之事，故特爲表出，以見德行典範具在，非空言也。

〔二〕羅澤南《讀孟子劄記》卷一。

〔三〕指入孝出弟，守先待後。

曰：「梓匠、輪輿，其志將以求食也；君子之爲道也，其志亦將以求食與？」

曰：「子何以其志爲哉？其有功於子，可食而食之矣。且子食志乎？食功乎？」

曰：「食志。」

朱注：「孟子言自我而言，固不求食。自彼而言，凡有功者則當食之。」（蘇云：至此難倒，用「志」字，倒而復起，似溪迴路轉。）[一]

曰：「有人於此，毀瓦畫墁，其志將以求食也，則子食之乎？」曰：「否。」曰：「然則子非食志也，食功也。」

張氏云：「如更之言，則是食志而不食功。毀瓦畫墁而志以求食，則亦將食之矣，更至此而其説窮焉。夫王者之禄夫人也，爲有以賴其用而可禄耳，豈必以其志之欲而禄之哉？如以其志，則是率天下而利也。觀孟子所以告之者，反復曲折，辭氣不迫，而亦不厭焉，亦可窺夫所養之至者矣。」[二]

愚按：食人者當考其功，不當視其志之所欲。此志字是虚字，非尚志之志也。

[一] 唐先生《孟子新讀本》所引。
[二] 張栻《孟子説》卷三。

入孝出弟，守先待後，是功之至大者也，於此而有以通之，則又功之至尊者也，是故傳食而不以爲泰也。張氏以更爲許行之流，所見甚確。蓋更以士爲無事而食，而不知勞心治人，爲士之本務。通功易事，乃哲理之至顯者也，天下之通義也〔一〕。

5 **萬章問曰：「宋，小國也，今將行王政，齊、楚惡而伐之，則如之何？」**

朱注：「萬章，孟子弟子。宋王偃嘗滅滕伐薛，敗齊、楚、魏之兵，欲霸天下，疑即此時也。」

孟子曰：「湯居亳，與葛爲鄰，葛伯放而不祀。湯使人問之曰：『何爲不祀？』曰：『無以供犧牲也。』湯使遺之牛羊。葛伯食之，又不以祀。湯又使人問之曰：『何爲不祀？』曰：『無以供粢盛也。』湯使亳衆往爲之耕，老弱饋食。葛伯率其民，要其有酒食黍稻者奪之，不授者殺之。有童子以黍肉餉，殺而奪之。《書》曰『葛伯仇餉』，此之謂也。

張氏云：「葛伯放而不祀，而湯使人問之，爲其無犧牲也，則饋之牛羊。又不以

〔一〕唐先生所以主開拓工商，並勸農桑與實業也。

祀，而又問之，爲其無粢盛也，則使亳衆爲之耕。夫湯奚爲勤勤於葛伯若是哉？蓋成湯以天下爲己憂者也。葛伯之與吾鄰而曠不祀其先，湯之所懼也，故使問之，至於使亳衆爲之耕夫，而葛伯殺餉饋之童子，則其咈天心而縱人欲也甚矣！」〔一〕

（方云：此章先引湯、武兩證，是文章大開局。末用「不行王政云爾」，一筆逆轉入宋，是文字大轉局。開處須玩其恣肆，轉處須玩其靈快。）〔二〕

爲其殺是童子而征之，四海之内皆曰：『非富天下也，爲匹夫匹婦復讎也。』

（一提，全神俱振。）〔三〕

愚按：《書》曰：「如保赤子。」〔四〕赤子，至可憐也；殺童子之情狀，尤可慘也。然則世之不能保其赤子，而轉殺之者，何異於殺童子乎？世有不富天下者乎？湯非特無富天下之事，並無富天下之心也。是以四海之内皆曰：「非富天下也。」又曰：「爲匹夫匹婦復讎也。」蓋惟湯平日至誠所積，有以周浹於四海之内，故皆能信之而道之也。

〔一〕張栻《孟子説》卷三。
〔二〕唐先生《孟子新讀本》所引。
〔三〕唐先生《孟子新讀本》批語。
〔四〕《書·康誥》文。

『湯始征，自葛載』，十一征而無敵於天下。東面而征西夷怨，南面而征北狄怨，曰：『奚爲後我？』民之望之，若大旱之望雨也。歸市者弗止，芸者不變，誅其君，弔其民，如時雨降。民大悅。《書》曰：『徯我后，后來其無罰。』

愚按：十一征，十一國也。《詩·長發》篇：「韋顧既伐，昆吾夏桀。」蓋韋、顧、昆吾，皆在十一征之内也。

『有攸不爲臣，東征，綏厥士女，匪厥玄黃，紹我周王見休，惟臣附于大邑周。』其君子實玄黃于匪，以迎其君子。其小人簞食壺漿，以迎其小人。救民於水火之中，取其殘而已矣。

朱注：「有攸不爲臣，謂助紂爲惡而不爲周臣者。匪，與篚同。玄黃，幣也。紹，事也……言其士女以匪盛玄黃之幣，迎武王[一]而事之也……休，美也，言武王能順天休命，而事之者皆見休也。臣附，歸服也。」

（「匪厥玄黃」句，生辣。即此可悟造句宜放膽，宜避熟就生。）[二]

[一]「迎武王」三字脱，據朱子《孟子集注》原文補入。

[二] 唐先生《孟子新讀本》批語。

愚按：賊義者謂之殘。殘民之人，喪天害理，四海之所不容。故仁義之師，取其殘而已矣。雖然，救民於水火之中，而民已苦矣，望仁人若大旱之望雨，其孰致之然哉？

《太誓》曰：『我武惟揚，侵于之疆。則取于殘，殺伐用張，于湯有光。』

朱注：「《太誓》，《周書》也……言武王威武奮揚，侵彼紂之疆界，取其殘賊，而殺伐之功，因以張大，比於湯之伐桀，又有光焉。引此以證上文『取其殘』之義。」（方云：末句「于湯有光」，由武王抱回成湯。一筆束兩人，更爲神化之境。）[一]

不行王政云爾。苟行王政，四海之内皆舉首而望之，欲以爲君。齊、楚雖大，何畏焉？」

朱注：「宋實不能行王政，後果爲齊所滅，王偃走死。尹氏[二]云：『爲國者能自治而得民心，則天下皆將歸往之，恨其征伐之不早也，尚何强國之足畏哉？苟不自治，而以强弱之勢言之，是可畏而已矣。』」

[一] 唐先生《孟子新讀本》所引。
[二] 尹氏即尹焞（一〇〇一～一〇四七），字師魯，洛陽人，世稱河南先生。

（蘇云：一折，有千鈞之力。）〔一〕

6 **孟子謂戴不勝曰：「子欲子之王之善與？我明告子。有楚大夫於此，欲其子之齊語也，則使齊人傅諸？使楚人傅諸？」曰：「使齊人傅之。」曰：「一齊人傅之，衆楚人咻之，雖日撻而求其齊也，不可得矣。引而置之莊嶽之間數年，雖日撻而求其楚，亦不可得矣。**

趙注：「不勝，宋臣……莊嶽，齊街里名也……咻之者，讙也。」〔二〕

愚按：《漢書·賈誼傳》云：「習與正人居之，不能毋正，猶生長於齊，不能不齊言也。習與不正人居之，不能毋不正，猶生長於楚之地，不能不楚言也。」即用此節之義。孔子曰：「少成若天性，習貫如自然。」〔三〕則「習」之一字，終身善惡之所由分也，可不謹哉？

子謂薛居州，善士也。使之居於王所。在於王所者，長幼卑尊，皆薛居州也，王誰與

〔一〕唐先生《孟子新讀本》所引。
〔二〕趙岐《孟子章句》卷六。「讙也」，趙氏「讙」作「嚾」。
〔三〕出《漢書·賈誼傳》文。

爲不善？在王所者，長幼卑尊，皆非薛居州也，王誰與爲善？一薛居州，獨如宋王何？」

張氏云：「人君莫重於所與處。蓋上智賢明之君，小人自不可得而邇〔一〕，其所與處者，固無非天下之賢也。若天資降於此，不幸而小人在旁，薰染積習，而與之胥變者多矣。試考方册所載，亡國敗家之主，固有天資甚不美者矣，然而其間亦豈無庶幾者乎？惟其處於衆人小之間，淪胥以亡者亦多矣。是以善論治者，必本於人君之身；而善救正其君者，必欲多引善類，與之共處，蓋望其薰陶漸染，有以變革之也。雖然，君子難親，而小人易狎，不幸衆君子之間而置一小人，則或足以敗類，使一君子而遇衆小人，則其決不能以自立也必矣！愚讀『一薛居州，獨如宋王何』之語，未嘗不太息也。夫長幼卑尊，皆衆楚之咻也。而望一居州欲以變王之質，豈不難哉？非惟力不能勝，居州有言於前，而衆人尼之於後，居州且將不能以自立，而況敢望有益於王身乎？然則爲戴不勝者將如何？引一薛居州，未足道也，必廣引居州之類，庶幾君

〔一〕邇謂親附。

子之道長，而可望於王之感悟也。」〔一〕

愚按：此章言衆小人之可畏，而一君子之無益也。吾更有説焉。三代以來，無所謂「政黨」，至近世始有政黨之目。蓋有鑑於善人之勢孤，欲以黨人扶助之，心至苦也。乃其弊也，聯意見以爲黨，遂激意氣以爲黨，於是乎知有黨而不知有政。夫知有黨而不知有政，則其黨不能以久存，此不善於處黨者也。觀孟子告戴不勝之言，未嘗非合政黨之意。惟其黨必以善士爲衡，則所謂「羣而不黨」者是也。噫！有心政治者，其慎言黨哉！其慎言黨哉〔二〕！

7 公孫丑問曰：「不見諸侯，何義？」孟子曰：「古者不爲臣不見。

張氏云：「爲臣，謂委質事之也。若君臣之分未定，諸侯尊德樂義，則固當就見之，蓋欲見之意當在彼故也。」〔三〕

段干木，逾垣而辟之；泄柳，閉門而不內。是皆已甚。迫，斯可以見矣。

〔一〕張栻《孟子説》卷三。
〔二〕關於黨治，互參本編所録《洪範大義》。
〔三〕張栻《孟子説》卷三。

朱注：「段干木，魏文侯時人。泄柳，魯繆公時人〔一〕。文侯、繆公，欲見此二人，而二人不肯見之，蓋未爲臣也。」

愚按：惟《春秋》乃能責備賢者，惟孟子乃能責段干木、泄柳之已甚。自我論之，二子皆大賢也，迫而不見，其行高矣。濁世滔滔，如二子者，詎非中流之砥柱耶？

陽貨欲見孔子，而惡無禮，大夫有賜於士，不得受於其家，則往拜其門。陽貨瞯孔子之亡也，而饋孔子蒸豚。孔子亦瞯其亡也，而往拜之。當是時，陽貨先，豈得不見？

張氏云：「孔子，士也。陽貨〔二〕，大夫也。貨饋孔子豚而瞯〔三〕其亡者，欲使之不得拜使者，而必將過我也。孔子往拜而亦瞯其亡，何也？既先饋孔子以豚，在禮當往拜，則烏得而不往？然貨之意非誠篤也，故往拜其禮，而不欲見其人。於此一事，亦可以窺聖人一言一動之間，處之至精者矣。」〔四〕

曾子曰：『脅肩諂笑，病于夏畦。』子路曰：『未同而言，觀其色赧赧然，非由之所知

〔一〕「魯繆公」，原誤爲「魯穆公」，據朱子文改。
〔二〕「陽貨」，張栻《孟子説》原文但作「貨」。
〔三〕「瞯」同瞰，謂如魚目之睞也。
〔四〕張栻《孟子説》卷三。

也。』由是觀之，則君子之所養可知已矣。」

朱注：「脅肩，竦體。諂笑，强笑。皆小人側媚之態也。病，勞也。〔一〕夏畦，夏月治畦之人也……『未同而言』，與人未合，而强與之言也。赧赧，慙而面赤之貌。」

顧氏亭林云：「觀夫孔子之見陽貨，而後知踰垣閉門，爲賢者之過，未合於中道也。然後世之人，必有如胡廣被中庸之名〔二〕，馮道託仲尼之迹者矣〔三〕。其始也，屈己以見諸侯，一見諸侯而懷其禄利，於是望塵而拜貴人，希旨以投時好，此其所必至者。曾子、子路之言，所以爲末流戒也。故曰：『君子上交不諂。』又曰：『上弗援，下弗推。』後世之於士人，許之以自媒，勸之以干禄，而責其有耻，難矣！」〔四〕

羅氏羅山云：「貌者，心之容也。脅肩諂笑，此心全無一毫真意，純在面貌上做

〔一〕原脱「病，勞也」，據朱子《孟子集注》補。

〔二〕東漢名臣胡廣（九一～一六八）事，載《後漢書·胡廣傳》，時京師廣傳民諺云：「萬事不理問伯始，天下中庸有胡公。」是胡氏巧借「中庸之道」爲口實，乃凡事和稀泥之鄉愿。

〔三〕《舊五代史》記載馮道以孔子之賢尚惹來毁謗爲自己開脱，乃無耻之尤。唐先生彰表士人氣節，故徵顧炎武之論，表而出之，以誡當世學子。

〔四〕顧炎武《日知録》卷七「古者不爲臣不見」條。

作。言者，心之聲也，『未同而言』，此心與之全不相投，純是口頭上奉承。其汙賤之態，最爲可耻。世人不察，多爲此輩愚弄，墮其術中，蓋緣自己未嘗以道義自守，見人之諛己者，不禁爲他所惑耳。故觀二子之言，可以知其所養矣。」〔一〕

愚按：至哉！亭林先生之言也。孔子時中之聖也，不易學，當先學段干木、泄柳；等而上之，則學曾子、子路。「脅肩諂笑，病於夏畦」，夏畦之病，熱在身；脅諂之病，熱在心。「未同而言，觀其色赧赧然」，是尚有良心也。然曷爲「未同而言」？非欲結富貴人之歡心乎？則亦無耻之徒也。君子之植氣節也，欲不屈吾之骨，當不屈吾之心。欲不屈吾之心，當注意於平日之所養。

8　戴盈之曰：「什一，去關市之征，今兹未能。請輕之，以待來年然後已，何如？」

王氏船山云：「《吕覽》曰：『今兹美禾，來兹美麥。』〔二〕古者謂收穫之時爲兹，今

〔一〕羅澤南《讀孟子劄記》卷一。
〔二〕見《吕氏春秋·任地》。

兹，猶言今秋也。當斂穫之際，租稅方入，會計一年之國用，而曰『未能』，非但訓兹爲此也。」[一]

愚按：戰國時爲人上者，皆悠悠敷衍，不知振作。戴盈之曰：「以待來年然後已。」非真有已之之志也，亦非實有已之之事也，特借以爲名焉爾。

孟子曰：「今有人日攘其鄰之雞者，或告之曰：『是非君子之道。』曰：『請損之，月攘一雞，以待來年然後已。』

（方云：設喻奇幻，有鋒鋩。）[二]

愚按：孟子知盈之之非真能已也，故直抉其心，而以攘[三]雞爲喻。

如知其非義，斯速已矣，何待來年？」

愚按：此章亦暗承上章之意。脅肩諂笑之徒，一得志，則其所爲，惟在於攘。天下可耻之事，莫大乎攘，而天下不可救藥之事，亦莫大乎攘。什一，正供也，非攘也。而過乎什一，即攘也。關市之征，罔商賈之利，皆攘也。「以待來年」，非真能不攘也。

[一] 王夫子《孟子稗疏》卷二。
[二] 唐先生《孟子新讀本》所引。
[三] 攘奪竊盜也。

孟子故以攘雞爲喻。攘雞，攘之小者也。攘農民、攘商賈，攘之大者也。攘雞，有形之攘也。攘農民、攘商賈，無形之攘也。

天下有攘而可待者乎？其有形而小者，尚不可待；其無形而大者，而可待乎？曰：「如知其非義。」知者，良知也。良知尚在，亦知攘之可羞乎？亦知攘之不可待乎？亦知攘之不速已，將終其身爲攘之人乎？《易傳》曰：「撓萬物者莫疾乎風，動萬物者莫疾乎雷。」君子觀其象以遷善改過，取其速也。而或者曰：「要政所在，審慎宜詳，事有豫備，則姑徐徐云爾。」不知《易・豫》卦之象曰：「雷出地奮，豫。」蓋豫備之事，正當如雷出地之奮迅，若敷衍因循，日以待日，月以待月，年以待年，坐失事幾，將無一事之可辦。故曰「需」者，事之賊也。世方泄泄然，何月攘一雞者之多也？

有聖賢出焉，審幾貴乎斷，辨義貴乎精，而臨事則尚乎勇；其治民也，若馭馬而疾馳，若雷霆之昭蘇萬彙，蓋舉因循敷衍之習，一掃無餘，而後天下鮮攘竊之徒矣。

9　公都子曰：「外人皆稱夫子好辯，敢問何也？」

孟子曰：「予豈好辯哉？予不得已也。天下之生久矣，一治一亂。

朱注云：「一治一亂……反覆相尋，理之常也。」

（方云：「予豈好辨哉」三句提通章，將己好辯之心思，開口一聲，深情如揭。「天下之生久矣」三句，提下八節，明己好辯緣故，只是欲撥亂而反治。禹、周、孔子六節是賓，「聖王不作」三節是主，皆承明一治一亂也。「昔者禹抑洪水」節又將三聖人撥亂反正之功，作一頓挫，以引起自己好辯之不得已。局勢至此，如百川之匯大海，茫無津涯。「豈好辯哉！予不得已也」三句一束，與章首回應，情韻已無窮矣。又以「能言距楊墨」三句，放開作收，文境文情，更覺與天無際。）〔一〕

愚謂：天理必於人事見之。人謂有造時世之英雄，而後天下可以治；而不知有造時世之聖賢，而後天下可以治。下文之三聖是也。

當堯之時，水逆行，氾濫於中國。蛇龍居之，民無所定。下者爲巢，上者爲營窟。《書》曰：『洚水警余。』洚水者，洪水也。

朱注：「下，下地。上，高地也〔二〕。營窟，穴處也……洚水，洚洞無涯之水也……此一亂也。」

〔一〕唐先生《孟子新讀本》所引。
〔二〕「也」字脱，據朱子《孟子集注》文補入。

使禹治之，禹掘地而注之海，驅蛇龍而放之菹。水由地中行，江、淮、河、漢是也。險阻既遠，鳥獸之害人者消，然後人得平土而居之。

朱注：「掘地，掘去壅塞也。菹，澤生草者也。地中，兩涯之間也……此一治也。」

羅氏羅山云：「開闢以來，有地即有水，有水即有江、淮、河、漢。蓋水性就下，惟因地之低窪處，相趨以達於海，故四瀆之流，亦天地生成之水道也。惟衆流共趨，盡挾泥沙以俱下，不時加以疏瀹之功，則水道易塞而不通。唐堯之前，天下亦不知幾經治亂矣，而洪水忽至此爲害者，雖曰天災，亦由前此人事未盡，不能疏排其壅水之處，是以氾濫於中國。此其亂亦非一朝一夕之所致，其由來者漸矣。使禹治之，亦因其自然之故道，去其壅塞，使水得順其性耳。黄河之害，後世亦已甚矣。水以廣而能受，後世欲與水爭地，河身因之而狹矣。水以下而乃流，後世不加疏濬之功，惟事堤防之力，泥沙日淤，河身日高，水不由地中而行地上矣。河本北行者也，自會通河〔一〕開，則導之使南，與淮合而爲一，是河又失自然之道矣。上古水之爲害，或因人事之

〔一〕「會通河」處大運河中斷，連通黄河、長江、淮河三大水系。

不施；後世水之爲害，則因人事之多鑿。洪流洶沸，斯民沈溺，誰能掘地而注之海，以免生民魚鼈之患哉？」[一]

愚按：「水由地中行」，禹能疏水勢，且棄地與水，故由地中行也。後世築堤以爲治，堤崩而地益高，則水皆由地上行矣。故昔儒謂後世治水皆鯀之法，非禹之法，「水由地中行」一語，乃千古治水之要道也。

堯舜既没，聖人之道衰。暴君代作，壞宫室以爲汙池，民無所安息；棄田以爲園囿，使民不得衣食。邪説暴行又作，園囿、汙池、沛澤多而禽獸至。及紂之身，天下又大亂。

朱注：「宫室，民居也。沛，草木之所生也。澤，水所鍾也。自堯舜没至此，治亂非一，及紂而又一大亂也。」

張氏云：「堯舜既没之後，聖道衰微，暴君相繼而作，不惟民之卹，惟己之逸欲是崇，使民無以爲安息衣食。邪説暴行，乘間而起。沛澤益盛而禽獸多。蓋人者，天地之正氣；而異類，其繁氣也。正氣悴則繁氣盛，消長之理然也。至於紂之時，亂莫甚矣。」[二]

[一] 羅澤南《讀孟子劄記》卷一。
[二] 張栻《孟子説》卷三。

周公相武王，誅紂伐奄，三年討其君，驅飛廉於海隅而戮之。滅國者五十，驅虎豹犀象而遠之，天下大悅。《書》曰：『丕顯哉，文王謨！丕承哉，武王烈！佑啓我後人，咸以正無缺。』〔一〕

朱注：「奄，東方之國，助紂爲虐者也。飛廉，紂幸臣也。五十國，皆紂黨虐民者也……丕，大也。顯，明也。謨，謀也。承，繼也。烈，光也。佑，助也。啓，開也。缺，壞也。此一治也。」

世衰道微，邪説暴行有作，臣弑其君者有之，子弑其父者有之。

朱注：「此周室東遷之後，又一亂也。」

愚按：《易》曰：「臣弑其君，子弑其父，非一朝一夕之故，其所由來者漸矣。」〔二〕蓋世衰道微，正履霜將至堅冰之候也，故君子尤慎之。

孔子懼，作《春秋》。《春秋》，天子之事也。是故孔子曰：『知我者，其惟《春秋》乎！罪我者，其惟《春秋》乎！』

〔一〕《尚書·君牙》文。
〔二〕《易·坤·文言傳》文。

朱注：「孔子作《春秋》〔一〕，以討亂賊。則致治之法，垂於萬世，是亦一治也。」

愚按：世道之所以常存，人心之所以不泯者，是非而已矣！世治則是非與賞罰合而爲一，世亂則是非與賞罰分而爲二。至是非、賞罰相背而馳，於是聖人者出，遂發明天下之公是、公非，以行其私賞、私罰之權。歷代著作之儒，皆寓此志，不獨《春秋》爲然，惟《春秋》則可爲萬世之標準爾。天下之亂，是非爲之先兆。邪説而以爲非邪，暴行而以爲非暴。臣弑其君，子弑其父，而以爲非弑。是非既亂，而人心隨之，此自古以來興亡之大較也。是非正，則世道正；是非明，則人心明。「知我者其惟《春秋》乎」，知其明是非也。「罪我者其惟《春秋》乎」，罪其僭天子之事也。

聖王不作，諸侯放恣，處士横議，楊朱、墨翟之言盈天下。天下之言，不歸楊，則歸墨。楊氏爲我，是無君也；墨氏兼愛，是無父也。無父無君，是禽獸也。公明儀曰：『庖有肥肉，廄有肥馬，民有飢色，野有餓莩，此率獸而食人也。』楊、墨之道不息，孔子之道不著，是邪説誣民，充塞仁義也。仁義充塞，則率獸食人，人將相食。

朱注：「孟子引儀之言，以明楊、墨道行，則人皆無父無君，以陷於禽獸，而大亂

〔一〕原文作「愚謂孔子作《春秋》」。

將起，是猶率獸食人，而人又相食也。此又一亂也。」

愚按：君者，以美利利天下者也；民者，佐成君之公利者也。楊氏爲我，拔一毛利天下而不爲，閉户不與世相往來，則君之公利，誰與成之？充類至盡，是爲無君。墨子言兼愛尚同，施之無序，薄視其家庭之父母，無異於路人，充類至盡，是爲無父。孟子曰：「逃墨必歸於楊，逃楊必歸於儒。」後儒因謂墨氏罪浮於楊，且謂天下墨氏多而楊氏少，不知孟子所謂逃墨必歸於楊云云者，亦如本文所謂天下不歸楊則歸墨，固無所輕重於其間。自秦漢以來，儒墨並稱，而楊朱之學，尠有稱道，蓋爲人唾棄久矣。迄於今世，自私自利，一毛不拔，蔑視其君者，盈天下皆是，則固不得謂墨氏多而楊氏少也。仁義充塞，率獸食人，蓋倫紀乖則人心絶，人之所以異於禽獸幾希之理無存，故其禍至於如此，言學術者，可不慎哉？

吾爲此懼，閑先聖之道，距楊、墨，放淫辭，邪説者不得作。作於其心，害於其事；作於其事，害於其政。聖人復起，不易吾言矣。

朱注：「閑，衛也。放，驅而遠之也……孟子雖不得志於時，然楊、墨之害，自是滅息；而君臣父子之道，賴以不墜，是亦一治也。」

（四字有鎮壓千鈞之勢。）〔一〕

愚按：《易傳》曰：「懼以終始。」〔二〕又曰：「外内使知懼。」〔三〕上文云「孔子懼」，懼者，聖賢懼斯道之淪胥，不得已之心所由發也。《禮記·學記》云：「知其心，然後能救其失也。」學問如此，治道亦復如此；教學者如此，教異端亦復如此。孟子所以能救楊、墨之失者，在知其心；所以能知其心者，在先有知言之學。

昔者禹抑洪水而天下平，周公兼夷狄驅猛獸而百姓寧，孔子成《春秋》而亂臣賊子懼。

張氏云：「『兼夷狄』云者，用夏變夷之意也。『成《春秋》而亂臣賊子懼』者，亂臣賊子之情僞畢見，而討絶之法著焉，施於萬世，皆無所遁其迹故也。」〔四〕

（此爲總結總提，以結爲提法。）〔五〕

〔一〕唐先生《孟子新讀本》批語。

〔二〕《易·繫辭下》文：「易之興也，其當殷之末世，周之盛德邪？當文王與紂之事邪？是故其辭危。危者使平，易者使傾，其道甚大，百物不廢，懼以終始，其要无咎，此之謂易之道也。」指周文王之憂患意識。

〔三〕《易·繫辭下》文：「其出入以度，外内使知懼。又明於憂患與故。」

〔四〕張栻《孟子説》卷三。

〔五〕唐先生《孟子新讀本》批語。

愚按：凡古書之所稱夷狄者，大都指無禮義教化而言，偶有指區域言者，然亦甚鮮。本文紂與飛廉，以區域言，非夷狄也。滅國五十，以區域言，未必皆在夷狄之地也。而以其無禮義教化，則均謂之夷狄。自後人誤解，以爲非中國之地，皆稱夷狄，於是尊周攘夷之辨，嘵嘵不已，而於在我之禮義教化，轉疏而不講。讀書不能會通，害及政事，非細故也。

《詩》云：『戎狄是膺，荆舒是懲，則莫我敢承。』無父無君，是周公所膺也。

愚按：「荆舒是懲」者，楚自莊王以前，篳路藍縷，蠢野特甚，禮義教化未漸被也。

我亦欲正人心，息邪説，距詖行，放淫辭，以承三聖者，豈好辯哉？予不得已也。

陳氏蘭甫云：「孟子論天下一治一亂，而曰『我亦欲正人心』。顧亭林之言，足以暢其旨。其言曰：『目擊世趨，方知治亂之關，必在人心風俗。而所以轉移人心，整頓風俗，則教化紀綱爲不可闕矣。百年必世，養之而不足，一朝一夕，敗之而有餘。』〔一〕亭林在明末，亦一孟子也。」又云：「『予豈好辯哉？予不得已也！』《莊子》

〔一〕顧炎武《與人書（九）》文，《亭林文集》卷四。

云：『知士無思慮之變則不樂，辯士無談説之序則不樂，察士無淩誶之事則不樂。』[一]此則得已而不已者也。得已而不已，故天下之書，汗牛而充棟也。」[二]

羅氏羅山云：「聖人在上，則扶危定難，以救生民於一時。聖人在下，則黜邪衛正，以救人心於萬世。向使孔、孟得志行道，成大業於天下，正綱常，扶名教，天下之亂臣賊子皆可以正其罪，則《春秋》可以不作。設學校，明禮義，使天下之人莫不知大道之所在，則楊、墨之説，亦可不辨而自熄。至於兢兢於著述之事，嘵嘵於議論之間，蓋以用我無人，既不得興道以致治，而紀綱之禍，異説之起，又不忍束手坐視，任其喪亂而不救，是亦不得已而然也。讀《好辯章》，可以知聖賢救世之苦心，又可見吾人或出或處，莫不有斯道之責，詎可以爲不關己事，置而不顧哉？」[三]

能言距楊、墨者，聖人之徒也。」

愚按：此二語與末篇《由堯舜章》「然而無有乎爾，則亦無有乎爾」二語意同，皆所以勉吾黨也。

[一]《莊子·徐無鬼》文。
[二]陳澧《東塾讀書記》卷三《孟子》。
[三]羅澤南《讀孟子劄記》卷一。

孟子傳道統，而其後乃有周、程、張、朱諸子。孟子距楊、墨，而其後乃有韓子。韓子之言曰：「佛氏之害，甚於楊、墨。」〔一〕韓愈之賢，不及孟子，其言可謂深切。蓋自佛氏入中國，因果報應之説，深中於人心。其下者迷信沉溺，自私自利；其上者清淨寂滅，一空障礙，而專以施與爲事。夫施與誠善矣，然因施與以求利，種因以望果，障礙莫大焉。且知施與而不知教化，釀成天下懶惰偷安之習，則是以養人者害人，不仁莫大焉。故自魏晉以後，士大夫專以清淨爲務。

宋元以來學問日淪於空虛，施之政治，一以敷衍因循爲事，聽天下之人，自生自滅，莫爲之所。語以非常之原，輒欲無爲而治，譬諸瘡痏，日臃一日，於是數千年來中國之政治學問，日空一日，積弱遂日甚一日。蓋戰國之世，楊、墨爲害，至於今世，則楊、墨、佛氏三者並行。故考其議論，亂雜而無章；驗其事爲，紛紜而不可究詰。此其禍中於人心，要非一朝一夕之故，非有名世豪傑，莫能挽也。

孟子曰：「能言距楊、墨者，聖人之徒也。」蓋逆料後世異端之士，其禍必且甚於楊、墨，而所以屬望吾黨者，其心深遠而無窮矣。

〔一〕韓愈《原道》文。

10

匡章曰：「陳仲子豈不誠廉士哉？居於陵，三日不食，耳無聞，目無見也。井上有李，螬食實者過半矣，匍匐往將食之，三咽，然後耳有聞，目有見。」

（此節已極詼詭。）[一]

愚按：三咽，「三」字之義，與泰伯「三以天下讓」、季文子「三思」字同。不可知其爲三也，微狀其多，猶俗語之言屢次耳。

孟子曰：「於齊國之士，吾必以仲子爲巨擘焉。雖然，仲子惡能廉？充仲子之操，則蚓而後可者也。

（此節出一蚓字，極詼詭。）[二]

（方云：「充仲子之操」數句，可謂奇想天開。若於首節之下徑接「仲子，齊之世家」一段，則平板不奇縱矣。）[三]

[一] 唐先生《孟子新讀本》批語。
[二] 唐先生《孟子新讀本》批語。
[三] 唐先生《孟子新讀本》所引。

愚按：仲子可謂廉矣，而孟子不許以廉者，爲其作僞而不義也。不廉須充類至義之盡，而極廉亦須充類至義之盡。「充仲子之操」即充仲子之心也，必如蚓而後可慊於心也。

夫蚓，上食槁壤，下飲黃泉。仲子所居之室，伯夷之所築與？抑亦盜跖之所築與？所食之粟，伯夷之所樹與？抑亦盜跖之所樹與？是未可知也。」

（此節尤極詼詭。）〔一〕

愚按：古人多以夷、跖並稱，如《莊子·駢拇》篇：「伯夷死名於首陽之下，盜跖死利於東陵之上。」《史記·伯夷列傳》以「盜跖」比喻「伯夷」等，皆是。

曰：「是何傷哉？彼身織屨，妻辟纑，以易之也。」

朱注：「辟，績也。纑，練麻也。」

（方云：此節忽然就上文一翻，波瀾恣縱。）〔二〕

曰：「仲子，齊之世家也。兄戴，蓋祿萬鍾。以兄之祿爲不義之祿而不食也，以兄之

〔一〕唐先生《孟子新讀本》批語。
〔二〕唐先生《孟子新讀本》所引。

室爲不義之室而不居也。辟兄離母，處於於陵。他日歸，則有饋其兄生鵝者，己頻顣曰：『惡用是鶃鶃者爲哉？』他日，其母殺是鵝也，與之食之。其兄自外至，曰：『是鶃鶃之肉也。』出而哇之。

（此節尤詼詭之極。「出而哇之」句，僞態盡露矣。）〔一〕

愚按：此章實係辨義之學，而「非義」二字，乃就仲子心中揭出，孟子辨學之奇如此。己則不義，而轉謂兄之不義者，矯廉之過，好名之過，遂至迷惑而不能辨義，此孟子之所深惜也。

以母則不食，以妻則食之；以兄之室則弗居，以於陵則居之。是尚爲能充其類也乎？若仲子者，蚓而後充其操者也。」

（蘇云：四句斷仲子之罪。）〔二〕

（此章辨〔三〕學極精，而中間均用著色，極詼詭之致，於此見孟子文體之無所不備。

〔一〕唐先生《孟子新讀本》批語。
〔二〕唐先生《孟子新讀本》所引。
〔三〕原作「辯」，統依本書以「辨」字爲準。

又余嘗謂：凡聖賢之文，多以餘意作結，如《論語・八佾》篇以木鐸、《韶》舞結可矣，乃偏加「居上不寬」一章。《公冶長篇》以各言爾志結可矣，乃偏加「内自訟」兩章。《泰伯》篇以周至德結可矣，乃偏加「禹吾無間」一章。《微子》篇以太師適齊結可矣，乃偏加「周公」、「魯公」兩章。此篇以好辯結可矣，乃偏以仲子章作結。又如上章以不得已也作結可矣，乃偏加聖人之徒節。大抵聖賢之言有餘不敢盡，而爲文亦常使其有餘，於此可見。又如《國策》聶政刺韓隗以其姊作結，《史記》列傳中多用此法，可悟文章結穴用奇法，並可悟結穴包餘味法。）〔一〕

愚按：當戰國擾攘之世，人心滔滔，嗜利無厭；機械變詐之智，並雜出而不窮。如仲子矯廉之士，豈不足以風厲末俗？且三日不食，與螬爭李，其茹苦節，好名譽，較之猥瑣齷齪奔走富貴之徒，豈不高出萬萬？而孟子深非其爲人，且不許其廉者，則自有説。考《國策》趙威后問齊使曰：「於陵子仲尚存乎？是其爲人也，上不臣於王，下不治其家，中不索交諸侯，此率民而出於無用者也，何爲至今不殺乎？」〔二〕威后之惡

〔一〕唐先生《孟子新讀本》批語。
〔二〕《戰國策・齊策四》載其事。

仲子，亦復如是。蓋士君子生於當世，所以倡率天下之責任，在有用而已矣。《易》曰：「開物成務，立成器以爲天下利。」《論語》曰：「鳥獸不可與同羣。吾非斯人之徒與而誰與？」凡聖賢畢生所爲孜孜矻矻者，率天下於有用而已。

自秦漢以來，士大夫昧於經世之務，乃專以安貧樂道、獨善其身爲宗旨，於是閉門鍵户，無聞無見，其學日以狹窄而固陋，其用日以窒塞而不通；極其弊，愚闇庸懦之人盈天下，每遇一事，輒囁嚅〔一〕束手而不能辦，寖久寖衰，遂成一無能無力積弱之家國。嗚呼！可痛也。庸詎知安貧樂道、獨善其身，乃古人窮而在下不得已之所爲？若夫天地之所命，性道之當然，雖一草一木、一鳥一獸、一水一火，皆當歸於有用，何況於人？故人生世界之内，或以人倫自任，或以政治自任，或以學術自任，兵農禮樂，萬物皆備於我，即各有其專司〔二〕。孔子繫《易傳》，自造文字，以至於造衣裳、造弓矢、造舟楫、造宫室，皆稱之爲聖人者，謂其皆有用於世也。

今也不然，閉門鍵户，無聞無見，而自以爲廉士。夫捧土揭木而供之朝廊之上，

〔一〕囁嚅謂喁嗻多言而無實。

〔二〕言當各盡其才，有爲奮發，籌劃經營，重振國力，此所謂有用之學。

古人以爲大恥；若捧土揭木而供之山林之中，其可以爲有道之士乎哉？夫廉，美德也，萬事之萌柢也。然於義有當嚴辨者。苟其廉而出於自然，出於真，出於正，則其人必歸於有用。有用者，聖賢之徒，能任天下之事者也。若其廉而出於矯飾，出於僞，出於偏，則其人必歸於無用。無用者，堅僻迂謬之徒，敗壞天下之事者也。凡事真者通而僞者塞，正者通而偏者塞。真者有用而僞者無用，正者有用而偏者無用，此天演之公理，人道之當然。故愚嘗謂廉者，士人立以爲有用之基，非庸人借以爲盜名之具也。孟子之斥仲子，爲其偏而不通也，爲其僞而不義也，爲其迂謬而無用也。是故能通而後謂之士，能義而後謂之廉，能有用而後謂之人。不通而不得謂之士，不義而不得謂之廉，無用而不得謂之人。

然而更有進焉者。蓋孟子學聖人者也，吾輩未能學聖人，則當學賢人，以爲標準。統觀《孟子》全書之例，此義甚爲詳備。即如此篇段干木踰垣而避，泄柳閉門不納，孟子稱爲已甚，特引孔子之見陽貨以爲中道。而末節即載曾子之言曰：「脅肩諂笑，病於夏畦。」子路之言曰：「未同而言，觀其色，赧赧然，非由之所知也。」據此，可見孟子願學孔子，而尤欲學者之講明氣節，以曾子、子路爲標準。

又如《萬章》篇問：「君餽之粟則受之乎？」孟子曰「受之」，而下文即引子思之於繆公，摽[一]使者出諸大門之外，北面再拜稽首[二]而不受之事。可見孟子又欲學者以子思爲標準。

此章論伯夷、盜跖築室食粟，特爲仲子之矯廉而發。若夫士大夫於取與之間，苟不問其物之所從來，則寡廉鮮耻，靡所顧忌，又豈可謂之義乎？

孟子之論交際曰：「非其有而取之者，盜也。」充類至義之盡也。因以諸侯之禮際爲可受，要知此特指間接之盜跖而言。若直接之盜跖，而受之物，又豈可謂之義乎？孟子又曰：「可以取，可以無取，取傷廉。」無取爲廉，乃千古之正義。故愚嘗謂：廉者，萬事之本。天下有廉而無用者矣，未有不廉而有用者也。近世之士，其才未嘗無用，而富貴利達溺其心，宮室妻妾易其志，因不廉而遂歸於無用，此固未可以仲子爲藉口也。

孟子曰：「於齊國之士，吾必以仲子爲巨擘焉。」此二句宜重讀。痛乎今世齊國之士之多也！舉世泯棼，求一如仲子之刻苦清矯，渺不可得，而藉口於仲子以成其不

[一] 摽，拊擊之謂。
[二] 人臣拜謝人君之禮。

廉者，則連踵皆是，如是語以窮理精義之學，不亦遠乎？愚故更發明《孟子》全書之例，以爲後世人士訓[一]。

滕文公篇大義

治國家之道奈何？曰：善審天下之音，屏虚務實，無喜獲禽[二]。苟希獲禽，則攘雞之人至，哇鶃之人亦至。或者不達，告之曰：余幼讀《滕文公》篇「問爲國」章，孟子答以井田、學校之制，中心躍然以喜，以爲孟子之道，庶幾得行，滕之新國，庶幾可建。乃讀「許行」章以後，闃然不聞有興革之事，則又歎文公爲異説所惑，而痛恨許行不置，至今猶怏怏不慊也。

且夫聖人之治天下，實事求是而已矣。若好虚聲而忘實事，國其危矣。許行爲神農之言，以爲高出於堯舜；爲並耕之説，以爲可破君子治野人、野人養君子之論。

[一] 唐先生勸廉也。
[二] 田獵所捕獲之禽，用以祭祀，稱獲禽或斂禽。

文公雖賢君，因其持説之高，遂不免爲所蠱惑。聖賢豪傑經營一事，數年而不足，而庸夫俗子一二言，敗壞之而有餘[一]，由是而性學晦也，井田廢也，學校輟也。先王之大經大法，於是而墜地也。平等之説[二]張，而無等之論且日滋也。

且夫虚僞之士未有不謀利者也。虚僞而好詭遇，所謂枉尋直尺是也。虚僞而以順爲正，所謂妾婦之道是也。虚僞而好鑽營，所謂「鑽穴隙相窺、踰牆相從」是也。虚僞而好破壞，所謂「毁瓦畫墁」是也。如是而可以行王政乎哉？孟子卓立乎戰國策士之中，一齊人之傅，不敵衆楚人南蠻之咻。當是時也，「脅肩諂笑，未同而言」者，皆竊笑其旁也。「横征苛斂，競爲非義」者，皆擠排之而不息其喙也。於是慨然曰：「是盈天下皆禽獸也，是園囿、汙池、沛澤多而禽獸至也，是得禽獸若丘陵也，是人近於禽獸，而禽獸偪人也。我亦欲正人心、息邪説、距詖行、放淫辭，爲此輩[三]而發也。」

且夫虚僞如陳仲子者，其人可以爲廉士乎哉？與螬爭食，其行下同於蚓；哇鶃

[一] 指許行農者之言。
[二] 空言也。
[三] 謂虚僞之士。

之肉而傷天之性。使天下皆若而人者，是相率而爲僞者也，是道其民而出於無用者也，此趙威后之所以欲殺之也。

且夫物之不齊，物之情也。聖人靜居天地之中，觀察乎萬物形形色色之狀，就其中之走者，定其名曰獸，而又別之曰：若虎也、若豹也、若犀也、若象也、若狐狸也、若牛羊也、若豚也。就其中之飛者，定其名曰禽，而又別之曰：一禽也、十禽也、若鴃舌也、若雞也、若鵝也。就其中之至靈而可貴者，定其名曰人，而又別之曰：若君子也、若野人也、若諸夏也、若蠻夷也、若丈夫也、若女子也、若妾也、若婦也。

且夫君子所惡於妾婦之道者，惡其巧言如簧也，畏其舌也。張儀之言曰：「吾之舌尚存乎？」是故君子於禽獸之中，所深惡而痛疾者曰鴃舌；於人類之中所深惡而痛疾者，曰妾婦之道之舌，爲其聲之惡而亂是非也。

且夫意者，心之音也，風之自也，至微也而至顯也，至隱也而至彰也。聖人欲察天下之意，必審天下之音；因天下之音，乃可以知天下之意。意之發而爲言，曰「言必稱堯舜」，曰「爲神農之言」，曰「楊朱、墨翟之言」，又曰「天下之言」。天下之言不同，天下之意萬殊也。

言者，又意之表也。其性善者其音和，其音和者其言明且清，其人可用，其國家可治，此百不失一者也。其志惡者其音囂，其音囂者其言浮以雜，其人不可用，其國家必亂，此百不失一者也。其君雖賢，其在王所者，長幼卑尊皆非懷好音者，則虚僞之聲得以入；其意皆馳於虚無縹緲之域，其言皆騖於詖淫邪遁之途，而其國必不可以治，此亦百不失一者也。孟子卓立乎戰國策士之中，發其正大之音，如鳳凰之鳴於岐山，曰：「予豈好辯哉？予不得已也。」將以息天下之惡聲也。吾故謂治國家者，在善審天下之音，屏虚務實，無喜獲禽。

且夫獲哇鶃之士，隱居井上，下飲黄泉，其害猶可止也。獲攘雞之士，「或相倍蓰，或相什伯，或相千萬」，狼戾以攘奪於民，其害不可言也。然而風會所趨，天下士大夫皆下喬木而入幽谷矣。蓋鶃鶃之音[一]相淆亂，而嚶嚶之音不可聞矣。

（文境詼詭，氣可排山，古人所謂燃犀照渚，萬怪惶惑者也。以且夫作綫索，係仿賈生《過秦論》。「於是」二字，韓文公《原道》「今也」二字之法。佛者所謂觀世音，音何可觀？言觀天下之意也，故又謂之千眼。）[二]

[一] 鶃呼之狀聲。
[二] 唐先生《孟子新讀本》自評。

孟子大義卷七

離婁上

1 孟子曰：「離婁之明，公輸子之巧，不以規矩，不能成方員。師曠之聰，不以六律，不能正五音。堯舜之道，不以仁政，不能平治天下。

趙注：「公輸子，魯班，魯之巧人也，或以爲魯昭公之子。雖天下至巧，亦猶須規矩也。師曠，晉平公之樂太師也，其聽至聰，不用六律，不能正五音。六律，陽律：太蔟、姑洗、蕤賓、夷則、無射、黄鐘也。五音，宫、商、角、徵、羽也。」〔一〕

（此節引起道、政二字，注重在仁政。）〔二〕

〔一〕趙岐《孟子章句》卷七。「晉平公之樂太師也」，趙氏原文「太」作「大」。「黄鐘也」，「鐘」作「鍾」。
〔二〕唐先生《孟子新讀本》批語。

今有仁心仁聞，而民不被其澤，不可法於後世者，不行先王之道也。

范氏云：「齊宣王不忍一牛之死，以羊易之，可謂有仁心。梁武帝終日一食蔬素，宗廟以麵爲犧牲，斷死刑必爲之涕泣，天下知其慈仁，可謂有仁聞。然而宣王之時，齊國不治；武帝之末，江南大亂，其故何哉？有仁心仁聞，而不行先王之道故也。」〔一〕

（此節又注重道字。）〔二〕

愚按：王者徒恃一心之仁，無益也。必措之於事事物物，又悉得其當，而後民被其澤。此學問之所以必須求實，政治之所以必須求實也。先王之道，措施之方也。然而因時變通者，尤宜考之於事實也。

故曰：徒善不足以爲政，徒法不能以自行。

（此節又雙提法、政二字。）〔三〕

（方云：四段俱以「故曰」作結，局甚整。）〔四〕

〔一〕范祖禹（一〇四一～一〇九八），字淳夫，著《孟子節解》十四卷，已佚。此注載朱子《孟子集注》。
〔二〕唐先生《孟子新讀本》批語。
〔三〕唐先生《孟子新讀本》批語。
〔四〕唐先生《孟子新讀本》所引。

愚按：徒善不足以爲政，則心未可恃；徒法不能以自行，則法不足恃。必心與法合而爲一，而後可以有爲，可以能行。此「爲」字、「行」字，皆當重讀。不能爲、不能行，則徒有文告空言而已矣。程子云：「有《關雎》《麟趾》之意，然後可以行《周官》之法度。」[一]嗚呼！章程條例，豈足以平治天下乎哉[二]？

《詩》云：『不愆不忘，率由舊章。』遵先王之法而過者，未之有也。

（此節又注重法字。上言「徒法不能以自行」，此言「遵先王之法而過者，未之有也」，二節宜參看。）[三]

愚按：「遵先王之法」，此「遵」字當善體之。若徒拘守先王之法，即爲徒法。法貴因時而變通，所謂「遵先王之法」者，要在善用先王之法而變通之。世人以「率由舊章」爲治道不二法門，至陳腐凋敝，而不知改革，此不善讀《孟子》者也。

聖人既竭目力焉，繼之以規矩準繩，以爲方員平直，不可勝用也。既竭耳力焉，繼之

[一] 程顥語，見朱子《孟子集注》，並見引於王應麟《困學紀聞》卷四《周禮》，視之爲《周禮》見重當時之徵。
[二] 謂空言也。
[三] 唐先生《孟子新讀本》批語。

以六律，正五音，不可勝用也。既竭心思焉，繼之以不忍人之政，而仁覆天下矣。

張氏云：「規矩、準繩、六律，聖人竭耳目之力而制之者，故後世之爲方員曲直，與夫正五聲者，皆莫得而違焉。至於不忍人之政，是乃聖人竭心思之所爲，而仁覆天下者。然則後之爲治者，其可舍是而不遵乎？不曰爲之而曰繼之者，蓋竭其心思，而其理繼之，乃天之所爲，而非聖人强爲之也。其於規矩、準繩、六律亦然。」〔一〕

（此節應首節仁政二字，見爲政在於竭其心思之誠。）〔二〕

愚按：有創即有因，《禮》所云「作者之謂聖，述者之謂明」是也〔三〕。然世界日新，則繼之者亦當日新。不獨形器日新，心理亦當日新。《禮》又云：「善繼人之志。」〔四〕此所云繼之者，有通達之道焉。然則因也，蓋即所以爲創也。日師乎古人，而日創乎新法也，無日不竭其目力也、耳力也、心思也。若偶有不竭焉，則其機滯而藝術衰，而天下殆。

〔一〕張栻《孟子説》卷四。
〔二〕唐先生《孟子新讀本》批語。
〔三〕《禮記·樂記》文。
〔四〕《禮記·中庸》引孔子語：「武王、周公其達孝矣乎！夫孝者，善繼人之志，善述人之事者。」

故曰：爲高必因丘陵，爲下必因川澤。爲政不因先王之道，可謂智乎？

鄒氏云：「自章首至此，論以仁心、仁聞行先王之道。」〔一〕

（此節應第二節先王之道。）〔二〕

是以惟仁者宜在高位。不仁而在高位，是播其惡於衆也。

（方云：上二段空論其理，下二段方貼當時君臣實説。此前虚後實法也。）〔三〕

愚按：播字有二義。一則對己而言，己之惡本未著，逮得高位，作福作威，而其惡始宣播於衆；一則對人而言，不仁者在高位，肆爲暴虐，復有散播其惡者，而百姓無不受其毒。孟子語意，當以後説爲近。嗚呼！不仁者可以居高位乎哉？然不仁者孰不求高位乎哉？古語有之曰：「毒逋四海。」即播其惡之謂乎？

上無道揆也，下無法守也，朝不信道，工不信度，君子犯義，小人犯刑，國之所存者幸也。

〔一〕朱子《孟子集注》引。

〔二〕唐先生《孟子新讀本》批語。

〔三〕唐先生《孟子新讀本》所引。

朱注：「道揆，謂以義理度量事物而制其宜。法守，謂以法度自守……由上無道揆，故下無法守。無道揆，則朝不信道，而君子犯義；無法守，則工不信度，而小人犯刑。有此六者，其國必亡，其不亡者僥倖而已。」

（此節應上道、法二字，而又發生出度、義、刑等字。）[一]

愚按：不仁而在高位則欺詐，欺詐則民迷惑。無道揆六者，專重在第一句，其下則相引而致大亂之兆也。朱注云：「其不亡者僥倖而已。」夫僥倖而可久乎哉？

故曰：城郭不完，兵甲不多，非國之災也。田野不辟，貨財不聚，非國之害也。上無禮，下無學，賊民興，喪無日矣。

（此節又發生出禮、學二字。）[二]

張氏云：「自後世功利之説觀之，城郭不完、兵甲不多、田野不辟、貨財不聚，宜其甚可懼，而上無禮，下無學，疑若不急。然而孟子之言，乃反以彼爲非國之災害，而以此爲不可一日安，何哉？蓋三綱五常，人之類所賴以生，而國之所以爲國者也。上

[一] 唐先生《孟子新讀本》批語。
[二] 唐先生《孟子新讀本》批語。

無禮，則失是理矣；下無學，則不學乎此矣。上失其禮，下廢其學，則三綱五常，日以淪棄，國將何所恃以立乎？民將何所恃以生乎？雖有高城深池，誰與守之？雖有堅甲利兵，誰與用之？雖有良田積粟，焉得而食之？然而使禮廢於上，而學猶傳於下，則庶幾斯道未泯，而猶覬其可行也。上既無禮，而下復無學，則邪説暴行並作，而國隨喪矣。賊民者，言賊夫仁義者也。」[一]

陳氏蘭甫云：「上無道揆也，下無法守也[二]，以下百餘言，於戰國衰亂，言之痛切，當時竟不知也。若知如此則衰亂，則知不如此即轉衰爲盛，撥亂爲治矣。上修道揆，下謹法守；朝信道，工信度；以義治君子，以刑威小人；上興禮，下勤學；事君以義，進退以禮，言必稱先王。如此，則國存而賊民滅矣。且以賊民興，由於下無學。然則學問之事，所係豈不重哉？」[三]

《詩》曰：『天之方蹶，無然泄泄。』

[一] 張栻《孟子説》卷四。

[二] 「下無法守也」句脱，據陳澧《東塾讀書記》原文補。

[三] 陳澧《東塾讀書記》卷三《孟子》。

朱注：「《詩》，《大雅·板》之篇。蹶，顛覆之意。泄泄，怠緩悦從之貌。」

愚嘗謂：千古人君用人，斷不可犯詑詑及泄泄之弊。朱子注詑詑云：「自足其智，不嗜善言之貌。」注泄泄云：「怠緩悦從之貌。」蓋詑詑者，剛惡之徒壓制，鋤善之禍所由起也；泄泄者，柔惡之徒敷衍，因循之弊所由起也。國家用是二者，亂亡隨之，可不痛哉！

泄泄，猶沓沓也。

愚按：泄泄，多言也。又从口。沓沓，亦多言也。又从言。《荀子》云「愚者之言，諮諮然而沸」是也[一]。蓋庸臣遇事畏葸[二]怠緩，惟多言以亂是非。

事君無義，進退無禮，言則非先王之道者，猶沓沓也。

張氏云：「『事君無義』，則是懷利以事其君也；『進退無禮』，則是苟得而不顧也；『言非先王之道』，則是不稽古者，而汩於功利也。如是則沓沓然潰亂而

[一]《荀子·正名》文。
[二]葸，懼貌也。

已矣！」〔一〕

（此節應上義字、禮字，又遥應第二、第六節先王之道，統觀前後，極參差錯落之妙。）〔二〕

故曰：「責難於君謂之恭，陳善閉邪謂之敬，吾君不能謂之賊。」

（此章文法，全在各字發生穿插，當細玩之。）〔三〕

愚按：鄒氏曰：「自是以惟仁者至喪無日矣，所以責其君。」〔四〕「自《詩》曰『天之方蹶』至『吾君不能謂之賊』，所以責其臣。」

竊嘗反覆此章，而知孟子之意，所以垂戒萬世之人臣者，尤痛切也。曰「責難於君」，要必先責難於吾身；曰「陳善閉邪」，要必先求吾心之純乎善心，而絶無邪念。曰「吾君不能」，要必先求在吾之實有所能。己身不正，而惟責君之正，吾不知之矣。己則泄泄，而惟望君之振作，吾不知之矣。

〔一〕張栻《孟子説》卷四。
〔二〕唐先生《孟子新讀本》批語。
〔三〕唐先生《孟子新讀本》批語。
〔四〕朱子《孟子集注》引。「自是以惟仁者至喪無日矣」句，朱注引作「自是以惟仁者至此」。

夫吾君不能，在籍口者方以爲量而後入，或以爲程度所不能至。不知日行計道，乃謂之程。天行三百六十，乃謂之度。天下未有至誠無息而不能達我之志者。若藉口於不能，即孟子之所謂賊。此賊字，與上「賊民」相應，無學謂之賊民，泄沓謂之賊臣。賊民妄縻國家之財，賊臣妄耗國家之禄，二者皆虚誑國家者也。舉天下而虚誑國家，世事不可問矣。竊願千古之爲人臣者，日三復此章也。

2　孟子曰：「規矩，方員之至也。聖人，人倫之至也。

（方云：此章重在仁字。首二節言當以堯舜爲法，末二節當以幽、厲爲鑑，中間以仁、不仁作關鎖，局甚奇整。）〔一〕

愚按：至者，全盡而無以加之謂也，所謂模範是也。規矩爲方員之模範，聖人爲人倫之模範，故欲盡人道者必學聖人。

欲爲君盡君道，欲爲臣盡臣道，二者皆法堯舜而已矣。不以舜之所以事堯事君，不敬其君者也；不以堯之所以治民治民，賊其民者也。

〔一〕唐先生《孟子新讀本》所引。

張氏云：「堯之爲君，盡君道者也；舜之爲臣，盡臣道者也。非有所增益也，無所虧焉爾。後之人舍堯舜，其將安所法哉？以堯舜爲不可及者，是自誣其性者也。『不以舜之所以事堯事君，則爲不敬其君』，蓋不以厥后爲可聖，是誣其君者也。『不以堯之所以治民治民，則爲賊其民』，蓋不以斯民爲有常性，是暴其民者也。」〔一〕

愚按：賊其民，最爲可懼。孔子曰：「斯民也，三代之所以直道而行也。」〔二〕民之性本直也，而賊之以曲；民之性本誠也，而賊之以詐；民之性本公正也，而賊之以顛倒是非。君子之德，風也。而在上者之治民如此，馴致世界晦蒙，人心閉塞，此其國尚能長久乎？此其種類尚能生存乎？賊其民者，賊民之性也，而不啻滅民之種也。

孔子曰：『道二，仁與不仁而已矣。』

愚按：天下之道，未有兩可者也。《陽貨》曰：「爲富不仁矣，爲仁不富矣。」天理人欲，不容並立者也。然愚更有説焉。

堯、舜，人也；桀、紂，亦人也。其始不甚相遠也，仁與不仁之間也。乃失之毫

〔一〕張栻《孟子説》卷四。
〔二〕《論語·衛靈公》文。

鼇，繆以千里。甚至居不仁之實，而假託乎仁之名，遂至陷溺日深，去仁日遠，本心牿亡，而不能自拔以出也，豈不痛乎哉！

暴其民甚，則身弑國亡；不甚，則身危國削。名之曰『幽、厲』，雖孝子慈孫，百世不能改也。

愚按：暴，痛矣。甚，尤慘矣〔一〕。「暴其民甚」，其始也，民未嘗不强忍痛苦以受之也，不移時而身弑國亡矣。我暴夫億兆人，而億兆人反暴我之一身一家。揆諸天理，其慘酷當有千百倍者也。暴其民不甚，民亦未嘗不受其暴也，不移時而身危國削矣。危也，削也，弑與亡之兆也。然猶幸其未弑而未亡也，則冀其暴之猶可以止也。

然而「幽、厲」之名，則既立矣。幽者，闇也，致天下於幽闇，故名之曰幽也。厲者，戾也，待天下以虐戾，故名之曰厲也。痛乎哉！我有孝子，我有慈孫，既不免於身死國亡之後，而慘罹鋒鏑；更不喪於身危國削之餘，而遽遇顛覆，亦云幸矣。而猶望百世之後改其名也，其可得乎？痛乎哉！君之爲暴也，當其恣肆横行，欺壓黎庶，推其心以爲雖居幽、厲之名而不恤也。庸詎知億萬姓之呼號，縱不見聞於耳目之前，而孝子

〔一〕「暴，痛矣。甚，尤慘矣」句，唐先生《孟子新讀本》作：「痛乎哉！君之爲暴也。」

慈孫之呼號，則已宛轉於耳目之前也？則其百世之絶滅也，誰惜之哉！誰惜之哉！

《詩》云：『殷鑑不遠，在夏后之世。』此之謂也。」

愚按：痛乎哉[一]！此《大雅·蕩》之詩，乃召穆公之刺厲王，而託詞於文王之咨殷商也。其辭曰：「雖無老成人，尚有典刑，曾是莫聽，大命以傾。」又曰：「枝葉未有害，本實先撥，殷鑑不遠，在夏后之世。」所謂「本實先撥」者何也？蓋先世之患，患在政治；今世之患，患在人心。心術之爲害，譬諸毒蛇虺蜴，蟠踞於中，未有能善其後者也。而其所以致此者，由老成人言之莫聽也。痛乎哉！幽也，厲也，皆周代之名也，曾不鑑於夏桀、殷紂，而大命以傾也。

3 **孟子曰：「三代之得天下也以仁，其失天下也以不仁。國之所以廢興存亡者亦然。**

愚按：國，諸侯之國也[二]。蓋仁與不仁，二者之程度均至不齊矣。仁之至者得

[一]「痛乎哉」句脱，因本節以兩「痛乎哉」鎖上下文，故據唐先生《孟子新讀本》原文補入。
[二] 此朱子注文。

天下也，次焉者其國亦興也、亦存也；不仁之至者失天下也，次焉者其國亦廢也、亦亡也。稽之前史，歷歷不爽者也。然而亡國破家之君，接跡於後世而不知悔悟者，嗜慾錮蔽，而本心亡也。

天子不仁，不保四海。諸侯不仁，不保社稷。卿大夫不仁，不保宗廟。士庶人不仁，不保四體。

愚按：此孟子傳曾子之學也。《孝經·天子章》云：「愛敬盡於事親，而德教加於百姓，刑於四海。」《諸侯章》云：「富貴不離其身，然後能保其社稷。」《卿大夫章》云：「然後能守其宗廟。」《士章》云：「然後能保其禄位，而守其祭祀。」而《孟子》則云：「天子不仁，不保四海；諸侯不仁，不保社稷；卿大夫不仁，不保宗廟；士庶人不仁，不保四體。」其義實本於《孝經》。

夫聖賢無私，而乃規規於保四海、保社稷、保宗廟、保四體者，何哉？蓋人惟能無其一身，而後能保宗廟社稷，以及於四海。其心至公，非欲專保其一家一姓也。故《孟子》七篇，首言「未有仁而遺其親」，而極言利之弊，則謂「萬乘之國，弒其君者必千乘之家。千乘之國，弒其君者必百乘之家」。《論語》首篇言「孝弟爲仁之本」，推及於「不犯上、不作亂」。蓋犯上作亂，則不保四體；而千乘之家弒其君，百乘之家弒其君，所以不保宗廟社稷，不保四海也。先王有至德要道以順天下，孝而已矣！仁而已矣！此《孝經》之精蘊，而孔子、曾子、孟子相傳之微言也。

乃若後王之所謂保者，私意膠結，以四海爲一身一姓之産業，而保之惟恐其不固，由是專制以作威，殺戮以自恣，窮兵黷武，以圖自衛，此正不仁之尤者也，此正不保四海之所繇也。且夫百姓猶一身也，天子者以四海爲四體者也。孟子曰：「人之有是四端也，猶其有四體也。」人而不仁，不啻自賊其四體，故不保四海。夫四體之痿痺能自知之，四海之痿痺則不能知之，戕四體之痛楚能自知之，戕四海之痛楚則不能知之，惜哉！其不讀孟子之書也。

今惡死亡而樂不仁，是由惡醉而强酒。」

愚按：樂、惡者人之大情也，不仁而可樂乎？貪利而已矣。貪利則竭民脂膏，飲茹血肉，而醉生夢死，永無醒時矣。《小宛》之詩曰：「彼昏不知，壹醉日富。」鄭箋云：「童昏無知之人，飲酒一醉，自謂日益富，夸淫自恣以財驕人。」其是之謂乎？

4 **孟子曰：「愛人不親反其仁，治人不治反其智，禮人不答反其敬。行有不得者，皆反求諸己，其身正而天下歸之。**

(「其身正」,總結一句,力重千鈞。)[一]

張氏云:「爲國者以反求諸己爲至要。愛人而人不親,是吾仁有所未至也;治人而人不治,是吾知有所未明也;禮人而人不答,是吾敬有所未篤也。行有不得,不責諸人而反求諸己,豈不至要乎?『其身正而天下歸之』,天地之間,惟感與應而已,在己者無不正,則在彼者無不順矣。反其仁者,非姑息以求比也,敦吾愛而已;反其智者,非鑿智以務術也,明其理而已;反其敬者,非卑巽以苟合也,盡諸己而已。蓋仁則人自親,愛則同也;智則人斯治,理無蔽也;敬則人斯答,志交乎也。反躬則天理明,不能反躬則人欲肆,可不念哉?」[二]

愚按:此孟子傳曾子之學也。反躬自省之道,以曾子爲最密。「君子所以異於人」章言處世之道,有三自反。此言爲治之道,亦有三自反,何也?蓋吾儒學問無窮盡,聖賢度量無津涯。常反其仁,則其仁愈厚;常反其智,則其智愈深;常反其敬,則其敬愈密,無底止也。反求諸己者,本身作則之要,有諸己而後求諸人也,修身之

[一] 唐先生《孟子新讀本》批語。
[二] 張栻《孟子説》卷四。

徹始而徹終者也。孔子之告顔子曰：「克己復禮爲仁。」[一]能反求諸己，而後能克己，蓋兼聖功、王道而言。「一日克己復禮，天下歸仁焉」，所謂其身正而天下歸之也。「爲仁由己，而由人乎哉」，學問政治進於此，則聖功邃而王道全矣。

《詩》云：『永言配命，自求多福。』

愚按：此承上章而言，能自求福，則能保四海而永配天命也。仁者，福之基也。求福者，求仁也。

5 孟子曰：「人有恒言，皆曰：『天下國家。』天下之本在國，國之本在家，家之本在身。」

愚按：此孟子傳曾子之學也。《大學》曰：「古之欲明明德於天下者，先治其國；欲治其國者，先齊其家；欲齊其家者，先修其身；欲修其身者，先正其心。」而總結之曰：「壹是皆以修身爲本。」心者隱而難知，身者顯而易見，故性理之學重在心，政治之學重在身。

[一]《論語·顔淵》文。

人皆知有心學，而不知有身學。身學者，天下國家之模範也。故孔子曰：「其身不正，雖令不從。」又曰：「苟正其身矣，於從政乎何有。」孟子曰：「身不行道，不行於妻子。」又曰：「君子之守，修其身而天下平。」皆不言心而言身。「天下之本在國」，積國而成天下也。「國之本在家」，積家而成國也。「家之本在身」，本身以作則而一家從之，一國從之，天下從之也。此所謂身學也〔一〕。

或者曰：「子言身學，信而有徵矣。請問其目？」

曰：威儀爲定命之則，言語爲榮辱之機，二者皆是也。而握其要者曰恕曰敬。蓋恕者推一身以治天下之根源也，君子有諸己而後求諸人，無諸己而後非諸人，其所令反其所好，而民不從也，其端要在於慎好惡，民之所好好之，民之所惡惡之。所惡於上，毋以使下；所惡於下，毋以事上。推之前後左右，莫不皆然。絜矩之道，平天下之道也。由是行之而爲公，公則天下國家無不服也。由是進之而爲仁，仁則天下國家無不寧也。反乎恕而爲私，有己而無人，以天下唯我爲獨尊，滅道德，尚聚斂，恣

〔一〕「身學」乃《大學》之教，取範周文王之修身以德，因作民則民表。此身學建基於恕與敬之實踐，乃唐先生經義之精微者。

殺戮，一人横行於天下，而天下亡，而一國亦亡，而一家亦亡，而一身亦與之而俱亡〔一〕。

敬者，千聖百王之法則也。湯之德在「聖敬日躋」，文王之德在「緝熙敬止」，《皋陶謨》曰：「無教逸欲有邦，兢兢業業，一日二日萬幾。」敬之謂也。《無逸》曰：「自朝至于日中昃，不遑暇食，用咸和萬民。」敬之謂也。《詩》曰：「畏天之威，于時保之。」〔二〕所以敬天也。《書》曰：「天明威，自我民明威。」〔三〕由敬天以敬民也。人以一身處天下國家之中，所以爲天地立心，爲生民立命者，唯此身是賴。自古賢君，未有不敬其身以敬其民，以敬天下國家者也。由是推之而爲信。敬事而信，民無信不立也。由是履之而爲直，爲正。敬以直内，義以方外，而邪僻之行無自入也。《孝經》曰：「敬親者不敢慢於人。」〔四〕反乎敬而爲輕，爲浮，爲僞，爲侮慢，爲欺詐，爲横恣，爲淫暴，爲作福作威。其視天下之事、天下之人，眇然若無足重輕者，而天下滅，而一

〔一〕此言恕道。
〔二〕《詩・大雅・我將》句。
〔三〕《書・皋陶謨》文。
〔四〕《孝經・天子章》文。

國滅，而一家滅，而一身亦與之俱滅〔一〕。

6　孟子曰：「爲政不難，不得罪於巨室。巨室之所慕，一國慕之。一國之所慕，天下慕之。故沛然德教溢乎四海。」

愚按：曷謂〔二〕巨室，搢紳賢士大夫之家也。慕者，兼愛敬而言，愛則感情厚，敬則信仰深也。古之時户口稀少，最小者爲十室之邑，最大者亦不過千室之邑，其中必有賢士大夫焉，爲一方之表率，即爲一國之所敬慕，其人具有道德而聞望昭著者也。孔子曰：「事其大夫之賢者。」〔三〕大夫而賢，退居鄉里，一鄉之風俗利弊周知之，歷史掌故周知之，一切應興應革之事，無不周知之。

爲政之大難，在每辦一事，而不通下之情。情隔則疑心生，疑心生則事機滯，雖有德教，亦無由行。《周易》之義：上下交則爲泰，上下隔則爲否，此政治家之「消息」也。而巨室者，百姓之「機括」也。爲政者誠能聯絡賢士大夫，敬而事之，賢士大夫亦

〔一〕此言敬心。
〔二〕「曷謂」二字脱，據唐先生《孟子新讀本》補入。
〔三〕《論語·衛靈公》文。

將愛而慕之。機括既得，則其於百姓也，如一身之使手足，無有不佐我之德，助我之教者，故曰：「沛然德教溢乎四海。」言如血脈之流通，無所阻滯，無不充滿也。

然其云「不得罪」者，何也？人情之大患，曰疑曰忌。搢紳先生而居一鄉，爲政者慮其侵越事權，或不免疑之忌之，此得罪之端所由起也。所謂不得罪者，至誠相與而已矣。劉向《新序·雜事篇》載麥丘邑〔一〕人祝齊桓公：「曰：『願主君，使主君〔二〕無得罪於羣臣百姓。』公怫然作色曰：『吾聞之，子得罪於父，臣得罪於君，未嘗〔三〕聞君得罪於臣也……』麥丘邑人坐〔四〕拜而起曰：『……子得罪於父，可以因姑姊叔父而解之，父能赦之；臣得罪於君，可以因便嬖左右而謝之，君能赦之。昔桀得罪於湯，紂得罪於武王，此則君之得罪於臣者，莫爲謝，至今不赦〔五〕。』公曰善。」〔六〕此不得罪之

〔一〕「邑」字脱，據《新序》原文補入。
〔二〕「使主君」三字脱，據《新序》原文補入。
〔三〕「嘗」字脱，據《新序》補入。
〔四〕「邑人坐」三字脱，據《新序》補入。
〔五〕「至今不赦」句，原作「至今得罪」，以劉氏《新序》文爲正。
〔六〕劉向《新序·雜事篇》文。按：部分文字亦見二〇〇六年湖北雲夢縣城睡虎地西漢墓簡牘。

義也。

後世爲政者，既不爲百姓設身處地，其視巨室，若視敵國然，必求所以抵制之術；其代達民隱者，則排之斥之；其爲民請命，而主公好、公惡者，則必百計以去之，使之緘口不得言，以爲彼何人斯而干與吾政？嗚呼！此皆忌心之所發，不知天下之爲公，故沛然暴德溢乎四海，戒之哉！戒之哉！

7 孟子曰：「天下有道，小德役大德，小賢役大賢。天下無道，小役大，弱役强。斯二者天也。順天者存，逆天者亡。

（方云：此章以仁字爲主。只兩段，前引景公事以激厲人君之耻心，後引文王事以歆動人君之仁心。前以「是猶弟子而耻受命」一喻，後以「是猶執熱而不以濯」一喻，兩節相配，章法完整。）〔一〕

愚按：公理，天也。强權，亦天也。天下有道，人人皆能循分，皆知公理，故小德役於大德，小賢役於大賢。天下無道，私心勝而公理滅，則强權行焉。强權無道，曷

〔一〕唐先生《孟子新讀本》所引。

謂亦天也？人生當世，曷爲而小？曷爲而弱？必有所以致之者，無非「自貽伊戚」，則不得不聽命於大，聽命於强。故曰强權亦天也，順天而行者存，逆天而行者亡。小德抗大德，小賢抗大賢，違背公理，亡無論矣。至小弱者不務修德爲善，培其本根，乃欲以力取勝，抗彼大强，此所謂不度德、不量力，自速其亡而已矣。

齊景公曰：『既不能令，又不受命，是絶物也。』涕出而女於吴。

王氏船山云：「《集注》謂：『吴，蠻夷之國，景公羞與爲昏。』非也。吴，周之伯父，《春秋》以其僭王夷之耳。當時諸侯，不以夷賤之也。魯且越禮爲結昏，齊獨耻乎？按：《越絶書》稱闔閭脅齊女以爲質，後其女悲思，是以有望齊之門，卒以憂死，葬虞山之上，謂之齊女冢。然則景公生視其女充西施、鄭旦之列，如之何弗涕？」[一]

（上節氣象極俊偉，此節則瑟縮可憐，下節又作詼諧一喻，文境絶妙。）[二]

愚按：至可痛者，以齊太公泱泱之遺風，而爲人臣妾也，皆由子孫之不肖如景公者也。其不肖奈何？不仁不智，無禮無義，君不君，臣不臣，父不父，子不子，於是乎

[一] 王夫之《四書稗疏》卷一「涕出而女於吴」條。
[二] 唐先生《孟子新讀本》批語。

民心解體，而號令不能出於國門之外。於是乎强國憑陵，不得不俯首受命。

今也，小國師大國，而耻受命焉，是猶弟子而耻受命於先師也。

（方云：惡死亡，耻受命，是不仁之君一點微明未燼，故孟子即就此點。）[一]

愚按：弟子耻受命於先師，蓋亦夥矣。其耻也，由於無耻也。然弟子之耻受命，由懵焉不知道德教化，故耻師於人也。而小國之於大國，非特不知道德教化，乃早師其不仁不智，無禮無義，君不君，臣不臣，父不父，子不子，無一而不備。則實受其無形之惡教，而耻受命焉。其耻也，無耻之尤也。

如耻之，莫若師文王。師文王，大國五年，小國七年，必爲政於天下矣。

程子云：「五年七年，聖人度其時則可矣。然凡此類，學者皆當思其作爲如何，乃有益耳。」[二]

愚按：如耻之，則能以無耻爲耻也，知耻則近乎勇也。能自得師，則可王也。

[一] 唐先生《孟子新讀本》所引。

[二] 程頤語，見引於朱子《孟子集注》，並見載於《近思録》卷三「致知類」，云：「凡看文字，如七年、一世、百年之事，皆當思其如何作爲，乃有益。」

「文王我師也」，不特政治之師，道德之師也；不特一時之師，千古之師也；不特小國之師，大國之師也。

禍福之幾，在有耻、無耻一轉念之間，是故能師文王，則大國五年，小國七年，必爲政於天下。不能師文王，則小國五年，大國七年，必爲人所亡。微乎微乎！危乎危乎！政治之家清夜自思，羞惡之良知，尚有未泯者乎[一]？

《詩》云：『商之孫子，其麗不億。上帝既命，侯于周服。侯服于周，天命靡常。殷士膚敏，裸將于京。』孔子曰：『仁不可爲衆也。夫國君好仁，天下無敵。』

朱注：「《詩》，《大雅・文王》之篇……麗，數也，十萬曰億。侯，維也。商士，商孫子之臣也。膚，大也。敏，達也。裸，宗廟之祭，以鬱鬯之酒，灌地而降神也。將，助也。言商之孫子衆多，其數不但十萬而已。上帝既命周以天下，則凡此商之孫子，皆臣服於周矣。所以然者，以天命不常，歸於有德故也。是以商士之膚大而敏達者，皆執裸獻之禮，助王祭祀[二]於周之京師也。」

[一] 此唐先生以「幾」爲身學之本義。
[二] 朱子《孟子集注》作「祭事」。

愚按：存亡之數雖曰天命，豈非人事哉？讀「侯服於周，天命靡常」二語，當可驚〔一〕心動魄，而亟修其政矣。「國君好仁，天下無敵」，聖賢屢言之，而戰國時人君卒不信也，後世之人主亦終不信也。

今也欲無敵於天下而不以仁，是猶執熱而不以濯也。《詩》云：『誰能執熱，逝不以濯。』」

朱注：「《詩》，《大雅・桑柔》之篇。逝，語辭也。言誰能執持熱物，而不以水自濯其手乎？此章言不能自强，則聽天所命；修德行仁，則天命在我。」

愚按：欲無敵於天下，於是乎壹意養兵；不以仁，於是乎壹意用兵。曷謂猶執熱而不以濯？兵，猶火也，弗戢，將自焚也。火之將然也，熱氣先迫其身；君之將亡也，兵氣先加其身，故曰：「猶執熱而不以濯也。」嗚呼！君天下而不以仁者，但知揚湯以止沸，不顧民之爛額而焦頭，此無異縱火以自焚其身，並自焚其子孫。聖賢憫焉，故以濯手爲喻，而使之自濯其心。

〔一〕原誤作「警」。

8 孟子曰：「不仁者可與言哉？安其危而利其菑，樂其所以亡者。不仁而可與言，則何亡國敗家之有？

（方云：起得沉痛。）〔一〕

張氏云：「自幽、厲以來，千餘載間，亡國之君，凡其所爲，彼豈以爲可以至於亂亡哉？類皆欣慕而爲之，雖有忠言亦莫之顧也。孟子所謂『安其危，利其菑，樂其所以亡而不可與言者』豈不信哉？惟漢武帝驕淫奢欲，殘民以逞，視秦政覆轍而遵之，蓋亦樂夫亡者。而晚歲因車千秋〔二〕之言，有動於中，下輪臺哀痛之詔，亟改前日之爲，是以克保社稷，則夫所謂：『不仁而可與言，則何亡國敗家之有。』又豈不信哉？」〔三〕

愚按：此節語絶痛，人君雖至愚不肖，決無有安危而利菑者，而卒至於此者，安危由於喜諛，人情莫不樂安，一聞苟安之言而喜之，而真以爲安，則安其危矣。利菑

〔一〕唐先生《孟子新讀本》所引。
〔二〕張栻《孟子説》作「田千秋」，此是車千秋本姓。
〔三〕張栻《孟子説》卷四。

由於妄取，好利而不顧民力，變亂伏於無形，猶竭民之脂膏而不恤，則利其菑矣。所以亡，非必荒淫無道，凡事壞於冥冥之中，皆爲所以亡之根，如是而猶以爲樂也，亡國破家，嗚呼！痛矣。

有孺子歌曰：『滄浪之水清兮，可以濯我纓。滄浪之水濁兮，可以濯我足。』

王氏船山云：「按《禹貢》漢水東爲滄浪之水……漢流本清，方水漲時，則沿漢溪澗自山而溢，推盪泥沙，下入於漢，因而濁耳。滄浪，楚水。其歌，楚人之歌。孔子南遊楚，涉漢而聞之。屈原『漁父』亦楚人也，故其歌同。」[一]

（文氣至緊急中，忽來縹渺之筆，此孟子特有之境。）[二]

孔子曰：『小子聽之，清斯濯纓，濁斯濯足矣，自取之也。』

朱注：「言水之清濁，有以自取之也。」

（此節引孔子語，入自取二字，極靈快，令人不測。以下二節，乃專發揮自字。）[三]

[一] 王夫之《孟子稗疏》卷二。
[二] 唐先生《孟子新讀本》批語。
[三] 唐先生《孟子新讀本》批語。

夫人必自侮，然後人侮之。家必自毁，而後人毁之。國必自伐，而後人伐之。

張氏云：「人之見侮於人，與家之見毁，國之見伐，人徒曰：『人侮之也，人毁之也，人伐之也。』而不知所以侮、所以毁、所以伐者，己實爲之也。苟無以召之，則何由至哉？孟子於自反之道，言之不一而足，非惟在當時乃撥亂反正之綱，實萬世爲治檢身者不易之理也。」〔一〕

《太甲》曰：『天作孽，猶可違。自作孽，不可活。』此之謂也。」

愚按：嗚呼〔二〕！天下斷無有人願自侮家、願自毁國、願自伐者，而所以至於侮、至於毁、至於伐者，皆由於自侮、自毁、自伐有以致之。不仁之人，私欲錮蔽，惟利是圖，賄賂公行，苞苴盈室，囊金櫝帛，自以爲至樂。迨至鐘鳴漏罷，興盡悲來，亡國敗家，已隨其後。當斯時也，雖欲自投滄溟，勉爲洗濯，然而清流皓皓，海水蒼蒼，不能容此汙濁之軀也，悲夫！殃民誤國，自作之孽，夫復何尤？當其笙歌般樂之時，不知有孺子竊笑其旁也。

〔一〕張栻《孟子説》卷四。
〔二〕「嗚呼」二字脱，據唐先生《孟子新讀本》補入。

9　孟子曰：「桀紂之失天下也，失其民也。失其民者，失其心也。得天下有道，得其民，斯得天下矣。得其民有道，得其心，斯得民矣。得其心有道，所欲與之聚之，所惡勿施爾也。

愚按：有天下者，首在順民心；保天下者，首在審民之欲惡。順民之欲惡，則天下治而國以常存；逆民之欲惡，則天下亂而國不旋踵而亡。綜觀中外古今歷史，莫不皆然。後世昧於此義，是以治日少而亂日多。揆厥所原，皆由於隔膜。隔膜甚而民心日益離，離則民氣日益散。

《大學》云：「好人之所惡，惡人之所好，是謂拂人之性，菑必逮夫身。」蓋天下者，君與民所共者也。自民而言，宜遵上之法令；自君而言，則宜合天下之民，以治天下。而合天下之民以爲治，即當因民之欲惡以爲欲惡。

愚嘗謂聚民之道，治天下之方，不外《尚書》「股肱耳目」〔一〕「心腹腎腸」〔二〕八字。

〔一〕《書·益稷》文。
〔二〕《書·盤庚》文。

一己之股肱所用有限，則合天下民之股肱以爲股肱；一己之耳目所及有限，則合天下民之耳目以爲耳目；一己之心思所慮有限，則合天下民之心思以爲心思。此所謂聚也。

然而《禮運》有言：「欲惡者，心之大端也。」人藏其心，不可測度也。人主非不欲順民情，而所欲或非民之欲，所惡或非民之惡，卒至顛倒錯亂者，將奈何？曰：是在平日之通民情。心誠求之則通，通斯公，公斯聚矣。《禮運》所謂「大同之治」，公之至也，聚之至也。

民之歸仁也，猶水之就下，獸之走壙也。

張氏云：「水之就下，獸之走壙，性則然也。民之歸仁，亦其性然也。」〔一〕

故爲淵敺魚者，獺也；爲叢敺爵者，鸇也；爲湯、武敺民者，桀與紂也。

（方云：兩節設喻，恣肆。）〔二〕

愚按：逆民之欲惡，則民不服，馴至仇視其民，故曰敺。湯武固欲得民，桀、紂未

〔一〕張栻《孟子說》卷四。
〔二〕唐先生《孟子新讀本》所引。

必欲失民，而卒至民非其民者，逆民情也。昔人有言民心難得而易失，民情至愚而難欺，「撫我則后」[一]，其可思已。

今天下之君有好仁者，則諸侯皆爲之敺矣。雖欲無王，不可得已。

張氏云：「孟子所謂『諸侯皆爲之敺』者，非利乎他人之爲己敺也，特言其理之必然者耳。循夫天理，無利天下之心，而天下歸之，此三王之所以王也。假是道而亦以得天下者，漢、唐是也。故秦爲漢敺者也，隋爲唐敺者也。季世之君，肆於民上，施施然自以爲莫己若也，而不知其爲人敺也，豈不哀哉？」[二]

今之欲王者，猶七年之病，求三年之艾也。苟爲不畜，終身不得。苟不志於仁，終身憂辱，以陷於死亡。

（兩節詞氣抑揚，歸結至仁字。仁者不過順民之欲惡，與上文相應。）[三]

愚讀此節，不禁長太息也。悲夫！疾病日深而終身不得艾之苦也。悲夫！終身

[一]《書·泰誓下》文。
[二] 張栻《孟子説》卷四。
[三] 唐先生《孟子新讀本》批語。

憂辱以陷於死亡之慘也。如是而猶欲王，豈不悖哉？雖然，此非不可療之證也。蓋不求艾者，在於諱疾；不志於仁者，在於因循。諱疾者宜救之以明，因循者宜救之以猛。早一日畜艾，則能早一日病愈；早一日志仁，則可早一日免於死亡。朱注：「自今畜之，猶或可及。」嗚呼！病深矣，國危矣，其猶可玩時而愒日也哉！**《詩》云：『其何能淑，載胥及溺。』此之謂也。**」

愚讀此節，不禁再太息也，悲夫！「載胥及溺」之慘也，《大雅・桑柔》之詩言之矣。胥者，相也，言君與民同溺也。《書》曰：「時日害喪，予及女偕亡。」民欲與君偕亡也。載胥及溺，民願與君同溺也，所謂水可載舟，亦可覆舟者也。夫何以至此也？事事拂民之欲惡也，「所惡與之聚之，所欲勿施爾也」。

10　孟子曰：「自暴者不可與有言也，自棄者不可與有爲也。言非禮義，謂之自暴也。吾身不能居仁由義，謂之自棄也。

愚按：自暴者曷爲不可與有言？言有法律。而彼則無正言，惟截截善諞言，非聖也，無法也，時而爲欺詐，時而爲誣罔，時而爲骫骳，其所言無非顛倒是非之甚者，故不可與有言。若是者，自賊其天所付之身之口舌齒牙，即自賊其天所付之身之則，故謂之自暴也。

自棄者，曷爲不可與有爲？堯舜人也，我亦人也，乃曰：「堯舜大聖人也，我何能及堯舜也？」仁也，義也，天性也，乃曰：「仁義，聖人之所居所由也，我何能居之而由之也？」厲之而不奮，鞭之而不起，故不可與有爲。若是者，自棄其天所賦之身之心思才力聰明，即自棄其天所賦之身之性，故謂之自棄也。

程子曰：「人苟以善自治，則無不可移者……惟自暴者拒之以不信，自棄者絶之而不爲，雖聖人與居，不能化而入也，此所謂下愚之不移也。」〔一〕蓋若斯人者，處國家則亡國家，處社會則壞社會，處鄉校黨庠則不能容於庠校者也。

仁，人之安宅也。義，人之正路也。

愚按：安者，不危之謂。蕩蕩廣居，如天之宇，充之則覆天下而有餘，故曰安宅。正者，不邪之謂。周道如砥，其直如矢，行之而宜，無偏無陂，故曰正路。

曠安宅而弗居，舍正路而不由，哀哉！」

愚按：曠安宅，入敝屋也。舍正路，趨邪徑也。然而由君子觀之，則以爲大可哀

〔一〕程顥語，朱子《孟子集注》引。

者，以欹屋、邪徑之必不可以久也。既不能久，於是乎失其居，失其路，旁皇而無所措，哀哉！其心死矣。

上文云：「仁，人之安宅也。義，人之正路也。」不仁不義，則不得爲人，而人亦不以人道待之。雞棲于桀，牛宿于闌，彼其桀闌之物乎？獸蹄鳥跡之道，交於中國，彼其類蹄迒之跡乎？豈不哀哉！雖然，彼不知仁義之道，而汨没其本心，猶可諒也。若既讀《孟子》之言，知有仁義之道，而猶自暴也，而猶自棄也，以致失其居也，以致失其路也，豈不哀之尤可哀哉？

11　孟子曰：「道在爾而求諸遠，事在易而求諸難。人人親其親、長其長，而天下平。」

愚按：此孟子因言政治者求諸遠、求諸難，故爲是至邇、至易之論也。然而曰道、曰事，非無爲而治也。「道」在乎推暨，「事」貴乎實行也。萬衆芸芸，家庭之間，熙熙然，皥皥然，融融然，洩洩然，孰不願親其親、長其長？在上者苟不能親親而長長，道天下桀驁之行，滋天下乖戾之氣，無形之中，戕賊人性，天下固無望其平矣。然在上者雖能親親而長長，而不能推之，使人人親其親、長其長，則天下亦無望其平也。

親親，仁也；敬長，義也。無他，達之天下也。仁義之道，如何而達之天下？蓋有至大之政治，至實之事業，其中層累曲折，非一蹴可幾，故曰道也、事也，非無爲而治也。行養老之禮，乞言之典，敬其父則子悅，敬其兄則弟悅，推而至於養生送死無憾，是親其親、長其長之政治也。五十非帛不煖，七十非肉不飽，文王之民無凍餒之老者，是親其親、長其長之事業也。天下平者，平天下之不平而已。

人人有不平之心，不平之氣，天下烏得而平？親其親、長其長，則愛情結，愛情結而不平之心化。親其親、長其長，則和氣生，和氣生而不平之氣消。人人無不平之心，無不平之氣，而天下平。

12　孟子曰：「居下位而不獲於上，民不可得而治也。獲於上有道，不信於友，弗獲於上矣。信於友有道，事親弗悅，弗信於友矣。悅親有道，反身不誠，不悅於親矣。誠身有道，不明乎善，不誠其身矣。」

愚按：居下位而期獲乎上，非媚上也，上下一心，而後民可得而治。《易傳》曰：「同聲相應，同氣相求。」若在上之人，非志同而道合者，則措施阻滯，觀聽乖方，民不可得而治也。

戰國時尚行選舉之法，故顔斶曰：「士生乎鄙野，推選則禄焉。」朝廷與社會，一以貫之。《易傳》曰：「人之所助者信也。」《論語》曰：「民無信不立。」若其人不見信於社會者，必不能見信於朝廷，故曰：「不信於友，弗獲於上矣。」

不愛其親而愛他人，不敬其親而敬他人，如是則社會賤之、惡之。家庭與社會，亦一以貫之者也。曾子曰：「親戚不悦，不敢外交。」故曰：「事親弗悦，弗信於友矣。」詐僞之事，起於家庭，而後及於交游朋友。《曲禮》曰：「幼子常視毋誑。」所以端其本也。

是故言必有物，行必有恒，處事之誠也；冬温夏清，昏定晨省，侍奉之誠也；喜而不忘，勞而不怨，視於無形，聽於無聲，立心之誠也。反乎此而爲詐僞，則父母惡之矣。故曰：「反身不誠，不悦於親矣。」

人生而嗜慾熏心，孳孳爲利，則終其身無立誠之一日。明善者，吾心之良知也。家庭、社會之闇塞，由吾心之良知以光明之；世界之晻昧，亦由吾心之良知以光明之。然而此良知者，不免爲氣質所錮，物欲所蔽，最易於汩没者也。故必居敬、窮理以涵養之，讀書、取友以磨礱之，博學、審問、慎思、明辨、篤行以固守之，如是而吾身乃可以誠。反是則爲闇塞，爲晻昧，故曰：「不明乎善，不誠其身矣。」此孟子傳孔子、子思子之學説也。

《大學》言格物、致知、誠意、正心、修身，以達乎齊家、治國、平天下，此言治天下之本末也。《中庸》言明善、誠身，以達乎悦親、交友、獲上，此言治一身之本末也。

是故，誠者天之道也，思誠者人之道也。

愚按〔一〕「誠者天之道」。天行健，不息而能久者，誠也。自古有晝而不夜，夜而不晝，日夕愆其候者乎？無有也，誠也。自古有春而不夏，秋而不冬，四時顛倒其序者乎？無有也，誠也。潮流之漲縮也，視乎晦朔盈虚，有水行而失其信者乎？無有也，誠也。周子《通書》曰：「大哉乾元，萬物資始，誠之源也。乾道變化，各正性命，誠斯立焉。元亨誠之通，利貞誠之復。」此即所謂天之道也。

曷謂「思誠者人之道」？《中庸》曰：「誠之者，擇善而固執之者也。」《中庸》言「誠之」，此言「思誠」者，何也？思誠者，誠之本也。人當念慮初萌之時，而察其意之誠否，是爲思誠。當念慮既萌之後，因其意之誠而固執之，是爲誠之。周子《通書》曰：「寂然不動者，誠也；感而遂通者，神也；動而未形有無之間者，幾也。誠精故明，神

〔一〕「愚按」二字，唐先生《孟子新讀本》作「曷謂」。

應故妙，幾微故幽。誠、神、幾，曰聖人。」因其幾之微而幽，以造於誠精而明，是孟子所謂「思誠」之幾。蓋在乎誠之之先，而爲求誠者取初之工夫，所謂：「莫見乎隱，莫顯乎微。」遏人欲於將萌，存天理於將滅者，此也。此時之幾至微而實至危。周子又云：「五常百行，非誠非也，邪、暗、塞也。」偶一不思，即入於邪、暗、塞，豈不殆哉！蓋思誠者，人之所以配天，故曰：「人之道。」人而不能思誠，即失其人之道，而不得爲人。

至誠而不動者，未之有也。不誠未有能動者也。

（此《孟子》引《中庸》之言，而加以按語，蓋爲當時諸侯不誠者而發。）[一]

愚嘗聞詁孟之説者曰[二]：「至誠而不動者，蓋有之矣。天下之凶人、惡人、邪人、小人，不可教訓，不知話言，縱垂涕泣而道之，亦不能悔而悟，豈能動乎？《易・中孚》之卦曰：『中孚豚魚吉。』《程傳》：「豚躁魚冥，物之難感者也。孚信能感於豚魚，則無不至矣。」《象傳》曰：『豚魚吉，信及豚魚也。』蓋天下固有豚魚之不若者矣，豈能動乎？」竊謂不然。

[一] 唐先生《孟子新讀本》所引。

[二] 「愚嘗聞詁孟之説者曰」句，唐先生《孟子新讀本》作「或者曰」。

凡不能動者，必其誠之有未至者也。孟子曰：「愛人不親反其仁，治人不治反其智，禮人不答反其敬，行有不得者，皆反求諸己。」行有不得，不能動也；反求諸己，反求諸己之誠也。其身正而天下歸之，至誠而能動者也。天下之人，形形色色，要各有其至情至性，而審察其氣質，總不外剛柔兩端。剛者宜感之以血性，柔者宜感之以至情。故無論桀驁不馴之徒，昏庸自惰之輩，苟闔門而語以良知，未有不面赤汗下，而自願洗心而改過者。以瞽瞍之頑而亦能允若，以象之傲而亦知忸怩，孰謂至誠而不能動乎哉？故孟子不曰「誠而不動者」，而曰「至誠而不動者」，至之爲言極也，君子亦反求諸己而已矣。若夫不誠，即上所謂邪、暗、塞者也。

其意曰：我天下之大巧人也，我欲使貪，亦不妨於貪也；我欲使詐，亦不妨於詐也。如是而求其動，所謂適燕而南其轅者也。嗚呼！是豈特不能動而已，久之而家庭，而社會，而朝廷，無論爲親爲友，爲上爲民，無一信我者矣。

13 **孟子曰：「伯夷辟紂，居北海之濱，聞文王作，興曰：『盍歸乎來？吾聞西伯善養老者。』太公辟紂，居東海之濱，聞文王作，興曰：『盍歸乎來？吾聞西伯善養老者。』**

張氏云：「人君得仁賢之心，則天下之心歸之矣。夫以紂在上，而天下之賢有如伯夷、太公者，乃退避於海濱之不暇，以紂之爲虐不可邇故也。文王在岐山之下，而二老者，乃不遠數千里欲往歸之，以文王之行仁政而善養老故也。二老所以歸文王之心，是天所以眷顧之心也。」〔一〕

愚按：伯夷、太公皆隱居以待天下之清者也。及其既也，伯夷隱而太公顯，其政有不同也：一則求乎仁，一則通乎義也。

二老者，天下之大老也，而歸之，是天下之父歸之也。天下之父歸之，其子焉往？

朱注：「天下之父，言齒德皆尊，如衆父然。既得其心，則天下之心不能外矣。蕭何所謂『養民致賢，以圖天下』者，暗與此合，但其意則有公私之辨，學者又不可以不察也。」

愚按：《孝經》云：「敬其父則子悦，敬其兄則弟悦，敬一人而千萬人悦。所敬者寡，而悦者衆。」悦者，人心也。天下之父歸之，心歸之也。「其子焉往」者，敬一人而千萬人悦，而天下之心歸之也。皆言得人心之效也。

〔一〕張栻《孟子説》卷四。

諸侯有行文王之政者，七年之内，必爲政於天下矣。」

朱注：「七年，以小國而言也。大國五年，在其中矣。」

14　孟子曰：「求也爲季氏宰，無能改於其德，而賦粟倍他日。孔子曰：『求非我徒也，小子鳴鼓而攻之可也。』」

愚按：德有凶有吉，「無能改於其德」，無能改其惡德也。「求也藝」，通理財學，世不能用，因爲季氏宰而小試焉，然而不仁矣。

由此〔一〕**觀之，君不行仁政而富之，皆棄於孔子者也，況於爲之强戰？爭地以戰，殺人盈野；爭城以戰，殺人盈城。此所謂率土地而食人肉，罪不容於死。**

（「此所謂」二語，言之切齒。）〔二〕

愚按：士君子可見棄於王公大人，不可見棄於聖賢，尤不可見棄於孔子。强戰者，非民之願戰也，因爭地爭城而戰也，因爭地爭城而殺人盈野、殺人盈城也。

〔一〕經文「此」字，唐先生《孟子新讀本》誤作「是」。

〔二〕唐先生《孟子新讀本》批語。

彼過屠門而大嚼者，鼉鼈在左，鱔鯉在右，牛羊雞豕八珍雜陳，以爲天下之至美也。饜飫而出游於庖廚，則見夫鼉鼈鱔鯉、牛羊雞豕之屬，宛轉號呼於刀俎之間，然後知食者雖美，被食者甚苦，其心未嘗不趯趯然哀也。

兵者，民之所養也，竭民之脂膏以養兵，而兵乃視民爲刀俎之肉，此其宛轉哀號，傷心慘目，殆有千百倍於牲畜者，而況夫流離破産，賣男鬻女，折臂析骸，焚溺自經之狀，求生不能，求死不得，上之人均不得而見、不得而聞也，悲夫！悲夫！

率土地而食人肉，非爲民上者之初心也。乃以爭地爭城，而罪至不容於死，殷鑑不遠，其可畏也哉！

故善戰者服上刑，連諸侯者次之，辟草萊任土地者次之。

愚嘗作《善戰者服上刑論》〔一〕，其文曰：

「凡生於天地之間者皆曰『命』，天命爲『性』，故合而言之，則曰『性命』。天地之大德曰『好生』，舉凡一切飛潛動植之物，莫不養其命而遂其性。人生於其間，至靈、至尊而至貴者也，故其生命爲尤重。彼善戰者以殺人爲樂，不惜人之命，而戕賊其同

〔一〕載《茹經堂文集》一編卷一，收録於《唐文治文集》「經説類」。

胞，故上干天怒而刑之。天不能刑人也，則假手於人以刑之，亦慘矣哉！

蓋夫善戰，則寡人之妻，孤人之子，殘民以逞，靡所底止。而況善戰則必製不仁之器，千灌萬辟，日新月異，戈林鏃雨，骨碎肉糜，毒氣一蒸，六師僵斃。而況善戰則必事搜括，剥膚敲骨，磨牙吮血，巧立名目，無微不入，公私上下，掃地赤立；況乃取之盡錙銖，用之如泥沙，曾不顧及一路皆哭，萬民怨嗟。而況善戰則必事轉輸，飛芻輓粟，水陸並進，供億煩苛，四海窮困，奔走逃亡，生命俱盡。而況善戰則師行而不止，雞犬室家，所過如滌，林莽爲墟，商賈歇集，百年精華，一炬俱滅。而況善戰則兵聚而必散，一潰之後，堤崩河決，豕突狼吞，刧金掠帛，四海騷動，閭閻叫號，曾不知所紀極。漢賈捐之曰：『父戰死于前，子鬬傷於後。老母寡婦，飲泣巷哭。』唐李華《弔古戰場文》曰：『弔祭不至，精魂何依？必有凶年，人其流離。』傷心慘目，一至於此，此皆善戰者階之厲也。

揆諸善惡之報，禍福之幾，不服上刑，非天演之公理。曰：古不有司馬法乎？孔子不言足兵乎？則戰何罪焉？不知聖人所慎，首在於戰。班固《漢書·藝文志》曰：『自春秋至於戰國，出奇設伏，變詐之兵並作。』然則變詐之兵，實始於戰國；至於後世，則更有不忍言者矣。譬之縱百萬虎狼於五都之市，而日以噬人，宛轉哀呼，莫能逃避，而驅使之者，猶沾沾自喜也，此何心也？天下有自殺其子者乎？梁惠王是也。以土地之故，糜爛其民而戰之，以其所不愛，及其所愛，太子申之死，非齊殺之也，惠王自殺之也。而秦始皇之於二世，亦其例也。天下有自殺其妻者乎？項籍是也。百戰百勝，坑秦卒，燒咸陽，自以爲天下無敵矣；曾不逾時，《虞兮》一歌，名騅不逝，殺虞姬者，非漢也，項籍自殺之也。而明懷宗之夫婦雉經，剸劍愛女，亦非其罪也，明太祖之好殺，貽禍其子孫也。孫子臏其脚，龎涓殞於萬弩；吴起爲楚貴戚所擊，伏悼王尸而死；白起爲秦破燕、破韓、破趙，阬趙降卒四十萬人，至於自裁之時，始悔悟曰：『我固當死！』蓋善戰者，未有令終者也。天網恢恢，豈不大哉！

《老子》曰：『殺人衆多，以悲哀泣之；戰勝，以喪禮處之。』此不忍之極思也。人昧没其不忍之心，於是上干天怒而刑之。天不能刑人，乃假手於人以刑之也。刑不逮其身，乃於其子孫也。愈巧而愈烈也，愈久而愈酷也。《左氏傳》曰：『夫兵，猶火也，弗戢，將自焚也。』語曰：善水者必溺於水，善兵者必死於兵。嗚呼！自焚自溺而僅及其身也幸矣！」

又按：「連諸侯者次之，辟草萊任土地者次之」，曷惡乎爾？蓋連結諸侯，合從者也，意主於戰，故次之。辟，開墾也。任土地，謂分土授民，使任耕稼之責，如商鞅開阡陌之類，廢先王之經制，而專以侵略爲主義。故孟子非惡夫開墾者也，惡夫侵略則必出於爭，爭則必出於戰，故亦次於善戰者也。

15 **孟子曰：「存乎人者，莫良於眸子，眸子不能掩其惡。胷中正，則眸子瞭焉；胷中不正，則眸子眊焉。**

朱注：「眸子，目瞳子也。瞭，明也。眊者，蒙蒙目不明之貌。蓋人與物接之時，其神在目，故胷中正則神精而明，不正則神散而昏。」

愚按：生人五藏之神皆萃於目，故心官正，則目視正；心官靜，則目視靜；心官浮而邪，則目視亦浮而邪。「存乎人者」，此「人」字，指常人而言。胷中之正與不正，視乎平旦之氣存與不存。平旦之氣存，則其心氣清明，故胷中正而眸子瞭；平旦之氣亡，則心氣昏濁，故胷中不正而眸子眊。

聽其言也，觀其眸子，人焉廋哉？」

張氏云：「人之於言，猶可以僞爲。至於眸子之瞭與眊，則不可爲也。聽其言而又參之以其眸子，則無所遁矣。此與夫子『人焉廋哉』之意同，而爲説則有異。蓋夫子之言爲全觀其人之得失而〔一〕設也，而孟子之言，則一見而欲識其大綱也。參是二者，觀人之法，殆無餘蘊矣……學者讀此章，非獨可得觀人之法，又當知檢身之要也。放心邪氣，其可頃刻而有邪，一萌諸中，而昭昭然不可掩者矣，其可不懼乎？」〔二〕

愚按：觀人之法，惟於「浮」「實」二字辨之。實者正，浮者邪。《禮記·玉藻》云：「目容端，口容止。」止，靜也，此所謂實也、正也。若言則浮囂，目則浮游，如《左氏傳》所云「目動而言肆」者，其人之邪可知也。士君子處世，其可無知人之學乎哉〔三〕？

16　孟子曰：「恭者不侮人，儉者不奪人。侮奪人之君，惟恐不順焉，惡得爲恭儉？恭儉豈可以聲音笑貌爲哉？」

愚按：戰國時之人君，固嘗亟亟然號於衆曰：「我恭也，我儉也，天下人當順我也，

〔一〕「之得失而」四字脱，據唐先生《孟子新讀本》文補入。
〔二〕張栻《孟子説》卷四。
〔三〕此唐先生言度心之義也。

順我而我當有以取之也。」孟子曰：「賢君必恭儉，禮下取於民有制。」二者相爲表裏者也。而今之所謂恭者，欺詐也；今之所謂儉者，搜括也。是侮人也，是奪人也。侮人者人恒侮之，奪人者人亦奪之，如是而惟恐其不順，所謂夢寐求之而不可得者也。

一人之心，千萬人之心也。一二人不順之，天下未有能順之者也。然而聆其聲音，則恭也、儉也；觀其笑貌，則恭也、儉也。如是者爲也。爲者，僞也。古僞、爲二字通用。《荀子》：「人之性惡，其善者僞也。」僞即爲字。僞爲者，以順則逆，民無則焉。順之反而爲逆，方禍患之不暇，而尚望其順乎哉！然則爲人君者當奈何？誠者，天之道也；思誠者，人之道也。至誠而不動者，未之有也。百姓之順與逆，視人君一心之誠與僞也。若以至誠爲迂，天下未有能順者也。然且亟亟然號於衆曰：「我恭也，我儉也。」《大學》曰：「其所令反其所好，而民不從。」我方以一己之僞，引發天下人之僞；我以僞待人，人亦以僞待我，而猶惟恐其不順也。嗚呼！豈特不順而已也。

17 淳于髡曰："男女授受不親，禮與？"孟子曰："禮也。"曰："嫂溺則援之以手乎？"曰："嫂溺不援，是豺狼也。男女授受不親，禮也；嫂溺援之以手者，權也。"

張氏云：「所謂權者，事有萬變，稱其輕重而處之，不失其正之謂也。夫衡之有權，其得名以權者，以夫輕重雖不同，而無不得其平故也。自陋儒『反經合道』之論起〔二〕，而其害有不可勝言。蓋既曰反大經矣，而道惡乎合哉？此論一行，而後世竊權之名以自利，甚至於君臣、父子之大倫，蕩棄而不顧，曰：『吾用權也。』不亦悲夫……淳于髡之問，意以爲禮之經常，不可執守於急難之際也。孟子答之以『男女授受不親，禮也；嫂溺援之以手者，權也』，斯兩言也，而經、權之義，蓋可見矣。蓋不授受，固禮之經；然嫂溺則遭其變，援之以手者，遭變而處之之道，當然也。故先之曰：『嫂溺不援，是豺狼也。』則可以見其道之在夫援也。若其不援，則失道而陷夫禽獸之域。然則其權也，豈非所以爲不失其經也歟？」〔三〕

〔二〕此是本程頤爲説，朱子《論語集注·子罕》引程頤謂：「漢儒以『反經合道』爲權，故有權變權術之論，皆非也。權只是經也。自漢以下，無人識權字。」張栻所批評「陋儒」指「漢儒」。然漢人説經罕用「反經合道」，唯王充《論衡·本性》有謂：「余固以孟軻言人性善者，中人以上者也。孫卿言人性惡者，中人以下者也。揚雄言人性善惡混者，中人也。若『反經合道』，則可以爲教；盡性之理，則未也。」所論與「道」無涉，況王充不足爲「漢儒」代表，則程頤之説，恐屬意氣海罵。而張栻與朱子，皆沿此虛責也。

〔三〕張栻《孟子説》卷四。「夫衡之有權」之「夫」前，張氏文有「今」字。

（方云：首節髡借嫂溺手援引入，是反逼法。「今天下溺矣！夫子之不援，何也？」以下，直難轉身，與「周霄」章用筆同。須觀孟子答得何等爽快。）〔一〕

曰：「今天下溺矣，夫子之不援，何也？」

張氏云：「髡未識孟子之意，因是而言孟子在今日，亦當少貶其道，用權以救世爲急也。」〔二〕

曰：「天下溺，援之以道；嫂溺，援之以手。子欲手援天下乎？」

張氏云：「孟子謂：『天下之溺，不可以力援也，當援之以道耳。』若道先枉矣，則將何以援之乎？是猶援嫂之溺，有賴夫手，而先廢其手也。然則孟子之不少貶以求濟者，是乃援溺之本，豈非天下之大經乎？」〔三〕

羅氏羅山云：「天下溺援之以道，必有道而後可援。出處一失其正，是已失其道矣，尚有何道可援天下乎？天下無道則天下溺，我失其道則我溺。以不溺救天下之

〔一〕唐先生《孟子新讀本》所引。
〔二〕張栻《孟子説》卷四。
〔三〕張栻《孟子説》卷四。

溺，尚懼其溺之難援，以溺救溺，安見其溺之不日甚哉？」〔一〕

愚按：道者，援天下之本也。援之以道者，先審夫出處之宜，而後定夫設施之序，惟有守而後能有爲也。若夫援之以手者，其視天下之事，苟焉而已，幾若無人不可任，無事不可任，則不至於害天下不止。是故後世非無熱心救世之士，而其立身制事，終無所成就者，皆手援天下之徒也，惜哉惜哉！

18 **公孫丑曰：「君子之不教子，何也？」孟子曰：「勢不行也。教者必以正，以正不行，繼之以怒；繼之以怒，則反夷矣。『夫子教我以正，夫子未出於正也』，則是父子相夷也。父子相夷，則惡矣。**

愚按：人之過多在於怒，怒一發則不可遏，故教者最忌怒，而父子之間爲尤甚。愚嘗謂心者義理爲之主，意氣爲之奴。若一心之中，不任理而任氣，則氣爲之主。譬諸一家之中，奴爲之主，心有不傷，家有不敗者乎？故曰怒者心之奴也。「夫子教我以正，夫子未出於正」，懟懟之詞，亦怒使之也。父子相夷則惡，怒盛則惡生。故善教

〔一〕羅澤南《讀孟子劄記》卷二。

者不怒，以感易怒，而教乃行。

古者易子而教之。父子之間不責善。責善則離，離則不祥莫大焉。」

張氏云：「責善云者，謂指其過惡，而責之以善道也。在師則當然，爲人父者，易子而教之，蓋以責善之義望於師也。養恩於父子之際，而以責善望之師，仁之篤而義之行也。」[一]

（此句結束上節，有力。下文乃更有遠勢。）[二]

（蘇云：正字變善字，夷字變離字，惡字變不祥字。）[三]

愚按：孟子曰「責善」，朋友之道也。父子責善，賊恩之大者。父子一體也，一體之分，其心可離乎？是故父子之間，和而已矣。周公之作《周禮》曰：「和親康樂。」其作《詩》曰：「和樂且耽。」孔子之作《孝經》曰：「先王有至德要道，以順天下，民用和睦。」蓋和者一家之祥氣也，能不計較，則不責善，不責善則和，和則祥莫大焉。反乎

[一] 張栻《孟子説》卷四。
[二] 唐先生《孟子新讀本》評語。
[三] 唐先生《孟子新讀本》所引。

是則戾，氣日戾則心日離，始而相夷，終而家且危矣。嗚呼！一體之分而至於離，悲矣！

19 **孟子曰：「事孰爲大？事親爲大；守孰爲大？守身爲大。不失其身而能事其親者，吾聞之矣；失其身而能事其親者，吾未之聞也。**

愚按：子路有言：「傷哉！貧也，生無以爲養也。」爲人子者處貧苦之境，旦夕奔走，求所以事其親者，無所不至，可不謂孝乎？不知孔子曰：「啜菽飲水，盡其歡，斯之謂孝。」此菽也、水也，取之而廉也，則吾親之心安，享之而榮也。倘令五鼎陳於前，八珍列於後，宮室之美，輕煖之奉，問其所從來，皆不義之物，則是盜賊之行也。己爲盜賊，而累吾親爲盜賊之父母，無論吾親之心安與否也，辱莫大焉。孟子曰：「失其身而能事其親者，吾未之聞也。」失其身者，失吾親之志氣，即失人子之資格，徒具形骸焉爾。昔者毛義捧檄，因親在而色喜。然而君子出處，自有大節。介之推不言禄，而奉母偕隱，昔人稱爲賢孝。後世人子，居恒自省，將使吾親爲聖賢之父母乎？爲盜賊之父母乎？詎可以事親爲藉口，而致失其身也乎？

孰不爲事？事親，事之本也；孰不爲守？守身，守之本也。

愚按：此承上節而申言之。凡大小戴《禮記》所載事親、守身之義，學者皆當熟讀而身體之也。

曾子養曾晳，必有酒肉。將徹，必請所與。問有餘，必曰有。曾晳死，曾元養曾子，必有酒肉。將徹，不請所與。問有餘，曰亡矣。將以復進也。此所謂養口體者也。若曾子，則可謂養志也。事親若曾子者可也。」

愚按：父母之壽與不壽，視乎人子之孝與不孝。何言之？人子若能養父母之志，則其心快也，其身康也，夫焉得而不壽？若不能養父母之志，則其心或抑鬱也，其身或不寧也，此其年齡之促，雖與人子無關，而爲子者，要不得辭其咎也。此事親之所以先養志也。《禮記》曰：「先意承志。」志者何？父母意之所在也。《禮記》又曰：「視於無形，聽於無聲。」父母之志意，有在有形中者，有在無形中者，人子務須曲以體之、順以承之，而後父母之心得以愉快。孟子引曾子之事，曰：「將徹，必請所與；問有餘，必曰有。」特舉一端以爲例焉爾。

又按：古來之稱「大孝」者，虞舜而外，惟推曾子。蓋曾子之爲人，天性最爲誠篤。天下未有至孝之人而不發於至誠者也。曾子讀喪禮，至於泣下霑襟，此其爲至誠之極則也。顧吾讀史書中孝友傳，無一人能與曾子媲美者，何哉？蓋有天性摯而學問未成者，亦有學問成而天性未摯者，曾子天性、學問兼至者也。孟子曰：「事親若曾子者可也。」如何而方能若曾子？學者宜取大小戴《禮記》中曾子所言事親守身之道，彙輯成編〔一〕，早夕觀省，奉爲圭臬。而吾以爲《大戴禮記》中《曾子疾病》一篇，尤爲精要，倘能執是以爲事親修身之標準，庶乎去古人不遠矣！

20 **孟子曰：「人不足與適也，政不足閒也。唯大人爲能格君心之非。君仁莫不仁，君義莫不義，君正莫不正。一正君而國定矣。」**

趙氏云：適，過也。閒，非也。格，正也〔二〕。

程子云：「天下之治亂，繫乎人君之仁與不仁耳。心之非即害於政，不待乎發之於外也。昔者孟子三見齊王而不言事，門人疑之，孟子曰：『我先攻其邪心。』心既正，而後天下之事可從而理也。夫政事之失，用人之非，知者能更之，直者能諫之。然非心存焉，則事事而更之，後復有其事，將不勝其更矣；人人而去之，後復用其人，

〔一〕唐先生曾輯録《曾子大義》。

〔二〕此條朱子《孟子集注》所引趙伯循語脱，據唐先生《孟子新讀本》補入。

將不勝其去矣。是以輔相之職，必在乎格君心之非，然後無所不正。而欲格君心之非者，非有大人之德，則亦莫之能也。」〔一〕

愚按：適，與摘同。閒，指其間隙而議之也。《易緯》曰：「正其本，萬事理。」「格君心之非」，格者，誠至感通之意，所謂正其本者也。人不足與適，非謂用人可使貪而使詐也；政不足閒，非謂行政可苟且而因循也。惟用人、行政，一切皆以心術爲主，君心能大公而無私，則萬事自理矣。

何言乎國定也？《大學》曰：「知止而后有定，定而后能靜，靜而后能安。」蓋「定」字從正，定者，止於正也。君正斯國定，國定斯能靜而安也。雖然，格君心之非，亦賴君之能虛心而見信爾。古之大臣，有悱惻纏綿、痛哭流涕以諫其君而卒不悟者，由其不足與爲善也。吾尤願後世人君，漸仁摩義，自正其心，毋縱其逸欲，以拒諫而飾非，致使賢人君子紛紛遠去。國本不定，而終至於危亡也。

21　孟子曰：「有不虞之譽，有求全之毁。」

〔一〕程頤之語，朱子《孟子集注》引。

愚按：讀此章而知人何必營營於毁譽。曰「有不虞之譽」，不虞亦可以得譽。又曰「有求全之毁」，求全或轉而得毁。毁譽者，名也。名者，實之賓也。然則人何必營營於毁譽？孔子曰：「吾之於人也，誰毁誰譽？如有所譽者，其有所試矣。斯民也，三代之所以直道而行也。」然則我之對於人也，詎可輕用其毁譽？至於三代以下之毁譽，其果公是乎？其果公非乎？不足以爲榮辱久矣。韓子曰：「一凡人譽之，則自以爲有餘；一凡人毁之，則自以爲不足，多見其惑也。」日營營於毁譽，而自省之道益疏。然則人何必營營於毁譽！反身修德而已矣。

22 **孟子曰：「人之易其言也，無責耳矣！」**

愚按：人之輕易其言也，無人責之，而其責將益大，何也？爲其無責而愈易其言也。《詩》曰：「無易由言，無曰苟矣；莫捫朕舌，言不可逝矣。」《毛傳》：「捫，持也。」《鄭箋》云：「女無輕易於教令，無曰苟且如是。今人無持我舌者，而自輕恣也。教令一往，行於下，其過誤可得而已之乎？」言者，逝而不返者也。《詩》曰：「斯言之玷，不可爲也。」「易其言也」，大言也。《詩》曰：「蛇蛇碩言，出自口矣。」《毛傳》：「蛇蛇，淺意也。」碩言者，大言也。大言不慚，人將責其實。「易其言也」，巧言也。《詩》曰：「巧言如簧，顔之厚矣。」巧言捷給，人將責其誣。《詩》曰：「無言不讎，無德不報。」讎，對答也。讎則其責小，不讎而責益大。

23 孟子曰：「人之患在好爲人師。」

愚嘗：謂今人有師癖。何言乎師癖？好之甚乃成癖也。孔子曰：「三人行，必有我師焉。」古語曰：「能自得師者王。」〔一〕凡人於學問之道，常見己之不如人者，其學問必日進；常見己之勝乎人者，其學問必日退。何也？一則謙之甚，一則矜之甚也。然則師也而可好爲之乎？

愚嘗謂《周官・師氏》有應補者三義：一曰師範，二曰師道，三曰師職。何謂師範？法語之言，巽與之言，皆當詳審弟子之性情、氣質、心理，而分別以施之。其大要尤在本身以作則，有諸己而後求諸弟子，無諸己而後非諸弟子也。何謂師道？「禁於未發之謂豫，當其可之謂時，不陵節而施之謂孫，相觀而善之謂摩」，「道而弗牽，强而弗抑，開而弗達」。道，示以道塗。牽，牽引也。强，勉强之。抑，抑其志意也。開，開其端。達，竟其緒也。皆所以養成學者自治之道。知其心以救其失，則夫或多、或寡、或

〔一〕《書・仲虺之誥》文。

易、或止之弊，皆當深戒。以上均見《禮記·學記篇》。易，輕易。止，不問也。至其所未喻，則勿以語之也。

何謂師職？起居之慎護也，寒暖飲食之適宜也，藏修息游之各得其時也，愛人之子弟，無異於己之子弟也。

有是三者，然後可以爲人師；無是三者而爲師，誤人之子弟，實自誤而已。此人之大患，亦世之大患也。

24　樂正子從於子敖之齊。

朱注：「子敖，王驩字。」

樂正子見孟子。孟子曰：「子亦來見我乎？」曰：「先生何爲出此言也？」曰：「子來幾日矣？」曰：「昔者。」曰：「昔者，則我出此言也，不亦宜乎？」曰：「舍館未定。」曰：「子聞之也，舍館定，然後求見長者乎？」

張氏云：「子敖，齊之嬖卿……以樂正子之賢，非有趨附其人之意也。然其從之也，於義亦有害矣，故孟子於其初見也，則曰：『子亦來見我乎？』蓋樂正子既館於子敖，則亦未免制於子敖，故必待舍館定而得見其師。孟子責其不亟見，使之自反其從

子敖之非也，故以謂子非不聞見長者之義，不待夫舍館之定也。然則必待舍館定而求見者，樂正子亦可以知過之所由矣。」〔一〕

（方云：此章責問處，俱用諷刺含蓄之筆，不直説破，令其自悟。）〔二〕

曰：「克有罪。」

愚按：樂正子，善人也，故自悟其非，而知罪也速。學者欲自拔於小人之歸，當以樂正子爲法。

25　孟子謂樂正子曰：「子之從於子敖來，徒餔啜也。我不意子學古之道，而以餔啜也。」

（方云：此章仍不説子敖之爲人，只責樂正子「徒餔啜」。一「徒」字，見得他無所取，而又含蓄。「而以餔啜也」，「以」字尤刺骨。）〔三〕

〔一〕張栻《孟子説》卷四。
〔二〕唐先生《孟子新讀本》所引。
〔三〕唐先生《孟子新讀本》所引。

愚按：讀此二章，見孟子嚴毅之性。又可見君子之處己，不可以不嚴，而所與不可以不謹也。嗚呼！昔之學者，以餔啜爲主義，而聖賢激切以罪之；今之學者，以衣食爲主義，而世人未聞有非之者。孔子曰：「志士不忘在溝壑。」生人有氣骨，而後可立於天地之間。若但知餔啜而不問是非，但謀衣食而不顧廉耻，出處交游，罔知所擇，惟沾沾焉號於衆曰：「我爲餔啜也，我爲衣食也。」一若天下事無大於此者，是可鄙之至也！抑何不學古之道也？吾亦未見學古之道而在溝壑者也。雖然，學古之道而以餔啜，樂正子亦不至若是之甚也，孟子特惡其流弊而痛切言之爾。然則世之徒餔啜而并不知學古之道者，其見斥於孟子當何如耶？

26 **孟子曰：「不孝有三，無後爲大。**

趙氏云：「於禮有不孝者三事，謂：阿意曲從，陷親不義，一也〔一〕；家貧親老，不

〔一〕「一也」，趙氏原作「一不孝也」。

爲禄仕，二也〔一〕；不娶無子，絶先祖祀，三也〔二〕。三者之中，無後爲大。」〔三〕

舜不告而娶，爲無後也，君子以爲猶告也。」

范氏云：「天下之道，有正有權。正者萬世之常，權者一時之用。常道人皆可守，權非體道者不能用也。蓋權出於不得已者也，若父非瞽瞍，子非大舜，而欲不告而娶，則天下之罪人也。」〔四〕

27　孟子曰：「仁之實，事親是也；義之實，從兄是也。

羅氏羅山云：「仁主於愛，義主於敬。事親豈有不敬……兄弟豈有不愛……夫父母兄弟，皆至親也，分之則有等差。己之身即父母之身，更無分別。兄弟則同氣而異形矣，如手足本一體之相關也，而足之下終不可爲手之上；兄弟雖爲同胞，已有長幼之分，而義即由此而起。故孟子以事親屬仁，從兄屬義，一理之中，自有

〔一〕「二也」，趙氏原作「二不孝也」。
〔二〕「三也」，趙氏原作「三不孝也」。
〔三〕趙岐《孟子章句·離婁上》卷七。
〔四〕范祖禹語，朱子《孟子集注》引。

此等分別也。」〔一〕

愚按：仁義，名詞也，凡事必須循名而覈實。有子曰：「孝弟也者，其爲仁之本與！」本，猶實也，言從此而起也。朱注云：「仁義之道，其用至廣，而其實不越於事親從兄之間。蓋良心之發，最爲切近而精實者也。」誠能由此而推廣之，其用周於天下而不窮矣。

智之實，知斯二者弗去是也；禮之實，節文斯二者是也；樂之實，樂斯二者，樂則生矣，生則惡可已也，惡可已，則不知足之蹈之，手之舞之。」

愚按：《易·繫辭傳》曰：「天地之大德曰生。」凡人一心之生死，一家之生滅，即判於孝不孝之間。入其門，父子、兄弟雍雍然，論《詩》《書》，明道德，閨門之内，無訢誶之聲，此生機也，其家之久長勿替可知也。入其門，父子兄弟悖悖然，爭田宅，講財賄，閨門之内，多勃谿之習，此死機也，其家之蕩焉滅焉亦可知也。故一家之生死興滅，入其門而即可知之。此其驗或在數年十數年之後，不必在旦夕間也。

孟子曰：「樂則生矣，生則惡可已也，惡可已，則不知足之蹈之，手之舞之。」手舞

〔一〕羅澤南《讀孟子劄記》卷二。

足蹈，何由而生？要皆出於天性。故孝弟者，生理也。生生之謂性，人子之於孝，猶魚之於水，鳥之於林也；得之則生，不得則死矣。下地而呱者，離母而懼，此愛情也，即生理也；孺子乍見其親，歡喜踴躍，此愛情也，亦生理也。此性此情，至於老而不容已，則一生之生理也。

蒙〔一〕嘗推厥所原，蓋人子之於父母，本爲一體之所分，故哀樂欣戚，亦一體之相係。惟其一體，故生理所發，委曲纏綿，至於發揚蹈厲而不能自已。《禮記》曰：「孝子之有深愛者，必有和氣；有和氣者，必有愉色；有愉色者，必有婉容。」深愛和氣、愉色婉容，一片生機，皆根本於生理也。然則《易》所謂「天地之大德」，當於家庭中驗之。人而不畏其身之死、心之死、家之死，亦何怪其有不孝不弟、禽獸之行乎？

28　孟子曰：「天下大悦而將歸己。視天下悦而歸己，猶草芥也，惟舜爲然。不得乎親，不可以爲人。不順乎親，不可以爲子。

（文法之奇特，無有過於此章者。「天下大悦」句，破空而來。「視天下悦而歸己」

〔一〕蒙，乃自謙之詞。唐先生於南菁書院時期所撰專論皆用此字，意此按語内容本其少作遺文是也。

兩句，猶不知其言何指也。下始接曰「惟舜爲然」，奇甚。以下文法又宕出。「不得乎親」四句，是舜心中之語，而萬世爲人子者，皆當以舜之心爲心也。)〔二〕

愚按：漢延叔堅〔三〕曰：「仁人之於孝，猶手足之有腹心，枝葉之有根本也。」〔三〕腹心傷則手足殆，根本傷則枝葉萎。「父兮生我，母兮鞠我」，「欲報之德，昊天罔極」〔四〕，我而不孝，則父母之涕淚，咽於衷曲，而夢魂因而不寧矣！尚可以爲人乎？尚可以爲子乎？

夫我之身從何而來？我之形骸孰與之？我之心思才力孰畀之？不得乎親，不順乎親，是視其親無異於路人，而己之行，乃無異於禽獸。虞舜處人倫至艱之境，尚能使瞽瞍厎豫。天下人子，居於家庭，皆融融洩洩之地，而猶不得乎親、不順乎親者，是

〔一〕唐先生《孟子新讀本》批語。
〔二〕延篤，東漢末年經學家。
〔三〕此是延篤批評當時學者强别「仁」與「孝」先後而寫的文章，載《後漢書・延篤傳》。原文作「夫仁人之有孝，犹四體之有心腹，枝葉之有本根也」，謂兩者一體不可分。唐先生徵述，「手足」代「四體」，意義無别，故保留唐先生文。
〔四〕《詩・小雅・蓼莪》文。

尚可以爲人乎？尚可以爲子乎？然則若何而能得乎親？曰：宜善承吾親之歡。若何而能順乎親？曰：宜善體吾親之志。

舜盡事親之道而瞽瞍厎豫，瞽瞍厎豫而天下化，瞽瞍厎豫而天下之爲父子者定，此之謂大孝。」

愚按：厎者，至也。豫者，悦也[一]。天下之事，莫要於起點，有一人而後有二人，有二人而後有千萬人。此「仁」字本義所以從二人，所謂己欲立而立人，己欲達而達人也。「瞽瞍厎豫而天下化，瞽瞍厎豫而天下之爲父子者定」，如此方爲盡人子之道，如此方爲盡提倡之責。

然舜之本心，初非爲提倡計也，不過盡我爲子之道耳。而天下萬世之盡孝道者，必曰法虞舜。顔淵曰：「舜何人也！予何人也？」[二]孟子曰：「舜人也，我亦人也，如何而可以爲人？」將以何者爲起點？孝而已矣。抑舜之所以爲大孝者，其根本在於慕。而世俗之慕其親，所以不能專且久者，固由於年齡日長，嗜欲日多，與其父母遂

[一] 本朱子《孟子集注》。
[二] 《孟子・滕文公上》引顔淵語。

日疏；而亦由於家庭之間，不免存是非之見，於是其慕親之心，乃日益衰。

宋陳了翁曰：「天下無不是之父母。」[一]愚亦嘗謂家庭之中，非爭論是非之地。人惟偶有非其親之心，積日累月，始則存意見，終則生意氣，而大不孝之事於是起焉。舜遇瞽瞍之頑，能盡事親之道者，惟其慕之真且專，故無絲毫非其親之心也。孔子曰：「見志不從，又敬不違，勞而不怨。」[二]敬也，不違也；勞也，不怨也。皆出於慕也。慕者，纏綿之天性也，而何忍斷斷焉以相爭也耶？

[一] 根據元儒虞集爲南宋劉清之《戒子通録》所撰序文，謂「豫章羅先生曰：『天下無不是之父母。』而陳公了翁推致之」云云，此語乃出羅從彦者，而陳了翁復發揮大義。唐先生所記偶誤。

[二] 《論語·里仁》孔子語。

孟子大義卷八

離婁下

1 **孟子曰：「舜生於諸馮，遷於負夏，卒於鳴條，東夷之人也。**

王氏船山云：「趙氏注及《檀弓》鄭注，俱謂『負夏』爲衛地。非也〔一〕……舜生於蒲州……負夏蓋河東之夏陽，春秋謂之下陽，累代爲虞國地，後入於晉〔二〕，去衛千里，足知言衛地者之妄。河東謂之東夷，河西謂之西夷。自蒲坂抵岐周，適千有餘里。孟子去古未遠，考證自實。後世傳説附會之謬，如卒於鳴條，既有明文，而云死於九疑，以致列之祀典，何博而知要者之世乏其人也？」〔三〕

〔一〕王氏原文無「非也」二字。
〔二〕「後入於晉」句脱，據王夫之《四書稗疏》原文補入。
〔三〕王夫之《四書稗疏》之「《孟子》下篇」「負夏」條。

文王生於岐周，卒于畢郢，西夷之人也。

趙注：「岐周、畢郢，地名也。岐山下，周之舊邑……《書》曰：『太子發上祭于畢，下至于盟津。』畢，文王墓，近於豐鎬也。」〔一〕

王氏船山云：「郢，楚都也〔二〕。未聞岐豐之間别有郢邑。按此郢當作『程』。《竹書》稱：『紂……三十三年辛未歲，密人降于周師，遂遷於程。』畢在豐東，程在豐西，言畢、程者，舉兩界而言之也。武王既有天下……以程封程伯休父之祖……畢、程去岐不遠，故統云西夷。以此推之，諸馮、負夏、鳴條，同在河東審矣。」〔三〕

地之相去也，千有餘里。世之相後也，千有餘歲。得志行乎中國，若合符節。

張氏云：「舜與文王所值之時，周旋於父子君臣之際者，蓋不同矣。孟子謂『若合符節』者，其何以見之耶？蓋道一而已。其所以一者，天之理也。若夫人爲，則萬殊矣。聖人者，純乎天理者也。純乎天理，則其云爲措置莫非天之所爲，而有二

〔一〕趙岐《孟子章句》卷八。「近於豐鎬也」句，趙氏原文作「近於酆鎬之地」。
〔二〕「也」字原脱，據王夫之《四書稗疏》補入。
〔三〕王夫之《四書稗疏》之「《孟子》下篇」卷一「畢郢」條。

乎哉？」〔一〕

愚按：此章東夷、西夷、中國，蓋皆指區域而言。記云：「東海有聖人出焉，此心同，此理同也。西海有聖人出焉，此心同，此理同也。」〔二〕得志行乎中國，則此心同也。若合符節，則此理同也。孟子曰：「行一不義，殺一不辜，而得天下，皆不爲也。」是則同。此言仁義之至，即古聖之志也，而其事固不必盡同，亦不能盡同也。

吾又嘗推言舜與文王之德，有相合者數端：舜祗載見瞽瞍，夔夔齊栗，而文王爲世子，朝於王季日三，食上必視寒暖，食下問所膳，是其孝同也。舜柔遠能邇，蠻夷率服，而文王惠鮮鰥寡，懷保小民，無思不服，是其仁同也。舜無爲而治，恭己正南面，而《詩》美文王，則曰：「穆穆文王，於緝熙敬止。」又曰：「文王之德之純。」是其敬恭同也。「舜日宣三德，夙夜浚明」，（三德，謂剛彊也。浚，大也。）「一日二日萬幾」。而《書》稱文王，則曰：「自朝至日中昃，不遑暇食，用諴和萬民。」〔三〕是其勤勞同也。凡此皆所謂心法也。

〔一〕張栻《孟子說》卷四。
〔二〕陸九淵語，見《象山全集》卷三三。
〔三〕《書·無逸》文。

先聖後聖，其揆一也。」

（方云：二句是指舜、文，而不僅指舜、文也，言有遠神。）〔一〕

愚按：何謂〔二〕揆？道揆也。上篇首章「上無道揆」，朱注：「道揆，謂以義理度量事物，而制其宜。」然則此經不言「其道一」，而言「其揆一」，何也？朱注：「揆，度也，言度之而其道無不同也。」蓋地之相去也，風俗不能不異也，世之相後也，人情不能不變也。故不言「道」而言「揆」者，道其體也，揆其用也；揆者所以行其道，而因時以制宜者也。周公於三王之不合者，抑而思之，夜以繼日。思，即所謂揆也。然則揆者，先聖後聖之心法，而孟子不言心也，先聖後聖之道統，而孟子不言道也，所以見政治之貴因時以制宜，而實事以求是也。

2　子產聽鄭國之政，以其乘輿濟人於溱、洧。

趙注：「子產，鄭卿。爲政，聽訟也。溱、洧，水名。見人有冬涉者，仁心不忍，以

〔一〕唐先生《孟子新讀本》所引。

〔二〕「何謂」二字脱，據《孟子新讀本》補入。

其乘車度之也。」[一]

孟子曰：「惠而不知爲政。

愚按：治民之善不善，公私而已矣。惠者，私也。政者，公也。《論語》曰：「小人懷惠。」孟子曰：「分人以財謂之惠。」惠字从叀，專於一二人者也，故曰私也。政則有綱紀法度之施，普及於人人者也，故曰公也。

歲，十一月徒杠成，十二月輿梁成，民未病涉也。

朱注：「杠，方橋也；徒杠，可通徒行者。梁，亦橋也。輿梁，可通車輿者。周十一月，夏九月也；周十二月，夏十月也。《夏令》曰：『十月成梁。』蓋農功已畢，可用民力。又時將寒冱，水有橋梁，則民不患於徒涉，亦王政之一事也。」

君子平其政，行辟人可也。焉得人人而濟之？

愚按：不言行其政、理其政，而言平其政，何也？君子之爲政，貴人人各得其平也。上之視下也，皆爲平等，事事思有以平之，而後政可得而平也。《論語》曰：「博施濟衆。」君子日以濟人爲心者也，焉得人人而濟之者？濟人以政，而非濟人以輿也。

[一] 趙岐《孟子章句》卷八。

故爲政者，每人而悦之，日亦不足矣。」

愚按：爲政者每人而悦之，惟其私也。然而後世之爲政者，多欲每人而悦之，以其内有不足，故不得不求所以悦之也。然而每人而悦之者，必不可行，行之而亦必不能久者，日亦不足也。然而每人而悦之，君子猶不以爲大過者，以其尚有百姓之見存也。然而後世之爲政者，既不能平其政，且鰓鰓然曰：「我辟人可也。」悦人奚爲？

又按：子産在春秋之際，蓋名卿也。傳稱其爲政：「都鄙有章，上下有服，田有封洫，廬井有伍。」[一]則於輿梁之政，不應不治。據趙注，「聽政」爲「聽訟」，或其時子産尚未執政耳。孟子所謂惠而不知爲政，蓋亦泛論之也。

3　**孟子告齊宣王曰：「君之視臣如手足，則臣視君如腹心；君之視臣如犬馬，則臣視君如國人；君之視臣如土芥，則臣視君如寇讎。」**

朱注：「手足腹心，相待一體，恩義之至也。如犬馬則輕賤之，然猶有豢養之恩焉。國人，猶言路人，言無怨無德也。土芥，則踐踏之而已矣，斬艾之而已矣，其賤惡

[一]《左傳・襄公三十年》文。

之又甚矣。寇讎之報，不亦宜乎？」

愚按：天下之道，感應報施而已矣。外則感於血氣，内則通於性情者也。孔子之對定公曰：「君使臣以禮，臣事君以忠。」此言君有禮，則臣盡忠，即感應報施之道也。《尚書》曰「股肱耳目」「心腹腎腸」，君與臣本爲一體者也。君能視臣爲一體，訢合無間，上下交泰，則其感於性情血氣也，其應與報當何如？君不能視臣爲一體，作福作威，妄自矜肆，至於踐踏之而斬艾之，則其感於性情血氣也，其應與報又當何如？可不畏哉？後儒疑孟子土芥、寇讎之喻，以爲太過，不知孟子此言，乃千古君臣之際，感應報施之常道也。

王曰：「禮，爲舊君有服，何如斯可爲服矣？」

朱注：「《儀禮》曰：『以道去君而未絶者，服齊衰三月。』王疑孟子之言太甚，故以此禮爲問。」

曰：「諫行言聽，膏澤下於民；有故而去，則使人導之出疆，又先於其所往；去三年不反，然後收其田里。此之謂三有禮焉。如此則爲之服矣。

朱注：「導之出疆，防剽掠也。先於其所往，稱道其賢，欲其收用之也。三年而後收其田禄里居，前此猶望其歸也。」

愚按：臣之所以事君者，志與恩而已。諫行言聽，膏澤下於民，是其志得行也。先於其所往，三年然後收其田里，是其恩未絶也，此不得已而去國者也。君有惓惓之餘意，故臣亦如之，則有感涕而爲之服者矣。

今也爲臣，諫則不行，言則不聽，膏澤不下於民，有故而去，則君搏執之，又極之於其所往，去之日，遂收其田里。此之謂寇讎，寇讎何服之有？」

朱注：「極，窮也。窮之於其所往之國，如晉錮欒盈也。」

愚按：天下之感情，不甚相遠也。我之對於其人，感情甚薄，則人之感情，未有能厚者也；我之對於其人，感情甚惡，則人之感情，未有能善者也。諫不行，言不聽，膏澤不下於民，是其志不得行也。窮之於其所往，去之日，遂收其田里，是其恩已絶也。況乎終身禁錮，無異幽囚，瞻望故都，欲歸不得，茫茫九土，去將焉之，側身天地之間，幾無託足之所，彼臣何罪而至此也？則曰：「諫不行而言不聽也，膏澤不下於民也。」則怨恨其君爲何如，此之謂寇讎矣。寇讎或且欲甘心焉，而何服之有？故曰：天下之感情不甚相遠也。

又按：古人有言：「撫我則后，虐我則讎。」又曰：「萬姓仇予，予將疇依。」孟子答齊宣王之問卿，又曰：「君有大過則諫，反覆之而不聽則易位。」古聖人論君臣大義，炳若日星，而必斷斷於是非之界，何哉？蓋父子以天合者也，天合者，不可以是非較。君臣以人合者也，人合者，不得不以是非較。是非者，即感應報施之所由生也。是故父子之間則曰孝。孝者，對於一人而言者也。君臣之間則曰忠，凡爲人謀者皆當忠，忠者，對於朋友、對於社會、對於君、對於國之普通名詞也。故忠者，忠於一國，而非忠於一人。其中是非之界，尤凜乎其不可越者也。

善乎黄棃洲先生之言曰：「父子一氣，子分父之身而爲身。故孝子雖異身，而能日近其氣，久之無不通矣；不孝之子，分身而後，日遠日疏，久之而氣不相似矣。君臣之名，從天下而有之者也。吾無天下之責，則吾在君爲路人；出而仕於君也，不以天下爲事，則君之僕妾也；以大下爲事，則君之師友也。夫然謂之臣。」〔一〕蓋古今父子、君臣之義，盡於此矣。

後世爲人臣者，讀《孟子》此章，當知食君之禄，係食天下之禄；受君之職，係受天下之職。當爲天下，當爲百姓，當致敬而盡禮，更當勤政而愛民，不當爲一家一姓効奔走作僕役也。

〔一〕黄宗羲《明夷待訪録·原臣》文。

後世爲人君者，讀《孟子》此章，當思感應施報之可畏，當知崇高之勢之不可恃，當常念君臣一體之義；而遇臣下以禮，待臣下以誠，交臣下以忠信。上下相孚，志同道合，則天下庶幾乎見君明、臣良之盛治矣，予日望之矣〔一〕！

4　**孟子曰：「無罪而殺士，則大夫可以去；無罪而戮民，則士可以徙。」**

愚按：嗟乎〔二〕！此殆承上章「視臣如土芥」而言乎〔三〕？凡生於天地之間者，皆曰「命」。天地好生，人心亦好生，故雖動植之物，亦不當輕殘其生命，而況於民乎！而況於士乎！人君惟桀驁自恣，土芥其士民，乃專以殺戮爲事。其戮民也，非以示威於士乎？其殺士也，非以示威於大夫乎？夫是之謂亂邦，亂邦尚可居乎？夫是之謂亂世，亂世尚可處乎？其猶可以不去乎？當此之時，雖有田里，寧足顧乎？雖有功名，寧足戀乎？轉徙流離，背井離鄉之苦，寧可避乎？覽九州之茫茫，尚何懷乎故都乎？

〔一〕唐先生彰明君臣大義。
〔二〕「嗟乎」二字無，據唐先生《孟子新讀本》補入。
〔三〕「乎」字無，據唐先生《孟子新讀本》補入。

樂土樂土，其爰得我所乎？抑將苟全其性命乎？士也民也，生斯世也，而值斯境也，豈不大可悲乎！

朱注云：「言君子當見幾而作，禍已迫，則不能去矣。」善哉言乎！自來見幾不敏之士，貪爵禄，戀富貴，徘徊觀望，而不能以自決。迨禍幾日迫，君心之疑忌益甚，身家性命，皆隨之而傾覆、而澌滅，雖欲牽黄犬過西門，顧語子弟，泣下沾襟，其尚可追乎？蟻之慕羶也，庸詎知爲羶所縻乎？蠅之附膠也，庸詎知爲膠所結乎？豈不哀乎！嗟乎！斯舉者，宣聖之明訓；勇退者，老氏之良箴。士乎民乎！盍早悟乎？雉乎雉乎！何爲而離於羅乎？兔乎兔乎！何爲而萃於網乎？其猶可以不去乎？嗟乎！士也民也，生斯世也，而值斯境也，豈不大可悲乎？後世人君，聞斯言也，尚亦哀矜庶戮之不辜，而惻然淚發其良知乎？

5 **孟子曰：「君仁莫不仁，君義莫不義。」**

張氏云：「上篇主言人臣當以正君爲急，此意直戒人君，義亦小異耳。」〔一〕

〔一〕朱子《孟子集注》引。

（《論語》文法所以與《孟子》繁簡迥異者，蓋《論語》祇摘精要之語，《孟子》兼載敷陳之辭故也。此章於《格心章》中，摘出精要二語，故章法遂短，而玩其意義，確係自成一章。以下短章，皆摘精要語法。）[一]

6 **孟子曰：「非禮之禮，非義之義，大人弗爲。」**

愚按：曷謂[二]「非禮之禮，非義之義」？蓋非禮中之禮，非義中之義也。或者曰：藉口於父子異宫而親生别居，藉口於自由結婚而羞惡道喪，藉口於貧富平均而龍斷罔利，藉口於俠士不平而白日尋仇是也，不知此皆非禮而賊夫禮，非義而賊夫義者也。寧獨大人不爲耶？自好者皆痛絶之矣。孟子所謂「非禮之禮，非義之義」者，禮以節性而過乎性也，義以合宜而過乎宜也，恭以行禮而過乎恭也，儉以行義而過乎儉也。「可以取，可以無取」，「可以與，可以無與」，而猶取之、與之也。冠昏喪祭之從俗而遂流於野也，織屨辟纑以易食而不免於矯也，皆所謂非禮中之禮，非義中之義

[一] 唐先生《孟子新讀本》所引。
[二] 「曷謂」二字原無，據唐先生在《孟子新讀本》補。

也。大人者，負人心風俗之責，而俾人自至其中者也。其學之本原安在？曰：窮理。

7 **孟子曰：「中也養不中，才也養不才，故人樂有賢父兄也。如中也棄不中，才也棄不才，則賢不肖之相去，其間不能以寸。」**

愚按：孟子此言，豈特爲家庭中發哉？夫父子之間不責善，家庭貴有賢父兄矣！顧吾聞道德之要，有父範焉，有兄範焉，又有君範焉，有師範焉。一家有令子弟，國人皆稱願然，試問此令子弟者，誰爲造就而成之乎？一鄉有惡子弟，好犯上，好作亂，鄉人皆惡之，試問此惡子弟者，誰爲戕賊而攻之乎？固有任其責者矣。且凡人子弟孰不從家庭中來？而非必爲家庭中所成就。則所謂賢父兄者，蓋兼君師之義矣。夫三代以上，君與師合，世皆知得賢君難，而不知得良師難，得不棄不中、不棄不才之賢師爲尤難。

天之生材，性情氣質，萬有不齊。其剛善者，爲義、爲直、爲斷、爲嚴毅、爲幹固；其剛惡者，爲猛、爲隘、爲强梁；其柔善者，爲慈、爲順、爲巽；其柔惡者，爲懦弱、爲無斷、爲邪佞。《書》曰：「沈潛剛克，高明柔克。」周子曰：「使人自易其惡，自至其中。」是必本身作則，涵育薰陶，而後成之。是以此章不言教而言養。養者，兼飲之、食之、教之、誨之而言也。一不得當，沈潛者爲迂滯，高明者爲桀驁，義宜者爲强梁，慈順者爲懦弱。然則談何容易而言養？

一鄉有惡子弟，社會受其害，國家受其禍，其幾在毫髮之間，推原所自，孰尸其咎哉？盱衡歷代，縱横神州，患氣之所伏，常在於人才。人才所以治天下，而乃爲天下之患者，何也？吾有子弟，而常忌其中、忌其才，常疑其不中、疑其不才，棄之如遺，聽其自生自滅。或則以用之者棄之，束縛馳驟，牢騷愓息，而一日不能以自安。至於中人之質，或誘以利，而導之爲闒冗，爲不肖。其棄之而不能成材也，常在於無形之間，於是子弟之中焉者、才焉者，乃自甘於不中，自甘於不才。且不得不爲不中，不得不爲不才。其上焉者頽放以自終，其甚者乃輟耕於壟土，或散處於江湖。嗚呼！中也棄不中也，才也棄不才也，豈不痛已乎！

大木之淩霄而蔽日也，日有以長養之，棄之於窮山，則拳曲而不中於繩墨矣。良馬之逸羣而絶倫也，日有以調養之，棄之於凡廄，則跅弛而不可羈勒矣。動植物且然，而況於人乎！昔高陽氏有才子八人，齊聖廣淵，明允篤誠，天下之民謂之八愷；高辛氏有才子八人，忠肅共懿，宣慈惠和，天下之民謂之八元。此十六族者，世濟其美，蓋有養而成之者也。帝鴻氏有不才子，曰渾敦；少皞氏有不才子，曰窮奇；顓頊氏有不才子，曰檮杌；縉雲氏有不才子，曰饕餮。此四族者，不可教訓，不知話言，必如是乃可棄之。

且孔子曰：「惟上智與下愚不移。」天之生上知也不數，其生下愚也亦不數。凡芸芸者，皆中人也。中人者，皆隨風氣而鑄成者也。《論語》曰：「草上之風必偃。」後生學子，處治世則德行日進，居亂世則德行日退，譬諸洪鑪鎔鈞萬彙，干將、莫邪出其中，生人之氣骨，亦銷鑠其中。其經鍛鍊而仍完固者，能復有幾？世界之最可畏者，惟此烈火。

《易傳》曰：「風自火出。」又曰：「撓萬物者莫疾乎風。」夫風氣者，誰主之乎？曾滌生先生作《原才篇》曰：「彼自尸於高明之地，不克以己之所嚮，轉移習俗，而〔一〕不能陶鑄一世之人才，而謂而翻謝曰〔二〕天下無才，可不可也謂之不誣，可乎否也〔三〕？」

吾爲進一解曰：彼自尸於高明之地，不能培養天下之子弟，而輒疑人之子弟爲

〔一〕「不克以己之所嚮，轉移習俗，而」十二字脱，據曾國藩《原才》文補入。
〔二〕「而翻謝曰」脱，據《原才》文補入。
〔三〕「謂之不誣」脱，據《原才》文補入。

不中、爲不才，且忌其中、忌其才，必使舉世子弟，盡歸於不中、不才而後已，則其禍爲尤亟，而其罪爲不可逭也。以楚靈王之昏且惡，及其死也，良心乍露，曰：「人之愛其子也，有如余乎？」《太甲》曰：「天作孽，猶可違；自作孽，不可活。」然則世之戕賊子弟，使陷於不中、不才，而絶無良心之發見者，所謂自作之孽，非降自天者也。

《老子》曰：「聖人善救人，故無棄人。」吾讀《孟子》之言，則益思古聖人不置。然吾尤願世之爲子弟者，毋囂張，毋浮薄，毋徒思倚賴其父兄，毋敢責備於其父兄，且毋稍軼乎範圍之外，則庶乎循循禮法，而不爲人所棄矣。若所以自至其中，自成其才之道，則有余所著之《人格》〔一〕在，慎勿因吾言，而援爲口實，乃輒寬而恕之，或且縱而恣之也。

8　孟子曰：「人有不爲也，而後可以有爲。」

愚按：孔子曰：「狂者進取，狷者有所不爲也。」惟有不爲，而後能進取。故愚嘗謂學者性情宜狂，品行宜狷，取其不屑不潔也。然則有所不爲，當自何者始？簞食豆

〔一〕《人格》已收録《唐文治文集》「論説類」，互參爲是。

羹，非其道義，不屑取而已。宋蘇子瞻曰：「辨天下之大事者，立天下之大節者也。」〔一〕簞食豆羹，非其道不取，則一鄉之人，莫敢以不正犯之矣；一鄉之人，莫敢以不正犯之，而不能辨一鄉之事者，未之有也。推此而上，其不取者愈大，則其所辨者愈遠矣。伊尹以先知先覺自任，可謂之狂；非道非義，雖一介不取不與，可謂之狷。故惟性情狂而品行狷者，然後可與入道，可與辨天下之大事。後世人士，營營擾擾，靡所不爲，至於行詣日卑，信用墮落，鄉黨交羞之，社會厭惡之，遂無一事之能辨。人見其如此也，而以爲未嘗有才焉者，亦足悲已！

9　孟子曰：「言人之不善，當如後患何？」

（此章可作座右銘讀。）〔二〕

愚讀此章，嘗作座右銘云：

咄！汝何爲言人之不善？非欲害人而何？孔子曰：「君子成人之美，不成人之

〔一〕蘇軾《伊尹論》文。
〔二〕唐先生《孟子新讀本》批語。

惡，小人反是。」言人之不善，非成人之惡而何？

咄！汝何爲言人之不善？並我者我藉此以排之，勝我者我藉此以傾之，言人之不善，非欲忮人而何？

咄！汝何爲言人之不善？人各有名譽，人各有生計，汝一發其隱，而人之名譽掃地，生計頓絶，終身之怨不得洩，而冤不得伸。曰：「我非言人之不善也，將直以道之也。」

咄！人非有大惡，而汝委曲以文之；人非有大過，而汝鍛鍊以成之。截截然言之，娓娓然談之，浸浸然譖之，訐人之私，儌倖於人之不知，自以爲得計，而不知天知之、地知之、鬼神知之。口過所積，上干天怒，其如之何？

咄！汝何爲言人之不善？人當生死之際，禍福之幾，汝乃揣摩他人之意而巧擠之。刀之殺人也，出於有形；舌之殺人也，出於無形。言人之不善，非欲殺人而何？

咄！汝何爲言人之不善？其人爲君子，聞我言而益疏我；其人爲小人，聞我言而益讎我毒我，思所以報我。且人有不善，而我亦有不善，我言人之不善，人即言我之不善。人無不善，而我言人之不善，則我無不善，而人亦言我之不善；且人之言或有什伯倍於我者，其如之何？

咄！汝何爲言人之不善？其如恕道何？其如公理何？其如本心何？縱使恕道泯、公理晦、本心亡，而世路險巇，人心荆棘，其如之何？當如後患何？

10 **孟子曰：「仲尼不爲已甚者。」**

愚按：聖人之道，中和而已。惟中與和，乃能不爲已甚。

張氏云：「聖人範圍天地之化而不過，故可以仕則仕，可以止則止，可以速則速，可以久則久；皆天之所爲也。以至於動容、周旋、應酬、語默之際，毫釐眇忽，何莫非天則之所在乎……後世之士，不知理義之所在，詘己以喪道，徇情以長惡，而曰：『吾不爲已甚也。』彼徒以聖人答陽貨、見南子爲不爲已甚，而獨不思夫衛靈公問陳則明日遂行，季桓子受女樂之歸則不税冕而行，爲魯司寇七日而誅少正卯，聞田恒之弒君，雖從大夫之後亦沐浴而請討，此謂之已甚可乎？不深求乎聖賢之權度〔一〕，而徒竊語之疑似者以文其姦，此賊仁義之甚者也。」〔二〕

〔一〕 權度，謂全盤體察，以義裁之。
〔二〕 張栻《孟子説》卷四。

此説極爲精確。要知聖人窮理精義，所以權度天下之事物，而悉得其中者。此詣斷非易幾，故吾黨學聖人者，必自丰裁嚴峻始，倘藉口於不爲已甚，而遇事圓融，幾何而不爲隨流揚波、哺糟啜醨之輩耶？

11　孟子曰：「大人者，言不必信，行不必果，惟義所在。」

愚按：《論語·里仁》篇曰：「君子之於天下也，無適也，無莫也。」義之與比，當與此章參看。若無適無莫而不能義之與比，是其人一無所可也；若言不必信、行不必果，而不能惟義所在，是其人不信不果也。

吾嘗論聖賢之學，首在辨義，進而爲集義，又進而能精義。孔子論士品曰：「言必信，行必果。」此言辨義之始也。辨義集義之時，不能不期於信、果；至造於精義之域，則能言不必信、行不必果矣。此大賢以上之事也。今日吾人之所以自勉，與所以教人者，惟有言必信、行必果而已。

而或者曰：言有不可復也，則曷不先謹其言乎？或者曰：行有不可踐也，則曷不先慎其行乎？浮僞之徒，囂囂然號於衆曰：「我言不必信也，行不必果也，惟義所在也。」則是人人皆大人也。試詰以何者爲義？義何所憑？則此心茫無所依據也。

如無黍之尺、無星之稱也。是小人而無忌憚者也。嗚呼！舉世皆浮僞之徒，幾無一言之信、一行之果，則吾人之所以自勉而教人者，惟有言必信、行必果而已。《易傳》曰：「夫大人者與天地合其德，與日月合其明。」〔一〕又曰：「精義入神，以致用也。」〔二〕言不必信，行不必果，所謂神應而妙也。此詣豈易幾哉？此詣豈易幾哉？

12　孟子曰：「大人者，不失其赤子之心者也。」

羅氏羅山云：「赤子之心，饑則啼，喜則笑，純是真機流露，無一毫作爲於其間。衆人之心，識見既開，便用許多計較，許多委曲，喜怒不由乎中，好惡不由乎正，與赤子之心，判然不同。大人萬理洞澈，物來順應，當喜則喜，喜無所僞；當怒則怒，怒無所私。酬酢萬變，無不順天理之自然，不雜人欲之私。雖其心之無所不知，無所不能，與赤子異，而其純一無僞與赤子同。彼衆人者，何自戕其天真，上則得罪於大人，

〔一〕《易・乾・文言》文。
〔二〕《易・繫辭下》文。

下則有愧於赤子也？」[一]

愚按：赤子之心，良心也。曷爲不言「良心」而言「赤子之心」？言赤子之心，尤見真切也。何以見其真切也？赤子之心誠，誠則專，專故不雜。何以見其不雜也？蓋赤子之心，知有父母而已。晝則慕其父母也，夕則慕其父母也，時時日日而常慕其父母也。雖鞭笞之餘，而必依其所也；雖號泣之久，而逾時即復也。皆所謂誠也、專也、不雜也。

古之人有虞舜者，唯順於父母可以解憂，五十而慕其親。慕者，至誠也，此虞舜之所以爲大人也。古之人有周文王者，不識不知，無聲無臭，子思子贊之曰：「純亦不已。」純者，至誠也，此文王之所以爲大人也。夫赤子之心，恒性也，人皆有之。而獨推舜與文王爲大人者，舜與文王能不失是心，而常人則失之也。其失之者何也？外緣擾則失之，嗜欲滋則失之，爭競乖戾、意氣盛則失之。而其尤可痛者，則曰詐僞。詐僞起，而赤子之心日亡。其對於天下之事，無一真且實者，其本心尚有存焉者耶？《曲禮》曰：「幼子常視毋誑。」所以端其本也。

〔一〕 羅澤南《讀孟子劄記》卷二。

《詩》曰：「明發不寐，有懷二人。」明發有懷之心，即「乍見孺子入井怵惕惻隱之心」也。斷一木、殺一獸，而有不忍之心，即「發政施仁惠鮮鰥寡」之心也。人見聖人之喜怒哀樂刑賞，無一不協於中，盡人性，盡物性，推而至於贊天地之化育，無不悉得其當，而不知皆赤子之心所擴而充焉者也，皆所謂誠也。誠則專，專故不雜也。

吾人所以不失是心者，有二道焉。晝而提撕之，夕而提撕之，時時日日而提撕之：「吾惻隱之心有存焉者乎？」此不失之出於勉强者也。交師友以磨礱之，讀《詩》《書》以洗濯之，定靜、操存以涵養之；久之而人欲淨盡，天理流行，此不失之出於自然者也。出於自然者爲大人，出於勉强者爲君子。若夫壹意詐僞，則爲小人、爲賊人矣。嗚呼！赤子之心，天地之所以與我，父母之所以生我，人之所以爲人者在是也，而忍失之耶？

13 **孟子曰：「養生者，不足以當大事，惟送死，可以當大事。」**

愚按：孟子云：「養生喪死無憾，王道之始。」是養生與送死，並爲大事。而此獨以送死當大事者，蓋養生而有缺憾，猶可以補其過；若送死而有缺憾，則吾親已矣，不可得而復見矣，雖欲補過而無由矣。曾子曰：「人未有自致者也，必也親喪乎？」

即此章之意。

先儒有言：「父母生時，視膳嘗藥，既不可復得矣；即父母死之時，亦不可復得也。」此言最爲痛切。是故，當吾親始死之時，則疾病祈禱之時，不可復得也；小斂之時，則始死之時，不可復得也；大斂之時，則小斂之時，不可復得也；既葬而虞，則大斂之時不可復得也；期而小祥，則葬之時不可復得也；又期而大祥，則小祥之時不可復得也；禫而除服，則大祥之時不可復得也。人子自免於父母之懷，已與吾親日疏一日；至於送死，而吾親之音容，愾乎僾乎，雖夢寐求之，而渺不可追矣。至是而猶不盡其心也，其尚得爲人乎？然則送死者，乃吾親百年之大事，亦即人子盡心於吾親百年之大事，不可反而復焉者也。故夫送死之時，與夫送死之事，無一刻之可懈，無絲毫之可怠者也。蓋人子終身之事，未有大於此者也。

抑愚更有説焉。《孟子》此章，蓋爲俗薄道微，欲人勉所以厚於其終者而發。然吾嘗見世之人子，於養生之時，不甚注意，至於送死之時，痛哭追悔而無及者，蓋不知凡幾矣。曾子曰：「椎牛而祭墓，不如雞豚之逮存也。」宋歐陽子亦曰：「祭而豐，不如養之薄也。」然則啜菽盡歡，服勞奉養，固不得謂非大事也。冬温夏凊，昏定晨省，亦不得謂非大事也。視於無形、聽於無聲，亦不得謂非大事也。蓋人子養生之時，去一刻則少一刻，怠忽於一時，異日之飲泣而追悔者，即在此一時。吾願人子讀《孟子》此章，瞿然猛省，知養生之亦爲大事，亟亟焉孝順其父母，毋悠忽於目前，而至痛哭追悔於送死之日也。

14 孟子曰：「君子深造之以道，欲其自得之也。自得之，則居之安；居之安，則資之深；資之深，則取之左右逢其原，故君子欲其自得之也。」

愚按：此章戒夫學者之强探力索以爲功也。强探力索，非無所得也，然而其得之也不熟，則不能以久也。進鋭退速，急迫淺躁，其居之不能以安也。如是則其於道也浮而淺，而於天下之理，隔閡而滯，而不足以應用，由其所得之非自然也。

自得之者何？得乎道也。居之安，居乎道也；資之深，資乎道也；取之左右，取乎道也。君子之於道也，虚心涵泳，切己體察；「藏焉修焉，息焉游焉」[一]，以自得之焉；勿忘勿助，康而寧焉，如居天宇，此《大學》所謂「定而後能静，静而後能安」者也。安則味道之腴，挹之而不能盡，充之而其用不窮，至於義精仁熟之境，則何往而不自

[一]《禮記·學記》文：「故君子之於學也，藏焉，修焉，息焉，遊焉。」

得乎？故君子欲其自得之也。

《易傳》曰：「利用安身，以崇德也。」〔一〕居之安也。「精義入神，以致用也」〔二〕，資之深也。過此以往，未之或知也。此蓋言夫道體，而非言夫心體也。《老子》之言曰：「道沖而用之，或不盈……湛兮如似〔三〕或存。」自以爲安而居之，實不能安也。《莊子》之言曰：「至道之精，窈窈冥冥。至道之極，昏昏默默。」〔四〕自以爲深，而資之實不能深也。此皆誤以道體爲心體也，故所得者膚也、膜也。是以〔五〕孟子曰：「君子深造之以道。」而不言自得之於心，蓋言道則著於事物，言心則恐其淪於虛無也。後世學者欲强探力索，而闕乎心之精神，光明寂照之中，詫爲自得，誤矣誤矣〔六〕！

〔一〕《易·繫辭下》文。
〔二〕《易·繫辭下》文。
〔三〕「似」字脱，據《老子》補入。
〔四〕《莊子·在宥》文。
〔五〕「《老子》之言曰」至「故所得者膚也、膜也。是以」，據唐先生《孟子新讀本》補入。
〔六〕「後世學者欲强探力索」至「誤矣誤矣」一段，據唐先生《孟子新讀本》補入。

15 孟子曰：「博學而詳説之，將以反説約也。」

羅氏羅山云：「博學詳説，是窮究其分之殊處。反説約，是識其理之一處。理一即是此分殊中之理，非分殊之外別有一個理一也。」〔一〕

愚按：「博學而詳説」者何？文也。「反説約」者何？禮也。孔子曰：「君子博學於文，約之以禮。」顔子亦曰：「博我以文，約我以禮。」蓋博於文，約以禮，由博而反約，乃孔門之家法也。

張氏云：「孟子〔二〕言『詳説之』，又曰『反説約』，必有〔三〕以説爲言者。蓋説也者，所以體察吾進德居業之實。君子於其言，無所苟而已矣。」〔四〕

陳氏蘭甫云：「如説約而不博學，則其説將何所以乎？既博學詳説，則當進於説

〔一〕羅澤南《讀孟子劄記》卷二。
〔二〕「孟子」二字原作「其」。
〔三〕「其」字脱，據張栻《孟子説》原文補入。
〔四〕張栻《孟子説》卷四。

約。不然，則博學詳説者將何所以乎？」[一]

二家之説，得孟子之家法者也。蓋言不遠身，言之主也。言論而不切於身心，是無益之學也。徒求博而不知約，則泛濫而無所歸宿也；徒求約而不知博，則簡陋而流於空虛也。後世詞章之士，當以張氏之説教之；漢宋兩派門户之見，當以陳氏之説救之。

16　孟子曰：「以善服人者，未有能服人者也。以善養人，然後能服天下。天下不心服而王者，未之有也。」

張氏云：「齊桓公[二]會首止，而定王太子之位；晉文公盟踐土，率諸侯而朝王，是皆欲『以善服人者』也。當時服之者，亦豈爲悦服哉？其不服者固多矣。比之三王深長久大涵養人心之事，豈不有間乎？」[三]

[一] 陳澧《東塾讀書記》卷三。陳澧於此條起筆强調：「『博學而詳説之，將以反説約也』，此乃孟子之學也。」唐先生所以以「家法」言之。

[二] 事爲齊桓公「葵丘之會」事。張栻誤書威公，唐先生逕改。

[三] 張栻《孟子説》卷四。

愚按：惟善可以服人，而孟子言「以善服人未有能服人者」，何也？蓋以善而欲以服人，有所爲而爲，於善之體已有害也，私也。以善養人，非欲以服人也。修己以誠，而天下舉在其化育之中，而無不被其澤也，是無所爲而爲者也，公也。天下之人心皆有善，以善養善，即以心印心，天下之所以心服也，此非可以强而致也。服其大公，服其至誠也。後世人主，欲以善服人而不可得，於是乎以力，迨以力而天下危矣！

17　孟子曰：「言無實不祥。不祥之實，蔽賢者當之。」

張氏云：「所謂福者，大順之名也；所謂不祥者，逆理而反常者也。理得於己，中正和平，無一不順也。惟夫逆其常理，則措之於身而不安，以至害于而家，凶于而國，皆由此也，故謂之不祥。凡《詩》《書》所稱禍福蓋如此。言而不祥，何以知蔽賢之爲甚？蓋人實有是善，而吾蔽之，是反其常理之甚也。原人所以蔽賢，蓋出於娼忌忮疾之私。方其欲蔽人之賢也，私意横起，其不祥之氣，固已充溢乎中，而發越乎四體矣。況乎天之生賢以爲人也，蔽賢而使民不得被其澤，則其爲不祥，又有不可勝言者矣。」〔一〕

〔一〕張栻《孟子説》卷四。

愚按：無實者，誑言也，誑言所以欺人。《春秋穀梁傳》曰：「人之於天也，以道受命；於人也，以言受命。不若於道者，天絶之也；不若於言者，人絶之也。」不若者，不順也，無實故不若。

字義，言成爲誠，人言爲信，不誠而不成其爲言，不信而不得謂之人也。至於「人絶之」，不祥莫大也。無實之言，以蔽賢爲尤甚，何也？意在毁人，則必至於造言也。《書》曰：「帝臣不蔽。」賢者天所生也，人之所依賴也，吾忌其賢而蔽之，造言以毁之，是違天命也。所謂「不若於道者，天絶之」也。「天絶之」故當不祥之實，彼方以無實爲巧，而不知居不祥之實，則愚莫大焉。或曰：「天下之言無有實不祥者，惟蔽賢爲不祥之實。」[一]其説非也。

18　徐子曰：「仲尼亟稱於水曰：『水哉水哉！』何取於水也？」孟子曰：「原泉混混，不舍晝夜。盈科而後進，放乎四海。有本者如是，是之取爾。

[一] 此條朱子《孟子集注》所引，朱子猶疑謂：「二説不同，未知孰是，疑或有闕文焉。」唐先生則按斷其非。

朱注：「原泉，有原之水也。混混，湧出之貌……盈，滿也。科，坎也。言其進以漸也。」

（方云：此章就水指點學問。後來曾子固《墨池記》之類祖此。「有本者如是，是之取爾」，文筆極妙，是説水，意却不是説水，如此指點，通體與工夫，方活潑潑地。）〔一〕

愚按：孟子曰：「流水之爲物也，不盈科不行；君子之志於道也，不成章不達。」凡有本之學，未有不循序漸進者也。「原泉混混，不舍晝夜」，此孟子探源星宿海之論也。其次則爲江、爲河、爲湖、爲澤，其本源度量，各有不同矣。而其下焉者，則爲溝澮。

苟爲無本，七八月之間雨集，溝澮皆盈，；其涸也，可立而待也。故聲聞過情，君子恥之。」

（涸字比喻得妙。水之涸，可恥也。學之涸，不尤可恥乎？）〔二〕

愚按：君子之教人也，崇實務本，而力戒好名。蓋學者一有好名之心，則凡事務

〔一〕唐先生《孟子新讀本》所引。

〔二〕唐先生《孟子新讀本》批語。

外，而其學因以無本。無本則浮，浮則滅；無本則滿，滿則敗。撫諸心，可恥也；揆諸身，危亦甚焉。且吾聞善治天下者，必綜覈名實。凡無實而得名者，謂之盜。盜名無異於盜利也。天下盜利者多，國之禍也。盜名者多，亦非國之福也。故夫「君子恥之」者，恥夫學之不足也，恥夫量之如溝澮也，恥夫欺世以盜名而國受其害也。

19　孟子曰：「人之所以異於禽獸者幾希，庶民去之，君子存之。

（方云：此下四章是一事。首章形容道體，只一語，簡明精奥。中間叙古聖用功，極包括。末節入自己，意遠神長。又云：此數章，俱發前聖所未發。）〔一〕

張氏云：「人與萬物同乎天，其體一也。禀氣賦形，則有分焉。至若禽獸亦爲有情之類，然而隔於形氣而不能推也，人則能推矣。其所以能推者，乃人之道而異乎物者也，故曰『幾希』，言其分之不遠也。人雖有是心，而必貴於能存，能存而後人道立。不然，放而不知求，則與庶物亦奚以異哉？故庶民之所以爲庶民者，以其去之；君子之所以爲君子者，則以其能存之耳。曰『去之』者，爲其去而不反也。曰『存之』者，爲

〔一〕唐先生《孟子新讀本》所引。

其存而不舍也。去而不返，則無以自别於禽獸；存之之極，雖聖亦可幾也。去與存，其幾本於毫釐之間，可不謹哉？」〔一〕

愚按：幾希，不多也。蓋此幾希者，微矣微矣。「庶民去之」，所謂去之者何具？「君子存之」，所謂存之者何具？良心而已矣。《禮記·曲禮》曰：「鸚鵡能言，不離飛鳥；猩猩能言，不離禽獸。」今人而無禮，雖能言，不亦禽獸之心乎！夫以能言之人，而有禽獸之心，豈不哀哉？唐韓昌黎《雜説》云：「昔之聖者，其首有若牛者，其形有若蛇者，其喙有若鳥者，彼皆貌似而心不同焉，可謂之非人邪？即有平脅曼膚，顔如渥丹，美而很者，貌則人，其心則禽獸，又惡可謂之人耶？」然則人之所以異於禽獸，惟在乎良心而已矣！此良心者，有孩提時存之，少壯時去之；亦有今日存之，明日去之；朝則存之，暮即去之；始念存之，轉念即去之，微矣微矣。「君子存之」之道奈何？曰：惟有體驗吾心之善惡，知其爲善念，則常盤旋於胸中，不使之須臾或去。當其昏昧之時，則莊敬以涵養之，提醒以警覺之，而又親賢師益友以磨礱之，講求學問以清明之，則於禽獸之心，庶幾其可遠矣。

〔一〕 張栻《孟子説》卷四。

舜明於庶物，察於人倫，由仁義行，非行仁義也。」

張氏云：「舜蓋其極致者也。『明於庶物』者，盡己之性而盡物之性也。『察於人倫』者，人倫之際，處之無不盡其道也。『由仁義行，非行仁義』者，『行仁義』，猶爲二物也。『由仁義行』，則如目視而耳聽，手持而足履，無非是矣。若舜者，可謂全其所以爲人者，而無虧欠矣……嗟乎！人皆可以爲舜，其本在乎存之而已矣。」[一]

愚按：孟子曰：「萬物皆備於我矣。」明於庶物，明萬物之理也。倫，義理之次序也。察於人倫，於君臣、父子、父婦、賓主、昆季、師友，長幼尊卑各得其序也。由仁義行者，吾心自有仁義，由之而行，非以仁義爲别有一途而行之也，然其本皆在於窮理。舜惟能好問察言，執其兩端，而其中於民，有至精至大之學問，故能如此。若恃吾人之自有仁義，而任意以行之，非入於空虚杳渺之途，即不免氣質用事矣。

20　孟子曰：「禹惡旨酒，而好善言。

愚按：張子《西銘》云：「惡旨酒，崇伯子之顧養。」顧養者，所以事天也。昔人有

〔一〕張栻《孟子説》卷四。

以飲酒爲全其天者，不知惡旨酒，乃所以養其性也。禹聞善言則拜，説見第二篇。

湯執中，立賢無方。

愚按：執中者，如舜之執其兩端，用其中於民也。乃執乎凡事過不及之中，非執乎心之中也。立賢無方者，方，猶格也。賢則立之於位，但因其所長而用之，不定以格也。

文王視民如傷，望道而未之見。

愚按：如傷者，未傷也，未傷而視之如傷，文王之對於民，常有所歉然也，則夫民之已傷者，視之當何如也？未見者，已見也；已見而望之如未見，文王之對乎道，此心常有所歉然也，則夫道未見者，望之當何如也？朱注云：「不自滿足，終日乾乾之心也。」此説最精確。天下大矣，自發政施仁，以至於匹夫匹婦咸被其澤，此不遑暇食之誠也。道體精矣，自緝熙敬止，以至於無聲無臭，萬邦作孚，此純亦不已之德也。皆乾乾因其時而惕也。

武王不泄邇，不忘遠。

愚按：泄之爲言狎也。宋蘇老泉《衡論・重遠》篇云：「近之可憂，未若遠之可憂之深也。近之官吏賢邪，民譽之歌之；不賢邪，譏之謗之。譽歌譏謗者衆則必傳，傳則必達於朝廷，是官吏之賢否易知也。一夫不獲其所，訴之刺史，刺史不問，裹糧走京師。緩不過旬月，撾鼓叫號，而有司不得不省矣，是民有冤易訴也。吏之賢否易知，而民之冤易訴，亂何從始邪？遠方之民，雖使盜跖爲之郡守，檮杌、饕餮爲之縣令，郡縣之民羣嘲而聚罵者，雖千百爲輩，朝廷不知也。白日執人於市，誣以殺人，雖其兄弟妻子聞之，亦不過訴之刺史。不幸而刺史又抑之，則死且無告矣。彼見郡守縣令據案執筆，吏卒旁列，箠械滿前，駭然而喪膽矣。則其謂京師，天子所居者，當復如何？而又行數千里，費且百萬，富者尚或難之，而貧者又何能乎？故其民常多怨而易動。」〔一〕此言遠之重於邇也。

雖然，《易傳》有言：「近而不相得則凶，或害之，悔且吝。」〔二〕凶、悔、吝三端皆伏於近，若易其邇，玩而泄之，則患生於几席之下矣。宋歐陽子曰：「禍患常積於忽微，智勇多困於所溺。」〔三〕豈不可畏也哉！然則遠與邇，殆未可以偏重。故古之聖王，無

〔一〕蘇洵《嘉祐集》卷四。
〔二〕《易·繫辭下》文。
〔三〕歐陽修《五代史·伶官傳序》文。

有遠邇，一皆以仁育之、以義正之而已。

周公思兼三王，以施四事；其有不合者，仰而思之，夜以繼日；幸而得之，坐以待旦。」

張氏云：「周公相成王，欲以立經陳紀，制禮作樂，成一代之法，施之萬世，故推本三代四聖之心，而施此四事，達之天下，以爲無窮之事業也……凡井田封建、取士建官、禮樂刑政，雖起於上世，而莫備於周，是皆周公心思之所經緯，本諸三王而達之者也。周公之心，孟子此章發明之，可謂至矣。」〔一〕

羅氏羅山云：「古今之理一也。時殊勢異，則其事有不可行者，不能不隨時而損益。故夏之制有不可行於商，商之制有不可行於周，周公於其事之不合者，則必斟酌盡善，無拂乎人情之宜，亦無悖乎天理之正，事雖不能與三王盡同，其道則未嘗或異。後世去三代已遠，制度禮樂無復有存，即生周公於今日，當日制作亦有不能盡行者，然亦必酌古今之宜，以盡法制之善，使天下生民得以遂其生，復其性。苟以有所不

〔一〕張栻《孟子説》卷四。

合，盡從後世苟且之政，舉先王之法而盡廢之，可乎哉？」[一]

愚按：孔子未生以前，集羣聖之大成者，周公也。兼三王，施四事，所謂集大成也。而其尤要者，則在於有不合之處。《禮記·王制》篇云：「廣谷大川異制，民生其間者異俗。修其教不易其俗，齊其政不易其宜。」蓋以時之有不合也，勢之有不合也，歷史變遷之有不合也，人心風俗之有不合也。時措咸宜，談何容易？此周公作《周禮》一書，所以未盡實行者，人謂其時日之不足，吾謂其風土人情之異，亦與有關係者也。

「仰而思之，夜以繼日」，思所以因時而制宜也。有宜因乎舊者，有宜作之新者；有利用習慣法者，有宜漸用改良法者；有宜驟用開化法者，有宜用保存法者；有宜用蕩滌法者，有宜用無形同化法者。宜於此者，未必宜於彼；宜於昔者，未必宜於今。總之未有棄其固有之精神，而能爲治者；亦未有守其固有，不求進步，而能爲治者。此千古變法之所以爲難。而聖如周公，亦有思而不得者也。

陋儒不察，不特欲以古之所宜者强施之於今，且欲以外人之所宜者强施之於中

〔一〕羅澤南《讀孟子劄記》卷二。

國。用是朝三暮四，變故紛紜，僨事之轍，先後相覆，廟堂惟膠柱而鼓瑟，百姓至傾覆而流離。庸詎知爲治之道，萬緒千條，非有心思至細、學問至邃、經驗至富之人，豈足與言變法？

孔子曰：「損益之時大矣哉！」損以遠害，益以興利。然而將欲損之者，乃或適以益之；將欲益之者，乃或適以損之，嗚呼！政治學理精矣！微矣！久矣！吾不復夢見周公矣。

21　孟子曰：「王者之迹熄而《詩》亡，《詩》亡然後《春秋》作。

王氏船山云：「迹，轍迹也。王者時巡方嶽，太史陳詩以觀風。平王東遷，巡狩典廢，車轍馬迹絶於天下，列國風詩不貢於太史，故曰『王者之迹熄而《詩》亡』。若衛朔、鄭忽、秦康、陳靈之事，編爲歌謡，天子不得而采之，夫子録之於傳誦之餘，謂之《詩》亡可矣。《集注》云：『《黍離》降而《詩》亡。』[一]於義未盡。」[二]

[一] 朱子《孟子集注》原文謂：「《詩》亡，謂《黍離》降爲《國風》而《雅》亡也。」王夫之曲解朱子原意。
[二] 王夫之《四書稗疏》之「《孟子》下篇」「王者之跡熄」條。

愚按：船山先生之説是矣。然王者之迹亦有作迹象解者，蓋凡音之起，由人心生也。聲音之道，與政治通，聲音發而迹象顯。故王者之迹，見於《詩》之聲音。《商頌》之聲，閎大深遠，若《長發》，若《殷武》，莫不淵淵乎有金石之音，此湯與伊尹之政迹，識者知其聲之遠也，故其後生孔子。《周詩》之聲，廣大純實，若《大明》，若《緜》，若《皇矣》，若《公劉》，若《時邁》，若《思文》，莫不有忠厚中和之意，此文、武、周公之政迹，識者知其聲之遠也，故其有天下至八百年。

迨其後也，我車既攻，我馬既同，周宣王之中興，非不盛也，然而其聲平矣，故其政治漸以不振。吴季札聘魯觀樂，所以能知各國之風土人情，而藉以考察各國之政迹者以此。

雖然，《邶》《鄘》而下，多春秋時之詩，又何言乎「《詩》亡」也？蓋詩者，志也。《邶》《鄘》以下之詩，其聲淫以蕩，其志弛以肆，志荒而正大之聲亡，故雖有詩而謂之「《詩》亡」可也。是以班固曰「成、康没而頌聲寢，王澤竭而詩不作」也。

又何言乎「《詩》亡，然後《春秋》作」也？《春秋》始於魯隱公之元年，實平王之四十九年，適在《詩》亡之後。司馬遷曰：「周道缺，詩人本之衽席，《關雎》作。仁義陵遲，《鹿鳴》刺焉……其後或力政，彊乘弱，興師不請天子，然挾王室之義，以討伐爲會盟主，政由五伯，諸侯恣行，淫侈不軌，賊臣篡子滋起矣……是以孔子明王道，干七十餘君莫能用，故西觀周室，論史記舊聞，興於魯而次《春秋》，上記隱，下至哀之獲麟，約其文辭，去其煩重，以制義法，王道備，人事浹。」〔一〕

晉之《乘》，楚之《檮杌》，魯之《春秋》，一也。

趙注：「此三大國史記之異名〔二〕。《乘》者，興於田賦乘馬之事，因以爲名。《檮杌》者，嚚凶之類，興於記惡之戒，因以爲名。《春秋》以二始舉四時，記萬事之名。」

愚按：此言未修之《春秋》也。

其事則齊桓、晉文，其文則史。孔子曰：『其義則丘竊取之矣。』」

朱注：「春秋之時，五霸迭興，而桓文爲盛。史，史官也。竊取者，謙辭也……蓋言斷之在己。所謂筆則筆、削則削，游、夏不能贊一辭者也。」

〔一〕司馬遷《史記·十二諸侯年表第二》序文。
〔二〕「異名」二字，原刻作「名異」，據趙岐《孟子章句》卷八文爲正。

陸氏稼書云：「此章因前章歷叙羣聖，而繼以孔子，亦是示人存『幾希』之意〔一〕。孔子有舜之生知安行，而兼禹、湯、文、武之憂勤惕厲，其一生學問，備見《論語》《易》《詩》《書》《禮》《樂》《春秋》。此獨以《春秋》言者，總注謂：『孔子之事，莫大於《春秋》』，故特言之。」〔二〕是矣。但要知〔三〕《春秋》如何存『幾希』，孟子只説一『義』字，亦未言其義之如何，須玩尹注所謂：『定天下之邪正，爲百王之大法。』〔四〕《春秋》所以存幾希，只是定天下之邪正而已。邪正定，而人與禽獸别矣。」〔五〕

（不言孔子修《春秋》以繼周公，而但引孔子一語作結，神遠意長，化工之筆。）〔六〕

愚按：孔子曰：「吾志在《春秋》，行在《孝經》。」又曰：「我欲載之空言，不如見之於行事之深切著明也。」司馬遷曰：「《春秋》上明三王之道，下辨人事之紀；别嫌疑，明是非，定猶豫；善善惡惡，賢賢賤不肖；存亡國，繼絶世，補敝起廢，王道之大

〔一〕「之意」，陸氏原文作「的樣子」，唐先生改爲「之意」，蓋統一文風也。
〔二〕朱子《孟子集注》文。
〔三〕「知」字，陸氏文作「想」。
〔四〕尹焞語，朱子《孟子集注》引。
〔五〕陸隴其《松陽講義》卷一二《孟子・王者之迹章》。
〔六〕唐先生《孟子新讀本》批語。

者也。」又曰：「《春秋》者，禮義之大宗也。禮禁未然之前，法施已然之後，法之所爲用者易見，而禮之所爲禁者難知。」〔一〕按：韓宣子適魯，見《易象》與魯《春秋》，曰：「《周禮》盡在魯矣。」〔二〕然則《春秋》之義，在於垂禮典、正名分，俾天下之人心，明是非善惡。然後此『幾希』者存，而人道乃不絕於世。孔子所謂「其義則丘竊取之」者，意在斯乎！史遷之言，頗得聖人之意。

晉杜元凱云：「周德既衰，官失其守，上之人不能使《春秋》昭明，赴告策書，諸所記注，多違舊章。仲尼因魯史策書成文，考其真僞，而志其典禮，上以遵周公之遺制，下以明將來之法。其教之所存，文之所害，則刊而正之，以示勸戒。」〔三〕其言亦平實而有理。乃公羊家學張皇其詞，以爲「黜周而王魯」。後人附會，遂謂：「孔子自衛反魯，修《春秋》、立素王，丘明爲素臣。」〔四〕開穿鑿之門，啓嚚陵之漸，其於孔子「竊取」之言，何相悖耶？夫子修《春秋》所以別嫌疑，而乃自蹈於嫌疑耶？有識之士非之

〔一〕司馬遷《史記·太史公自序》文。
〔二〕《左傳·昭公二年》文。
〔三〕杜預《春秋左傳集解》序文。
〔四〕文見引於杜預《春秋左傳集解》序文。

久矣。

22　孟子曰：「君子之澤，五世而斬。小人之澤，五世而斬。」

楊氏云：「四世而緦，服之窮也。五世袒免，殺同姓也。六世親屬竭矣，服窮則遺澤寖微，故五世而斬。」〔一〕

王氏船山云：「史載〔二〕伯魚生子思，子思生子上白，子上生子家求，子家生子京箕。孔子至子家爲五世，伯魚至子京爲五世，子京生子高穿，子高與平原君同時。周赧王五十年丙寅，平原君始相趙，去孟子諫齊伐燕時五十年，則孟子正與子家、子京同時，適值五世之際，故曰『五世而斬』，憂其墜也。或以三十年爲一世，計孔孟相去之年，自孟子歸而著書時，去孔子作《春秋》，正百七十年也。」〔三〕

愚按：此君子小人指有德有力者而言。天以氣養人，人得其氣而各以異，蘊蒸

〔一〕楊時語，見引於朱子《孟子集注》。
〔二〕王氏原文無「史載」。
〔三〕王夫之《四書稗疏》之「《孟子》下篇」「五世」條。

之而爲澤，人之吐氣，或清淑、或惡濁，必逾一二時而始散。凡君子小人之有德有力者，其善氣、其惡氣藴蒸漸漬於一家或一國之中，必至五世親屬既竭而始散。綿屬其善氣非易也，洗蕩其惡氣亦非易也，故天下有爲惡而不遽滅者，亦有爲善而不遽昌者，皆由其先世之澤未盡斬也。孟子此言非徒然也，正與上「庶民去之」二句相應，所以垂萬世法戒者深矣。

予未得爲孔子徒也，予私淑諸人也。

朱注：「私，猶竊也。淑，善也……人，謂子思之徒也……此又承上三章，歷叙舜、禹，至於周、孔，而以是終之。其辭雖謙，然其所以自任之重，亦有不得而辭者矣。」

（傳道不必明言，而其意自在言外，故曰聖人之情見乎辭。）〔一〕

愚按：孔子修《春秋》以繼周公者也。「予未得爲孔子徒也」，而未得親承教誨也，是不幸也。然君子之澤未斬，而猶得私淑諸人也，是其幸也。若夫豪傑之士，雖

〔一〕唐先生《孟子新讀本》批語。

無周公、孔子猶興也。自虞舜以下，列聖遥遥相承，學識遞嬗於世，此人道之所以不息也。〔一〕

23　孟子曰：「可以取，可以無取，取傷廉；可以與，可以無與，與傷惠；可以死，可以無死，死傷勇。」

（簡要而詰屈。）〔二〕

愚按：天下無兩可之道。「可以取，可以無取」而取焉者，必有曲徇而私者也，貪之根也，故曰傷廉。「可以與，可以無與」而與焉者，必有見市於人者也，濫之根也，故曰傷惠。若夫「可以死，可以無死」而死焉者，未必其爲私也，激烈之過而死也，是小勇也。君子知己身之可貴，不爲激烈之行而死，故曰死傷勇，傷大勇也。

張氏云：「於所不當然者而然，則於其所當然者廢矣。」〔三〕此説是也。天下無兩可之道，貴在臨時以決之，然決之而誤則奈何？曰：君子平日有辨義之學。能辨義，

〔一〕此唐先生文化信念。
〔二〕唐先生《孟子新讀本》批語。
〔三〕張栻《孟子説》卷四。

不惑而不誤。

24 逄蒙學射於羿，盡羿之道，思天下惟羿爲愈己，於是殺羿。孟子曰：「是亦羿有罪焉。」公明儀曰：「宜若無罪焉。」曰：「薄乎云爾，惡得無罪？

王氏船山云：「古之稱羿者不一。《莊子》《列子》《山海經》屢言羿者，皆非有窮后羿也。窮羿篡夏，身爲天子，勢不復與弟子角技。其死也，自以寒浞之奸，更相爭奪而不緣射。且以亂臣賊子假手凶徒而膺天誅，孟子顧曰：『是亦羿有罪焉。』何其舍大憝而擿微愆邪？謂逄蒙爲羿之家衆，亦臆詞也。羿，上古之善射者，後因其名以爲氏，故堯時有羿，夏復有羿。窮羿戮而射師始不以羿名矣。」〔一〕

（方云：此章論逄蒙而推原其罪，歸之於羿，是蘇子瞻《荀卿論》《韓非論》之所本也。斷制處如神龍，不可方物。）〔二〕

愚按：逄蒙之殺羿，實羿之自殺也，何言之？蒙之處心積慮而殺其師也，其人之

〔一〕王夫之《四書稗疏》之「《孟子》下篇」「羿」條。

〔二〕唐先生《孟子新讀本》所引。

桀驁凶惡可知也。向使羿而不教蒙射，則蒙何從而殺羿？向使羿教蒙而不盡其道，則蒙亦何從而殺羿？向使羿教蒙盡其道，而先幾以遠之，則蒙又何從而殺羿？然則羿之教蒙射，無異於啓其殺機也。然則羿之教蒙盡羿之道，又不知其人之桀驁凶惡而親之近之，無異於自殺其身也。然則孟子責羿之有罪，爲天下萬世交惡人者戒也。然則逢蒙之罪不勝誅，孟子更無待於言也。

鄭人使子濯孺子侵衛，衛使庾公之斯追之。子濯孺子曰：『今日我疾作，不可以執弓，吾死矣夫！』問其僕曰：『追我者誰也？』其僕曰：『庾公之斯也。』曰：『吾生矣！』其僕曰：『庾公之斯，衛之善射者也。夫子曰「吾生」，何謂也？』曰：『庾公之斯學射於尹公之他，尹公之他學射於我。夫尹公之他，端人也，其取友必端矣。』庾公之斯至，曰：『夫子何爲不執弓？』曰：『今日我疾作，不可以執弓。』曰：『小人學射於尹公之他，尹公之他學射於夫子。我不忍以夫子之道，反害夫子。雖然，今日之事，君事也，我不敢廢。』抽矢扣輪，去其金，發乘矢而後反。」

（蘇云：文勢至此欲絶，而文情正爾踴躍。下文引取友之端，以證「惡得無罪」之

語。不須聯絡，呼吸自應，與龍斷章同。此只引學射，更爲的當，蓋長於喻者，不迫而切。）〔一〕

（方云：取友不端，意只在尹公之他反面上道出，不必另發議論，簡古之至。）〔二〕

愚按：此節言取友端，則不至罹殺身之禍也。向使尹公而非端人，則孺子死。向使庾斯而非端人，則孺子亦死。然則孺子爲倖免歟？非也。惟其平日取友必端，故得免於死，非倖免也。然則庾斯爲廢公歟？非也。孺子病，鄭師退，去金發矢，足以返命，非廢公也。然則庾斯爲報私恩歟？非也。彼此適相值，初無容心也。然則庾斯不爲報恩歟？非也。不忍以孺子之道害孺子，愛情之發也。不忍者，爲報其師恩也。然則庾斯之念及尹公，私之至也。然則庾斯之不殺孺子，公之至也。然則庾斯之抽矢去金，權也，人情之至也。然則庾斯之發乘矢而反，經也，天理之至也。然則天下之至私，不害其爲至公也。然則天下之人情，乃所以爲天理也。然則成道義者，友也。然則全性命者，友也。然則人之取友，禍福之先幾也。然則人之取友，生

〔一〕唐先生《孟子新讀本》所引。
〔二〕唐先生《孟子新讀本》所引。

死之關係也。

25　孟子曰：「西子蒙不潔，則人皆掩鼻而過之。雖有惡人，齋戒沐浴，則可以祀上帝。」

張氏云：「此戒人自棄，而勉人自新也。人固有質美而自恃者矣，一放其心，以陷於小人之歸者有焉；人固有平日所爲未善者矣，一知悔艾，以進於君子之域者有焉。示之以西子蒙不潔之喻，所以見質美者毋或自恃，兢懼自持而不替也。示之以惡人齋戒沐浴之喻，所以使有過者思所自新，沛然遷善之速也。」〔一〕

愚按：此章勉人之去惡而爲善也。西子蒙不潔，不過一念之惡也，則人皆掩鼻而過之矣。惡人齋戒沐浴，不過一念之善也，則可以祀上帝矣。庶民去此幾希，君子存此幾希，正在一念間爾。善惡之界，可不懍哉？可不勉哉？

26　孟子曰：「天下之言性也，則故而已矣。故者以利爲本。

〔一〕張栻《孟子説》卷四。

張氏云：「天下之言性，言天下之性也。故者，本然之理，非人之所得而爲也。有是理，則有是事，有是物。夫其有是理者，性也。順其理而不違，則天下之性得矣。故曰：『故者以利爲本。』順則無往而不利也。」[一]

（方云：首節一提，二節中明利字，三節中明故字。）[二]

愚按：此章亦發明性善之旨也。何謂故？已然之迹也，惻隱、羞惡、辭讓、是非，四端之發見，皆所謂故也。何謂利？自然之理也，求已然之迹者，當知其爲自然之理，非有所强爲者也。

所惡於智者，爲其鑿也。如智者若禹之行水也，則無惡於智矣。禹之行水也，行其所無事也。如智者亦行其所無事，則智亦大矣。

張氏云：「鑿者，以人爲爲之也。無是理而强爲之，故謂之鑿。鑿則失其性，失其性則不可推而行，無所利矣，此所以惡夫智也？是蓋以其私智爲智，而非所謂智也。若禹之行水，則所謂智矣。蓋就下者，水之性也。水之性，非禹之所得爲。禹能

[一] 張栻《孟子説》卷四。
[二] 唐先生《孟子新讀本》所引。

知而順之，非智乎？事事物物，其理之素具者，皆若水之就下然也。智者之於事物，皆若禹之於水，則智不亦大矣乎？所謂『行其所無事』者，非無所事也，謂由其所當然，未嘗致纖毫之力也。」[一]

愚按：《荀子》曰：「人之性惡，其善者僞也。」以自然之性，而謂必矯揉造作以成之，所謂鑿也。告子曰：「性無善無不善也。」以萬物皆備之性，而求之於杳冥昏默之中，亦所謂鑿也。夫善者，人之性也。就下者，水之性也。如智者若禹之行水，因其自然之理而導之，則明乎率性之道，而其智大矣。

天之高也，星辰之遠也，苟求其故，千歲之日至，可坐而致也。」

朱注云：「言日至者，造曆者以上古十一月甲子朔夜半冬至爲曆元也。」

張氏云：「天雖高，星辰雖遠，而其故皆可得而求，蓋莫非循自然之理也。求其故，則千歲之日至可坐而致，而況他乎？故夫上世聖人，所以建立人紀，裁成萬化，其事業爲無窮。然在聖人，亦何加毫末於此？皆天下之性所當然也。」[二]

[一] 張栻《孟子説》卷四。
[二] 張栻《孟子説》卷四。

愚按：「故」字與首節故字相應，日往則月來，寒往則暑來，天之成歲功，無思而無爲，皆自然也。言日至者，《易傳》曰：「先王以至日閉關。」蓋天氣一陽初萌，生生之理，實始於此，所謂復其見天地之心也。天地生生之理，出於自然，故人秉天命之性，其善出自然也。

編者謹按：唐先生於一九四五年撰《元曆紀年法序》謂：「《孟子》言：『天之高，星辰之遠，苟求其故，千歲日至，可坐而致。』故者，自然之迹。《易傳》言：『日往月來，寒往暑來。往者屈，來者信。屈信相感而利生。』利者，亦自然之迹也。」[一]

27 公行子有子之喪，右師往弔。入門，有進而與右師言者，有就右師之位而與右師言者。

張氏云：「右師，王驩，齊之嬖卿也。有進而與右師言者，有就右師之位而與右師言者，蓋以其嬖於君而諂之也。」[二]

[一] 唐先生《茹經堂文集》五編卷五，已録入《唐文治文集》「序跋類」。
[二] 張栻《孟子説》卷四。

顧氏亭林云：「《禮》『父爲長子斬衰三年』。故公行子有子之喪，而孟子與右師及齊之諸臣，皆往弔。錢氏曰：「公行子當是爲父後者，其子，蓋長子也。大夫之適長，在國謂之國子，入學與世子齒焉者也。在家謂之門子，《春秋傳》大夫門子皆從鄭伯是也。故其喪也，父爲之服斬衰三年，君使人弔，卿大夫咸往會焉。《周禮》：『卿大夫士之喪，職喪以國之喪禮，涖其禁令。』孟子所稱不歷位、不踰階之禮，即職喪之禁令也。」」〔一〕

（方云：首節叙小人卑鄙，情狀如畫。二節叙右師驕泰，聲口如畫。三節觀孟子處得極平和，禮字是主意。）〔二〕

孟子不與右師言，右師不悦曰：「諸君子皆與驩言，孟子獨不與驩言，是簡驩也。」

張氏云：「右師不悦，而以爲簡已者，蓋孟子一時之所尊敬，驩雖小人，亦以孟子爲重也，故欲幸假其辭色以爲己之榮，是以望望於此，而以其不我顧爲簡也。」〔三〕

孟子聞之曰：「禮，朝廷不歷位而相與言，不逾階而相揖也。我欲行禮，子敖以我爲簡，不亦異乎？」

〔一〕 顧炎武《日知録》卷七「公行子有子之喪」條。錢大昕語見引於黄汝成《日知録集釋》本條下。
〔二〕 唐先生《孟子新讀本》所引。
〔三〕 張栻《孟子説》卷四。

張氏云：「君子之動無非禮也。『朝廷不歷位而相與言，不踰階而相揖』，此禮也。君子行禮，故常履安地而有餘裕。他人不由禮，則自蹈於險艱而已。所謂遠小人，不惡而嚴者，豈有他也？亦曰禮而已矣！」〔一〕

愚按：孔子之待陽貨，亦不過循禮而已。聖人處憂患之境，陳九卦以《履》卦爲首。履者，禮也。

28　孟子曰：「君子所以異於人者，以其存心也。君子以仁存心，以禮存心。

（此章通體不言孝，而處處皆含孝字。中間插入「有人於此」三節，特爲恢詭。末節是故一頓，始結出本旨。末以舜作結，文境尤縹渺。學者得我言，再將原文細讀，自有會悟。）〔二〕

愚按：此章隱括《孝經》大義。孟子之學，得自曾子，故七篇中發明曾子微言甚夥，而此章爲尤顯。「君子之所以異於人者，以其存心也」，此心字，即本心。明本心

〔一〕張栻《孟子説》卷四。
〔二〕唐先生《孟子新讀本》批語。

則爲人，昧本心則爲禽獸。仁者長人之德，禮者嘉會之源，孝之所推也。

仁者愛人，有禮者敬人。愛人者人恒愛之，敬人者人恒敬之。

愚按：此即「愛親者不敢惡於人，敬親者不敢慢於人」〔一〕之義。孝之道，愛敬而已矣！

有人於此，其待我以横逆，則君子必自反也：我必不仁也，必無禮也，此物奚宜至哉？

愚按：横逆，横暴而逆於理也。物，事也。〔二〕

其自反而仁矣，自反而有禮矣，其横逆由是也，君子必自反也：我必不忠。自反而忠矣，其横逆由是也，君子曰：『此亦妄人也已矣。如此則與禽獸奚擇哉？於禽獸又何難焉？』

愚按：君子非懼横逆也，懼傷其身以傷其親也。「我必不忠」四字最好，蓋竊仁禮以作僞，最足取禍。忠者，行仁禮之實而絶無虚假也。妄人，昧其本心者也。禽獸

〔一〕《孝經·天子章》文。

〔二〕大意同朱子《孟子集注》。

則不可教訓，不知話言，故曰：「又何難焉？」

是故君子有終身之憂，無一朝之患也。乃若所憂則有之：舜，人也，我亦人也。舜爲法於天下，可傳於後世；我由未免爲鄉人也，是則可憂也。憂之如何？如舜而已矣。若夫君子所患則亡矣。非仁無爲也，非禮無行也。如有一朝之患，則君子不患矣。」

愚按：「終身之憂」，孝子終身不忘其親也。「一朝之患」，以父母之遺體行殆而辱及其親也。「舜爲法於天下，可傳於後世」，所以必以舜爲法者，舜大孝之士也。「憂之如何？如舜而已矣」，所以兢兢業業以保其身者，跬步不敢忘其親也。由是，「非仁無爲，非禮無行」，如曾子所謂「我知免矣」，蓋孝之始終，賅於是矣。

29　禹、稷當平世，三過其門而不入，孔子賢之。

（方云：首二節叙事。以下論贊，「同道」二字是主。只説禹、稷之所以急，而顏子一面自見，此文之高簡處也。正論已畢，收忽設二喻，奇恣，變化不可測。）〔一〕

〔一〕 唐先生《孟子新讀本》所引。

愚按：《易傳》曰：「同聲相應，同氣相求。水流濕，火就燥〔一〕，雲從龍，風從虎，聖人作而萬物覩。」〔二〕禹、稷生唐、虞之世，堯、舜能用之。君明臣良，志同道合，是以不惜犧牲其身以爲天下。「孔子賢之」者，賢其出之得其時也。

顏子當亂世，居於陋巷，一簞食，一瓢飲。人不堪其憂，顏子不改其樂。孔子賢之。

愚按：《易》曰：「潛龍勿用。」〔三〕又曰：「不事王侯，高尚其事。」〔四〕顏子生春秋之季，世無用我。而又有孔子，一車兩馬，游列國，以行其道，故可處於陋巷而不出。「孔子賢之」者，賢其處之得其時也。

孟子曰：「禹、稷、顏回同道。

愚按：《易傳》曰：「尺蠖之屈，以求信也。龍蛇之蟄，以存身也。精義入神，以致用也。利用安身，以崇德也。」〔五〕此言體用之相爲消息也。聖賢同歸而殊塗，故曰「同道」。

〔一〕「水流濕，火就燥」句脱，依《易傳》補入。
〔二〕《乾·文言傳》文。
〔三〕《乾》初九爻辭文。
〔四〕《蠱》上九爻辭文。
〔五〕《易·繫辭下》文。

禹思天下有溺者，由己溺之也；稷思天下有飢者，由己飢之也。是以如是其急也。

愚按：《易》曰：「君子安其身而後動……定其交而後求。」〔一〕危以動，無交而求，則民不與也。禹、稷之所以如是其急者，非好自表暴也。「安其身而後動」，「定其交而後求也」。若因匹夫有責之言，而强預人事，或借己溺己飢之説，而隱以圖名，則傷之者至矣〔二〕。《易》曰：「莫益之，或擊之，立心勿恒，凶。」〔三〕

禹、稷、顔子，易地則皆然。

張氏云：「顔子未見於施爲，而遽比之禹、稷，不亦過乎？殊不知禹、稷之事功，果何所自乎？德者本也，事功者末也，而本末一致也。故程子曰：『有顔子之德，則有禹、稷之事功。』〔四〕所謂事功，在聖賢夫何有哉？惟其時而已矣！」〔五〕

〔一〕《易・繫辭下》文。
〔二〕此度心之義也。
〔三〕《益》上九爻辭文。
〔四〕張栻《孟子説》所引，見載《二程遺書・聖賢篇》，原文作：「人有顔子之德，則有孟子之事功。孟子之事功，與禹稷並。」
〔五〕張栻《孟子説》卷四。

愚按：《易・乾》之九四曰：「或躍在淵。」象傳曰：「進，無咎也。」《坤》之六三曰：「含章可貞。」象傳曰：「以時發也。」此言乎其當行也。《乾》之上六曰：「亢龍有悔。」《文言傳》曰：「亢之爲言也，知進而不知退，知存而不知亡，知得而不知喪。」此言乎其當止也。聖人時止則止，時行則行，動静不失其時，其道光明。若處當止之時，而强欲行之，則知得不知喪，必至有悔矣。是以曾子常誦孔子之言曰：「君子思不出其位。」〔一〕

今有同室之人鬭者，救之，雖被髮纓冠而救之可也。鄉鄰有鬭者，被髮纓冠而往救之，則惑也，雖閉户可也。」

張氏云：「墨氏兼愛，似乎禹、稷之憂民；楊氏爲我，似乎顔子之在陋巷。惟其不知天理時中，而妄意以守一義。蓋墨氏終身「被髮纓冠」，以求救天下之鬭，而楊氏則坐視同室之鬭而不顧者，其賊夫道，豈不甚哉？」〔二〕

〔一〕《論語・憲問》文。
〔二〕張栻《孟子説》卷四。

（引喻結束，更不回應本文，飄忽奇橫。蘇文中常用此法。）〔一〕

愚按：此章發明「理一分殊」之旨。天下皆同胞也，何所謂同室？何所謂鄉鄰？亦視乎其心理與其境遇之異焉爾。《易傳》曰：「君子之道，或出或處，或默或語。二人同心，其利斷金。」〔二〕同心之人謂之同室可也。《易傳》曰：「近而不相得，則凶。」〔三〕不相得謂之鄉鄰可也。故君子之出處，視乎道之合與不合。《孟子》一書不言《易》，而其論出處進退之道，則無非《易》理，在善《易》者心通而神會之。〔四〕

30　公都子曰：「匡章，通國皆稱不孝焉。夫子與之游，又從而禮貌之，敢問何也？」

愚按：君子交遊，必以其道，故公都子疑焉爾。

孟子曰：「世俗所謂不孝者五：惰其四支，不顧父母之養，一不孝也；博弈好飲

〔一〕唐先生《孟子新讀本》批語。
〔二〕《易・繫辭上》文。
〔三〕《易・繫辭下》文。
〔四〕唐先生言《孟子》通於《易》。

酒，不顧父母之養，二不孝也；好貨財，私妻子，不顧父母之養，三不孝也；從耳目之欲，以爲父母戮，四不孝也；好勇鬭很，以危父母，五不孝也。章子有一於是乎？

愚按：人有陽剛之惡，有陰柔之惡。惰其四支、博弈好飲酒、好貨財私妻子、從耳目之欲，皆陰柔之惡也；好勇鬭狠，陽剛之惡也。陰柔之惡皆使父母失其養，固爲不孝。陽剛之惡，負其血氣，逞激烈之性，以陷父母於危險之地，其不孝爲尤大也。《孝經》孔子言五孝，曰居則致其敬、養則致其樂、病則致其憂、喪則致其哀、祭則致其嚴。而孟子則言五不孝，此五不孝，適與五孝相反，尤世俗之所易犯。有一於此，即爲不孝也，天下人子其慎之。

夫章子，子父責善，而不相遇也。責善，朋友之道也；父子責善，賊恩之大者。

（方云：兩「夫章子」作提筆，一「是則章子已矣」作結筆，筆意開合自如。）〔一〕

愚按：孟子曰：「父子之間不責善，責善則離，離則不祥莫大焉。」〔二〕嘗謂家庭之

〔一〕唐先生《孟子新讀本》所引。

〔二〕《孟子·離婁上》文。

間，非計較是非之地，得孟子之言而益信。**夫章子，豈不欲有夫妻子母之屬哉？爲得罪於父，不得近。出妻屏子，終身不養焉。其設心以爲不若是，是則罪之大者，是則章子已矣。**」

愚按：人子處家庭之際，觀其設心焉爾。如章子處人紀之艱，而設心不負其父，聖賢猶哀其愚而諒之。世俗人子，卑鄙悖逆，或爭田宅，或奪貨財，設心如此，無異禽獸，人心日下，皆由於此。愚嘗謂凡父子兄弟爭財者，其家必不昌，何者？爲其所斤斤計算者，皆己之骨肉也，則不祥孰甚焉？

又按：《國策》載秦攻齊：「齊威王使章子將而應之，與秦交和而舍，章子爲變其徽章，以雜秦軍。候者言章子以齊入秦，威王不應。頃閒，候者復言章子以齊兵降秦，威王不應。有司請曰：『言章子之敗者，異人而同辭，王何不發將而擊之？』王曰：『此不叛寡人明矣，曷爲而擊之？』頃閒，言齊兵大勝，秦兵大敗。左右曰：『何以知之？』曰：『章子之母啓，得罪其父，其父殺之，而埋馬棧之下。吾使章子將也，勉之曰：「夫子之强，全兵而還，必更葬將軍之母。」對曰：「臣非不能更葬先妾也，臣之母啓，得罪臣之父，臣之父未教而死。夫不得父之教而更葬其母，是欺死父也，故

不敢。」夫爲人子而不欺死父，豈人臣欺生君哉？』」〔一〕

據此，是章子之父自殺其妻，父子因而責善，而章子乃出妻屏子，終身不養。迨父死之後，並不敢更葬其母。此其爲孝至矣，孟子所以「與之游，又從而禮貌之」也。通國皆稱不孝，末世之是非，尚足憑乎？

嗚呼！章子處人紀之至艱，而其孝如此，其用心委曲如此〔二〕。然則處家庭之順境者，曷爲而尚猶拂逆其親乎？讀《孟子》之言，其亦瞿然自省，憬然以悟乎？

31 **曾子居武城，有越寇。或曰：「寇至，盍去諸？」曰：「無寓人於我室，毀傷其薪木。」寇退，則曰：「修我牆屋，我將反。」寇退，曾子反。左右曰：「待先生如此其忠且敬也。寇至，則先去以爲民望，寇退則反，殆於不可。」沈猶行曰：「是非汝所知也。昔沈猶有負芻之禍，從先生者七十人，未有與焉。」**

子思居於衛，有齊寇。或曰：「寇至，盍去諸？」子思曰：「如伋去，君誰與守？」

〔一〕事見《戰國策·齊策一》「秦假道韓魏以攻齊」。

〔二〕朱子《孟子集注》引楊時語：「孟子……特哀其志，而不與之絶矣。」唐先生從「哀其志」立義。

張氏云：「君子不避難，亦不入於難，惟當夫理而已。夫於其所不當避而避焉，固私也；而於其所不當預而預，乃勇於就難，是亦私而已矣。故慷慨殺身者易，而從容就義者難。故常人爲血氣所蔽，是以莫能擇義而處。惟君子燭理之明，克己之力，故於事事物物之間，處之而從容也。此曾子、子思之所以同道歟？」〔一〕

（方云：亦傳論體也。文格與《禹稷章》同，而論贊少爲變化。諸馮、禹、稷及此章，皆就古人行事之不同者，以描點道之，一以示學者不可執一也，俱是明君子時中之道。）〔二〕

孟子曰：「曾子、子思同道。曾子，師也，父兄也；子思，臣也，微也。曾子、子思，易地則皆然。」

張氏云：「『曾子，師也，父兄也』，師之尊，與父兄之義同，以師道居，則固非爲臣矣。寇至而去之，寇退而反，無與其難，蓋在師之義當然也。『子思，臣也，微也』，爲之臣，則固爲微矣。委質以服君之事，有難而逃之，可乎？與君同守而不去，則爲臣

〔一〕張栻《孟子説》卷四。
〔二〕唐先生《孟子新讀本》所引。

之義當然也。從容乎義之所當然，曾子、子思何有哉？故曰：『曾子、子思，易地則皆然。』以其天理時中，一而已。嗟乎！知曾子、子思之所處，則知微子、比干、箕子之事矣。《易》之爲書，卦者事也，爻者事之時也。於其事，當其時，而各有處焉，蓋莫非天理之素也，非夫克己窮理者，其孰能與於斯哉？」〔一〕

愚按：古之學者必尊師。師者，所以傳道也、授業也、解惑也。三代而後，爲師者不知所以自尊，而失其爲父兄之道，學者遂視師爲平等，而失其爲弟子之禮。漢司馬遷過夷門，思信陵君之執轡，傍徨而不忍去，有以也，爲其得尊師之道也。

或曰：「『昔者魯穆公無人乎子思之側，則不能安子思』，〔二〕然則子思非師歟？子思自處素高，奚爲不去歟？」曰：子思居衛，有守土之責，所以寇至而不當去，以其爲臣而非爲師也。自古無土地之責者，乃無必死之義。若夫既受人之土地，則無避難之理。惟子思自處之高，故於守土之義，斷斷乎其必爭也。

《易・否》之象傳曰：「君子以儉德辟難。」《困》之象傳曰：「君子以致命遂志。」

〔一〕張栻《孟子說》卷四。
〔二〕《孟子・公孫丑下》文。

其地各殊，故其義各有所當也。此章亦發明理一分殊之旨也。

32　儲子曰：「王使人瞯夫子，果有以異於人乎？」孟子曰：「何以異於人哉？堯舜與人同耳。」

朱注：「儲子，齊人也。瞯，竊視也。」

（蘇云：轉作斷語，簡潔。韓、柳諸傳皆如此。）[一]

愚按：齊王愚甚矣！瞯其所不當瞯也。使王而果敬孟子之品學，師之可也，舉國而從之可也，瞯何爲者？使孟子而果有非常人之行，亦非黥淺之人所能知也，瞯何爲者？孟子曉之曰：『堯舜與人同耳。』所謂「言必稱堯舜」也。人之性皆善也，庶民去之者，去此善也；君子存之者，存此善也。不過幾希之間也，此堯舜所以與人同，而人終不能與堯舜同也。齊王亦爲善而已矣！

33　齊人有一妻一妾而處室者。其良人出，則必饜酒肉而後反。其妻問所與飲食

〔一〕唐先生《孟子新讀本》所引。

者，則盡富貴也。其妻告其妾曰：「良人出，則必饜酒肉而後反，問其與飲食者，盡富貴也，而未嘗有顯者來。吾將瞯良人之所之也。」蚤起，施從良人之所之，徧國中無與立談者，卒之東郭墦間之祭者，乞其餘，不足，又顧而之他。此其爲饜足之道也。其妻歸，告其妾曰：「良人者，所仰望而終身也。今若此。」與其妾訕其良人，而相泣於中庭。而良人未之知也，施施從外來，驕其妻妾。

（方云：此篇多發揮道一之説，如舜、文同揆，禹、稷、顔子同道，曾子、子思同道，皆指點道一而已。此章「何以異於人哉？堯舜與人同耳」，又所以明己之道與堯無異。堯舜之道，固人人所固有，人人所共由，無二道也，可謂深切著明矣。「饜酒肉而後反……則盡富貴也」，將小人情狀，張大口氣，形容得出，而未嘗有顯者來，更將女子聰明語氣畫出。「徧國中無與立談者」，是國中人鄙薄情狀，此其爲饜足之道也，是恍然大悟語氣。「今若此」，是含蓄憤恨語氣。「施施從外來」，是昏濁情狀，無不描寫如生。）〔一〕

（文章有點綴法，有描寫法，有心目中之點綴法，有加倍描寫法。「徧國中無與立

〔一〕唐先生《孟子新讀本》所引。

談者。卒之東郭墦間之祭者」，心目中點綴法也。「施施從外來，驕其妻妾」，加倍描寫法也。「今若此」三字，頓挫，無限烟波。）〔一〕

愚按：孟子所以惡齊人者，惡其乞焉爾。齊人曰：「天下人皆乞，我何爲獨不乞？人皆饜酒肉，我獨不得醉飽也？人皆富貴顯者，而我曾不得效顰也？乞者非我之所倡也，人倡之而我學之也。」嗚呼！惟如是，故天下無人不乞。惟如是，故天下皆齊人。夫天下無人不乞，則乞之途愈窮，而富貴顯者必不能得。天下皆齊人，則人人不知自立，而皆至於餓且死。君子曰：是乞之終，不可爲也！

由君子觀之，則人之所以求富貴利達者，其妻妾不羞也，而不相泣者，幾希矣。

愚按：富貴利達之人，未嘗不讀書談道，而并不如其妻妾者，妻妾之心，尚有良知，富貴人之心，全喪其良知也。曷爲而全喪其良知？推原禍始，在於有所求爾。求者，倚賴之性，奴隸之行，而覆宗蠹國之根由也。

《易》言：「畜臣妾。」《論語》言：「惟女子與小人爲難養。」舉世滔滔而爲奴隸之行，家焉有不破、國焉有不敝者哉？孟子曰：「人之所以求富貴利達者，其妻妾不羞

〔一〕唐先生《孟子新讀本》批語。

尤深。

也，而不相泣者，幾希矣。」是富貴利達人之居心品行，并出於妾婦之下，其推勘爲

且人生當世，無不各有其天職，苟人人各安其分，各盡其職，則天下自治。今皆倚賴而出於求，於是在上者不能不徇情，徇情而遷就、依回、敷衍、泄沓之風，由此而積。其始不過倚賴，繼則詛騙，終則爲穿窬盜賊之行。此而不足，又顧之他，舉天下至重之政治，至大之事業，盡寄於若輩之手，蔽賢殃民，寖成一泯泯棼棼之世。如是而家焉有不破？國焉有不敝者哉？

孟子此章本意，不過戒人之干求。而吾謂在上者，苟能斥絶干求之徒，則士大夫奔競之風不禁而自息，閨門之内，詎復有羞且泣者乎？然世之人惟知有富貴利達，而不知爲妻妾地者，蓋蚤起之良知，消亡久矣。夫也不良，讀《墓門》之詩，或通身汗下乎？顧或者謂相泣於中庭，其風爲已古矣。

離婁篇大義

孔子作《易·乾卦·文言傳》，曰存誠，曰立誠，以發明自强之義。傳之於子思，

子思傳之孟子，孟子傳之周子。大哉誠也！其天地之奥，國家之所以立乎？

聖人既竭目力，既竭耳力，既竭心思，皆誠爲之也。不誠而不以堯舜之道事其君，不誠而不以堯舜之道治其民，蒙幽、厲之名而不恤，由是而失天下。誠也者，保四海，保宗廟社稷，保一身之根源也。反身而誠，樂莫大焉。反求諸己，本身作則而已矣！故沛然德教行乎四海矣！不誠則不仁，不仁則安其危而利其菑。孟子深薄夫齊人，深惡夫楚咻者也。然而齊景公之語，涕淚浪浪；楚孺子之歌，餘音嫋嫋，皆見採於書中者，爲天下萬世自伐其國者，垂之法戒也。

民生天地之間，所以自樂其生者，欲惡而已矣。君不能待民以誠，所惡與聚，所欲勿施，則民與君載胥及溺而已。不誠則自暴自棄也，不誠則不能親其親、長其長也，不誠而不能行文王之政也，不誠而爭地、爭城以殺人也，如是而猶惟恐民之不順也。嗚呼！其聲音笑貌可爲也。觀其眸子，而其誠可掩乎哉？淳于髡，滑稽之徒也，笑之曰：「今天下溺矣，奚以誠爲？」孟子亦本至誠而告之曰：「天下溺，援之以道。」蓋道者，平治天下之具，即援天下之本也。先聖後聖，未有外乎道揆者也。

政治之學，其始於家庭乎？父子相夷則惡矣，君民獨可以相夷乎？離則不祥莫大焉，君之於民猶是也，惟有至誠相見而已。《禮記》曰：「先意承志。」曾子之養志，誠之至也。能盡其誠於家庭，乃能出而格君心之非。一正君而國定，至誠相感而已。能誠故不必斤斤於毀譽也，必不輕易其言也，必不自滿而好爲人師也。

樂正子，善人也，信人也。信者，誠之基也。其從於子敖來，孟子懼其不誠也而戒之。千古至誠感神者，其惟虞舜乎？舜盡事親之道，而瞽瞍厎豫，至誠相感而已。大孝終身慕父母，慕之至者，誠之至，終其身而至誠無間時也。惟誠故生機盛，生機盛故不知足之蹈之、手之舞之者，誠之至也。此天地之生理，生民之生氣也。宇宙之內，家庭之際，政治之設施，無非至誠之精神，則民生其間者，耕田鑿井，手舞足蹈，自發於不容已。人人親其親、長其長而天下平，至誠而不動者，未之有也。吾嘗神遊於唐虞之世，嗚呼！何其盛也。

凡爲天下國家有九經，所以行之者一也。一者，誠也。誠精而明，乃能察知理一分殊之道。先聖後聖，其揆一也。目力、耳力、心思，其誠同也，而其分殊也；惠也、政也，其分亦殊也。爲政者每人而悦之，其心不誠也。不誠，故視臣如犬馬，視臣如寇讎也。無罪而殺士，無罪而戮民也，而千古篡弒之禍起於此矣。不誠，故不仁而不義也，非禮而非義也。中也棄不中，才也棄不才，無所不爲，而不顧後患。此其惡教化之感人，數十年洗濯之而不能盡也。嗚呼！其可痛也。於是聖人一意以至誠救之。誠者，不勉而中，不思而得，從容中道者也，不爲已甚，惟義所在，惟其誠而已矣。天地之性人爲貴，何以見其可貴也？貴赤子之心也。赤子之心何心也？純一無僞者也。純一無僞者，誠也。養生送死，皆此一心之誠也。本是心以求學，則能深造於道而反説約也；本是心以爲治，則能以善養人也。言無實不祥，無實者，不誠也。聲聞過情，過情者，不誠也。

横覽當世，朝廷之上，社會之中，渾渾者無非若而人也，此不中不才之士，所以盈天下也。孟子用是大聲而疾呼曰：「人之所以異於禽獸者幾希。庶民去之，君子存之。」幾希者，至誠之心也。舜、禹、湯、文、武相傳之道統，皆是心也。仰而思之，夜以繼日，幸而得之，坐以待旦，周公求治之心，何其誠也！此所謂道揆也，所謂其揆一也。聖人既竭心思，至斯而極也。

君子之澤，漸漬於禮義之邦，數百年而不斬，其道乃傳之於孔子。孔子爲魯司寇，諸侯害之，大夫壅之。孔子知言之不用，道之不行也，是非二百四十二年之中，以爲天下儀表，故曰：「其義則某竊取之矣。」而其道乃傳之於孟子。孟子聞而知之者也，故曰：「予私淑諸人也。」先聖後聖，其揆一也，其誠同也。

且夫聖人之所以救人心者，首在止天下之殺機。《易傳》曰：「飲食必有訟。」殺機之起，在乎取與之微。一簞食，一豆羹，匹夫之大欲存焉，而死生性命以之。逢蒙之殺羿，殺機之最烈者，此惡人之尤，上帝所必誅者也。聖人欲止人心之殺機，爰思發明至善之性，而無如天下之智者，紛紛乎其多鑿也，則是率天下而出於不誠也。

千歲之日至，可坐而致。誠者，天之道也。「以仁存心，以禮存心」，君子存之者此也。橫逆無道，庶民去之者此也。君子有終身之憂，舜何人也？終其身至誠無間者也。顏子當亂世之心，猶禹稷當平世之心也。子思居於衛之事，猶曾子居武城之事也。其分殊而其理一也，皆誠也。出妻屏子，終身不養，匡章之設心，愚誠也。王使人瞷夫子，齊王之不誠甚矣！以不誠導其國，於是乎徧國中人皆齊人。

堯舜與人同耳，不以舜之所以事堯事君，賊其君者也；不以堯之所以治民治民，賊其民者也。賊其民者，賊天下之性也。賊天下之性，而齊人出焉。齊人，不誠之尤者也，非人而人之者，痛乎人道之將滅也。公行子有子之喪，右師往弔，齊之臣諂諛逢迎之狀，不可以名言，痛乎人道之將亡也。

痛乎人道之將亡，實始於不誠也。齊君之誑其民，齊人之誑其妻妾，其不誠一也。齊君曰：「我有富貴利達，可以吸服人也。」齊人曰：「我有富貴利達，可以驕其妻妾也。」設一大卑鄙齷齪之途，驅天下之人而施從之。

小人之澤，綿綿延延，雖百世而未知所斬，痛乎人心之將亡也，穀梁子曰：「人之於天也，以道受命；不若若，順也。於道者，天絶之也。」《莊子》曰：「哀莫大於心死。」蓋至誠滅則廉耻亡，廉耻亡則人心死。皇矣上帝，鑑觀四方。以爲人之所以異於禽獸者幾希，如此，則與禽獸奚擇焉？於是草除而艾薙之。秦政一出，焚書坑儒，而士大夫之禍，至於不忍言。天作孽，猶可爲；自作孽，不可活。皆自取之也。

禹思天下有溺者，由己溺之也；稷思天下有飢者，由己飢之也。聖賢之所爲夜以繼日，悲天而憫人者，悲乎此也，憫乎此也。然則何以救之也？誠者，天之道也；思誠者，人之道也。人之於天也，以道受命，思誠，而人道乃不至於滅亡也。

（雄渾恣肆，其理其文，均可萬古不磨。《大義》諸篇，均本《易・序卦傳》，此篇較難著筆。文境至此，亦所謂取之左右逢其源矣。）〔二〕

〔二〕唐先生《孟子新讀本》自評。

孟子大義卷九

萬章上

1 **萬章問曰：「舜往于田，號泣於旻天，何爲其號泣也？」孟子曰：「怨慕也。」**

張氏云：「聖人，盡性者也。能盡其性，故爲人倫之至。帝舜之怨慕，學者所當深思力體，不可以易而論也。」〔一〕

（方云：怨是自怨，萬章誤認作怨父母，故下文作一翻瀾。）〔二〕

愚按：慕者，赤子天性中之所發也。孝者，人之本，而慕者又孝之本也。

萬章曰：「父母愛之，喜而不忘；父母惡之，勞而不怨。然則舜怨乎？」曰：「長息問

〔一〕張栻《孟子説》卷五。
〔二〕唐先生《孟子新讀本》所引。

於公明高曰：『舜往于田，則吾既得聞命矣；號泣于旻天、于父母，則吾不知也。』公明高曰：『是非爾所知也。』夫公明高以孝子之心，爲不若是恝，我竭力耕田，共爲子職而已矣。父母之不我愛，於我何哉？

愚按：「夫公明高以孝子之心，爲不若是恝」句，係倒文法。「我竭力耕田」四句，即所謂恝〔一〕也。「父母之不我愛，於我何哉？」言何有於我也。朱子以爲「自責，不知己有何罪」〔二〕，其説恐非。孝子之心不若是恝，所以爲慕之至也。

帝使其子九男二女，百官牛羊倉廩備，以事舜於畎畝之中。天下之士多就之者，帝將胥天下而遷之焉。爲不順於父母，如窮人無所歸。

顧氏亭林云：「《虞書》所載：『帝曰：「予聞如何？」岳曰：「瞽子，父頑，母嚚，象傲；克諧以孝，烝烝乂，不格姦。」』是則帝之舉舜，在『瞽瞍厎豫』之後。今《孟子》乃謂：『九男二女，百官牛羊倉廩備，以事舜於畎畝之中，猶不順於父母，而如窮人無所歸。』此非事實，但其推見聖人之心若此，使天下之〔三〕爲人子者，處心積慮，必出乎

〔一〕恝通忦，憂也。
〔二〕朱子《孟子集注》當句注文。
〔三〕「之」字脱，據顧氏《日知録》補入。

此而爲大孝耳。」〔一〕

愚按：亭林先生之説極是。「爲不順於父母，如窮人無所歸」二句，椎心之語，乃孟子度舜之心也。惟其設心如是，所以能慕之至。

天下之士悦之，人之所欲也，而不足以解憂；好色，人之所欲，妻帝之二女，而不足以解憂；富，人之所欲，富有天下，而不足以解憂；貴，人之所欲，貴爲天子，而不足以解憂。人悦之、好色、富貴，無足以解憂者，惟順於父母，可以解憂。

愚按：「惟順於父母，可以解憂」者，蓋天性之專，惟此一事也，慕之至也。

人少則慕父母，知好色則慕少艾，有妻子則慕妻子，仕則慕君，不得於君則熱中。大孝終身慕父母。五十而慕者，予於大舜見之矣。」

張氏云：「人莫不有所慕，舜亦有所慕。人之所慕，物欲之誘。而舜之所慕，則天性之不可解者，其於斯世，無一毫存於胸中，終身乎父母而已。曰慕，則無須臾而不在乎此，至誠無息者也，此之謂大孝。」〔二〕

〔一〕顧炎武《日知録》卷七「爲不順於父母」條。
〔二〕張栻《孟子説》卷五。

（此節推本性情，可歌可泣。愚嘗作《大孝終身慕父母義》，别見《文集》。）〔二〕

愚按：孝字本義從老省，從子。子者，孺也。孺慕之心，爲最誠也。人子自少至老，專其心以順父母，乃謂之孝。人子稱父母曰親，姙胎於母腹，親之至也。生於膝下，親之至也。弱冠以後，日疏其親，歎何如矣！迨父母没，則由疏而遠，痛何如矣！古聖人定父母之名曰親，言終身宜親之也。此人子之所以終身宜孝其親，而虞舜之五十而慕，所以爲大孝也。人生五十以前，血氣未定，嗜欲未清，或有移其慕於他事者；至五十而向性漸定，嗜欲漸清，可以概其終身矣。故讀此章書，宜注重一慕字。慕者，纏綿悱惻之誠，孺子之性也。人而失其孺子之性，則不順於父母，而不可以爲子矣。

2　萬章問曰：「《詩》云：『娶妻如之何？必告父母。』信斯言也，宜莫如舜。舜之不告而娶，何也？」孟子曰：「告則不得娶。男女居室，人之大倫也。如告則廢人之大倫，以懟父母，是以不告也。」

〔二〕此爲唐先生在《孟子新讀本》所補充的内容。《大孝終身慕父母義》三篇附録於《孝經大義》。

朱注：「《詩》，《齊國風·南山》之篇也。信，誠也，誠如此詩之言也。懟，讎怨也。舜父頑母嚚，常欲害舜。告則不聽其娶，是廢人之大倫，以讎怨於父母也。」

羅氏羅山云：「以懟父母，是子之懟父母也，舜豈有懟父母之心？然男女居室，人之大倫，告而廢倫，此心終有所不安。其不安，即懟父母也。」〔一〕

萬章曰：「舜之不告而娶，則吾既得聞命矣；帝之妻舜而不告，何也？」曰：「帝亦知告焉則不得妻也。」

趙注：「帝堯知舜大孝，父母止之，舜不敢違，則不得妻之，故亦不告。」〔二〕

萬章曰：「父母使舜完廩，捐階，瞽瞍焚廩。使浚井，出，從而揜之。象曰：『謨蓋都君咸我績。牛羊父母，倉廩父母，干戈朕，琴朕，弤朕，二嫂使治朕棲。』象往入舜宮，舜在牀琴。象曰：『鬱陶思君爾。』忸怩。舜曰：『惟茲臣庶，汝其于予治。』不識舜不知象之將殺己與？」曰：「奚而不知也？象憂亦憂，象喜亦喜。」

朱注：「按《史記》曰：『使舜上塗廩，瞽瞍從下縱火焚廩。舜乃以兩笠自捍而下

〔一〕羅澤南《讀孟子劄記》卷二。

〔二〕趙岐《孟子章句》卷九。「故亦不告」句，趙氏原文句末有「也」字。

去，得不死。後又使舜穿井。舜穿井，爲匿空旁出。舜既入深，瞽瞍與象共下土實井，舜從匿空旁出去。』即其事也。象，舜異母弟也……象素憎舜，不至其宮，故舜見其來而喜也。」

張氏云：「完廩浚井，事之所無也。故程子曰：『論其理，則堯在上，而百官事舜於畎畝之中，豈容象得以殺兄，而二嫂治其棲乎？學孟子者，以意逆志可也。』〔二〕故孟子未暇正其事之有無，獨答其大意，以明舜之心。謂舜非不知象之將殺己也，然『象憂亦憂，象喜亦喜』，程子曰：『天理人情，於是爲至。』〔三〕蓋象憂喜，舜亦憂喜，是其心與之爲一，親之愛之，未嘗問也。」〔三〕

（二節均極詼詭而歸於正。）〔四〕

愚按：此節李榕村指爲「稗官野史」，事之有無，蓋不足辨。而亦載之者，蓋問答

〔一〕程子語見於《河南程氏遺書》卷四。
〔二〕語載《河南程氏遺書》卷四。
〔三〕張栻《孟子説》卷五。
〔四〕唐先生《孟子新讀本》批語。

之體，宜於博采也〔一〕。陳氏蘭甫云：「《萬章篇》所論唐虞、三代之事，闊遠深博，非問答之文，不能暢達之。讀書豈可不識文章之體乎？」〔二〕

曰：「然則舜僞喜者與？」曰：「否。昔者有饋生魚於鄭子產，子產使校人畜之池。校人烹之，反命曰：『始舍之圉圉焉，少則洋洋焉，攸然而逝。』子產曰：『得其所哉！得其所哉！』校人出曰：『孰謂子產智？予既烹而食之，曰：「得其所哉！得其所哉！」』故君子可欺以其方，難罔以非其道。彼以愛兄之道來，故誠信而喜之，奚僞焉？」

（方云：「此章以誠信而喜爲主。怨慕章主意先提出，此章主意在章末始出，局又不同。」）〔三〕

愚嘗聞某氏之言曰：「舜，大智人也，常欲人處於非，而己處於是也。彼象者，蓋

〔一〕李光地言見陳澧《東塾讀書記》卷三《孟子》，原載李氏《榕村語録》卷六。按：李氏原指孟子因材施教，謂：「萬章是好古之人，一切稗官野史，都記許多，却不知其人，連大禹、伊尹、孔子，都疑惑一番。孟子就他長處引誘。」語未足以證陳氏之貶李氏讀書不識「文章之體」。
〔二〕陳澧《東塾讀書記》卷三《孟子》。
〔三〕唐先生《孟子新讀本》所引。

受其牢籠而不自知也。」嗚呼！是事以欺詐之心測聖人，謬之尤謬者也。

夫聖賢庸衆之所以異者，誠僞而已。孟子引子産事爲例，子産寧知校人之烹魚哉？以誠待之而已。舜非不知象之欲殺己，其憂也，憂其何以若斯之傲？而其喜也，則彼以愛兄之道來，幸其或能改過，故喜而與之也。皆誠也。夫兄弟，手足也，豈能猜疑相惡而終絶之乎？此周公作《鴟鴞》《常棣》之詩，所以垂涕而道之也。後人不察，乃以己私度聖人，豈知聖人之所以爲聖人者，誠信而已。聖人處事接物，決不容少參以欺詐，而況家庭之間乎？是故上章之「怨慕」，處父子之變也，此章之誠信，處兄弟之變也。大舜精誠所積，乃足爲人倫之極則也。且夫世界之中，誠而入僞者，正人心之由厚而澆也。誠不可見，則乾坤或幾乎息，人道或幾乎亡。故誠僞之幾，尤不可以不辨。

吾聞君子成人之美，不成人之惡，小人反是。乃考察近世之言論，非特不欲成人之美，且不欲成古人之美。人心之險巇若此，士君子何以挽救之乎？

3　萬章問曰：「象日以殺舜爲事，立爲天子則放之，何也？」孟子曰：「封之也，或曰放焉。」

朱注：「放，猶置也，置之於此，使不得去也。萬章疑舜何不誅之，孟子言舜實封之，而或者誤以爲放也。」

萬章曰：「舜流共工於幽州，放驩兜於崇山，殺三苗于三危，殛鯀于羽山，四罪而天下咸服，誅不仁也。象至不仁，封之有庳。有庳之人奚罪焉？仁人固如是乎？在他人則誅之，在弟則封之。」曰：「仁人之於弟也，不藏怒焉，不宿怨焉，親愛之而已矣。親之欲其貴也，愛之欲其富也。封之有庳，富貴之也。身爲天子，弟爲匹夫，可謂親愛之乎？」

朱注：「流，徙也。共工，官名；驩兜，人名；二人比周，相與爲黨。三苗，國名，負固不服。殺，殺其君也。殛，誅也。鯀，禹父名，方命圮族，治水無功，皆不仁之人也。」

顧氏亭林云：「舜都蒲阪，而封象於道州鼻亭，在三苗以南，荒服之地，誠爲可疑。如孟子所論，親之欲其貴，愛之欲其富，又且欲其源源而來，何以不在中原近畿之處，而置之三千餘里之外邪？蓋上古諸侯之封萬國，其時中原之地，必無閒土可以封故也。又考太公之於周，其功亦大矣，而僅封營丘。營丘在今昌樂、濰二縣界，史言其地潟鹵，人民寡。而孟子言其儉於百里，又萊夷偪處，而與之爭國。夫尊爲尚父，親爲后父，功爲元臣，而封止於此，豈非中原之地無閒土，故至薄姑氏之滅，而後乃封太公邪？或曰：禹封在陽翟，稷封在武功，何與？二臣者有安天下之大功，舜固不得以介弟而先之也。故象之封於遠，聖人之不得已也。」〔一〕

（方云：常人遇父母之不慈，心中一怨字最難去，不怨者又多是慝。遇兄弟之不友不弟，心中一僞字最難去，不僞者又多是不知。故萬章之問，曲盡人情，學者最當體察。聖人於父母，只是一慕字；於兄弟，只是一親愛字。孟子之答，曲盡天理，學者最要體察。）〔二〕

愚按：父子一體之所分，兄弟亦一體之所分，故休戚相共，不藏怒，不宿怨。仁人對於常人，無不如此。惟常人則可疏之遠之，而兄弟則惟有親愛之而已矣。親愛者，至性之所發也。夫兄之對於弟如此，則天下萬世之爲人弟者，親愛其兄當何如乎？

「敢問或曰放者，何謂也？」曰：「象不得有爲於其國，天子使吏治其國，而納其貢稅

〔一〕顧炎武《日知録》卷七「象封有庳」條。
〔二〕唐先生《孟子新讀本》所引。

焉，故謂之放。豈得暴彼民哉？雖然，欲常常而見之，故源源而來。『不及貢，以政接於有庳』，此之謂也。」

張氏云：「象之不道，詎可以君國子民乎？彼『使吏治其國，納其貢税』，而不得以暴彼民也。而其親愛之至，又『欲常常而見之』，故使不拘夫朝貢之時，『源源而來』，若天子以政事接于有庳之君然。夫其所以處之，曲折詳備如此，此仁之至、義之盡，親親之心，而大公之體也。」[一]

愚按：仁義有兼用之道。舜之封象，仁也。使吏治其國，納其貢税，仁中之義也。不得暴其民，義中之仁也。欲常常而見之，故源源而來，又仁之至也。舜惟至誠，所以處之各得其當也。

4 咸丘蒙問曰：「語云：『盛德之士，君不得而臣，父不得而子。』舜南面而立，堯帥諸侯北面而朝之，瞽瞍亦北面而朝之。舜見瞽瞍，其容有蹙。孔子曰：『於斯時也，天下殆哉，岌岌乎！』不識此語誠然乎哉？」孟子曰：「否。此非君子之言，

〔一〕張栻《孟子説》卷五。

齊東野人之語也。堯老而舜攝也。《堯典》曰：『二十有八載，放勳乃徂落，百姓如喪考妣。三年，四海遏密八音。』孔子曰：『天無二日，民無二王。』舜既爲天子矣，又帥天下諸侯以爲堯三年喪，是二天子矣。」

王氏船山云：「禮，庶人爲國君服三月。鄭氏曰：『天子畿内之民服天子亦然。』《周禮》且然，唐虞質樸之制，愈可知已。但言畿内，則五服之民不服天子矣。王者公天下，而私其故封之國。天下者代易，以爲之大君而國其所世守，雖失天下，不亡其國。故畿内之民，親於五服，而恩禮有加焉。禮必度其可行而與情相稱。九州編氓，於天子疏遠闊絶，而爲天子服喪，情既不稱，而勢亦不可行矣。百姓者，百官也。黄帝始制姓氏，皆天子賜之，有爵者或以官邑，或以字謚。庶人賤，無字謚，無官邑，不得有姓。百姓如喪考妣，諸侯卿大夫服斬衰也。三年連下爲句。三年之間，四海之内，冠、昏、祭雖通，而不作樂，下及乎侯國之大夫士皆然。士無故不撤琴瑟，於斯撤矣。侯國惟君服斬衰，大夫士則否，但撤樂耳。故下云帥天下諸侯爲堯三年喪，明侯國臣民之不與也。」〔一〕

〔一〕王夫之《四書稗疏》卷一《孟子》「百姓如喪考妣，四海遏密八音」條。

愚按：孟子曰：「舜相堯二十有八載，堯崩。三年之喪畢，舜避堯之子於南河之南。天下諸侯朝覲者，不之堯之子而之舜；訟獄者，不之堯之子而之舜；謳歌者，不謳歌堯之子而謳歌舜。夫然後至中國，踐天子位焉。」據此，是堯三年之喪未畢時，舜尚未爲天子也。

又按：船山先生之説極爲精確。《書·堯典》「平章百姓，百姓昭明」，百姓，百官也。〔二〕「四海遏密八音」，堯之仁德如天也。後世君民遼隔，其無德及下者，並無感情之可言，乃陋儒妄定喪禮，强制執行，媚死君而誣生民，開諂詐之風，啓飾僞之習，甚至激動人心之不平，欲尊君而適以辱君，其亦無識之尤已！

咸丘蒙曰：「舜之不臣堯，則吾既得聞命矣。《詩》云：『普天之下，莫非王土；率土之濱，莫非王臣。』而舜既爲天子矣，敢問瞽瞍之非臣，如何？」曰：「是《詩》也，非是之謂也。勞於王事，而不得養父母也。曰：『此莫非王事，我獨賢勞也。』故説《詩》者，不以文害辭，不以辭害志，以意逆志，是爲得之。如以辭而已矣，《雲漢》之詩曰：『周餘黎民，靡有孑遺。』信斯言也，是周無遺民也。

〔二〕《書·堯典》「平章百姓，百姓昭明」，孔傳云：「百姓，百官。」此唐先生立言所據。

陳氏蘭甫云：「《史記·孟子列傳》云：『序《詩》《書》，述仲尼之意，作《孟子》七篇。』趙邠卿《孟子題辭》云：『孟子通《五經》，尤長於《詩》《書》。』澧按：孟子引《詩》者三十，論《詩》者四；引《書》者十八，論《書》者一，又有似引《書》而不語《書》曰者，所謂尤長於《詩》《書》者，於此可以窺見矣。其引《烝民》之詩以證性善，性理之學也；引『雨我公田』以證周用助法，考據之學也。『《小弁》之怨，親親。親親，仁也』，此由讀經而推求性理，尤理學之圭臬也。蓋性理之書、政治之學，皆出於《詩》《書》，是乃孟子之學也。」〔一〕

（方云：「信斯言也，是周無遺民也」，駁得有趣。昌黎《諱辨》語意本此。）〔二〕

愚按：孟子説經，最爲精覈，不加穿鑿，不妄附會，惟虚心以求古人之志，此爲「經師家法」所本。「勞於王事，而不得養父母也」，「曰此莫非王事，我獨賢勞也」，此即後儒之傳體也。「故説《詩》者不以文害辭」數句，豈特説《詩》而已！凡解經者皆當如此，論文者亦當如此。「如以辭而已矣」以下，是即後儒釋經辯駁體也。

〔一〕陳澧《東塾讀書記》卷三《孟子》。唐先生略去陳澧所列《孟子》引用《詩》《書》的句子與篇名。
〔二〕唐先生《孟子新讀本》所引。

蓋孟子説《詩》之學，傳自子思。子思作《中庸》，引《詩》「衣錦尚絅」數節，皆斷章取義，而其觸類旁通，精微妙藴，斷非後儒所能及。此其家法蓋又得自曾子。《大學》引《詩》「邦畿千里」以下數節，又「樂只君子」以下三節，亦皆精微奥妙，令人味之不盡。至《孝經》每章末引《詩》，亦多合無窮之意。蓋《詩》本貴長言永嘆，不當求之字句之間，故孟子章末引《詩》，亦多仿《孝經》之意。聖賢傳經之藴，於此亦略可見。後世説《詩》者，皆當奉此爲家法也。

孝子之至，莫大乎尊親。尊親之至，莫大乎以天下養。爲天子父，尊之至也；以天下養，養之至也。《詩》曰：『永言孝思，孝思惟則。』此之謂也。

愚按：孔子曰：「武王、周公，其達孝矣乎。夫孝者，善繼人之志，善述人之事者也。春秋修其祖廟，陳其宗器，設其裳衣，薦其時食。」[一]以下論郊祀之禮，此所謂「莫大乎尊親」也。孔子又曰：「孝莫大於嚴父，嚴父莫大於配天，則周公其人也。」[二]此所謂「莫大乎尊親」也。蓋周家以忠厚開基，讀《大明》《緜》《皇矣》諸詩，元氣純懿，渾

[一]《中庸》文。
[二]《孝經·聖治章》文。

淪無間，而詩人贊述之旨，不過曰：「遹追來孝。」又曰：「繩其祖武。」夷考文王、武王之孝行，備著於《禮記·文王世子》，首章「食上視寒暖，食下問所膳……一飯亦一飯，再飯亦再飯」，此所謂孝之至也。故其本支下洎百世，國祚綿延至八百載，此所謂尊之至也。周公宗祀文王於明堂以配上帝，而郊祀上溯及於后稷，迄今誦《思文》之詩，知后稷粒民之德，迨周公而始彰，相距十有餘世，此所謂孝之至也，亦尊之至也。

雖然，論孝者若不求養親之心，而必以是爲衡，則孝子之事親，將有所窮。故吾人之論孝者，當以曾子爲法。曾子之言曰：「大孝尊親，其次不辱，其下能養。」〔一〕「立身行道，揚名於後世，以顯父母。」〔二〕所謂尊親也。守身兢兢，不越禮法，身體髮膚，不敢毀傷〔三〕，所謂不辱也。口體之奉，必有酒肉，愉色婉容，曲盡其歡〔四〕，所謂能養也。而尤不嚴父配天〔五〕，此力之所不能爲者也。而「立身行道」以下數端，不獨力所能爲，而尤不

〔一〕《禮記·祭義》引曾子語。
〔二〕《孝經·開宗明義章》文。
〔三〕集《孝經》成句。
〔四〕集《禮記·祭義》成句。
〔五〕《孝經·聖治章》文：「孝莫大於嚴父，嚴父莫大於配天，則周公其人也。」

可不勉者也。「永言孝思」，豈必在天子家哉！

《書》曰：『祗載見瞽瞍，夔夔齊栗，瞽瞍亦允若。』是爲父不得而子也。」

朱注：「祗，敬也。載，事也。夔夔齊栗，敬謹恐懼之貌。允，信也。若，順也。言舜敬事瞽瞍，往而見之。敬謹如此，瞽瞍亦信而順之也。孟子引此，而言瞽瞍不能以不善及其子，而反見化於其子，則是所謂『父不得而子』者，而非如咸丘蒙之説也。」

（遥應一句，補承遠上文法。）[一]

5 **萬章曰：「堯以天下與舜，有諸？」孟子曰：「否。天子不能以天下與人。」**

愚按：堯曰：「咨爾舜，天之曆數在爾躬。」舜有天下，堯傳之者也。而孟子曰「天子不能以天下與人」者，將以發明天人相與之理，至公而不容有絲毫私意者也。朱注云：「天下者，天下人之天下，非一人之私有故也。」愚更爲進一解曰：天下者，君與民共有之天下，非一家一姓所得而私者也。

「然則舜有天下也，孰與之？」曰：「天與之。」

[一] 唐先生《孟子新讀本》批語。

愚按：《書》曰：「天降下民，作之君，作之師，唯曰其助上帝，寵之。」傳曰：「天生民而樹之君，使司牧之。」故天子者，天之所命也。天命之，故曰天與之。不順天命者，則天奪之，桀、紂是也。《太甲》曰：「顧諟天之明命。」《詩》曰：「畏天之威，于時保之。」人君戒謹恐懼之心，其可須臾忽乎？

「天與之者，諄諄然命之乎？」

愚按：後人讀萬章此問，未有不啞然笑者。不知窮理之學，宜多設問答之辭，淺學者蓋未足以知文體也。

曰：「否。天不言，以行與事示之而已矣。」

朱注：「行之於身謂之行，措諸天下謂之事。言但因舜之行事，而示以與之之意耳。」

（一語斷定。以下數節，雄奇恣肆。）〔一〕

曰：「以行與事示之者如之何？」曰：「天子能薦人於天，不能使天與之天下；諸侯能薦人於天子，不能使天子與之諸侯；大夫能薦人於諸侯，不能使諸侯與之大夫。

〔一〕唐先生《孟子新讀本》批語。

昔者堯薦舜於天而天受之，暴之於民而民受之，故曰『天不言，以行與事示之』而已矣。」

愚按：薦人而不能使天與之天下，不能使天子與之諸侯，不能使諸侯與天大夫者，權限也。上言「天與之」，此言「薦之於天而天受之」，「暴之於民而民受之」，受之，即所以與之也。是天之與民，其權均也。然而天虛而難憑者也，民實而可據者也，是其權固專在於民也。

曰：「敢問薦之於天而天受之，暴之於民而民受之，如何？」曰：「使之主祭而百神享之，是天受之；使之主事而事治，百姓安之，是民受之也。天與之，人與之，故曰『天子不能以天下與人』。

愚按：使之主祭而百神享之，無形者也。使之主事而事治，百姓安之，有形者也，是其權固專在於民也。

舜相堯二十有八載，非人之所能爲也，天也。堯崩，三年之喪畢，舜避堯之子於南河之南。天下諸侯朝覲者，不之堯之子而之舜；訟獄者，不之堯之子而之舜；謳歌者，不謳歌堯之子而謳歌舜，故曰天也。夫然後之中國，踐天子位焉。而居堯之宮，逼堯之子，是篡也，非天與也。

愚按：《尚書》帝曰：「咨四岳，女能庸命巽朕位。」司馬遷曰：「堯將遜位，讓於虞舜。舜禹之間，岳牧咸薦。」〔一〕是薦舜者岳牧也。然薦之者岳牧，而歸之者朝覲、訟獄、謳歌者也。向使岳牧薦之，而朝覲者不歸之、訟獄者不歸之、謳歌者不歸之，則亦不能以有天下。故曰天也，豈非人事哉？後世史書所載篡竊之徒，不知天命，實不知人心有所由歸者也。

《太誓》曰：『天視自我民視，天聽自我民聽。』此之謂也。」

愚按：讀孟子引《書》之言，而孟子尊民之心可見，而民權之宜尊益可見。朱注云：「天無形，其視聽皆從於民之視聽。」是朱子亦注重民權也。

黄梨洲先生之言曰：「君人者〔二〕不以一己之利爲利，而使天下受其利；不以一己之害爲害，而使天下釋其害，此其人之勤勞，必千萬倍於天下之人……古之人〔三〕，量而不欲入者，許由、務光是也；入而又去之者，堯、舜是也；初不欲入而

〔一〕《史記·伯夷列傳》文。
〔二〕「君人者」三字，唐先生原刻作「有人者出」，以黄宗羲《明夷待訪録·原君》文爲正。
〔三〕「人」，原刻作「人君」，以黄宗羲《明夷待訪録·原君》文爲正。

不得去者，禹是也……後之爲人君者不然，以爲天下利害之權，皆出於我，我以天下之利盡歸於己，以天下之害盡歸於人，亦無不可。使天下之人不敢自私，不敢自利，以我之大私爲天下之公。始而慚焉，久而安焉。視天下爲莫大之産業，傳之子孫，受享無窮……此無他，古者以天下爲主，君爲客，凡君之畢世而經營者，爲天下也。今也以君爲主，天下爲客，凡天下之無地而得安寧者，爲君也。」〔一〕痛哉言乎！蓋自後世人君私天下以爲産業，絶不顧民之好惡從違，而殺奪之慘，生民之禍，乃靡所底止矣。《泰誓》曰：「天視自我民視，天聽自我民聽。」近世西國之君，有出於選舉者，實隱合乎民視民聽之義。其道爲大公，其理爲大順，必如此，爭奪篡弑之風，乃可以息。

而或者曰：「此或可行於唐虞之世，若行之後世則天下亂。何者？以民之程度卑，則適導其爭也。」此言近似有理，殊不知此後世界日益文明，則天下人君必皆出於選舉之途。夫語選君之法歸之於民而天下爭者，此言乎亂世之民也。如何而進之於治世，則在於教育。教育行而民之學識進，程度高，其視益明，其聽益聰。視明聽聰，

〔一〕黄宗羲《明夷待訪録·原君》文。

則以千萬人之聰明，萃爲一人之聰明。故曰：「亶聰明，作元后。」古語曰：「衆非元后何戴，后非衆罔與守邦。」又曰：「后非民罔使，民非后罔治。」君之與民，可合而不可分者也；君與民之心，可一而不可二者也。此命之於天者也。《易傳》曰：「先天而天弗違，後天而奉天時。」蓋謂此也。

抑孟子有言曰：「王者之民，皞皞如也。」《洪範》曰：「無偏無黨，王道蕩蕩；無黨無偏，王道平平……會其有極，歸其有極。」是即皞皞之世也。又曰：「謀及卿士，謀及庶人……卿士從，庶民從，是之謂大同。」此其民之所以皞皞也。反是而以天下爲一人之産業，作福作威，好惡乖違，用側頗僻，於是乎咎徵咸集，曰「狂，恒雨若」「蒙，恒風若」是也。而六極之惡與弱隨之矣。是故《洪範》《泰誓》二篇，皆應天命順人心之書也。此孔子作《易傳》，所以往復低徊，曰：「箕子之貞，明不可息也。」〔二〕以其言足以垂萬世之法戒也。

然愚更有進者。民權之所以宜，尊貴乎知識之高爾。唐虞之世，朝覲、訟獄、謳歌者或歸舜，或歸禹，民視民聽，抑何既公且一，惟其智也，反是而其權歸於無知無識

〔二〕《易・明夷》六五象辭文。

之民，或心術不正，或意氣囂陵，則天下大亂而無所底止矣。吾於是知尊民必先教育，而教育之道必軌於正。

6　萬章問曰：「人有言：『至於禹而德衰，不傳於賢而傳於子。』有諸？」孟子曰：「否，不然也。天與賢則與賢，天與子則與子。昔者舜薦禹於天，十有七年，舜崩。三年之喪畢，禹避舜之子於陽城，天下之民從之，若堯崩之後，不從堯之子而從舜也。禹薦益於天，七年，禹崩。三年之喪畢，益避禹之子於箕山之陰。朝覲訟獄者，不之益而之啓，曰：『吾君之子也。』謳歌者，不謳歌益而謳歌啓，曰：『吾君之子也。』

張氏云：「『禹薦益於天』，與堯之薦舜、舜之薦禹，其心一也。『益避禹之子』，與舜之在南河、禹之在陽城，其心一也。天而與益，則朝覲、訟獄、謳歌者，皆歸之益，踐天子位矣，禹亦豈得而不與之哉？而天則與子也，禹亦豈得而與之哉？」〔一〕

〔一〕張栻《孟子説》卷五。

王氏船山云：「箕山〔一〕，在山西平陽，去禹都爲近，益當食采其下，則其避啓亦應於此。南河之南，偃師也。陽城，雒陽也。堯、舜、禹所都不同，舜、禹、益各有封邑。避者去而師其國也。《集注》云：『皆嵩山下深谷中。』是二聖同即嵩山，習爲退避之常所，二室且爲受終之捷徑矣。避天子位自盛德事，固應從容，以禮爲進退，何至逃之無人之境，如避兵避讎之藏形滅跡也哉！」〔二〕

（方云：此章以天字爲主。「天與賢則與賢，天與子則與子」，二句一提。下叙與賢、與子事，以分承之而歸於「皆天也，非人所能爲也」數句，正意已盡矣。「匹夫而有天下」以下，乃推開以終明之，局陣恣肆。東坡《隱公論》《平王論》，因一人而權論古事，皆本此。又云：此章合上章爲一篇觀之，文境尤闊。「至於禹而德衰」，特因上文，又興一大波耳。上章是論天與賢，此章是論天與子，而以此二句在中間作關鍵，文境奇横。末節「唐虞禪」收束上章，「夏后殷周繼」收束此章，何等齊整！）〔三〕

〔一〕王夫之《四書稗疏》之《孟子》「箕山」條原文説：「箕山有三，一在山西遼州和順縣，一在平陽府，一在河南府登封縣。平陽之箕山，去禹都爲近。」唐先生避繁而約其主義。

〔二〕王夫之《四書稗疏》之《孟子》卷二「箕山」條。

〔三〕唐先生《孟子新讀本》所引。

愚按：禹之心猶舜之心，益之心猶禹之心，固然矣。然而朝覲者歸啓，訟獄者歸啓，謳歌者歸啓，是其權固在於民也。唐韓子云：「禹之傳子也，憂後世爭之之亂也。」〔一〕此未知禹大公之心也，詰以「堯舜何以不憂後世」？而其説實窮矣。

丹朱之不肖，舜之子亦不肖。舜之相堯，禹之相舜也，歷年多，施澤於民久。啓賢，能敬承繼禹之道。益之相禹也，歷年少，施澤於民未久。舜、禹、益相去久遠，其子之賢不肖，皆天也，非人之所能爲也。莫之爲而爲者，天也；莫之致而至者，命也。

張氏云：「『莫之爲而爲者，天也；莫之致而至者，命也』，其發明天人之際深矣。『莫之爲』言無有爲之者，而其爲則天也；『莫之致』言無有致之者，而其至則命也。言天而又言命，天言其統體，而命言其命乎人者也。丹朱之不肖，舜之子亦不肖，而舜、禹之爲相歷年多，施澤之久，故天下歸之。啓賢，能敬承繼禹之道，而益相禹未久，故天下歸啓，此豈有爲之者乎？豈有致之者乎？而其爲也，其至也，則可以曰天與命也……雖然，人君爲不善，而天命去之，則是有所爲而致也，獨不可言天與命歟？孟子蓋亦嘗論之矣，曰：『盡其道而死者，正命也；桎梏死者，非正命也。』蓋如

〔一〕韓愈《對禹問》文。

堯、舜、禹、益之事，理之全而命之正也。若夫爲不善以及於亂亡，則是自絶於天以遏其命，不得謂之得其正矣。然而其爲是事，則有是應，謂之命則可也。」〔一〕

愚按：不肖，人事也；賢，人事也；歷年之多與少，人事也；施澤於民之久與未久，人事也。然皆莫之爲而爲，莫之致而至也，故曰天也、命也，其實則皆人也，歸於賢而已矣！

匹夫而有天下者，德必若舜禹，而又有天子薦之者，故仲尼不有天下。

愚按：仲尼之德非必不若舜、禹也，以無天子薦之，故不有天下。

繼世而有天下，天之所廢，必若桀、紂者也，故益、伊尹、周公不有天下。

（方云：「故益、伊尹、周公不有天下」，是因益而並論伊、周也。下文申明伊尹之不有天下，而周公之不有天下，只説猶益之於夏。伊尹之於殷，不必論説。文極簡古。若復將周公事叙一番，則繁冗矣。）〔二〕

張氏云：「孟子因論堯、舜、禹禪繼之事，而遂及於『匹夫有天下』與『繼世有天

〔一〕張栻《孟子説》卷五。
〔二〕唐先生《孟子新讀本》所引。

下』之理。而論伊、周、孔子之事，所以極乎天命之微也。『匹夫而有天下，德必若舜、禹，而又有天子薦之者』，仲尼之不有天下，則以無薦之於天者也，此天也。『繼世以有天下』者，必其惡如桀、紂，而後爲天所廢。不然，則其繼世固宜，故益、伊尹、周公雖德盛而不有天下也。」[一]

愚按：「繼世以有天下」者，其先世皆有大功德於民，非有桀、紂之主，則不至斬其澤也。故敬承先世者，修德爲善，不可稍怠也。

伊尹相湯以王於天下。湯崩，太丁未立，外丙二年，仲壬四年。太甲顛覆湯之典刑，伊尹放之於桐。三年，太甲悔過，自怨自艾，於桐處仁遷義。三年，以聽伊尹之訓己也，復歸於亳。

張氏云：「太甲雖不敬於始，伊尹放之於桐，使之改行。及其克終，則奉而歸之，皆順天命也。」[二]

王氏船山云：「趙氏以二年、四年爲在位之年，蓋殷道立弟，次及嫡長子，則太丁

[一] 張栻《孟子説》卷五。
[二] 張栻《孟子説》卷五。

薨而外丙、仲壬踵立，以傳太甲，其制然也。程子破其説，以年爲歲，湯壽百齡，豈九十有八而生子乎……若夫太甲宅憂桐宮者，爲之後者爲之子，太甲嗣仲壬，則爲仲壬居喪如嗣子也。湯墓在桐，仲壬之墓亦在桐，古者墓兆以昭穆祔葬，無各爲陵邑之制也。」〔一〕

愚按：伊尹之放太甲也，非其志之高則篡也。太甲之處仁遷義也，薰伊尹之德而善良也。曰：「聽伊尹之訓己也。」伊尹爲之師也。人君能得聖賢爲之師，則無形之中有以遷善改過，而享國遂得以長久。古語曰：「能自得師者王，謂人莫己若者亡。」

周公之不有天下，猶益之於夏，伊尹之於殷也。

愚按：益之於夏，勤勞而已，其心無所苦也。至伊尹而用心苦矣。至周公而用心尤苦，讀《詩》至《鴟鴞》《東山》《常棣》諸篇，《閔予小子》《敬之》《小毖》諸篇，讀《書》至《金縢》《無逸》諸篇，周公之用心，惟知爲君、爲天下，初無絲毫私意於其間也，順天之至也。

〔一〕王夫之《四書稗疏》之《孟子》卷一「外丙仲壬」條。

孔子曰：『唐、虞禪，夏后、殷、周繼，其義一也。』

張氏云：「一者何也？亦曰奉天命而已矣！而司馬君實、蘇子由各以其私意立論，愚不得而不辨也。司馬氏之論曰：『禹子果賢而禹薦益，使天下自擇啓而歸焉，是飾僞也。益知啓之賢得天下之心已不足以間，而受天下於禹，是竊位也。禹以天下授益，啓以違父之命而爲天子，是不孝也。惡有飾僞、竊位、不孝之人而謂之聖賢哉？』〔一〕此未知禹不得授之於益，益不得受之於禹也。禹以益之賢，使宅百揆，而薦之於天耳。禹崩，益以冢宰率天下行三年喪。喪終，則避位焉。禹之子啓賢而天下歸之，固其所也。禹也，益也，啓也，皆豈能加毫末於此哉？蘇氏之論曰：『使舜、禹避之，天下歸之，而堯、舜之子不順，將使天下而廢其子歟？將奉其子而違天下歟？而事之至逆，由避致之也。至益不度天命而受命於禹，禹遜之而天下不從，而後不敢爲。匹夫猶且耻爲之，而謂益爲之哉？』〔二〕此尤不思之甚者也。舜、禹豈有富天下之意乎哉？終其事而避其位，若天下歸吾君之子，固其所也，而天下歸之，自不舍耳。

〔一〕司馬光《疑孟》之「夏禹」文，見載《增廣司馬温公全集》卷一〇一。
〔二〕蘇轍《舜禹受禪》文，見載《歷代名賢確論》卷一一「二帝三代通論（上）」。

舜、禹若逆計其利害而遽自立，則是何心哉？益爲禹所薦，故終其冢宰之事，三年喪畢，避啓箕山。天下歸啓，益固得其所也，而以私意得失輕重聖賢，何其不之思歟？」〔一〕

愚按：唐、虞禪，人心歸舜與禹也。夏后、殷、周繼，人心歸啓與太甲、成王也。其權皆在民也，其義一也。不當禪而思禪者，燕子噲是也。不當繼而思繼者，秦二世是也，皆不得乎人心也。知人心之趨向，乃知民權之宜重也。是故民以君爲天，不得而違法也。君亦以民爲天，不得而違法也。法尊而義定，天下無爭亂之事矣。

7　萬章問曰：「人有言：『伊尹以割烹要湯。』有諸？」

愚按：伊尹任天下之事，即不免叢天下之怨，謡諑因之紛起，故古書中毁伊尹處甚多，如《楚詞·天問》云：「水濱之木，得彼小子，夫何惡之，媵有莘之婦。」及此章「割烹要湯」等，皆是。乃知任事者必先任天下之怨，雖蒙天下之毁而弗恤也。

孟子曰：「否，不然。伊尹耕於有莘之野，而樂堯舜之道焉。非其義也，非其道也，禄

〔一〕張栻《孟子説》卷五。

之以天下弗顧也，繫馬千駟弗視也。非其義也，非其道也，一介不以與人，一介不以取諸人。

愚按：氣節即俗所謂氣骨。爲人而無氣骨，豈能任天下之事。此節道、義二字，當與養氣章「其爲氣也，配義與道」參看，蓋氣節之根柢也。「禄之以天下」謂尊以天子之禄，「繫馬千駟」謂與以千乘之國，「一介不取與」即不受天下、千駟之根本。聖人之視一介，固無異於天下、千駟也。惟一介之取與，必折衷於道義，所以能自任以天下之重。

湯使人以幣聘之，囂囂然曰：『我何以湯之聘幣爲哉？我豈若處畎畝之中，由是以樂堯舜之道哉？』

愚按：兩「我」字當注意，所以重視己身不輕出也。

湯三使往聘之。既而幡然改曰：『與我處畎畝之中，由是以樂堯舜之道，吾豈若使是君爲堯舜之君哉？吾豈若使是民爲堯舜之民哉？吾豈若於吾身親見之哉？

羅氏羅山云：「處則以其道修於一身，達則以其道行於天下，或出或處，此心原無二致。三聘而後幡然者，平時以道自重，不肯苟進；至此感湯之誠，而又知湯之可與大有爲，始起而應之，非前此無堯舜君民之心，至此始幡然改圖也。堯舜其民，其

本領在我，不待擇民而後治。堯舜其君，則必其君之可與有爲而後可。三聘後應，亦審於擇主之道也。」[一]

（以下數節，氣象何等廣闊！有此等胸襟，此等志氣，此等學問，方有此等文章。）[二]

愚按：一「我」字，三「吾」字當注意。所以重視己身，當爲天下而出也。「吾豈若於吾身親見之」，蓋於畎畝之中，經畫天下之事，已早有成竹矣。

天之生此民也，使先知覺後知，使先覺覺後覺也。予天民之先覺者也，予將以斯道覺斯民也，非予覺之而誰也？』

（此節忽插入伊尹平日之言，文特奇突。）[三]

愚按：三「予」字當注意，挺然自任，非嘐嘐然爲大言也，有豪傑之性質，兼有聖賢之學問也。不言先聖先哲，而云先知、先覺，見非常之人，務在牖民之知覺。而生

[一] 羅澤南《讀孟子劄記》卷二。
[二] 唐先生《孟子新讀本》批語。
[三] 唐先生《孟子新讀本》批語。

民之知覺不齊，奚翅恒河沙數！如何而普及以覺之？如何而分等差以覺之？要必有大經綸、大學問以統籌分置於其間，非可空言也。

思天下之民，匹夫匹婦有不被堯舜之澤者，若己推而内之溝中。其自任以天下之重如此，故就湯而説之以伐夏救民[一]**。**

（此節忽插入伊尹本心之志，文更奇突。）[二]

愚按：「己」字、「自」字當注意。惟自待高，故自任重。惟不失己，故能救民。「思天下之民」與「禹思天下有溺，稷思天下有飢」，二「思」字正同。此思也，何其大也。聖人之所爲先天下之憂而憂也，乃救世之苦心也！讀張子《西銘》云：「民吾同胞，物吾與也。」又曰：「凡天下之疲癃殘疾、惸獨鰥寡，皆吾兄弟之顛連而無告者也。」亦有此廣大之氣象。「故就湯而説之以伐夏救民」爲一句，俗讀分作二句，便無力。

吾未聞枉己而正人者也，況辱己以正天下者乎？聖人之行不同也，或遠或近，或去或

[一] 此從先生之意讀爲一句。

[二] 唐先生《孟子新讀本》批語。

不去，歸潔其身而已矣。

愚按：兩「己」字、一「身」字當注意，皆重視己身也，當與「枉尺直尋」節參看。「或遠或近，或去或不去」，聖人之行，令人神往。「歸潔其身」，潔字更有味。「高尚其事」[一]固潔也，「拔茅貞吉」，[二]亦所以爲潔也。

吾聞其以堯舜之道要湯，未聞以割烹也。

愚按：「堯舜之道」，豈可以要君？乃甚言其不要爾。

《伊訓》曰：『天誅造攻自牧宮，朕載自亳。』」

趙注：「牧宮，桀宮也……載，始也……湯曰：『我始與伊尹謀之於亳。』遂順天而誅也。」[三]

愚按：人生當世，懼不能擔任天下之事而已。吾嘗謂人者，任也；士者，事也。必能擔任天下之事，始不愧爲士，不愧爲人。此章書，專以我字、予字、己字、自字作

[一]《易・蠱》上九爻辭：「不事王侯，高尚其事。」
[二]《易・否》初六象辭：「拔茅貞吉，志在君也。」唐先生舉《易》説明出世與入世皆無分彼此，關鍵在潔身自愛。
[三]趙岐《孟子章句》卷九。「桀宮也」，趙氏原文無「也」字。「遂順天而誅也」句，「誅」後有「之」字。

綫索，見古聖人於天下事，有挺然自任之志。而末又贊之曰：「歸潔其身而已矣。」見吾身之在天地間至爲貴重。

夫吾身曷爲而可貴？爲能任天下之事也。若萎薾不任事，何足以爲貴。且吾身曷爲而可貴？爲其學道也。若空疏無學，或雖學而無實用，烏足以任事，又何足以爲貴。且吾身曷爲而可貴？爲其至潔也。若猥瑣齷齪，烏足以任事，更何足以爲貴。

如是而知聖人潔身之行，必先嚴義利之辨。蘇東坡《伊尹論》曰：「天下之大而不足以動其心，則天下之大節有不足立，而大事有不足辨者矣……簞食豆羹，非其道不取，則一鄉之人莫敢以不正犯之矣。一鄉之人莫敢以不正犯之，而不能辨一鄉之事者，未之有也。推此而上，其不取者愈大，則其所辨者愈遠矣。」又曰：「天下不能動其心，故其才全。以其全才而制天下，故臨大事而不亂。古之君子，必有高世之行，非苟求爲異而已。卿相之位，千金之富，有所不屑，將以自廣其心，使窮達利害不能爲之芥蔕，以全其才而欲有所爲耳。」〔一〕斯雖文章家言，而持義頗精。

余嘗論修身之要：學問猶堂屋也，行誼猶基址也。基址不堅，堂屋圮壞，人生學

〔一〕蘇軾《伊尹論》文。唐先生略去起筆之「夫」字。

問縱極邃美，而行詣不完，貨財是徇，一旦名譽掃地，無以取信於天下之人，即不能復辨天下之事，深可痛也。且人度量相越，各有不同，有操持一介，而失守於數十金百金者矣；有操持於數十金百金，而失守於千金萬金者矣。愈勘則愈細，愈大則愈難。惟古之聖人，爲能精於觀人，而尤嚴於律己。律己之方，首嚴義利。

伊尹凡事折衷於道義，自一介之細，推而極於天下、千駟之重。初無二致，非謂天下、千駟之不足重也，以天下、千駟猶不如吾身之重也。又以吾身之重加乎天下、千駟之上，故吾身之潔，雖以天下、千駟而亦有所不屑也。吾聞潔其身而任天下之事者矣，未聞失其身而能任天下之事者也。是故士而有志於當世之事，先自不屑不潔始，而近世豪傑之士，不知求聖賢學問，徒欲枉道以求人，卒至身敗名裂，惜哉惜哉！

8　萬章問曰：「或謂孔子於衛主癰疽，於齊主侍人瘠環，有諸乎？」孟子曰：「否，不然也。好事者爲之也。

朱注：「主，謂舍於其家，以之爲主人也。癰疽，瘍醫也。侍人，奄人也……好事，謂喜造言生事之人也。」

（方云：此章以義、命二字爲主。不主癰疽與侍人，無可佐證，故以不主彌子事

觀之，可見矣；以主司城貞子事觀之，可推矣。末節以「觀遠臣以其所主」一句，結明觀人之法，以定俗語之誣，文境整飭。）[一]

於衛主顏讎由。彌子之妻與子路之妻，兄弟也。彌子謂子路曰：『孔子主我，衛卿可得也。』子路以告，孔子曰有命。孔子進以禮，退以義，得之不得曰『有命』。而主癰疽與侍人瘠環，是無義無命也。

張氏云：「衆人不知有命，故於其無益於求者，强求而不止。若賢者則安於命矣，知命之不可求也，故安之。若夫孔子所謂有命者，則義、命合一者也。故孟子發明之曰：『孔子進以禮，退以義，得之不得曰「有命」。』非聖人擇禮義而爲進退。聖人進退，無非禮義。禮義之所在，固命之所存也。此所謂義、命之合一者也。」[二]

愚按：彌子，衛之幸臣，曾謂孔子而肩主之乎？「進以禮，退以義」，其氣象何從容也。「得之不得曰有命」，其言詞何委婉而決絶也。夫莫之致而至者，命也。命者迹近於渺茫，而聖賢有時或言命者，蓋君子任理，小人任數，言理足以範圍君子，言數

[一] 唐先生《孟子新讀本》批語。
[二] 張栻《孟子說》卷五。

足以範圍小人。若有命之説廢，則小人之寅緣奔競，更將無所忌憚，世道更至於不可救藥。而實則得之不得，固非人力之所能爲，此孔子所由以有命之説曉彌子也。彌子者小人也，告之以義，雖千百言而不悟，曉之以命，則憬然悟矣。

孔子不悦於魯、衛，遭宋桓司馬，將要而殺之。微服而過宋，是時孔子當阨，主司城貞子，爲陳侯周臣。

朱注：「《史記》：『孔子爲魯司寇，齊人饋女樂以閒之，孔子遂行。適衛月餘，去衛適宋。司馬魋欲殺孔子，孔子去至陳，主於司城貞子。』」〔一〕

王氏船山云：「『微服而過宋』，過者，不留之辭，則未嘗信宿而無所主矣。《集注》以貞子爲宋大夫，遽司城，宋官耳。……孔子不得於魯、衛，在定、哀之際。宋之六卿，未聞有貞子以賢著……宋與陳皆三恪之後，建官略同。宋有司城，陳亦有之。陳有司敗，亦有司城。陳地適當宋之南境，一免宋阨，即入陳地……貞子爲陳臣無疑也。乃陳自復封以後，唯有惠公吴、懷公柳、閔公越，以迄於亡，無有所謂『陳侯周』者。周非陳侯之名，乃『周之則受』之周，其稱臣者，所謂公養之仕也。夫子遭阨，至

〔一〕朱子《孟子集注》所引《史記》文，乃綜述大意，非《孔子世家》原文。

陳而窮，暫爲陳侯公養之臣，其不妄進亦見矣。」〔一〕

愚按：《易》曰：「履道坦坦，幽人貞吉。」〔二〕《中庸》曰：「素患難行乎患難。」君子之於道也，「造次必於是，顛沛必於是」。〔三〕處患難顛沛之際而能不失其正者，所性分定故也。非然者，履險而失其道，進退將無所據矣。

吾聞觀近臣，以其所爲主；觀遠臣，以其所主。若孔子主癰疽與侍人瘠環，何以爲孔子？」

張氏云：「『觀近臣以其所爲主，觀遠臣以其所主』，此泛言觀人之法，豈獨爲人臣者所當知，爲人君者尤當明此義也。苟能以其所主觀遠臣，以其所爲主觀近臣，則遠近交見，而無蔽於耳目之私矣。孟子因論孔子而及於此，實觀人之要也。」〔四〕

愚按：君子觀人，觀其取友而已。取友不端，其人可知。後世如商鞅之徒，藉口變法，而以景監進，無義無命，卑鄙齷齪，非不獲一時之榮，而死期已至矣。士君子縱

〔一〕王夫之《四書稗疏》之《孟子》卷一「司城貞子」條。
〔二〕《易·履》卦九二爻辭文。
〔三〕《論語·里仁》載孔子語。
〔四〕張栻《孟子說》卷五。

不能學孔孟，盍以商鞅爲前車耶？

9 **萬章問曰：「或曰百里奚自鬻於秦養牲者，五羊之皮，食牛，以要秦穆公，信乎？」孟子曰：「否，不然。好事者爲之也。**

張氏云：「戰國之際，好爲此論以汙賢者，此非特疾賢惡善之意，蓋其所爲類此，而欲借賢以自班耳。」[一]

（方云：此章以賢、智二字爲主。百里奚不要秦穆公，無證佐，只有就不諫虞公一事，反覆推明，以見其賢智；既是賢智，則必無此事，純是空中樓閣，真靈妙之文也。）[二]

愚按：《史記》：「晉獻公滅虞、虢，虜虞君與大夫百里奚……既虜百里奚，以爲秦穆公夫人媵於秦，百里奚亡秦走宛，楚鄙人執之。穆公聞百里奚賢，欲重贖之，恐楚人不與，乃使人謂楚曰：『吾媵臣百里奚在焉，請以五羖羊皮贖之。』楚人遂許與

[一] 張栻《孟子説》卷五。
[二] 唐先生《孟子新讀本》所引。

之。」當是時，百里奚年已七十餘。繆公釋其囚，與語國事……因問，語[一]三日，繆公大説，授之國政，號曰『五羖大夫』。」[二]萬章所言百里奚自鬻於秦養牲者之家，得五羊之皮而爲之食牛，疑即因此而傳訛也。

百里奚，虞人也。晉人以垂棘之璧，與屈産之乘，假道於虞以伐虢。宫之奇諫，百里奚不諫。

愚按：《穀梁傳》：「晉獻公欲伐虢，荀息曰：『君何不以屈産之乘，垂棘之璧，而借道乎虞也？』公曰：『此晉國之寶也，如受吾幣而不借吾道，則如之何？』荀息曰：『此小國之所以事大國也。彼不借吾道，必不敢受吾幣；如受吾幣而借吾道，則是我取之中府而藏之外府，取之中廐而置之外廐也。』公曰：『宫之奇存焉，必不便受之也。』荀息曰：『宫之奇之爲人也，達心而懦，又少長於君。達心則其言略，懦則不能彊諫，少長於君，則君輕之。且夫玩好在耳目之前，而患在一國之後，此中知以上乃能慮之。臣料虞君中主以下也。』公遂借道而伐虢。宫之奇諫曰：『晉國之使者，其

[一]「因問語」三字據《史記·秦本紀》原文補入。
[二]《史記·秦本紀》文。

辭卑而幣重，必不便於虞。』虞公弗聽，遂受其幣而借之。宮之奇諫曰：『語曰：「脣亡則齒寒，其斯之謂與！」』挈其妻子以奔曹。」〔一〕

乎？不可諫而不諫，可謂不智乎？知虞公之將亡而先去之，不可謂不智也。時舉於秦，知穆公之可與有行也而相之，可謂不智乎？相秦而顯其君於天下，可傳於後世，不賢而能之乎？自鬻以成其君，鄉黨自好者不爲，而謂賢者爲之乎？」

知虞公之不可諫而去之秦，年已七十矣，曾不知以食牛干秦穆公之爲汙也，可謂智

張氏云：「『自鬻以成其君』〔二〕，成之爲言，求成之成，定交之謂也。自鬻之事，雖鄉里知自好者不爲也，使奚爲之，則其人可見矣，豈復能爲前數者哉？雖然，百里奚不諫虞公而去之，可得謂之忠乎？傳曰：『百里奚愚於虞而智於秦。』〔三〕蓋百里奚不得用於虞，在不必諫之地也。故知其不可諫而不諫，亦不忍坐待其亡，以爲仇讎之民，故引而去之，此所以爲智也。不然，百里奚在當諫之地而不諫，則是不忠之臣也，

〔一〕《春秋穀梁傳》僖公二年文，此「古文」典範，唐先生全録，以便學者。
〔二〕「自鬻以成其君」，張栻《孟子説》原文「而肯自鬻以成其君乎」爲設問句，唐先生稍改字句。
〔三〕《漢書·韓信傳》語。

而何以爲智乎？」[一]

（屈曲盤施，純用詰難法，折出一賢字。筆鋒淩厲無前。）[二]

愚按：所貴乎人者，能自好也。不能自好，何以成人？司馬遷《貨殖傳》曰：「夫趙女鄭姬設形容，揳鳴琴，揄長袂，躡利屣，目挑心招，出不遠千里，不擇老少者，奔富厚也。」[三]此乃所謂自鬻也。稍有良知者而忍爲之乎？管子曰：「禮義廉耻，國之四維。四維不張，國乃滅亡。」禮義廉耻，端賴吾人之本身以提倡。乃近世士大夫迫於生計，氣節蕩然，藜藿難甘，牛衣對泣，遂至自鬻其身，而不自顧惜，嗟乎！嗟乎！豈知士貧而不可賤乎？骨堅而不可脆乎？身貴而不可鬻乎？魏李康《運命論》曰：「道之將廢也，命之將賤也，豈獨君子耻之而弗爲乎？蓋亦知爲之而弗得也。」[四]李康文學之士，尚能爲此言，而況聖賢之徒乎？吾願鄉黨之士常誦此章，毋喪失其自好之性，並敗壞其自好之俗也。

[一] 張栻《孟子説》卷五。
[二] 唐先生《孟子新讀本》批語。
[三] 《史記·貨殖列傳》文，原文起句有「今」字。
[四] 李康《運命論》文，載《昭明文選》卷五三。

孟子大義卷十

萬章下

1 孟子曰：「伯夷，目不視惡色，耳不聽惡聲。非其君不事，非其民不使。治則進，亂則退。横政之所出，横民之所止，不忍居也。思與鄉人處，如以朝衣朝冠坐於塗炭也。當紂之時，居北海之濱，以待天下之清也。故聞伯夷之風者，頑夫廉，懦夫有立志。

張氏云：「伯夷目不視惡色，耳不聽惡聲，凡色之過乎目，聲之接乎耳，固不得而遁也。而所以視、所以聽，則在我也。於惡色惡聲，視聽不加焉，則其立心高而守己固矣。」〔一〕

〔一〕張栻《孟子説》卷五。

（方云：此合傳體也。以孔子爲主，故論贊處，專重孔子。）〔一〕

愚按：横，暴也。横政壓其民，横民亂其政。横政所出，皆朘削貪酷之端；横民所止，皆乖戾欺詐之象，是以不忍見而不忍聞也。是惟聖之時者能救之，次焉者避之而已。救之之道奈何？横政當反之以寬仁，横民當化之以教育。伯夷氣節之士，能以剛善矯柔惡者也。

伊尹曰：『何事非君？何使非民？』治亦進，亂亦進。曰：『天之生斯民也，使先知覺後知，使先覺覺後覺。予天民之先覺者也，予將以此道覺此民也。』思天下之民，匹夫匹婦有不與被堯舜之澤者，若己推而内之溝中，其自任以天下之重也。

愚按：「何事非君」四句，與孟子所云「處畎畝之中，湯三使往聘」之事未合，疑傳聞異辭，或此數語在太甲時之言也。

柳下惠，不羞汙君，不辭小官。進不隱賢，必以其道；遺佚而不怨，阨窮而不憫；與鄉人處，由由然不忍去也。『爾爲爾，我爲我，雖袒裼裸裎於我側，爾焉能浼我哉？』故聞柳下惠之風者，鄙夫寬，薄夫敦。

〔一〕唐先生《孟子新讀本》所引。

張氏云：「柳下惠雖事汙君而不羞，居小官而不辭，然其進也，未嘗隱賢焉，未嘗不以其道焉，此所以爲柳下惠也，不然則是枉己苟仕而已矣。雖然，以三子而論之，伊尹其最高乎。故於伯夷之風，則以爲聞之者頑夫廉、懦夫有立志；於柳下惠之風，則以爲聞之者鄙夫寬、薄夫敦；而獨不言伊尹之風，所被者廣也。亦猶論流弊，於二子有隘與不恭之言，而不及伊尹也。」〔一〕

陳氏蘭甫云：「趙邠卿謂：『孟子反覆差次伯夷、伊尹、柳下惠之德……數章陳之……蓋其留意者也。』〔二〕澧按：此亦古書之文，而孟子述之也。蓋天下風俗之壞，總不出頑、懦、鄙、薄四者，惟廉、立、寬、敦，可以救之。夷、惠實百世之師，其曰『君子不由』者，師其清，不由其隘；師其和，不由其恭耳。」〔三〕

愚按：柳下惠和藹之士，蓋能以柔善矯剛惡者也。張氏、陳氏之說，均極精確。或疑夷、惠爲「百世之師」，而伊尹不與，以爲伊尹有放君之事，其行亞於夷、惠。不知伊尹

〔一〕張栻《孟子說》卷五。
〔二〕陳澧所引趙岐《孟子章句》云：「孟子反覆差伯夷、伊尹、柳下惠之德，以爲足以配於聖人，故數章陳之，猶詩人有所誦述至於數四，蓋其留意者也。」
〔三〕陳澧《東塾讀書記》卷三《孟子》。

立天下之大節，任天下之大事，樂堯舜之道，施堯舜之澤，幾幾乎爲萬世之師矣。是以程子門人，亦有伊尹出處合乎孔子之問〔一〕，惟非有大過人之德行才識，恐未易學之耳。

孔子之去齊，接淅而行；去魯，曰：『遲遲吾行也。』去父母國之道也。可以速而速，可以久而久，可以處而處，可以仕而仕，孔子也。」

張氏云：「孔子，天也〔二〕。其去齊，接淅而行，去魯則曰『遲遲吾行也』，蓋其速也、其遲也，皆道之所在也。曰『可以速而速，可以久而久，可以處而處，可以仕而仕』，比《公孫丑章》所云，易一『則』字耳，而尤見從容不迫，與時偕行之意也。」〔三〕

孟子曰：「伯夷，聖之清者也；伊尹，聖之任者也；柳下惠，聖之和者也；孔子，聖之時者也。

（以上皆古書之文，而孟子引之，故論斷别加「孟子曰」三字，猶《公孫丑篇》伯夷隘一節之例。）〔四〕

〔一〕此問見引於朱子《孟子集注》當句注下。
〔二〕張栻《孟子説》原文「若孔子則天也」。
〔三〕張栻《孟子説》卷五。
〔四〕唐先生《孟子新讀本》批語。

愚按：孔子之聖，生而知之者也；三子之聖，亦生而知之者也。惟生而自然者乃謂之聖，勉而至焉者非聖也。然聖人之氣質亦不能無所偏。清者，陽剛之善者也；和者，陰柔之善者也；任者，兼陰陽剛柔之善者也。又曷言乎時也？《易傳》曰：「與四時合其序。」孔子秉陰陽剛柔之善性，而能以時出之，若太和元氣之流行於四時，故謂之時。蓋聖人陰陽剛柔之性，既無不得其中，故其喜怒哀樂之發，亦無不得其當，所謂物來而順應者也。故時措之宜也，非趨時也。

《易傳》又曰「時義」，曰「時用」，聖人之道，或出或處、或默或語，能以吾心之消息，應人心之消息，而即以感天下之消息。時之爲義、爲用，大矣哉！《周易》六十四卦，時而已矣。「經禮三百，曲禮三千」[一]，時而已矣。無行不與，如雨之化，時而已矣。講學淑世，非時不通。化民成俗，非時不純。《易傳》有曰：「終日乾乾，與時偕行。」[二]時乎！時乎！豈詭隨者所得假其名乎！

孔子之謂集大成。集大成也者，金聲而玉振之也。金聲也者，始條理也；玉振之也

[一]《禮記·禮器》文。

[二]《易·乾》卦象辭文。

者，終條理也。始條理者，智之事也；終條理者，聖之事也。

張氏云：「所謂集大成者，言集乎道之大成也。金聲而玉振之者，樂之始作以金奏，而以玉聲終之。言孔子之道，始終純一，而無不盡者也。因論孔子而遂推言學聖人始終之義，使學者有所馴而進焉。『始條理』即《易》所謂『知至至之』，『終條理』即《易》所謂『知終終之』，此未及乎聖、智也。學者從事於此，固所以爲聖、智之道也。故曰『智之事』『聖之事』。條理云者，言有序而不紊也。夫所謂終條理者，即終其始條理者也。致知力行，蓋互相發，然知常在前，故有始終之異也。」[一]

愚按：《周官》「六德」[二]曰知、仁、聖、義、中、和。知在聖之先，而《中庸》之贊舜，亦不過曰「大知」[三]。蓋孔子雖係生知之聖，復能窮理盡性，通達萬變，故不獨爲聖之極，尤爲智之極，而非三子所能幾也。

智譬則巧也，聖譬則力也。由射於百步之外也，其至，爾力也；其中，非爾力也。」

[一] 張栻《孟子説》卷五。
[二] 《周禮・地官・司徒》文。
[三] 《中庸》引孔子語：「舜其大知也與！執其兩端，用其中於民，其所以爲舜乎！」

朱注：「此復以射之巧力，發明聖、智二字之義，見孔子巧力俱全，而聖智兼備，三子則力有餘而巧不足，是以一節雖至於聖，而智不足以及乎時中也。」

張氏云：「夫射於百步之外〔一〕，而至於百步者，由夫力也。力可勉也，而其中鵠，則非力之可爲，由夫巧也。智譬則巧者，言其妙於中也；聖譬則力者，言其能至也。若三子者，其用力可謂至極矣，故於其清、任、和者，皆以聖名之，以言其於是三者臻其極也。然方之孔子，終有所未及者，非其力之不至也，於聖人大而化之者，猶有所憾。蓋其智於是三者之外，未能盡中也。孔子則智、聖俱極者也，論學則智、聖有始終之序，語道則聖之極是智之極也。惟孔子爲盡之，故三子不能班也。」〔二〕

2 **北宫錡問曰：「周室班爵禄也，如之何？」**

趙注：「北宫錡，衛人。班，列也。」〔三〕

〔一〕「於百步之外」五字原脱，據張栻《孟子説》補入。
〔二〕張栻《孟子説》卷五。
〔三〕趙岐《孟子章句》卷一〇。

孟子曰：「其詳不可得聞也。諸侯惡其害己也，而皆去其籍。然而軻也，嘗聞其略也。

趙注：「詳，悉也，不可得備知也。諸侯欲恣行，憎惡其法度妨害己之所爲，故滅去典籍。今《周禮》司禄之官無其職，是則諸侯皆去之，故使不復存也……略，麤也，言嘗聞其大綱如此。」〔一〕

張氏云：「戰國之時，天王之名號僅存，而其法廢也久矣。諸侯僭越常度，惡其害己，并與其籍而去之。雖曰諸侯之罪，而周之失政亦已久矣。故曰：『文武之政，布在方策。其人存，則其政舉；其人亡，則其政息。』〔二〕豈不然哉？孟子答北宮錡之問，蓋出於師友之所傳，故家遺俗之所聞者，雖曰其略，而大綱可得而推矣。」〔三〕

天子一位，公一位，侯一位，伯一位，子、男同一位，凡五等也。君一位，卿一位，大夫一位，上士一位，中士一位，下士一位，凡六等。

〔一〕趙岐《孟子章句》卷一〇。趙氏原文句末有「矣」字。
〔二〕《中庸》引孔子語。
〔三〕張栻《孟子説》卷五。

趙注：「公，謂上公九命及二王後也。自天子以下，列尊卑之位，凡五等。」「諸侯法天子，臣名亦有此六等：從君下至於士也。」[一]

朱注：「此班爵之制也，五等通於天下，六等施於國中。」

天子之制，地方千里，公侯皆方百里，伯七十里，子、男五十里，凡四等。不能五十里，不達於天子，附於諸侯，曰附庸。

朱注：「此以下，班禄之制也。不能，猶不足也。小國之地不足五十里者，不能自達於天子，因大國以姓名通，謂之附庸。」

天子之卿，受地視侯，大夫受地視伯，元士受地視子、男。

趙注：「視，比也。天子之卿、大夫、士所受采地之制也。」[二]

大國地方百里，君十卿禄，卿禄四大夫，大夫倍上士，上士倍中士，中士倍下士，下士與庶人在官者同禄，禄足以代其耕也。

[一] 趙岐《孟子章句》卷一〇。趙氏原文句末無「也」字。
[二] 趙岐《孟子章句》卷一〇。趙氏原文句末無「也」字。

趙注：「公侯之國爲大國。卿禄居於[一]君禄十分之一也，大夫禄居於卿禄四分之一也，上士之禄居於大夫禄二分之一也，中士、下士轉相倍，庶人在官者，未命爲士也，其禄比上農夫，士不得耕，以禄代耕也。」[二]

顧氏亭林云：「爲民而立之君，故班爵之意，天子與公侯伯子男一也，而非絶世之貴。代耕而賦之禄，故班禄之意，君、卿大夫、士與庶人在官一也，而非無事之食。是故知天子一位之義，則不敢肆於民上以自尊。知禄以代耕之義，則不敢厚取於民以自奉。不明乎此，而侮奪人之君，常多於三代之下矣。」[三]

羅氏羅山云：「班爵禄之制，孟子自言未聞其詳。其與周先王之法，固有不能盡合者，然而班爵禄之規模，已具其中。惟地之廣狹、禄之多寡，或不盡如此耳。公、卿、大夫、士之禄，率皆以民爲定，從一夫受田百畝起數，等而上之，至於君，至於天子，此是制禄大綱領，若綱在綱，有條而不紊。蓋立君設官以爲民也，上勞心以治下，下即竭力以奉上。其位卑者任民之事少，則受民之供亦少；其位尊者任民之事多，

[一] 趙氏原文無「於」字。
[二] 趙岐《孟子章句》卷一〇。
[三] 顧炎武《日知録》卷七「周室班爵禄」條。

則受民之供亦多。官因民設，禄由田定，或隆或殺，莫不因乎自然之道。觀乎此制，不特以見君民之一體，而凡受民之供賦者，尤不可侈然享其厚禄，而不以民事爲心也。先王治天下之法，率由井田而推。官禄之多寡以此定，建國之大少以此分，凡夫學校兵賦，無不範圍其中。故非封建無以維井田，非井田無以定封建。嬴秦暴虐，舉先王之良法美意而盡壞之，罪可勝誅哉？」〔一〕

次國地方七十里，君十卿禄，卿禄三大夫，大夫倍上士，上士倍中士，中士倍下士，下士與庶人在官者同禄，禄足以代其耕也。

趙注：「伯爲次國，大夫禄居卿禄三分之一也。」〔二〕

小國地方五十里，君十卿禄，卿禄二大夫，大夫倍上士，上士倍中士，中士倍下士，下士與庶人在官者同禄，禄足以代其耕也。

趙注：「子男爲小國，大夫禄居卿禄二分之一也。」〔三〕

〔一〕羅澤南《讀孟子劄記》卷二。
〔二〕趙岐《孟子章句》卷一〇。
〔三〕趙岐《孟子章句》卷一〇。

耕者之所獲，一夫百畝。百畝之糞，上農夫食九人，上次食八人，中食七人，中次食六人，下食五人。庶人在官者，其禄以是爲差。」

朱注：「獲，得也。一夫一婦，佃田百畝，加之以糞，糞多而力勤者爲上農，其所收可供九人。其次用力不齊，故有此五等。庶人在官者，其受禄不同，亦有此五等也……此章之説，與《周禮》《王制》不同，蓋不可考，闕之可也。」〔一〕

王氏船山云：「《集注》云：『加之以糞，糞多而力勤者爲上農。』其説本之趙注，蓋以糞爲矢穢也〔二〕。歷考古人文字，無有呼矢爲糞者。糞之爲言除也，故《春秋傳》曰：『糞除宗廟。』〔三〕《禮》云：『爲長者糞。』〔四〕此言百畝之糞，繫之耕者之所獲之後，則是從獲而計之，而非追論其既往力耕之事……龍子曰：『凶年，糞其田而不足。』豈凶年之矢穢亦不足乎？糞者，除也，謂除種穀饁食奇零餘剩，而計其整數也。凡食若干人整數也。古今使字用義，固不相若，呼矢爲糞者，以矢穢必除去之借用。孟子以

〔一〕朱子《孟子集注》於「此章之説」前有「愚按」。
〔二〕趙岐《孟子章句》謂：「一夫一婦佃田百畝，百畝之田加之以糞，是爲上農夫。」朱子注本此，故云。
〔三〕文見《左傳·昭公三十一年》，應作「糞除宗祧」。
〔四〕文見《禮記·曲禮》：「凡爲長者糞之禮，必加帚於箕上。」

除算爲糞，猶今人言淨數掃數，亦借用。執今人之方言以訓古文，鮮有不滯者矣。」〔一〕

3 萬章問曰：「敢問友？」孟子曰：「不挾長，不挾貴，不挾兄弟而友。友也者，友其德也，不可以有挾也。」

（方云：此章文境，首一提，後一束，中間引證，如一波未平，一波又起，真神乎文者也。）〔二〕

愚按：挾長挾貴，非爲求道德而友也。故孟子曰：挾貴而問、挾長而問，皆所不答也。兄弟至親也，挾之以爲友，非宜也。「友也者，友其德也」，此朋友所以居五倫之一也。曾子曰：「以友輔仁。」〔三〕又曰：「與君子游，如長日加益而不自知也。」〔四〕

愚嘗謂學者品誼之賢否，惟在取友、讀書兩端。交誠正之友，讀賢聖之書，則行誼之高，自在無形之際。非然者，人格不自覺其墮落矣。自後世無道德之交，而朋友一倫

〔一〕王夫之《四書稗疏》之《孟子》卷一「百畝之糞」條。按：唐先生略去王夫之抨擊朱子語。
〔二〕唐先生《孟子新讀本》所引。
〔三〕《論語·顏淵》載曾子語。
〔四〕《大戴禮記·曾子疾病》文。

遂缺。進德無資，實世道之憂也。

孟獻子百乘之家也，有友五人焉：樂正裘、牧仲，其三人，則予忘之矣。獻子之與此五人者，友也，無獻子之家者也。此五人者，亦有獻子之家，則不與之友矣。

愚按：欲交友者，當先學孟獻子。獻子忘其勢者也，故曰：「無獻子之家，此五人者，亦有獻子之家，則不與之友。」五人亦能忘獻子之勢者也。友者，平等也，惟德是視也，無所謂劫也。自人心不古，友道淪胥，舉凡希世苟合之士，蘧蒢戚施之人，蘧蒢，觀人顏色而爲辭，故不能俯；戚施，下人以色，故不能仰。俛仰尊貴之顏，逶迤勢利之間。意無是非，讚之如流；言無可否，應之如響。以闚看爲精神，以向背爲變通。勢之所集，從之如歸市；勢之所去，棄之如脱屣。一旦臨小利害，反眼若不相識，反擠之又下石焉者，皆是也。此昔人作《廣絶交論》〔一〕，所以歎息而不置也。孟子首舉孟獻子，蓋有以也〔二〕。

非惟百乘之家爲然也，雖小國之君亦有之。費惠公曰：『吾於子思，則師之矣；吾於

〔一〕劉孝標之作，批評勢利之交，見録於《昭明文選》卷五五。

〔二〕末筆「孟子首舉孟獻子，蓋有以也」句，唐先生《孟子新讀本》作「吾欲交友，吾思孟獻子」並加圈點。

顔般，則友之矣；王順、長息，則事我者也。』

愚按：欲交友者，宜學費惠公。於子思則師之，可謂能自得師矣。顔般、王順、長息，事無所考。然一則曰「友之」，一則曰「事我」，則固能與師友處，而不與徒隸厮役之人處矣。

惠公者，魯季氏之後，僭稱公也。費，季氏私邑，而孟子稱爲小國之君。「蓋季氏專魯，而自春秋以後，計必自據其邑，如附庸之國矣。大夫之爲諸侯，不待三晉而始然，其來亦漸矣。」說見顧亭林先生《日知録》。〔一〕

非惟小國之君爲然也，雖大國之君亦有之。晉平公之於亥唐也，入云則入，坐云則坐，食云則食。雖蔬食菜羹，未嘗不飽，蓋不敢不飽也。然終於此而已矣，弗與共天位也，弗與治天職也，弗與食天禄也，士之尊賢者也，非王公之尊賢也。

（方云：「蓋不敢不飽也」下，若說「非惟大國之君爲然也，雖天子亦有之，舜尚見帝」云云，亦可，只是文境平板無變化。忽接以「然終於此而已矣」云云，異樣氣勢，異

〔一〕顧炎武《日知録》卷七。

樣生動。)〔一〕

愚按：欲交友者宜學晉平公，然又有當責平公者〔二〕。「入云則入，坐云則坐，食云則食。雖蔬食菜羹，不敢不飽」，其敬恭可謂至矣。然而「弗與共天位，弗與治天職，弗與食天禄」，則謂之不能尊賢可也。位曰天位，職曰天職，禄曰天禄，是位也，職也，禄也，皆天之所命，而非一人之所得私也。然而平公不知也，其意欲尊賢人而牢籠之，而奔走之，庸詎知天下之受我牢籠而奔走於我門者，皆非賢者也？是違天則也，故吾謂當責晉平公〔三〕。

舜尚見帝，帝館甥於貳室，亦饗舜，迭爲賓主，是天子而友匹夫也。

愚按：交友之至者，莫如堯舜〔四〕。堯之友舜也，友其孝也，友其大智也，友其與人爲善也。「館甥貳室，亦饗舜，迭爲賓主」，豈徒然哉？蓋五典百揆之事，時時有以

〔一〕唐先生《孟子新讀本》所引。
〔二〕起筆「欲交友者宜學晉平公，然又有當責平公者」句，唐先生《孟子新讀本》作「吾欲交友，吾師晉平公，又責晉平公」，並加圈點。
〔三〕結筆「故吾謂當責晉平公」句，唐先生《孟子新讀本》作「故吾又責晉平公」，並加圈點。
〔四〕起筆「交友之至者，莫如堯舜」句，唐先生《孟子新讀本》作「吾欲交友，吾師帝堯，吾又師帝舜。」並加圈點。

諮詢之矣。厥後與共天位，順天心也。財成天地之道，輔相天地之宜，天志交而萬物通也，上下交而其志同也，古今交友之道，未有大於此者也。

用下敬上，謂之貴貴；用上敬下，謂之尊賢。貴貴、尊賢，其義一也。」

愚按：貴貴，尚德也；尊賢，亦尚德也，故曰：「其義一也。」朱注云：「當時但知貴貴，而不知尊賢。」其説殊淺。戰國時之所謂貴貴者，趨炎而已爾，非尚德也。惟有道之世，上之人皆有德，故下之對於上，皆致其尊敬之誠，而上之對於下，皆爲平等。其有德者亦必致其尊敬之實，夫然後成泰交之象焉。吾欲交友，吾益信堯舜爲人倫之至，而益思朋友爲五倫之一，其義不可不明於天下。

4 **萬章曰：「敢問交際何心也？」孟子曰：「恭也。」**

愚按：此章萬章諸問，備極精至。交際之道，取與辭受之義，皆當盟之於心，故不曰問道也，曰何心也。而下文又曰「以心卻之」，盟心之學也。人與人相接，禮而已矣。恭敬之心，人皆有之，故孟子曰「恭也」，發於本心也。

曰：「卻之卻之爲不恭，何哉？」曰：「尊者賜之，曰：『其所取之者，義乎不義乎？』而後受之，以是爲不恭，故弗卻也。」

愚按：此亦盟心之説也。「其所取之者，義乎不義乎？」度之於心也。是其不恭，亦發於本心也。而孟子乃言弗卻者，蓋指尊者之賜，非不義之甚者而言爾。

曰：「請無以辭卻之，以心卻之曰：『其取諸民之不義也。』而以他辭無受，不可乎？」

曰：「其交也以道，其接也以禮，斯孔子受之矣。」

朱注：「萬章以爲彼既得之不義，則其餽不可受，但無以言語間而卻之，宜以心度其不義，而託於他辭以卻之。如此可否耶？交以道，如餽贐、聞戒、周其飢餓之類。接以禮，謂辭命恭敬之節。『孔子受之』，如受陽貨蒸豚之類也。」

（方云：「交以道」三句，正意已盡。交以道，接以禮，即下文所謂「兆足以行也」。斯孔子受之，即所謂爲之兆也，特語意渾涵。「萬章曰今有禦人」以下，連作數波，如掀天大浪而來。其駭雜處，氣皆洶湧，須看孟子説得心平氣和。至「爲之兆也」，方將孔子斯受之心事説出。説孔子，即所以明己之心也。）〔一〕

愚按：以心卻之，尤爲盟心慎獨之義。交以道、接以禮，斯孔子受之者，受之於心無愧也。雖然，聖人之精義不易學也，當學賢者之廉隅，於心可無悔。

〔一〕唐先生《孟子新讀本》所引。

萬章曰：「今有禦人於國門之外者，其交也以道，其餽也以禮，斯可受禦與？」曰：「不可。《康誥》曰：『殺越人于貨，閔不畏死，凡民罔不譈。』是不待教而誅者也。殷受夏，周受殷，所不辭也。於今爲烈，如之何其受之？」

趙注：「禦人，以兵禦人而奪之貨，如是而以禮道來交接己，斯可受乎……孟子曰：『不可受也。』《康誥》，《尚書篇》名……殺於人，取於貨，閔然不知畏死者。譈，殺也，凡民無不得殺之者也。若此之惡，不待君之教命，遭人則討之，三代相傳以此法，不須辭問。『於今爲烈』，烈，明法，如之何受其餽也？」〔一〕

王氏船山云：「《集注》云『殺人而顛越之』，人既被殺，則自踣於地，奚待人顛越之乎？按：越者，踰也、行也。越人，越疆而行之商旅也。殺越人于貨，律所謂『攔路劫殺』者是已。附近之人，雖挾重貨，盜猶不敢肆其惡。惟越境孤客，殺之者易其滅口，是以凶人敢試其鋒刃，而人尤爲之飲恨也。」〔二〕

〔一〕趙岐《孟子章句》卷一〇。「遭人則討之」句，趙氏原文「則」作「得」；「不須辭問」，句末有「也」字。
〔二〕王夫之《四書稗疏》之《孟子》卷二「殺越人」條。

（忽起奇喻，辣甚。）〔一〕

愚按：「殷受夏」三句，朱注以爲衍文〔二〕；家大人疑爲錯簡〔三〕，當在《滕文公》篇彭更章「舜受堯之天下」句下，於文義爲順。烈者，盛也，猶言其禍尤烈也。

曰：「今之諸侯取之於民也，猶禦也。苟善其禮際矣，斯君子受之，敢問何説也？」曰：「子以爲有王者作，將比今之諸侯而誅之乎？其教之不改而後誅之乎？夫謂非其有而取之者盜也，充類至義之盡也。孔子之仕於魯也，魯人獵較，孔子亦獵較。獵較猶可，而況受其賜乎？」

趙注：「獵較者，田獵相較，奪禽獸，得之以祭。時俗所尚，以爲吉祥，孔子不違而從之，所以小同於世也。」〔四〕

（誅心筆法。）〔五〕

〔一〕唐先生《孟子新讀本》批語。

〔二〕朱子《孟子集注》謂：「『殷受』至『爲烈』十四字，語意不倫。李氏以爲此必有斷簡或闕文者，近之。而愚意其直爲衍字耳。然不可考，姑闕之可也。」

〔三〕家大人，唐先生尊父唐受祺。

〔四〕趙岐《孟子章句》卷一〇。

〔五〕唐先生《孟子新讀本》批語。

愚按：萬章之問，窮理之至也；孟子之答辭，不爲已甚之旨也。「充類至義之盡」猶所謂伯夷之室、盗跖之室也。戰國時横政苛税，「充類至義之盡」固可謂之盗，而論其罪，究異於道也，則不可竟謂之盗也。「獵較猶可」，凡事必師法孔子也。

曰：「然則孔子之仕也，非事道與？」曰：「事道也。」「事道奚獵較也？」曰：「孔子先簿正祭器，不以四方之食供簿正。」曰：「奚不去也？」曰：「爲之兆也。兆足以行矣而不行，而後去，是以未嘗有所終三年淹也。

朱注：「『事道』者，以行道爲事也……『先簿正祭器』，徐氏曰：『先以簿書正其祭器，使有定數，不以四方難繼之物實之。夫器有常數，實有常品，則其本正矣。彼獵較者，將久而自廢矣。』……〔一〕兆，猶卜之兆，蓋事之端也。孔子所以不去者，亦欲小試行道之端，以示於人，使知吾道之果可行也。若其端既可行，而人不能遂行之，然後不得已而必去之。蓋其去雖不輕，而亦未嘗不決，是以未嘗終三年留於一國也。」

愚按：兆者，幾之微也。有爲之兆而即不行者矣，有再爲之兆而卒不行者矣，有

〔一〕朱子謂：「未知是否也。」唐先生略去此句。

兆足以行而不行者矣，有兆足以行而遂得行其道者矣，士君子宜辨之於早，勿淹留而失可去之幾也。《論語》記山梁雌雉，曰：「色斯舉矣。」孔子贊之曰：「時哉時哉！」〔一〕

孔子有見行可之仕，有際可之仕，有公養之仕。於季桓子，見行可之仕也。於衛靈公，際可之仕也。於衛孝公，公養之仕也。」

朱注：「『見行可』，見其道之可行也。『際可』，接遇以禮也。『公養』，國君養賢之禮也。」

愚按：《史記》季桓子用孔子宰中都，爲司寇。三月而魯國大治，「兆足以行」矣。以齊人歸女樂而止，此爲「見行可之仕」。衛靈公能接遇以禮，故孔子亦爲之淹留，迨問陳而始行，此爲「際可之仕」。衛孝公事無所考，孟子引此，見孔子之「時」也〔二〕。其隨遇而處之者，皆盟之於心，而無所愧者也。

〔一〕《論語・鄉黨》文。
〔二〕唐先生意指孔子「聖之時者」。

5 **孟子曰：「仕非爲貧也，而有時乎爲貧；娶妻非爲養也，而有時乎爲養。**

（文境淵懿恬適，歐、曾文之祖。）〔一〕

愚按：士君子有碩德，有宏才，有經世之學，於是乎仕。仕者，事也，將以有所事也，將以行道而救民也，非爲貧也。而有時或因家貧親老，或道與時違，而但爲禄仕者，此蓋不得已而仕者也。

爲貧者，辭尊居卑，辭富居貧。

張氏云：「既曰『爲貧』矣，則不當處夫尊與富，居於卑與貧者可也。若處其尊與富，則是名爲爲貧，而其實竊位也。處其尊與富，則當任其責。此豈爲貧之地哉？是則非義矣。」〔二〕

愚按：爲貧而仕者，非上之人能用我也，非下之人能被我澤也，不得已也。不得已而仕，惟有居卑居貧，而盟之於心，乃可以自安。然而今之爲貧而仕者多矣，曰：「我惟爲貧，所以欲居尊而居富也。」此百姓之憔悴疾苦，所以無已時也。

〔一〕唐先生《孟子新讀本》批語。
〔二〕張栻《孟子説》卷五。

辭尊居卑，辭富居貧，惡乎宜乎？抱關擊柝。

「抱關擊柝」，其職易稱，而無有損於民之事。此古之君子當無道之世，所以多隱於晨門者也。

孔子嘗爲委吏矣，曰：『會計當而已矣。』嘗爲乘田矣，曰：『牛羊茁壯長而已矣。』

趙注：「委吏，主委積倉庾也之吏也……乘田，苑囿之吏也……茁，生長貌。」〔一〕

愚按：生人之所以安身而立命者，厥有二端：曰性分，曰職分。性分者，吾性中所當守之分，不可踰閑者也；職分者，吾職内所當守之分，不容越限者也。安分而後知足，知足而後無求，無求而後自樂。惟聖人爲能樂天。孔子之言曰「會計當而已矣」，「牛羊茁壯長而已矣」，其安分樂天之誠，溢於言表。愚人不安分，終日爲營求之事，終身無知足之時，以至損廉耻而不顧，遭刑戮而不悔，哀哉！

位卑而言高，罪也；立乎人之本朝而道不行，耻也。

張氏云：「位卑者〔二〕，言責不加焉，言高則罪矣，故可以姑守其職，此爲貧而仕之

〔一〕 趙岐《孟子章句》卷一〇。「茁，生長貌」句，趙氏原文作「茁茁，生長貌也」。

〔二〕 張栻原文作：「蓋位卑者」。

法也。若夫立人之本朝，則當以行道爲任。道不行而竊其位，君子之所耻也。然則高位厚禄，非所以養貧也。後世不明此義，假爲貧之名，安享寵利而已，曾不以爲愧，此可勝罪哉？」〔一〕

愚按：《易傳》曰：「君子思不出其位。」位者，人之所當止也。位卑而言高，是不安分也。發激烈至高之論，微特無益於天下，而且有害於天下，故曰：「罪也。」《易傳》曰：「德薄而位尊，知小而謀大〔二〕，力小而任重，鮮不及矣。《易》曰〔三〕：鼎折足，覆公餗，其形渥〔四〕，凶。言不勝其任也。」〔五〕任者，宜與道相稱者也。立乎人之本朝而道不行，是不盡職也。闒冗無能，徒辱高位，以速官謗，故曰耻也。嘗見當世慷慨激昂之士，大言炎炎，以爲天下事如反掌，特權不我屬爾。一旦居高位，躋顯秩，則惟利禄之是圖，曾無功德之可見，是罪與耻兼而有之也。

〔一〕張栻《孟子説》卷五。
〔二〕「知小而謀大」句脱，據《易・繫辭》文補入。
〔三〕「易曰」兩字脱，據《易・繫辭》文補入。
〔四〕「其形渥」三字脱，據《易・繫辭》文補入。
〔五〕《易・繫辭》文。

凡此之弊，皆由虚浮。虚浮故張大其無實之言，而飾爲無實之道。欺一心以欺其君，欺其君以欺天下。而或者且曰：「此救貧之秉也。」此天下所以日受人材之害，而不能得人才之益也。聖人憫焉，爰發明性分、職分之説，而有以救之。激烈者教之以安分，闒冗者勉之以盡職。昔孔子有言曰：「君子憂道不憂貧。」愚嘗聞之師曰：「境遇當時時作退一步思，夫然後不憂貧；道德當時時作進一步思，夫然後能憂道。」君子之學，務在盟心。

6 **萬章曰：「士之不託諸侯，何也？」孟子曰：「不敢也。諸侯失國而後託於諸侯，禮也；士之託於諸侯，非禮也。」**

朱注：「託，寄也，謂不仕而食其禄也。古者諸侯出奔他國，食其廪餼，謂之寄公。士無爵土，不得比諸侯，不仕而食禄，則非禮也。」

（方云：此章以禮義二字爲主。「無常職而賜於上，以爲不恭也」以上，正意已盡，後乃推拓言之。）〔二〕

〔二〕 唐先生《孟子新讀本》所引。

（余謂不然。此章以舉字作主，故以「後舉而加諸上位」與「悦賢不能舉」遥遥相應，蓋孟子固以天位爲尊賢之規則也。）〔一〕

愚按：仕而不受禄，古有之矣。若不仕而受禄，此何禮也？所謂名不正則言不順，可耻之尤者也。

萬章曰：「君餽之粟，則受之乎？」曰：「受之。」「受之何義也？」曰：「君之於氓也，固周之。」

朱注：「周，救也，視其空乏，則周卹之，無常數，君待民之禮也。」

曰：「周之則受，賜之則不受，何也？」曰：「不敢也。」曰：「敢問其不敢何也？」曰：「抱關擊柝者，皆有常職以食於上。無常職而賜於上者，以爲不恭也。」

朱注：「賜，謂予之禄有常數，君所以待臣之禮也。」

愚按：臣之與民有分焉。臣者任君之職，故可食於上；民者不任君之職，故不可以受其賜。此禮也，亦義也。

曰：「君餽之則受之，不識可常繼乎？」曰：「繆公之於子思也，亟問，亟餽鼎肉。子

〔一〕唐先生《孟子新讀本》自評。

思不悦。於卒也，摽使者出諸大門之外，北面稽首再拜而不受。曰：『今而後知君之犬馬畜伋。』蓋自是臺無饋也。悦賢不能舉，又不能養也，可謂悦賢乎？」

朱注：「摽，麾也……『犬馬畜伋』，言不以人禮待己也。臺，賤官，主使令者。蓋穆公愧悟，自此不復令臺來致餽也。」

愚按：「摽使者出諸大門之外，北面稽首再拜而不受」，凡爲士者，禮宜如此也。「悦賢不能舉，又不能養」，在彼既無悦賢之誠，在我即不當行其貴貴之禮。士君子丰裁嚴峻，氣骨凛然，固宜爾也。子思有泰山巖巖之氣象，孟子得師傳，故述之綦詳。或曰：「在上位不陵下，在下位不援上。」〔一〕其説如何？曰：援者，攀援也。惟能如子思、孟子，而後可謂之不援上。

曰：「敢問國君欲養君子，如何斯可謂養矣？」曰：「以君命將之，再拜稽首而受。其後廩人繼粟，庖人繼肉，不以君命將之。子思以爲鼎肉，使己僕僕爾亟拜也，非養君子之道也。」

朱注：「僕僕，煩猥貌。」

〔一〕《中庸》文。

愚按：古人席地而坐，其拜甚易，而子思尚以亟拜爲非養君子之道。後世臣之於君，動輒行拜跪之禮，以致君日尊而臣日卑，下情不能以上達。非特自輕賤也，抑亦失事君之大道矣。

堯之於舜也，使其子九男事之，二女女焉，百官牛羊倉廩備，以養舜於畎畝之中，後舉而加諸上位。故曰：王公之尊賢者也。

張氏云：「上言[一]養之之禮，而未及乎舉之之道也。若堯之於舜，則尊賢之極，而養道之盡也。事之以九男，女之以二女，百官牛羊倉廩備，而養之於畎畝之中，惟恐不得當其意。一旦舉而加諸上位，如是而後可以謂之王公之尊賢也。孟子每以堯舜之事爲言者，語道者必稽諸聖人，所以示萬世之凖的，蓋聖人人倫之至故也。嗟乎！爲士者於辭受之際，可不思夫名正而言順者乎？爲君之待士，又何可不深思所以養之之道乎？」[二]

[一]「上言」二字，原刻作「此及乎」，據張栻《孟子説》爲正。
[二] 張栻《孟子説》卷五。

7 萬章曰：「敢問不見諸侯，何義也？」孟子曰：「在國曰市井之臣，在野曰草莽之臣，皆謂庶人。庶人不傳質爲臣，不敢見於諸侯，禮也。」

朱注：「傳，通也。質者，士執雉，庶人執鶩，相見以自通者也。國内莫非君臣，但未仕者與執贄在位之臣不同，故不敢見也。」

萬章曰：「庶人，召之役，則往役；君欲見之，召之，則不往見之，何也？」曰：「往役，義也；往見，不義也。

愚按：古者不爲臣不見，庶人不宜通干謁者也。往役者，庶人之分也。往見者，將以徇私而求名利也。

且君之欲見之也，何爲也哉！」曰：「爲其多聞也，爲其賢也。」曰：「爲其多聞也，則天子不召師，而况諸侯乎？爲其賢也，則吾未聞欲見賢而召之也。

張氏云：「爲其多聞，則將資之以成德，天子且不召師，而况下此者乎！爲其賢，則當尊之而不可慢，蓋在我則當守庶人之分，在彼則當隆事師之禮也。」〔一〕

（方云：以下文勢激昂，引子思、虞人，兩證兩拍，仍歸到「不見」上，而以「禮門」

〔一〕張栻《孟子説》卷五。

「義路」四字作收，氣象光明正大，並與首二節「禮義」字相應。）〔一〕

愚按：「師嚴然後道尊」，師也而可召乎？《詩》曰：「維師尚父。」又曰：「尹氏太師。」周時天子尊師之禮至矣。抑非特天子，以霸佐而言，桓公之於管仲，且不敢召矣。

繆公亟見於子思，曰：『古千乘之國以友士，何如？』子思不悦，曰：『古之人有言曰：「事之云乎，豈曰友之云乎？」』子思之不悦也，豈不曰：『以位，則子，君也；我，臣也。何敢與君友也？以德，則子事我者也，奚可以與我友？』千乘之君，求與之友，而不可得也，而況可召與？

張氏云：「繆公以千乘之君，而欲以友士，宜亦可取也；而子思不悦，蓋曰友之，則猶爲有所挾，而驕吝之心未盡降也。子思豈尊己而自大乎……蓋君臣之相與，獨有貴貴、尊賢二者而已。貴貴，分也；尊賢，德也。分立而德尊，天之理也。夫君欲與之友而不可得，古之人無一毫屑就之心如此。」〔二〕

〔一〕唐先生《孟子新讀本》所引。
〔二〕張栻《孟子説》卷五。

愚按：「事之云乎，豈曰友之云乎」，惟有子思之學問行詣，而後能引此言。蓋士而自卑，不可也。然而妄自尊大，亦不可也。吾黨之士，貴有子思之氣節，先貴有子思之學問行詣。夫無德之人，可鰓鰓然以師道自居也耶？

齊景公田，招虞人以旌，不至，將殺之。志士不忘在溝壑，勇士不忘喪其元。孔子奚取焉？取非其招不往也。」曰：「敢問招虞人何以？」曰：「以皮冠。庶人以旃，士以旂，大夫以旌。

朱注：「皮冠，田獵之冠也……然則皮冠者，虞人之所有事也，故以是招之。庶人，非仕〔一〕之臣。通帛曰旃。士，謂己仕者。交龍爲旂，析羽而注於旂干之首曰旌。」**以大夫之招招虞人，虞人死不敢往；以士之招招庶人，庶人豈敢往哉？况乎以不賢人之招招賢人乎？**

愚按：「以大夫之招招虞人，虞人死不敢往」，禮也，義也。「以士之招招庶人，庶人不敢往」，禮也，義也。欲見而召之，是不賢人之招也。夫不賢人之招，而可往乎？輕矣！賤矣！且以輕賤而進，其身亦危矣！

〔一〕「非仕」，朱子《孟子集説》作「未仕」。

欲見賢人而不以其道，猶欲其入而閉之門也。夫義，路也；禮，門也。惟君子能由是路，出入是門也。《詩》云：『周道如底，其直如矢；君子所履，小人所視。』」

朱注：「《詩》，《小雅・大東》之篇。底，與砥同，礪石也，言其平也。矢，言其直也。視，視以爲法也。」

張氏云：「義之所以謂之路者，以其宜之可推也；禮之所以謂之門者，以其節之不可越也。二者人性之所有，譬之路與門，有足者皆可以由、可以出入也。而君子獨能之者，何哉？衆人迷於物欲，而君子存其良心故也。『周道如底，其直如矢。君子所履，小人所視。』詩人之意，以爲大道坦然，君子則能由之，而小人亦將視以從也。」〔一〕

（愚嘗集楹聯云：「進以禮退以義中天下而立，頌其詩讀其書等百世之王。」惟進退以禮義，而後能中天下而立，所謂內重外輕也。非然者，爲僞氣節。僞氣節，亦小人也。不可以不察也。）〔二〕

〔一〕張栻《孟子說》卷五。
〔二〕「愚嘗集楹聯云」一段，據唐先生《孟子新讀本》補入。

愚按：三代以下，禮義廉耻之道不明，士無氣骨，其對於君，惟以伺候奔走爲務。而爲人君者，亦以伺候我、奔走我者爲忠臣也，爲賢者也，嗚呼！此所謂南鍼而北指者也。庸詎知伺候我、奔走我者決非賢人？而所賢者，必求之於不伺候、不奔走之中。而人君因伺候我、奔走我者，待遇之可以任意，乃遂以是待不伺候奔走之人傲慢而不恭，頤指而氣使。以是求賢，猶欲其入而閉之門也。夫義，路也。禮，門也。能由是路出入是門者爲君子，不能由是路出入是門者爲小人。然而孟子猶不遽絶小人也，引《詩》曰：「君子所履，小人所視。」冀小人視之，而亦由之而出入之也。

萬章曰：「孔子君命召，不俟駕而行。然則孔子非與？」曰：「孔子當仕有官職，而以其官召之也。」

（爲臣可見，不爲臣不見，引孔子事以爲結束，神迴氣合。）〔一〕

愚按：孔子仕於朝，君以其官職召之，是以不俟駕。不俟駕者，非趨承也，在官之分也。然則不俟駕之義，微孟子孰能明之哉？

又按：《論語》《孟子》每章意義，恒有相間以成文者，而其義理，乃愈精密。如

〔一〕唐先生《孟子新讀本》批語。

《論語》「子貢方人，子曰：『賜也賢乎哉？夫我則不暇。』」〔一〕似聖門不以觀人爲重矣，而下章乃即以「抑亦先覺者，是賢乎」補之。又如「賢者避世，作者七人」，似聖人無意於世，而下章乃即以「知其不可而爲之」，與「夫果哉，末之難矣」以補之。此篇「交際」章言交以道、接以禮，孔子受之；魯人獵較，孔子亦獵較。「仕非爲貧」章言孔子爲委吏乘田，似聖人亦近於圓融矣。而下兩章即兩引子思之事以補之，蓋孔子、子思、孟子，易地則皆然。

且士君子固貴中庸，然時中之聖不易學，不若氣節嚴峻，自無非義之干。公孫丑問「不見諸侯」，孟子引孔子之見陽貨，而即引曾子、子路之言，以明君子之所養。聖門尤重氣節，於此可見。凡若此類，細繹詳玩，觸處旁通，意味愈覺無盡。此讀書所以須觀大義，不當拘拘於章句之末也。

綜覽此篇，論堯、舜、夷、惠、伊、孔，可謂擴之極其大；而論辭受、出處、去就，可謂析之極其精。孔子之贊《易》曰：「窮理盡性，以至於命。」又曰：「探賾索隱，退藏於密。」此豈淺學所可窺哉！

〔一〕《論語・憲問》文。原脱「賜也賢乎哉」，據《論語》補入。

8　孟子謂萬章曰：「一鄉之善士，斯友一鄉之善士；一國之善士，斯友一國之善士；天下之善士，斯友天下之善士。

（方云：此章一層進一層，讀之令人氣奮。）[一]

（余謂非獨氣奮已也。高山流水，置身唐虞之間，其品不凡，其志更倜乎遠矣。讀古人書，須時時有此意。）[二]

愚按：《易傳》曰：「君子之道，或出或處，或默或語。二人同心，其利斷金。同心之言，其臭如蘭。」[三]「一鄉之善士，斯友一鄉之善士」，推而至於一國、天下皆然者，同心也。《易傳》曰：「同聲相應，同氣相求。」非特語君臣交會之際也，以善士而友善士，皆聲相應而氣相求也。《易・豫》卦之象辭曰：「利建侯行師。」其九四爻辭曰：「由豫，大有得；勿疑，朋盍簪。」象傳曰：「由豫大有得，志大行也。」蓋以天下之善士，盍簪而聚於上，乃得大行其志；非然，建侯、行師不利矣。

[一] 唐先生《孟子新讀本》所引。
[二] 唐先生《孟子新讀本》評語。
[三] 《易・繫辭上》文。

以友天下之善士爲未足，又尚論古之人。頌其詩，讀其書，不知其人可乎？是以論其世也，是尚友也。」

愚按：取友之道，與其多親今人，不若多親古人。古人往矣，其行誼何由知之？惟尚論乃知之。古人之精神氣象、言語文章、性情功業，備載於《詩》《書》。「頌其詩，讀其書」，乃能知古人之精神氣象、言語文章、性情功業也。然而陋儒之論古人也迂，狂士之論古人也誕；或妄出己議，以輕訾乎古人；或膠執己見，以重誣乎古人。皆由於不知其世也。

唐虞之禪也，夏后殷周之繼也，不可不論其世也；伊尹之放太甲也，周公之誅管蔡也，不可不論其世也；禹稷之三過其門而不入也，顔子之居陋巷而不改其樂也，不可不論其世也。人之相知，貴相知心。論其世乃可以知其心也。聖之清也，聖之任也，聖之和也，性情之相近者，皆可取以爲友也。德行也，言語也，政事也，文學也，學問之相近者，皆可取以爲友也，是尚友也。故曰多親今人，不若多親古人也。

雖然，顧亭林先生有言：「有經天緯地之才[一]，而後可以登山臨水；有濟世安民

[一]「有經天緯地之才」句，顧炎武《菰中隨筆》作「有體國經野之心」。

之略，而後可以考古論今。」〔一〕愚謂惟有經天緯地之才，而後可以讀書尚友。彼陋儒狂士，何嘗不上下數千年哉？而卒之迂且誕者，非特無尚友之學，抑且無尚友之識與才也。昔諸葛武侯抱膝長吟，自比管仲、樂毅，噫！世尚有武侯其乎哉？

9　齊宣王問卿。孟子曰：「王何卿之問也？」王曰：「卿不同乎？」曰：「不同。有貴戚之卿，有異姓之卿。」王曰：「請問貴戚之卿。」曰：「君有大過則諫，反覆之而不聽，則易位。」

（易位句，如聞霹靂聲。）〔二〕

愚按：孟子曰：「民爲貴，社稷次之，君爲輕。」設君所以爲民也。君者，經理民事者也。一鄉之吏，一邑之長，經理民事，而不稱職者則去之，其横恣暴虐者則加以罪，所以重民事，慎民命也。推而上之至於君，亦猶是也。

自中古以來，小儒規規於君臣之義，以爲君者至尊，不可侵犯，縱有横恣暴虐，擅

〔一〕文見顧炎武《菰中隨筆》卷三。
〔二〕唐先生《孟子新讀本》批語。

作威福，殘民以逞之事，亦不敢易之，懼非常之原，而不顧天下之大亂。由是百姓之冤苦無從而達，而好惡之公理亦無由而伸。孟子民貴君輕之學說，晦蒙二千年，無有敢援引之者，專制之害，至於如此，此何理也？

夫一家怨懟，何如一路怨懟，更何如天下怨懟。君有大過則易位，此正君臣之大義也。或曰：置君如弈棋，非以啓天下之爭乎？不知孟子所謂易位，必擇最賢者而立之，而協乎人心之好惡。夫擇賢而立則不至於屢更，協人心之好惡則不至於爭。彼以屢更及爭爲慮者，不明乎一國爲公之大義也。夫民重君輕之義，固非小儒所能知也。

王勃然變乎色。曰：「王勿異也。王問臣，臣不敢不以正對。」

愚按：正，正理也，言據正理以對也。

王色定，然後請問異姓之卿。曰：「君有過，則諫；反覆之而不聽，則去。」

朱注：「此章言大臣之義，親疏不同，守經行權，各有其分。貴戚之卿，小過非不諫也，但必大過而不聽，乃可易位。異姓之卿，大過非不諫也，雖小過而不聽，已可去矣。」

愚按：君臣以義合者也，合則留，不合則去，兩言而決爾。乃不合而猶不去者，何也？戀禄位耶？孫富貴耶？夫富貴、禄位而可係戀耶？將何以對君？更何以對己？更何以對民耶？彼庸陋之徒，疾首蹙頞於私家之中，而矜夸導諛於朝廷之上，固無論矣。其達心而懦不敢諫者，以爲天下可諒我不得已之苦衷，而不我罪也，則回翔而不遽去，以至於喪行敗名者，吾見亦多矣。《易傳》曰：「介如石焉，寧用終日。」〔一〕言見幾之宜早，而取決之宜速也。後世學者讀此章書，當知爲人臣者，爲民而非爲君，爲天下而非爲一人，則庶乎君臣之大義明，而其進退自合乎禮而不苟矣。

萬章篇大義

天下之最苦者，惟民而已矣！士出其學，農出其粟，工商出其器、通有無，以事其上。然而庸闇之君，什常得三四；横暴之主，什輒得四五，則惴惴焉壓制於勢力之下，而莫敢誰何！至於戰國時之人君，則更有不忍言者矣！横政苛税，以爲常經；作威作福，以爲樂事；争地以戰，殺人盈野；争城以戰，殺人盈城。其視百姓之命，曾

〔一〕《易・繫辭下》文。

犬豕牛羊之不若。而秉士之從横捭闔者，復導之以貪，教之以詐。黔首煩冤，比沈於九淵而無可控訴。不有明君摧陷而廓清之，則世界之晦幽，幾無光明之一日。

夫命者，天之所最貴者也。命之所安，視聽之所由屬也。孟子痛乎民之如草芥也，以爲保其命，不可不重其權。故昔者告齊宣王，既以用舍生殺之權，授之於國人；至是而復以神器之權，歸之於天下人心之公。故因論堯舜之事，而引《泰誓》之言曰：「天視自我民視，天聽自我民聽。」而舜禹之踐位，其權乃於朝覲、訟獄、謳歌者也，曰天也，其實皆人心也。且夫士君子明人倫之至，講進退禮義，考人文制度典章，設辭受取與、出處去就之節，至於論世尚友，其精神志氣，既與古人訢合而無間矣。而孟子復以貴卿易位之誼，綴於篇末，抑獨何哉？蓋論道德之高下，曰賢曰不肖；而觀勢力之消息，曰强曰弱。此四者，皆民命之所託也。

然縱横上下，方策所載，以不肖而易君位者，伊尹、霍光而外，泬然無聞。而三代以來所以易君位者，惟勢力之强弱是視。此其大弊，實在繼世。繼世之子，生於深宫，長於富貴，閭閻之疾苦欲惡，誹謗謳歌，懵乎無所見聞。死亡相枕藉，猶曰：「何不食肉糜？」明代昏辟，永不見其宰輔。循是政體，天下每數百年而大亂，或百數十年而大亂，甚至數十年、十數年而即大亂。干戈相尋，迄無寧歲，生民憔悴顛連，求如萇楚之無知而不可得，士大夫至於賦詩呼天，垂涕泣而道之。嗚呼！以下有「繹如以成」之概，係用《過秦論》《原道》二篇之法。〔一〕

天下之最苦者，惟民而已矣。此孟子所繇以易位之説，與夫禪繼之論，遥遥相承，皆所以爲民也，所以爲民命也，所以爲民權也。「得乎丘民而爲天子」，重其權，所以保其命也。蓋權也，命也，息息相通者也。委其權於君，殘民之命，而民乃削奪其命也。屬其權於民，民各有其權，民乃得自全其命也。命者，天之所最貴者也。《易·革》卦之象傳曰：「君子以治曆明時。」明時乃可以治曆也，不明乎時，則適以戕民之命也。《鼎》卦之象傳曰：「君子以正位凝命。」凝命乃可以正位也。然惟安民之命，乃能凝己之命也。湯武革命，順乎天而應乎人〔二〕，革一姓之命，所以奠萬姓之命。然則天與人歸之説，固倡自孔子，而非孟子不能發明之，非萬章不能紀述之也。

然而民權之説，猶未可以遽興也，必教育以啓發其智，而後民權可得而重也。然而民智之説，未可以泥也。迂儒或抱咫尺之義，而孔孟之學説晦霾至二千餘年也。

〔一〕唐先生《孟子新讀本》自評。
〔二〕《易·革》卦彖辭文。原作「應乎天而順乎人」，以《周易》文爲正。

然而孔孟之學説，雖久壓於專制之世而不得伸，而其道固如日月之經天而不容廢也。然則天下萬世之學者，固當篤信〔一〕，大昌其學説，而爲民祈天永命於無窮也。

（文境如鷹隼盤空，文氣如精金百鍊。數百年斯道斯文，俱當大行於世界。）〔二〕

〔一〕「篤信」二字乃唐先生至垂意於治經者。
〔二〕唐先生《孟子新讀本》自評。

孟子大義卷十一

告子上

1 **告子曰：「性，猶杞柳也；義，猶桮棬也。以人性爲仁義，猶以杞柳爲桮棬。」**

朱注：「性者，人生所稟之天理也。杞柳，柜柳。焦禮堂《孟子正義》引陶隱居《本草别録》云：「欅樹削取裏皮，去上甲，煎服之，夏日作飲，去熱。」此欅樹即柜柳。柜，即欅也〔一〕。桮棬，屈木所爲，若卮匜之屬。告子言人性本無仁義，必待矯揉而後成，如荀子性惡之説也。」

愚按：《易傳》曰：「立人之道，曰仁與義。」仁義者，人性所固有也。仁義，即人性也。而告子乃曰：「以人性爲仁義。」是以人性爲一物，仁義爲一物，而强爲之也，則其失甚矣。

〔一〕「此欅樹即柜柳。柜，即欅也」句，乃焦循《孟子正義》引陶隱居《本草别録》文後附之按釋語。

孟子曰：「子能順杞柳之性，而以爲桮棬乎？將戕賊杞柳，而後以爲桮棬也？如將戕賊杞柳，而以爲桮棬，則亦將戕賊人以爲仁義與？率天下之人而禍仁義者，必子之言夫。」

張氏云：「孟子謂如告子所言，則是以杞柳之質比性。其爲桮棬也，固不能順杞柳之性而爲之，必將戕賊而爲之也。然則人之爲仁義也，亦將戕賊其性而爲之乎？是將使天下以仁義爲僞，而迷其本真，其害豈不甚乎？故以爲禍仁義之言也。」〔一〕

（直闢其說，靈敏痛快。）〔二〕

愚按：杞柳不能自然爲桮棬也，必戕賊而後成之，桮棬成而杞柳之本性失矣。以此而喻性，則人將曰：吾欲適吾自然之性，寧拳曲臃腫而不中於繩墨也，此即《莊子》以仁義易其性之說也。見《駢拇篇》。如是則人皆畏仁義，故孟子斥之曰禍仁義。

2 **告子曰：「性，猶湍水也。決諸東方則東流，決諸西方則西流。人性之無分於善不善也，猶水之無分於東西也。」**

〔一〕張栻《孟子說》卷六。

〔二〕唐先生《孟子新讀本》批語。

朱注：「湍，波流瀠回之貌也。告子因前説而小變之，近於揚子[一]善惡混之説。」

（方云：此章辨「無分」二字，以「人無有不善」爲主。先説「人無有不善」猶「水無有不下」，明性之本然止是善。次説爲不善是物欲激之而然，非性之本然也。文用指點法，極明豁。）[二]

孟子曰：「水信無分於東西，無分於上下乎？人性之善也，猶水之就下也。人無有不善，水無有不下。

張氏云：「原人之生，天命之性，純粹至善，而無惡之可萌者也。孩提之童，莫不知愛其親；及其長也，莫不知敬其兄；以至於飢食渴飲，其始亦莫非善也，推此則可見矣……蓋[三]人得二氣之精，五行之秀，其虚明知覺之心，有以推之，而萬善可備。以不失其天地之全，故性善之名，獨歸於人而爲天地之心也。」[四]

陸氏桴亭云：「天命之初，未落氣質，即朱子亦有此言。蓋以性之之聖，堯、舜、

[一] 指揚雄。

[二] 唐先生《孟子新讀本》所引。

[三] 「蓋」字原作「惟」，據張栻《孟子説》文爲正。

[四] 張栻《孟子説》卷六。

周、孔而後，不可復得。人性之雜，萬有不齊，下不得箇善字，故須論到天命之初，以爲此處渾然至善。不知此只是『繼之者善』與『成之者性』〔一〕，終有分别。讀《孟子》『人無有不善』之言，只就人有生以後看，即下愚濁惡，亦無有不性善者。蓋孟子論善，只就四端發見處言，因其四端，即知人人性善也，不必説到『渾然至善，未嘗有惡』〔二〕，然後謂之性善。」〔三〕

陳氏蘭甫云：「温公云：『孟子云：「人無有不善。」此孟子之言失也。丹朱、商均，日所見者堯舜也，不能移其惡，豈人之性無不善乎？』〔四〕又云：『孟子以爲仁義禮智皆出乎性者也……然不知暴慢貪惑亦出乎性也。』〔五〕王介甫云：『孟子以惻隱之心，人皆有之，因以謂人之性無不仁。如其説，必也怨毒忿戾之心，人皆無之，然後可

〔一〕《易·繫辭上》云：「一陰一陽之謂道，繼之者善也，成之者性也。」

〔二〕朱子《孟子集注·滕文公章句上》「孟子道性善，言必稱堯舜」注云：「性者，人所稟於天以生之理也，渾然至善，未嘗有惡。」

〔三〕陸世儀《思辨録輯要》卷二六「人道類」。

〔四〕司馬光《疑孟》七「性猶湍水也」條，《增廣司馬温公全集》卷一〇一。

〔五〕司馬光《性辨》（或題《善惡混辨》）文。原文作：「孟子以爲仁義禮智皆出乎性者也，是豈可謂之不然乎？然不知暴慢貪惑亦出乎性也。」先生删除中一問句。

以言人之性無不善。而人果無之乎？』〔一〕蘇子由云：『有惻隱之心而已乎？蓋亦有忍人之心矣；有羞惡之心而已乎？蓋亦有無耻之心矣；有辭讓之心而已乎？蓋亦有爭奪之心矣；有是非之心而已乎？蓋亦有蔽惑之心矣……今孟子則别之曰「此四者性也，彼四者非性也」，以告於人，而欲其信之，難矣。』〔二〕此諸説之意略同，總之疑孟子『人無有不善』之語。然孟子此語，答告子人性無分於善不善之語也。告子言無分，故孟子分之，謂有善無不善，所以謂無不善者；又細分之，雖有不善，而皆有善，乃所謂人無有不善也。即《詩》所云：『民之秉彝，好是懿德。』〔三〕人無有不好懿德者也。聖人無暴慢貪惑之性，無怨毒忿戾之性，無忍人無耻、爭奪蔽惑之性；暴慢貪惑之人，怨毒忿戾之人，忍人無耻、爭奪蔽惑之人，則皆有仁義禮智之性，乃所謂『人無有不善也』。」〔四〕

今夫水，搏而躍之，可使過顙；激而行之，可使在山，是豈水之性哉？其勢則然也。

〔一〕陳澧原注「《原性》」。根據王安石原文「就所謂性者如其説」句，陳澧徵引，漏「就所謂性者」五字。
〔二〕蘇轍《孟子解》二十四章，見載《欒城後集》卷六。
〔三〕《詩·大雅·蕩之什·烝民》句。
〔四〕陳澧《東塾讀書記》卷三《孟子》。

人之可使爲不善，其性亦猶是也。」

朱注：「搏，擊也。躍，跳也。顙，額也。水之過額、在山，皆不就下也，然其本性未嘗不就下，但爲搏激所使，而逆其性耳。此章言性本善，故順之而無不善。本無惡，故反之而後爲惡。非『本無定體』而可以無所不爲也。」

（方云：此段筆意，尤陡峭飛動。）〔一〕

愚按：水無有不下也，而搏之激之，可使過顙、在山；人無有不善也，而搏之激之，亦可爲不善。孰爲搏之？嗜欲是也；孰爲激之？意氣是也。社會之感化、習俗之遷移、風氣之漸染、教育之不良，久之而安靜者爲浮躁，循謹者爲囂張，果決者爲强梁，聰明者爲暗塞，是豈性之本然哉？孟子曰：「人之可使爲不善，其性亦猶是也。」人性至善也，而可使爲不善，蓋其勢亦甚易也。

3　**告子曰：「生之謂性。」**

朱注：「生，指人物之所以知覺運動者而言。告子論性，前後四章，語雖不同，然

〔一〕唐先生《孟子新讀本》所引。

其大指不外乎此，與近世佛氏所謂作用是性者略相似。」

孟子曰：「生之謂性也，猶白之謂白與？」曰：「然。」「白羽之白也，猶白雪之白；白雪之白，猶白玉之白與？」曰：「然。」

朱注：「白之謂白，猶言凡物之白者，同謂之白，更無差別也。白羽以下，孟子再問，而告子曰然。則是謂凡有生者，同是一性矣。」

「然則犬之性，猶牛之性；牛之性，猶人之性與？」

朱注：「孟子又言若果如此，則犬、牛與人，皆有知覺，皆能運動，其性皆無以異矣。」又云：「性者，人之所得於天之理也；生者，人之所得於天之氣也。性，形而上者也；氣，形而下者也。人物之生，莫不有是性，亦莫不有是氣。然以氣言之，則知覺、運動，人與物若不異也；以理言之，則仁義禮智之稟，豈物之所得而全哉？此人之性所以無不善，而爲萬物之靈也。告子不知性之爲理，而以所謂氣者當之，是以杞柳、湍水之喻，食色無善無不善之説，縱横繆戾，紛紜舛錯，而此章之誤，乃其本根。所以然者，蓋徒知知覺、運動之蠢然者，人與物同；而不知仁義禮智之粹然者，人與物異也。孟子以是折之，其義精矣。」

陸氏桴亭云：「告子『生之謂性』，言氣質也；孟子不言生之謂性之非，而但與之言人物之辨。告子以食色爲性，亦言氣質也；孟子不言食色謂性之非，而但與之言義外之繆。此可以知孟子之言性善，不越氣質中矣。」〔一〕（上設喻迴翔，下即用急攫法，此孟子文特擅長處。）〔二〕

愚按：太極之元，兩儀始分。有沉而奥，有浮而清，浮沉交錯，庶類混成。周子云：「五行之生也，各一其性。」〔三〕人物之生，莫不禀乎理，亦莫不含乎氣。然而各一其性者，則萬有不齊者也。「生之謂性」之説，合理氣而言者也，古訓也。故程子嘗曰：「生之謂性，性即氣，氣即性，生之謂也。」〔四〕朱子釋之云：「形而上者，一理渾然，無有不善；形而下者，則紛紜雜揉，善惡有所分矣。故人物既生，則即此所禀以生之氣，而天命之性存焉。」〔五〕此程子所以發明告子「生之謂性」之説，而以「性即氣，

〔一〕陸世儀《思辨録輯要》卷二六「人道類」。
〔二〕唐先生《孟子新讀本》批語。
〔三〕周敦頤《太極圖説》文。
〔四〕程頤《二程遺書》卷二，並載朱子、吕祖謙合編《近思録》卷一。
〔五〕朱子《近思録》注文。

氣即性」者言之也。又云：「有此氣爲人，即理具於身，方可謂之性。」[一]據程子、朱子之言，則「生之謂性」之説，初亦何嘗誤哉？

特告子不知分類辨别之學，不能察人物之異，故孟子詰以羽、雪、玉之喻，而即懵乎其莫辨也。朱子云：「告子不知性之爲理，而以所謂氣者當之。」愚竊嘗深論之云：人與物之理固不同也，而氣亦何嘗不異？物與物之理固異也，而氣亦何嘗同？即以犬牛言之，犬能守夜，牛能耕犂，犬與牛之性且不同矣。其所以不同者，由其氣禀之異也。而謂犬與牛之氣禀，可同於人乎？程子又曰：「人生氣禀，有自幼而善，有自幼而惡，是氣禀有然也。善固性也，然惡亦不可不謂之性也。」[二]是以人生之氣禀言之，智愚、靈蠢、善惡，亦萬有不齊矣，而可一概論乎？

然則人與物之性，理異也，氣亦異也。即人與人之性，物與物之性，理異也，氣亦異也。告子之學，不得於言，勿求於心。其於窮理，未識徑塗，縱使求之於心，不過此塊然之知覺，故於人物之形形色色者，但見其同而不知其異也。既不知同中之異，乃

[一] 朱子語，見載《朱子語録》卷九五。
[二] 程顥語，見《近思録》。

更不知異中之異也。（如犬、牛之性與人異，而犬之性與牛之性亦異，是謂異中之異。）聖人盡己之性，盡人之性，盡物之性，其原端在於窮理。窮理之學安在？當自分類辨别始。

編者謹按：唐先生《紫陽學術發微》卷三《紫陽心性學發微》録此章朱注，後按語云：「此章近儒多以《公孫龍子·白馬篇》作比喻，實則白羽所以狀清虚，白雪所以狀寂滅，而白玉則儒家之比德於玉也。犬與牛之性且不同，而況物與人之性，豈可得而同乎？吾鄉陸桴亭先生謂古經傳言性多合理氣〔一〕，宋周、程、張諸大儒亦復如此。朱子論性合理氣言者居十之八，分理氣言者居十之二，此章分理氣而言，近儒多疑之。且謂即以氣言，人與物亦豈得從同？不知告子固不知理，并不知氣。朱子並未以知氣許告子，故曰『以所謂氣者當之』，惟謂『知覺運動之蠢然者，人與物同』，確有語病，且謂『性，形而上』，『氣，形而下』，與《中庸》首章注不合，要皆未定之論。至『生之謂性』一句，字義並不誤，而告子之本意則非。後來程子亦以『生之謂性』作訓釋，惜朱子本注未以程子『性即氣，氣即性』〔二〕之説補入，而以告子與程子語同意異之旨詳細闡明，以致戴氏東原抵瑕蹈隙，奮筆詆諆。（見《孟子字義疏證》卷中。）夫朱子疏漏之處，固不必爲

〔一〕陸世儀《思辨録輯要·人道類》卷二六載：「又問：『宋儒云：「仁者心之德。」又曰：「性者心所具之理。」仁與性如何分别？』曰：『性者心所具之理，仁者性所具之理。』曰：『性既是理，如何又具理？』曰：『性兼理氣，仁則獨以理言也。』」

〔二〕朱子編《二程遺書》卷一《端伯傳師説》文。

之諱，然讀書須統觀全書大義，亦不可執未定之論，遽加訾毀也。」

4 告子曰："「食色，性也。仁，内也，非外也；義，外也，非内也。」

張氏云："「食色固出於性，然莫不有『則』焉。今告子乃舉『物』而遺其『則』，是固出於性無分於善不善之論也。其説行而天理不明，人欲莫之遏矣。」〔一〕

陸氏桴亭云："「或言："『子以善歸氣質，即告子食色爲性之説也。』曰："是大不然。告子但知氣質，而不知氣質中之善。如甘食悦色，氣質也，物之所同也。甘食中有辭讓，悦色中有羞惡，此氣質中之善也，人之所獨也。告子知其同，不知其獨，故不肯以善言性。若告子知以善言性，則雖以食色爲性，容何傷？食色非性而何？」〔二〕

孟子曰："「何以謂仁内義外也？」曰："「彼長而我長之，非有長於我也；猶彼白而我白之，從其白於外也，故謂之外也。」

朱注："「我長之，我以彼爲長也。我白之，我以彼爲白也。」

〔一〕張栻《孟子説》卷六。

〔二〕陸世儀《思辨録輯要》卷二六「人道類」。

曰：「異於白馬之白也，無以異於白人之白也；不識長馬之長也，無以異於長人之長與？且謂長者義乎？長之者義乎？」

（方云：「不識長馬之長，無以異於長人之長與？」然則耆炙亦有外與？韓退之《諱辨》學此。）〔一〕

張氏云：「告子〔二〕以爲長之在人，如白之在彼。曾不知白之爲色，一定而不變，而長之所宜，則隨事而不同也。若一概而論，則馬之長，將亦無以異於人之長而可乎？夫長雖在彼，而長之者在我，蓋長之之理，素具於『此』，非因彼而有也。有是性則具是理，其輕重親疏、大小遠近之宜，固森然於秉彝之中而不可亂。事物至於前者，雖有萬之不同，而有物必有則，汎應曲酬，各得其當，皆吾素有之義，而非外取之，此天所命也。惟夫昧於天命，而以天下之公理爲有我之得私，而始有義外之説。孟子告之曰：『且謂長者義乎？長之者義乎？』使思夫長之之爲義，則知義之非

〔一〕唐先生《孟子新讀本》所引。
〔二〕「告子」二字張氏原文作「彼」。

外矣。」[一]

愚按：「長者義乎」二語，最爲明晰。長者雖在外，而所以長之者，則在於吾心也，是謂内也。或曰：「聖人之喜，以物之當喜；聖人之怒，以物之當怒，此説非偏於外乎？」不知當喜當怒，雖在於外物，而所以用我喜、用我怒，處之各得其宜者，固在於心也，是内而非外也。

又按：張子云：「上『異於』二字，疑衍。」[二]孔氏廣森《經學卮言》云：「趙氏讀『異於白』爲句。」[三]蓋謂長人之義「異於白」也。然愚意竊謂未安，闕之可爾。

曰：「吾弟則愛之，秦人之弟則不愛也，是以我爲悦者也，故謂之内。長楚人之長，亦長吾之長，是以長爲悦者也，故謂之外也。」

朱注：「言愛主於我，故仁在内；敬主於長，故義在外。」

張氏云：「告子謂愛吾弟而不愛秦人之弟，是以我爲悦，故曰仁内也；長吾長而

[一] 張栻《孟子説》卷六。
[二] 朱子《孟子集注》引。
[三] 孔廣森《經學卮言》卷五《孟子》「異於白馬之白也，無以異於白人之白也」條。

亦長楚人之長，是以長爲悦，故曰義外也。曾不知所以長之者，非在我而何出哉？」〔一〕

曰：「耆秦人之炙，無以異於耆吾炙。夫物則亦有然者也，然則耆炙亦有外與？」

張氏云：「同爲炙也，而所以耆之則在我，然則以其在彼之同，而謂耆炙之爲外，可乎？雖然，長吾之長，義也；長楚人之長，亦義也。長則同，而待吾兄與待楚人，固有問矣，其分之殊，豈人之所能爲哉？觀告子義外之説，固爲不知義矣。不知義，則其所謂仁内者，亦烏知仁之所以爲仁者哉？彼徒以愛爲仁，而不知愛之施有差等，固義之所存也。徒以長爲義，而不知所以長之者，固仁之體也。不知仁義，而以論性，宜乎莫適其旨歸也。」〔二〕

羅氏羅山云：「耆秦人之炙，由吾心耆之也；耆吾炙，亦由吾心耆之也。炙在外，而耆之之心在内；長在外，而長之之心在内，豈僅長長爲然哉？夫耆物則亦有然者也，今必以長長爲在外，然則耆炙之心亦在外與？孟子於此，再申『長之者義乎』之

〔一〕張栻《孟子説》卷六。
〔二〕張栻《孟子説》卷六。

意，欲其認得此心在内耳。」[一]

5 **孟季子問公都子曰：「何以謂義内也？」曰：「行吾敬，故謂之内也。」**

愚按：董子云：「宜在我者，而後可以稱義。故言義者，合我與宜以爲一言。以此操之，義之言我也。」[二] 蓋言由我處之，得其宜也。見所當敬，而行其敬者我也，由内出者也，故謂之内也。

「鄉人長於伯兄一歲，則誰敬？」曰：「敬兄。」「酌則誰先？」曰：「先酌鄉人。」「所敬在此，所長在彼，果在外，非由内也？」

愚按：敬兄先酌鄉人，義也。「所敬在此，所長在彼」，在此在彼，處之得其宜者我也，故謂之内也。

公都子不能答，以告孟子。孟子曰：「敬叔父乎？敬弟乎？彼將曰『敬叔父』。曰：『弟爲尸，則誰敬？』彼將曰『敬弟』。子曰：『惡在其敬叔父也？』彼將曰：『在位故

[一] 羅澤南《讀孟子劄記》卷二。
[二] 董仲舒《春秋繁露·仁義法》文。

也。』子亦曰：『在位故也。庸敬在兄，斯須之敬在鄉人。』」

顧氏亭林云：「先王治天下之具，五典五禮，五服五刑。其出乎身加乎民者，莫不本之於心以爲之裁制。親親之殺，尊賢之等，禮所生也。故孟子答公都子言義，而舉酌鄉人、敬尸二事，皆禮之用也，而莫非義之所宜。自此道不明，而二氏空虚之教，至於搥提仁義，絶滅禮樂，從此起矣。」〔一〕

（方云：「敬叔父乎」以下，將公都子之駁難、孟季子之答，盡在孟子口中代爲同答。到下文，只記「季子聞之」四字，何等空靈便捷！若再述一遍，則贅冗矣。）〔二〕

愚按：敬叔父、敬弟，義也。庸敬在兄，斯須之敬在鄉人。孰者宜庸敬？孰者宜斯須之敬？所以處之得其宜者，我也，故謂之内也。

季子聞之曰：「敬叔父則敬，敬弟則敬，果在外，非由内也？」公都子曰：「冬日則飲湯，夏日則飲水，然則飲食亦在外也？」

張氏云：「敬以直内，義以方外。敬義立而德不孤。伊川先生曰：『敬立而内

〔一〕顧炎武《日知録》卷七「行吾敬故謂之内也」條。

〔二〕唐先生《孟子新讀本》所引。

直，義形而外方。』義形於外，非在外也，蓋主於敬，而義自此形焉。敬與義，體用一源而已矣。」〔一〕

愚按：冬日飲湯，夏日飲水，義也。何時而宜飲湯，何時而宜飲水，所以飲之得其宜者我也，故謂之内也。

6 公都子曰：「告子曰：『性無善無不善也。』

朱注：「此亦生之謂性、食色性也之意。近世蘇氏東坡、胡氏文定之説蓋如此。」〔二〕

（方云：此章是論性善。「乃若其情」三句，即情以明性。「若夫爲不善」二句，即才以明性。此二節爲通章提筆。「惻隱之心」以下，是申明情可爲善與爲不善，非才之罪之意。《詩》曰一節，引證以明性善。）〔三〕

〔一〕張栻《孟子説》卷六。
〔二〕朱子《孟子集注》但云「蘇氏、胡氏」，唐先生則補充名號，方便讀者。
〔三〕唐先生《孟子新讀本》所引。

愚按：王陽明先生學派以爲「無善無惡心之體」，頗近禪宗，更與此說相類。後儒謂告子「無善無惡」近於佛氏「心之精神，光明寂照」之義，故朱子注《生之謂性章》，亦比之「作用是性」〔一〕。愚意告子未必及此。蓋告子論性，實係渾淪不知辨别，故於諸說亦莫衷一是。

或曰：『性可以爲善，可以爲不善；是故文、武興，則民好善；幽、厲興，則民好暴。』

朱注：「此即湍水之說也。」

（又云：以上六章，合之是一篇大文字。首五章是辨告子論性之非，後一章是發明性善之旨。首五章用喻說，後一章用正說。中間波瀾壯闊，風趣横生。）〔二〕

或曰：『有性善，有性不善；是故以堯爲君而有象，以瞽瞍爲父而有舜；以紂爲兄之子，且以爲君，而有微子啓、王子比干。』

〔一〕朱子謂：「與近世佛氏所謂『作用是性』者，略相似。」按：宋初成書的《佛祖同參集》（又稱《景德傳燈録》）載：「波羅提曰：『見性是佛。』王曰：『師見性耶？』答曰：『我見佛性。』王曰：『性在何處？』答曰：『性在作用。』王曰：『是何作用，我今不見。』答曰：『今現在用，王自不見。』」契嵩編《傳法正宗記》亦載其事。此朱子所說的「近世佛氏」。

〔二〕唐先生《孟子新讀本》批語。

朱注：「韓子『性有三品』之説蓋如此。（韓子《原性篇》云：「性之品有上中下三：上焉者，善焉而已矣；中焉者，可導而上下也；下焉者，惡焉而已矣。」）[一]按此文，則微子、比干，皆紂之叔父；而《書》稱[二]微子爲商王元子[三]，疑此或有誤字。」

顧氏亭林云：「以紂爲弟，且以爲君，而有微子啓；以紂爲兄之子，且以爲君，而有王子比干。並言之，則於文有所不便，故舉此以該彼，此古人文章之善。且如『郊社之禮，所以事上帝也』，不言后土；『地道無成，而代有終也』；『先王居檮杌於四裔』，不言渾敦、窮奇、饕餮。後之讀書者，不待子貢之明，亦當聞一以知二矣。」[四]

陸氏桴亭云：「或[五]問以氣質論性善，則性中之惡何以處之？予曰：孟子原止説性中有善，不曾説無惡。蓋緣當時之人，皆以仁義禮智爲聖人緣飾出來，强以教人，非本來之物，如杞柳桮棬等議論。故孟子特指點，以爲四端原人性中本有，非謂

[一] 此唐先生自注。
[二] 「稱」字脱，據朱子原注補入。
[三] 見《書・微子之命》。
[四] 顧炎武《日知録》卷七「以紂爲兄之子」條。「地道無成，而代有終也」下有「不言臣妾」一句。
[五] 唐先生省稱之「或」，陸世儀《思辨録輯要》原作「吴江戴芸野讀予《性善圖説》」。

性中止有善而無惡也。若止有善而無惡，則人人皆聖人矣。故程子曰：『惡亦不可不謂之性。』曰：如此，則似有『性善有性不善』及『善惡混』之説，如何？曰：有性善，有性不善，及善惡混，與孔子性相近之説原相似，但立意主客不同耳。孔子言『性相近』〔一〕，與《書》言『恒性』〔二〕相似，原主善一邊言。故曰：『人之生也直。』蓋人之所以爲人，與禽獸異者，只是這『箇』。故善是箇主，惡是箇客，若有性善、有性不善及善惡混之説，則主客無別。故語雖相似，而旨意相去，不啻天淵也。」〔三〕

今曰性善，然則彼皆非與？」孟子曰：「乃若其情，則可以爲善矣，乃所謂善也。

陳氏蘭甫云：「『公都子曰：或曰有性不善，以堯爲君而有象。孟子答之曰：「乃若其情，則可以爲善矣，乃所謂善也。」』此因有性不善之説而解其惑，謂彼性雖不善而仍有善，何以見之？以其情可以爲善，可知其性仍有善，是乃我所謂性善也……如象之性誠惡矣，乃若見舜而忸怩，則其情可以爲善。可見象之性仍有善，是乃孟子

〔一〕《論語·陽貨》孔子語「性相近也，習相遠也。」
〔二〕《書·湯誥》：「若有『恒性』，克綏厥猷惟后。」孔安國傳：「順人『有常之性』，能安立其道教，則惟爲君之道。」見《尚書正義》卷八。按：「恒性」是謂「有常之性」。
〔三〕陸世儀《思辨録輯要》卷二七「人道類」。

所謂性善也。」[一]

若夫爲不善，非才之罪也。

顧氏亭林云：「人固有爲不善之才，而非其性也。性者，天命之；才者，亦天降之。是以禽獸之人，謂之未嘗有才。」[二]

陳氏蘭甫云：「此答公都子所述性可以爲不善之説也。爲不善，非才之罪，而況性乎！朱注云：『才，猶材質，人之能也。』是也。譬如金，或用爲鼎彝，或用爲矛戟。矛戟殺人，非金之材質之罪也；可爲鼎彝者，碎之而爲釘，則不能盡其材質者也。材質之義，引伸之，則材質美者謂之才。『人見其禽獸也……』以爲未嘗有美材質也，才也養不才，材質美者，養材質不美者也。」[三]

惻隱之心，人皆有之；羞惡之心，人皆有之；恭敬之心，人皆有之；是非之心，人皆有之。惻隱之心，仁也；羞惡之心，義也；恭敬之心，禮也；是非之心，智也。仁義禮智，非由外鑠我也，我固有之也，弗思耳矣。故曰：『求則得之，舍則失之。』或相倍

[一] 陳澧《東塾讀書記》卷三《孟子》。
[二] 顧炎武《日知録》卷七「才」條。
[三] 陳澧《東塾讀書記》卷三《孟子》。

蓰而無算者，不能盡其才者也。

朱注：「鑠，以火銷金之名，自外以至内也……言四者之心，人所固有，但人自不思而求之耳……前篇言是四者爲仁義禮智之端，而此不言端者，彼欲其擴而充之。此直因用以著其本體，故言有不同耳。」

顧氏亭林云：「《中庸》言能盡其性。《孟子》言不能盡其才。能盡其才，則能盡其性矣，在乎擴而充之。」〔一〕

愚按：孟子曰：「求則得之，舍則失之。」是求有益於得也，求在我者也。凡求字之義，皆不當求之於人，而當求之於我。求之於我者，求盡我之才也。天生我才而不能盡，於是乎性情乖戾，而所用之才皆非其正，豈不殆哉！豈不惜哉！

《詩》曰：『天生蒸民，有物有則。民之秉夷，好是懿德。』孔子曰：『爲此詩者，其知道乎？故有物必有則，民之秉夷也，故好是懿德。』」

張氏云：「『有物必有則』者，莫非物也，視聽言動則有視聽言動之則，喜怒哀樂則有喜怒哀樂之則，何莫不然？其則，蓋天所命也，以其至當而不可過，故謂之則。

〔一〕顧炎武《日知録》卷七「才」條。

有太極則有物，故性外無物；有物必有則，故物外無性。斯道也，天下之所共有，所共由，非有我之得私也。彝者，常也。言本然之常性，人所均有，故好是懿德，以其秉彝故也。而其不知好者，是有以亂其常故也。」〔一〕

羅氏羅山云：「昏明强弱，盡人各殊，論性不論氣，無以見其異也。仁義禮智，盡人皆具，論氣不論性，又無以見其同。程子所謂『二之』，則不是也。夫有是氣而理即具於中，固不可分而爲二。然氣自氣，理自理，亦不可混而爲一。《孟子》曰『夜氣不足以存』，謂夜氣不足以存仁義也。既曰存，則氣自氣，仁義自仁義矣。又曰『其爲氣也，配義與道』，既曰配，則道義自道義，氣自氣矣。其引孔子説《詩》曰：『有物必有則。物者，氣之所爲也。』則者，理也。有耳目口體之物，必有恭從明哲之理；有君臣、父子、夫婦、昆弟、朋友之物，必有親、義、序、别、信之理〔二〕。是理雖不離乎氣質，而亦不雜乎氣質矣。」〔三〕

〔一〕張栻《孟子説》卷六。
〔二〕《孟子・滕文公上》：「使契爲司徒，教以人倫：父子有親，君臣有義，夫婦有别，長幼有序，朋友有信。」羅澤南據此五倫義以成句。
〔三〕羅澤南《讀孟子劄記》卷二。

愚按：孔子説《詩》，止長言永嘆，而本義自顯。如《仁則榮章》引《鴟鴞》之詩，而述孔子之言曰：「能治其國家，誰敢侮之。」此篇引《蒸民》之詩，而述孔子之言曰：「故有物必有則，民之秉夷也，故好是懿德。」衹加數虚字，涵泳其間，意味更覺無窮。此聖人説《詩》之家法也。然則後世支離穿鑿之説，其亦可以已乎！張氏謂「故有物」以下，係孟子之言。焦氏禮堂則謂：「係孔子説《詩》之語。」〔一〕愚謂從焦説爲是。

7　孟子曰：「富歲，子弟多賴。凶歲，子弟多暴。非天之降才爾殊也，其所以陷溺其心者然也。

張氏云：「陷溺，言因循淪胥而莫之覺也。人心本無不善，因陷溺之故而不齊也。」〔二〕

（首節先將心字一提。「今夫麰麥」二節，顯出聖人與我同類，故「龍子曰」以下，設喻蓄勢。末節歸結到心字，何等有力！「聖人先得我心之所同然」，益見其與我同

〔一〕焦循説在《孟子正義》卷二三。

〔二〕張栻《孟子説》卷六。

類矣。故「理義」二句，則示人以學道之方也。）〔一〕

愚按：朱注云：「豐年衣食饒足，故有所賴藉而爲善。」其説未免迂曲，幼時即疑之。後悟此賴字，當爲嬾之省文。故下文概云：「陷溺其心，非天之降才爾殊。」言非天降才之不善也。讀焦禮堂《孟子正義》，其説適與愚合。焦氏引阮氏元云：「賴即嬾。按《説文·女部》云：『嬾，懈也……』貝部云：『賴，贏也。』《禮記·月令》云：『不可以贏。』注云：『贏，猶解也。』解即懈。贏、賴、解同義。然則富歲子弟多賴，謂其粒米狼戾，民多懈怠。《月令》『不可以贏』，即是不可以嬾。而子弟多賴，即是子弟多懈也。賴與暴俱是陷溺其心。若謂豐年多善，凶年多惡，未聞温飽之家皆由禮者矣。」〔二〕

愚嘗見東南富庶之地，子弟坐擁膏腴，飽食而嬉，無所事事。因之逸居無教，終身不聞禮義。及遇凶歲，則暴斂横征，刻剥小民，無微不至。子弟之陷溺其心而喪失其業，皆由於依賴田產，爲之厲階。此有識之士，所由以均賦、均租之説，相提並論。

〔一〕唐先生《孟子新讀本》批語。
〔二〕焦循《孟子正義》卷二二。

一則以限制苛吏，一則以救人之子弟也。孟子此言，蓋爲偷惰横暴之子弟並下鍼砭也。

今夫麰麥，播種而耰之，其地同，樹之時又同，浡然而生，至於日至之時，皆熟矣。雖有不同，則地有肥磽，雨露之養，人事之不齊也。

朱注：「麰，大麥也。耰，覆種也。日至之時，謂當成熟之期也。磽，瘠薄也。」羅氏羅山云：「天地之氣，萬有不齊。和風甘雨，其氣清明；陰霾濁霧，其氣昏暗；迅雷烈風，其氣震盪；愆陽伏陰，其氣偏戾。天時有不齊也。西北之地高峻，其氣多剛勁；東南之地平衍，其氣多柔弱。得山之氣者，其人多雄健，其惡者爲粗頑；得水之氣者，其人多秀麗，其惡者爲淫靡。雖數里之間，其氣多有不同，地勢有不齊也。天地之氣各殊，故人之稟之者，其氣質亦不相侔矣。且人之生也，又須視其父母所感之氣何如。天地之氣，流行鼓盪，人之呼吸，息息與之相關，故人之心正者，所感之氣亦正，人之心不正者，所感之氣亦不正。多忿怒者，其氣剛躁；多憂戚者，其氣鬱結；多淫佚者，其氣靡蕩；多恐懼者，其氣怯弱。父母之氣各殊，故其子之稟之者，適與父母相肖，此又人事有不齊也。是必值運會之明盛，萃山川之清淑，而其父母之正氣，又足以承天地之瑞氣，故得哲人篤生，清明純粹。此外或有清而不純者，或有純而不清者，或有清濁純雜相半者，或有濁多而清少者，或有雜多而純少者，千別萬殊，不可勝詰。必欲比而同之，固不可必得之數。惟其天命之本然者，無不至善……孟子特指其本然之善者以示之，欲人明善復初，而不自囿於氣質矣。」〔一〕

（方云：此節以下，文勢恣縱。「何獨至於人」二句，一擒。故「龍子曰」以下，更縱橫開宕。至「於心」一句，又擒住。真生龍活虎之文。）〔二〕

故凡同類者，舉相似也，何獨至於人而疑之？聖人與我同類者。

愚按：張子《西銘》云：「天地之塞吾其體，天地之帥吾其性。」凡人同得天地之氣以爲氣，即同得天地之性以爲性，故曰「聖人與我同類」也，非徒以其顱圓而趾方也。況上下數千年，由周而上溯之唐、虞，則皆堯、舜之苗裔也。由唐、虞而上溯之黄、農，則皆黄帝之苗裔也。以此言同類，尤爲切近也，而奚爲與聖人不相似也？

故龍子曰：『不知足而爲屨，我知其不爲蕢也。』屨之相似，天下之足同也。

朱注：「蕢，草器也。不知人足之大小而爲之屨，雖未必適中，然必似足形，不至

〔一〕羅澤南《讀孟子劄記》卷二。
〔二〕唐先生《孟子新讀本》所引。

成蕢也。」

口之於味，有同耆也。易牙先得我口之所耆者也。如使口之於味也，其性與人殊，若犬馬之與我不同類也，則天下何耆皆從易牙之於味也？至於味，天下期於易牙，是天下之口相似也。

焦氏禮堂云：「僖十七年《左傳》云：『雍巫有寵於衛共姬，因寺人貂以薦羞於公。』注云：『雍巫，雍人名巫，即易牙。』……《戰國策·魏策》云：『齊桓公夜半不嗛，易牙乃煎熬燔炙，和調五味而進之。桓公食之而飽，至旦不覺，曰：「後世必有以味亡其國者。」』此易牙知味之事也。」〔一〕

愚按：「則天下何耆皆從易牙之於味也」，應作一句讀，言口之於味，若不相同，則天下何以所耆皆從易牙之於味也？俗讀以「何耆」截句，非。

惟耳亦然。至於聲，天下期於師曠，是天下之耳相似也。

焦氏禮堂云：「襄十八年《左傳》云：『晉人聞楚師，師曠曰：「不害，吾驟歌北風，又歌南風。南風不競，多死聲，楚必無功。」』又：『齊師夜遁，師曠告晉侯曰：「烏

〔一〕焦循《孟子正義》卷二二。

烏之聲樂，齊帥其遁。」』……《吕氏春秋・長見》篇云：『晉平公鑄爲大鍾，使工聽之，皆以爲調。師曠曰：「不調，請更鑄之。」』」〔一〕皆其聽至聰之事也。

惟目亦然。至於子都，天下莫不知其姣也。不知子都之姣者，無目者也。

趙注：「引《詩》『不見子都』。」〔二〕

焦氏禮堂云：「《山有扶蘇》篇〔三〕，《毛傳》云：『子都，世之美好者也。』孔氏《正義》云：『都，謂美好而閑習於禮法。』然則孔氏不以子都爲人名。乃孟子深於《詩》，其稱子都，正本於《詩》，而與易牙、師曠並舉，則子都實有其人矣，趙氏引《詩》以證是也。」〔四〕

故曰：口之於味也，有同耆焉；耳之於聲也，有同聽焉；目之於色也，有同美焉。至於心獨無所同然乎？心之所同然者，何也？謂理也，義也。聖人先得我心之所同然耳。故理義之悦我心，猶芻豢之悦我口。」

〔一〕焦循《孟子正義》卷七。按此羅列三事，前二事不見焦循《孟子正義》文。
〔二〕趙岐《孟子章句》卷一一。「引《詩》」句，趙氏原文作「《詩》云」。
〔三〕「《山有扶蘇》篇」句，焦氏原文作「引詩在《鄭風・山有扶蘇》」。
〔四〕焦循《孟子正義》卷二二。

朱注：「然，猶可也。草食曰芻，牛羊是也。穀食日豢，犬豕是也。」

張氏云：「既曰同然〔一〕，口耳目皆有同也，何獨心之不然？此所當深思者也。口耳目麗乎氣，故有形者皆得其同，而心則宰之者也，形而上者也。故其所同者，反隔於有形，而莫之能通。反躬而去其蔽，則見其大同者矣。其所同然者，理也，義也。曰理而又曰義，在心爲理，處物爲義，謂體用也。理義者，天下之公也，不爲堯桀而存亡，聖人之先得者，即衆人之所有者也，而何有所增益哉？理義之所以悦我心者，以理義者固心之所以爲心者也。得乎理義，則油然而悦矣。以『芻豢之悦我口』爲喻，蓋言適其可而有不期然而然者也。」〔二〕

愚按：程子云：「在物爲理，處物爲義。」〔三〕理字之誼，當知古訓。理字从王从里，《説文》云：「治玉也。」蓋理之細者如治玉，理之粗者如制里。制里者，鄉遂溝洫，經緯縱横，以及原隰高下，各得其制是也。治玉者，剖析精微，如琢如磨，必臻細好是

〔一〕張栻《孟子説》原文句首有「夫」字，唐先生略去。
〔二〕張栻《孟子説》卷六。
〔三〕程頤語，見載於《近思録》「道體」第一卷。

也。故曰：「在物爲理。」理必著於事物而後見，非虛而無憑者也。「處物爲義」，由我處之得其宜，亦當知古訓，説已見前章。理也，義也，皆性也。心統性情者也，非即「性」也。孟子曰「理義之悦我心」，可見心之非即「理義」也，知其性，然後能盡其心也。自後儒誤認心即理義[一]，任心而行，遂致氣質用事，無所忌憚。或者求之於虛無杳冥之域，返觀内照，以爲可得乎心之本然，乃至悖理蔑義而不自知。此陽儒陰釋之學，所以接跡於天下也。

8 **孟子曰：「牛山之木嘗美矣，以其郊於大國也，斧斤伐之，可以爲美乎？是其日夜之所息，雨露之所潤，非無萌蘖之生焉，牛羊又從而牧之，是以若彼濯濯也。人見其濯濯也，以爲未嘗有材焉，此豈山之性也哉！**

（此章兩節，用譬喻引起。韓文中多用此法。）[二]

[一] 指陸九淵「心即理」説。陸九淵《與李宰書》：「人皆有是心，心皆具衆理，心即理也。」《象山先生全集》卷一一。

[二] 唐先生《孟子新讀本》批語。

（蘇云：郊字、牧字、梏字，皆死字活用法。）〔一〕

愚按：山木爲斧斤所伐，萌蘖爲朱羊所牧，自山木、萌蘖而言，其苦爲何如？人心爲嗜欲所錮蔽，外緣所牽引，財賄汩没，無異於斧斤之伐、牛羊之牧，自人心而言，其苦更何如？

雖存乎人者，豈無仁義之心哉？其所以放其良心者，亦猶斧斤之於木也，旦旦而伐之，可以爲美乎？其日夜之所息，平旦之氣，其好惡與人相近也者幾希，則其旦晝之所爲，有梏亡之矣。梏之反覆，則其夜氣不足以存。夜氣不足以存，則其違禽獸不遠矣。人見其禽獸也，而以爲未嘗有才焉者，是豈人之情也哉！

愚按：先儒謂孟子夜氣之説，爲前聖所未發。竊謂孟子此説，實本於《易》之《復》卦。《復》卦彖辭云：「復亨，出入无疾。」程傳云：「陽氣發生於下，漸亨盛而生育萬物。」而孟子則謂爲夜氣者，蓋子丑之交，微陽發動之會，天地生物之機，即萌於是。人雖至愚極惡，當此之時，良心亦一呈露，此性善之明驗也。《復》之《象傳》曰：「復其見天地之心乎。」程傳云：「一陽復於下，乃天地生物之心也。先儒皆以靜爲見

〔一〕唐先生《孟子新讀本》所引。

天地之心，不知動之端乃天地之心也。」〔一〕此義尤精。蓋人雖至愚極惡，不能無靜時，靜極而將動，其中本有生生之機，故良心亦偶一呈露，此尤性善之明驗也。惟聖賢之士知微陽之偶一呈露，未可久恃，故於旦晝之中，常用提撕警覺之法，以保存此生生之機，隨時皆善念，則隨地皆善事。善氣積而夜氣日盛，而此本然之良，乃永無汩没之候，此則天地之心之所寄也。

孟子曰：「雞鳴而起，孳孳爲善者，舜之徒也；雞鳴而起，孳孳爲利者，蹠之徒也。」欲知舜與蹠之分，無他，利與善之間也。平旦之氣，盡人所同也；雞鳴而起，亦盡人所同也。利與善有霄壤之分，而所爭不過毫末之間，可不懼哉？抑平旦之時，發生之念甚夥，四端並萌，而孟子獨賅以好惡者，蓋人生至惡之行，莫如拂人之性，好人所惡，惡人所好。久而久之，是非泯昧，而惻隱羞惡之良，亦遂無存，人見其如禽獸矣。人禽之分，即判於好惡之界，可不懼哉！

又按：上節言山之性，此節言人之情，不語性者，蓋性必發爲情，而後有實用。

〔一〕程頤《周易程氏傳》卷二。

許叔重《説文》云：「性，人之陽氣，性善者也。」「情，人之陰氣，有欲者也。」〔一〕後儒遂以性爲至善，情爲有欲，多尊言性而諱言情，不知孟子釋性善，不過曰：「乃若其情，則可以爲善矣。」可見性必發於情，而後爲至善。聖人自喜怒哀樂發皆中節，推而至於位天地、育萬物，情而已矣。文王之發政施仁，孔子之老安少懷，情而已矣。無情豈可以爲人？性是虚，情是實，性之發即爲情。故吾人既尊言性，又當尊言情。

故苟得其養，無物不長；苟失其養，無物不消。

愚按：《復》大象傳曰：「雷在地中，復，先王以至日閉關，商旅不行，后不省方。」〔二〕程傳云：「在一人之身，當安靜以養其陽也。」〔三〕朱子亦云：「安靜以養微陽也。」曷謂養微陽？養善念之初萌也〔四〕。自一歲而言，則冬至日爲微陽初萌之會；自一日而言，則平旦時爲微陽初萌之會。天之微陽初萌，即人之微陽初萌，而所謂微陽

〔一〕阮元《性命古訓》引《説文解字》釋性情爲説，是唐先生立論所本。
〔二〕《易·復》卦象辭文。
〔三〕程頤《周易程氏傳》卷二。「在一人之身」句，程傳原文作「在一人之身亦然」。
〔四〕《朱子語類》卷七一載朱子語：「蓋一陽初復，陽氣甚微，勞動他不得，故當安靜以養微陽。如人善端初萌，正欲靜以養之，方能盛大。」唐先生據此解釋存養夜氣之義。

初萌者，正是善念初萌。此正天地之心之所寄，而人最當體驗者也。曰：「無物不長，無物不消。」益徵上文「平旦之氣」實指天地生物之氣而言。

《盡心章》云：「存其心，養其性，所以事天也。」養其性者，即謂養其善念，所以事天，善承天地生物之心也。消、長二字，陰陽之機，尤爲《易》中精義。剥者，消之極；復者，長之初。洗心之旨，實在於斯。後之學者，當因天地陰陽之氣之消長，以體驗吾心善惡之消長。自雨露既濡，以至於霜露既降；自昊天日明，以至於嚮晦入息，無非消長之機，即無非消長之時也。彼夜氣不足以存者，弗思耳已矣！

孔子曰：『操則存，舍則亡；出入無時，莫知其鄉。』惟心之謂與？」

愚按：孔子不恒言心，而體狀人心之靈妙，無有逾於此數言者。朱子釋之云：「心而自操，則亡者存；舍而不操，則存者亡。非以彼操此而存之，以彼舍此而亡之也。」〔一〕其説尤爲精審。蓋操心非硬行把捉之謂，初學之士，必先用提撕警覺之法，久而久之，乃能純任自然，以機於復。《復》之初九曰：「不遠復，无祇悔，元吉。」象傳釋之曰：「不遠之復，以修身也。」《繫辭傳》又曰：「顔氏之子其殆庶幾乎？有不善未嘗

〔一〕朱子《觀心説》語，見引於《御定孝經衍義》卷五七「天子之孝」章。

不知，知之未嘗復行也。」《易》曰「不遠復」云云，蓋顔子之好學，惟在於善復。所以「無伐善、無施勞」者〔一〕，善於復也；所以「不遷怒、不貳過」者〔二〕，善於復也；所以「三月不違仁」者〔三〕，亦善於復也。善復則善念常存，而不善之念自漸少，雖出入無時而亦无疾也。故曰《孟子》此章實本於《易》之《復》卦，讀此章書，必須與《復》卦參看〔四〕。若言之幽渺無憑，則失聖賢之本旨矣。

又按：《朱子語類》云：「某以爲《告子篇》諸段，讀之可以興發人善心者，故勸人讀之。」〔五〕陸象山先生《與邵中孚書》亦云：「《告子》一篇，自『牛山之木嘗美矣』以下，可常讀之。」〔六〕愚亦嘗謂自此以下數章，治心之要，俱備於是，學者日讀之而省焉，

〔一〕《論語·公冶長》載顔淵述志語。
〔二〕《論語·雍也》載孔子稱讚顔淵「好學」語。
〔三〕《論語·雍也》載孔子稱讚顔淵語。
〔四〕《孟子》通體與《周易》相通之大義，備論於本編《孟子救世編》之卷一〇。
〔五〕朱子語，見載《朱子語類》卷一一八。「者」字據原書補入。
〔六〕陸九淵《與邵中孚書》謂：「《告子》一篇，自『牛山之木嘗美矣』以下，可常讀之，其浸灌、培植之益，當日新日固也。」《象山全集》卷七。

庶不至入於下流之歸矣。〔一〕

編者謹按：唐先生《紫陽學術發微》卷三《朱子心性學發微》引此章朱注，後按語云：「此章之義，本於《周易》；『平旦之氣』，『復其見天地之心』〔二〕也。惟至日以一歲言，平旦則指一日言耳。『得其養而無物不長』，所謂陽息也；『失其養而無物不消』，所謂陰消也。『出入無時，莫知其鄉』，所謂『出入無疾』也。『好惡與人相近』，《論語》所謂『性相近』也；『違禽獸不遠』，所謂『習相遠』也。孟子學説皆出於孔子，惟操心之學，卻與持志略異。蓋志者，心之所之，故持志者，省察之功，而操心者，涵養之要也。此章與《養氣章》皆爲入道之方，學者宜日三復而默識之於心。」

9 **孟子曰：「無或乎王之不智也。**

趙注：「王，齊王也。或，怪也。時人有怪王不智而孟子不輔之，故言此也。」〔三〕（《孟子》文最善設喻。此章與「爲巨室」章尤奇。「爲巨室」章兩節皆設喻，正文

〔一〕唐先生融通朱、陸二家。
〔二〕《易·復卦·彖傳》文。
〔三〕趙岐《孟子章句》卷一一。

不過「幼學壯行」三句，藏在中間。此章亦兩節設喻，正文不過「無或乎」一句，却係破空而來。下兩節文法，變換之妙，自不待言。而「吾如有萌焉何哉」句及「爲是其智弗若與」句，感歎意俱在言外，可謂化工之筆。）〔一〕

雖有天下易生之物也，一日暴之，十日寒之，未有能生者也。吾見亦罕矣，吾退而寒之者至矣，吾如有萌焉何哉？

張氏云：「孟子告齊王，未嘗不引之以當道。王豈無秉彝之心乎？則其端倪亦有時而萌動矣。而孟子見之之時寡，他人朝夕在旁，利欲以汩之，諂諛以驕之，順其意而逢其惡，所以害之者，何可勝既〔二〕！『吾如有萌焉何哉』，言雖有如萌芽之發，亦即推折而無以自達，無足怪矣。」〔三〕

愚按：此承上章「山木之萌櫱」而言。良心方萌，而寒之者已至，豈不痛哉？雖然，植物之一日暴之，十日寒之，此物之無可如何者也，物處於無權也。人心之一日

〔一〕唐先生《孟子新讀本》批語。
〔二〕既，疑慨字。
〔三〕張栻《孟子説》卷六。

暴之，十日寒之，此人有以自致之也，人處於有權也。暴則得生氣，寒則得死氣，此人之所知也。然而常好寒而惡暴者，何也？好佞而惡賢，好諛而惡直，好聞安樂之言而惡聞憂患之論，此所以寒之者日至，而不覺其心之漸死也。《莊子》曰：「哀莫大於心死。」〔一〕

今夫弈之爲數，小數也；不專心致志，則不得也。弈秋，通國之善弈者也。使弈秋誨二人弈，其一人專心致志，惟弈秋之爲聽。一人雖聽之，一心以爲有鴻鵠將至，思援弓繳而射之，雖與之俱學，弗若之矣。爲是其智弗若與？曰：非然也。

張氏云：「心不容有二事，雖弈爲小技，專心致志者則得之；苟方弈而他思，則莫之得也。是二人者，豈智之相遠哉？專與不專故耳，而況於欲治其身，而不專心致志，其可哉？是以古之明君懼一暴十寒之爲害也，則博求賢才，寘諸左右，朝夕與處，而遠佞人，所以養德也。豈獨人君爲然，一暴十寒之病，爲士者其可一日而不念乎？」〔二〕

〔一〕《莊子·田子方》文謂：「夫哀莫大於心死，而人死亦次之。」
〔二〕張栻《孟子説》卷六。

（心極奇幻，而鴻鵠之喻，乃更奇幻有趣味。）〔一〕

（方云：「爲是其智弗若與？曰：非然也。」應首句智字，而語意含毫渺然。）〔二〕

愚按：孟子以弈列於小數，何哉？蓋弈之運用，主乎巧拙、先後、得失，而其勝敗之數，則專係乎一心之知覺。譬諸一人之知覺巧，則拙者敗矣；一人之知覺先，則後者敗矣；一人之知覺得，則失者敗矣。知覺用之於專，則愈速愈靈而勝數愈多；知覺用之不專，則愈遲愈鈍而敗數愈多。是故世界一大弈場也，列國一大弈局也。不專心致志，事事較人拙，事事在人後，未有不大失敗其國者也。是以孟子深切言之：「爲是其智弗若與？曰：非然也。」不專心則心放，不致志則志邪，惜乎以天生至聰明之心，至完全之志，而自處於敗也！然而其心則既浮矣，其志則既散矣，則固無或乎其敗也。愚嘗作此章贊云：

鴻鵠高飛，横絶蒼茫。是真是幻，倏止倏揚。曷兹學子，心與俱翔？淩風鎩羽，弓矢斯張。誨爾諄諄，聽我芒芒。失學育智，嗚呼齊王！

〔一〕唐先生《孟子新讀本》批語。
〔二〕唐先生《孟子新讀本》所引。

10 孟子曰：「魚我所欲也。熊掌，亦我所欲也。二者不可得兼，舍魚而取熊掌者也。生亦我所欲也，義亦我所欲也，二者不可得兼，舍生而取義者也。

張氏云：「『二者不可得兼』，言權其輕重而取舍之也。夫樂生而惡死，人之常情，賢者亦豈與人異哉？而有至於舍生而取義者，非真知義之重於生，其能然乎？其舍生而取義，猶飢之食，渴之飲，亦爲其所當然者而已。」[一]

羅氏羅山云：「生與義，非兩事也。義有時在於生，則不容不生；義有時在於死，則不容不死。輕生非義也，偷生亦非義也。曰舍生取義者，謂人當大節之際，全生則失義，全義則失生，故必舍生取義，而後於心爲安。此孟子爲中人説法，欲其無貪生而忘義也。君子之心惟知有義而已，生無待於舍，義亦無待於取；惟義是從，生死皆無與於心也。」[二]

（此章上五節注重義字，用盤旋法。下三節注重心字，用直下法。而義字、心字，

[一] 張栻《孟子説》卷六。
[二] 羅澤南《讀孟子劄記》卷二。

不過參差兩見，文法之峭，文境之奇，冠絶諸子。）〔一〕

愚按：孔子曰：「志士仁人，無求生以害仁，有殺身以成仁。」〔二〕宋文文山先生云：「孔曰成仁，孟曰取義，惟其義盡，所以仁至。」蓋惟取義而後爲全其良心也。《論語・微子》篇孔子曰：「殷有三仁焉。」朱注：「三人之行不同，而同出於至誠惻怛之意……有以全其心之德也。」故此章當與《論語》兩章參看。

生亦我所欲，所欲有甚於生者，故不爲苟得也。死亦我所惡，所惡有甚於死者，故患有所不辟也。

朱注：「得，得生也。欲生惡死者，雖衆人利害之常情，而欲惡有甚於生死者，乃秉彝義理之良心。是以欲生而不爲苟得，惡死而有所不避也。」

張氏云：「所欲謂禮義，所惡謂非禮義也。欲惡若是，乃爲得夫性之正矣。」〔三〕

如使人之所欲莫甚於生，則凡可以得生者，何不用也？使人之所惡莫甚於死者，則凡可以辟患者，何不爲也？

〔一〕唐先生《孟子新讀本》批語。
〔二〕《論語・衛靈公》載孔子語。
〔三〕張栻《孟子説》卷六。

朱注：「設使人無秉彝之良心，而但有利害之私情，則凡可以偷生免死者，皆將不顧禮義而爲之矣。」

（以下六節，極筆墨瀾翻之妙。）〔一〕

由是則生而有不用也，由是則可以辟患而有不爲也。是故所欲有甚於生者，所惡有甚於死者，非獨賢者有是心也，人皆有之，賢者能勿喪耳。

朱注：「羞惡之心，人皆有之，但衆人汩於利欲而忘之，惟賢者能存之而不喪耳。」

愚按：「所欲有甚於生，所惡有甚於死」，即上章所謂「良心」是也。賢者能勿喪，能存其平旦之氣也。

一簞食，一豆羹，得之則生，弗得則死。嘑爾而與之，行道之人弗受；蹴爾而與之，乞人不屑也。

趙注：「嘑爾，猶呼爾，咄啐之貌也。行道之人，道中凡人以其踐己，故不肯受

〔一〕唐先生《孟子新讀本》批語。

也。蹴，蹋也。以足踐蹋與之，乞人不絜之也。」〔一〕

愚按：《禮記·檀弓》篇：「齊大饑，黔敖爲食於路……有餓者蒙袂輯屨〔二〕，貿貿然來。黔敖……曰：『嗟來食！』揚其目而視之，曰：『予惟不食嗟來之食，以至於斯也。』從而謝焉，終不食而死。」〔三〕先師黄元同先生云：「此餓者未免負黔敖謝過之誠。」然愚謂此餓者尚不失爲氣節之士，蓋其羞惡之良心，能不爲生死所動也。

萬鍾則不辨禮義而受之，萬鍾於我何加焉？爲宫室之美、妻妾之奉、所識窮乏者得我與？

張氏云：「上文不受、不屑者〔四〕，蓋人之困窮，其欲未肆，故其端尚在，至於爲萬鍾所動，則有不復顧者矣。曰『萬鍾於我何加焉』，人能深味斯言而得其旨，則亦可見外物之無足慕矣。萬鍾於我何加，而人之所以不辨禮義而受之者，則亦有爲而然耳。

〔一〕趙岐《孟子章句》卷一一。「道中凡人以其踐己」句，趙氏原文無「道中」；「乞人不絜之也」之「絜」作「潔」；句末無「也」字。
〔二〕「蒙袂輯屨」四字據《禮記·檀弓下》原文補入，以足文意。
〔三〕《禮記·檀弓下》文。
〔四〕此句張栻《孟子説》原文作「其所以然者」。

『爲宮室之美、妻妾之奉、所識窮乏者得我』，其他有所不顧也，此三者，一舉其端，其他可類推耳。」〔一〕

愚按：「宮室之美」三者爲最易溺人本心之具，故孟子特舉之。至於「所識窮乏者得我」，則人固有非其本心，因受所識窮乏者之累，而不得不受萬鍾者矣。夫爲所識者所累，而輕受萬鍾，與所識者之不能自立，而累人之受萬鍾，二者皆末世之敝俗，賢者尤宜猛省也。

鄉爲身死而不受，今爲宮室之美爲之；鄉爲身死而不受，今爲妻妾之奉爲之；鄉爲身死而不受，今爲所識窮乏者得我而爲之，是亦不可以已乎？此之謂失其本心。

張氏云：「向也簞食豆羹不得則死，而與之非其道，則有所不受；今也萬鍾之多，乃不辨禮義之當否而受之。萬鍾之不受，未至於死也。均是人也，何向者一死之不卹，而今者冒昧若此歟？蓋『欲』有以蔽之，而羞惡之端，陷溺而莫之萌也，故曰：『此之謂失其本心。』嗟乎！舉世憧憧，以『欲』爲事，於得失之際，蓋不能以自擇也，而況於死生乎？是故君子遏人欲而存天理，其於斯世，何所求哉？惟禮義之是安耳。

〔一〕張栻《孟子說》卷六。

故窮達死生，舉不足以二其心，而人道立矣。」[一]

陸氏桴亭云：「『本心』二字，發之孟子。『本』字妙極，此即所謂性善也，即所謂良知良能也，即所謂明德也。吾所固有，故謂之本心。」[二]

（鷹集盤空，至此直下一句鎮壓，有千鈞力。）[三]

愚按：《孟子》七篇，首辨義利。義利者，天理人欲之界，亦即人禽之界也。人之生，其性渾然，四德皆備，洎乎嗜欲錮蔽，於是利心日甚，利心甚而本心日亡矣。而究其所以亡之之繇，則不外乎「妄取」。有一物焉，可以取，可以無取，取之而世之人以爲無傷也，我之心遂亦以爲無傷也；久之而不可取者亦將取之，而羞惡之良心，於是悉泯矣。嘗見世之優於才而富於學者，未嘗不矯然自負，一旦利欲薰心，名譽掃地，甚至爲鄉里所不齒，此其漸皆起於「妄取」，吁！可痛也，可懼也。

聖賢辨析義利之界，首嚴於取與。惟是妄取與不妄取之辨，不難於簞食豆羹，而難於萬鍾。蓋在我之性分有能容天下之量，則雖萬鍾以上，而心不爲動；在我之性

[一] 張栻《孟子説》卷六。
[二] 陸世儀《思辨録輯要》卷二六「人道類」。
[三] 唐先生《孟子新讀本》批語。

分，而僅容千鍾、百鍾之量，則至千鍾、百鍾而已動其心。舜禹之有天下，所以能不與焉者，所性分定故也。是故聖賢之學務在定其性分。今世之士，力欲任天下之事，而於取與之義，懵焉不講。試觀孟子論簞食豆羹，以至萬鍾，皆推而極之於生死，何等深切沈痛！

愚竊嘗深論之云：人之生死，係乎心而不係乎身。苟其身雖死，而其心不死，雖謂之不死可也。苟其身雖生，而其心已死，則雖宫室之美、妻妾之奉、所識窮乏者得我，謂之已死可也。自來聖賢豪傑之士，浩然常存於天地之間，可不謂之千古常生乎？至於富貴利達之徒，沈酣醉飽，尚得謂之生乎？故曰：死生者，係乎心而不係乎身也。孟子曰：「此之謂失其本心。」人生并其固有之心而失之，哀哉其已死也！

11　孟子曰：「仁，人心也。義，人路也。」

朱注：「仁者心之德，程子所謂『心如穀種，仁則其生之性。』[一]是也。然但謂之仁，則人不知其切於己，故反而名之曰『人心』，則可見其爲此身酬酢萬變之主，而不

[一] 程顥語：「心譬如穀種，生之性便是仁。」見載《近思録》「道體」第一。

可須臾失矣。義者行事之宜，謂之『人路』，則可以見其爲出入往來必由之道，而不可須臾舍矣。」

（方云：「『仁，人心也』二句，寫本體，最親切。『舍其路』二句，歎人喪本體，極沈痛。『人有雞犬放』三句，因人所明處，使之察識，挑得極醒豁。『學問』二句寫工夫，極斬截了當，皆前聖所未發。）〔二〕

愚按：程子穀種之喻最妙。人者天地之心，故各得生生之理以爲心。仁乃其種子，如桃實、杏實等，皆稱仁是也。若無此好生之心，即不得謂之人。

舍其路而弗由，放其心而不知求，哀哉！

朱注：「『哀哉』二字，最宜詳味，令人惕然有深省處。」

愚按：張楊園先生云：「孔子不輕言『難矣哉』，而於『言不及義，好行小慧』，則曰難矣哉。『飽食終日，無所用心』，則曰難矣哉。蓋一則戕賊其本心，一則窒塞其本心也。孟子不輕言『哀哉』，而於『曠安宅而弗居，舍正路而不由』，則曰哀哉。『舍其路而弗由，放其心而不知求』，則曰哀哉。蓋一則暴棄其本心，一則放蕩其本心也。

〔二〕唐先生《孟子新讀本》所引。

學者當隨時自省，能不蹈孔子之所謂『難』，而不爲孟子之所『哀』乎？」

人有雞犬放，則知求之。有放心而不知求。

愚按：上以「路」與「心」並言，而以下專言「心」者，蓋舍其路而弗由者，以放其心而不知求故也。雞犬至輕、至賤、至微，而心則至重、至貴、至大。乃雞犬放則知求之，放其心則不知求。況雞犬在外者也，曰「雞犬放」，非自放之也。心在内者也，曰「放其心」，自放之也。人生當世，既不明輕重、貴賤、大小之辨，又不明内外之界，必至失其心而不可以爲人。

學問之道無他，求其放心而已矣！

張氏云：「心豈遠人哉？知其放而求之，則在是矣。所謂放者，其幾間不容息，故君子造次克念，戰兢自持，『非禮勿視，非禮勿聽，非禮勿言，非禮勿動』，所以收其放而存之也。存之久則天理寖明，是心之體將周流而無所蔽矣。」〔一〕

顧氏亭林云：「『學問之道無他，求其放心而已矣。』然則但求放心，可不必於學問乎？與孔子之言『吾嘗終日不食，終夜不寢，以思，無益，不如學也』者，何其不同

〔一〕張栻《孟子説》卷六。

邪？他日又曰：『君子以仁存心，以禮存心。』是所存者，非空虚之心也。夫仁與禮，未有不學問而能明者也。孟子之意，蓋曰能求放心，然後可以學問。『使弈秋誨二人弈，其一人專心致志，惟弈秋之爲聽；一人雖聽之，一心以爲有鴻鵠將至，思援弓繳而射之，雖與之俱學，弗若之矣』，此放心而不知求者也。然但知求放心，而未嘗窮『中罫之方』，悉『雁行之勢』，馬融《圍棋賦》。亦必不能從事於弈。」〔一〕

羅氏羅山云：「心放則仁失，心存則仁存。『求其放心』者即求仁也。學問之道，固非一端，無一非所以求放心，即無一非所以求仁。格、致所以窮此仁也，誠、正、修所以體此仁也，齊、治、平所以推此仁也。一言語無非仁之所在，慎言即所以存仁；一舉動無非仁之所在，謹行即所以存仁。是故人欲求仁，不可不從事於學問。學問充則仁可得而全，學問不充則仁不可得而盡。孟子曰：『學問之道無他，求其放心而已矣！』謂學問之道皆所以求放心也。後人誤會此旨，遂謂人不必講學讀書，只要存得本心。吾不知學問之功不深，此心何由而存，幾何而不流於異端哉？」〔二〕

〔一〕顧炎武《日知録》卷七「求其放心」條。
〔二〕羅澤南《讀孟子劄記》卷二。

愚按：亭林先生之説，至爲切實，而羅山先生之説，爲尤精。竊意孟子所謂「學問之道，求其放心」者，言以學問求放心，而所以學問者，非爲騖外，爲求其放心也。蓋心之爲物，至虚至靈，一不自覺，已飛揚馳騖於千里之外，若何而求之？惟有講明學問以求之。倘謂至道之精，幻幻冥冥，静中有知覺，即詫爲獨得，是直禪宗而已，豈聖賢之學乎？故曰：孟子所謂求放心者，以學問求其放心也。然則静坐體察，固所以求放心也；誦詩讀書，亦所以求放心也；處事接物，亦所以求放心也；隨地皆學問，隨時皆求其放心也。幸勿以求心爲奇妙之門也。

編者謹按：唐先生《紫陽學術發微》卷三《朱子心性學發微》引此章朱注後按語云：「張氏楊園曰：『孟子不輕言哀哉。』惟《自暴自棄章》與此章兩言之，極爲痛切；又《莊子》言『哀莫大於心死』也。『學問之道』節有二解：或曰因學問以求放心；或曰學問之事，以求放心爲要。細玩朱注，當以後説爲長。蓋天下至大之學問，莫要於管攝此心也。其功奈何？蓋以静時言之，則當以深沈涵養爲主；以動時言之，則當以收攝提撕爲主。求之既熟，自能不失其本心矣。或謂：『陳氏定齋《明辨録》有求放心説，力闢陸、王之謬，如以上所言，不幾近於空虚乎？』曰：不然。孟子發端言：『仁，人心也。』可見求放心即所以求仁，何空虚之有？子夏言博學篤志，切問近思，仁在其中；篤志近思，正求放心之義。」

12 孟子曰：「今有無名之指，屈而不信，非疾痛害事也。如有能信之者，則不遠秦、楚之路，爲指之不若人也。指不若人，則知惡之。心不若人，則不知惡，此之謂不知類也。」

趙注：「無名之指，手之第四指也。」〔一〕

張氏云：「『人有雞犬放，則知求之』；『無名之指，屈而不信』，則求信之；『拱把之桐梓』，欲其生，則必養之；此皆事理之易見者。孟子於其易見者，舉以示之，使之以類而思之，則知夫切於吾身，蓋有甚於此，而不之察也。曰『有放心而不知求』，曰『心不若人，則不知惡』，曰『豈愛身不若桐梓哉』，所以示人也至矣。夫人與聖人同類，則其心亦同然耳。有不同焉者，有以陷溺之故也。以類而思，則比之『指不若人』，何啻相千萬邪？而反不知惡，故謂之『不知類』也。人惟不知類，故冥行而不自覺。使其知類而推之，則夕晨之間，其悚然而作者，豈獨此哉？雖然，知惡之則必求所以免於惡，蓋有須臾不敢遑寧者矣。此古之君子所以『學如

〔一〕 趙岐《孟子章句》卷一一。

不及，猶恐失之』〔一〕也。」〔二〕

（蘇云：結得斬截。）〔三〕

愚按：天下無論何等學問，必以分類爲第一要義，而心爲尤甚。上章言雞犬，以動物類喻心也；此章言無名之指，以身體類喻心也；下章言桐梓，以植物類喻身也。能分類而後能窮理，能窮理而後於天下輕重、貴賤、大小之等，處之釐然，各得其當。《易傳》曰：「爻有等故曰物，物相襍故曰文。」〔四〕聖人因其襍也而分之，故曰：「方以類聚，物以羣分。」此即分類之義也。能知此者，乃可進於洗心之學。

13 **孟子曰：「拱把之桐梓，人苟欲生之，皆知所以養之者。至於身，而不知所以養之者，豈愛身不若桐梓哉？弗思甚也。」**

朱注：「拱，兩手所圍也。把，一手所握也。桐梓，二木名。」

〔一〕《論語·泰伯》載孔子語。

〔二〕張栻《孟子說》卷六。

〔三〕唐先生《孟子新讀本》所引。

〔四〕《易·繫辭下》文。

張氏云：「愛其身，必思所以養之。然所以養之者，則有道矣。古之人理義以養其心，以至於動作起居、聲音容色之間，莫不有養之之法焉，所以『尊德性而道問學』，以成其身也。於桐梓而知所以養，則自拱把至於合抱，可以馴致也。於身而知所以養，則爲賢爲聖，亦循循可進耳。曰：『弗思甚也。』蓋思之則知身之爲貴，而不可以失其養也；弗思則待其身曾一草一木之不若，滔滔皆是矣。《孟子》此篇，大抵多言存養之功，學者尤宜深體也。」〔一〕

（方云：此亦挑剔人，使之察識而擴充，重在「所以養」三字。）〔二〕

愚按：古人有言：「十年樹木，百年樹人。」人何不思自樹其身於天地之間也？天之生物，栽者培之，傾者覆之。雨露之滋培，未有逮於枯槁者也；道德之温潤，未有感於繆戾者也。故弗思之甚，而身遂滅矣。

14　孟子曰：「人之於身也兼所愛。兼所愛，則兼所養也。無尺寸之膚不愛焉，則無

〔一〕張栻《孟子説》卷六。
〔二〕唐先生《孟子新讀本》所引。

尺寸之膚不養也。所以考其善不善者，豈有他哉？於己取之而已矣。

朱注：「人於一身，固當兼養。然欲考其所養之善否者，惟在反之於身，以審其輕重而已矣。」

張氏云：「人有是身，則知其皆在所愛。愛之則知其皆在所養，而無尺寸之膚不及也。然人知有口腹之養而已，而莫知其所受於天，蓋有所甚重於此者，可不知所以養之乎？故曰：『所以考其善不善者，豈有他哉？於己取之而已矣。』言欲考察善不善之分，則在吾身所取者何如耳。」〔一〕

（方云：此章以養其大體爲主。自首至「養其大者爲大人」，正意已盡。「今有場師」以下，復就物指點。奇恣變化，意味無窮。）〔二〕

（此章曲折盤旋，專注在養心，而始終不露出心字。文境如匣劍帷燈，奇妙之至。）〔三〕

〔一〕張栻《孟子説》卷六。

〔二〕唐先生《孟子新讀本》所引。

〔三〕唐先生《孟子新讀本》批語。

體有貴賤，有小大。無以小害大，無以賤害貴。養其小者爲小人，養其大者爲大人。

張氏云：「於己取之，有二端焉。『體有貴賤，有小大』是也。以小害大，以賤害貴，則是養其小者，所謂不善也。不以小害大，不以賤害貴，則是養其大者，所謂善也。何以爲大且貴？人心是已；小且賤，則血氣是已。血氣亦稟於天，非可賤也。而心則爲宰之者也，不得其宰，則倍天遁情，流爲一物，斯可爲賤矣。」〔一〕

愚按：明乎分類之義，而後明乎貴賤小大之等，而能盡其心。《周易》之例，陽爲貴、爲大，陰爲賤、爲小。人稟陰陽剛柔之理與氣以生，自一身而言，血氣屬於陰者也，故爲賤爲小；心志屬於陽者也，故爲貴爲大。然專就心志而言，又自有陰陽之別。邪而闇且塞者，陰也；正而明且通者，陽也。是非窮理之精者，不能辨其萌，養其神明而復其性體，斯爲大人。

今有場師，舍其梧檟，養其樲棘，則爲賤場師焉。

趙注：「場師，治場圃者，場以治穀。圃，園也。梧桐檟梓，皆木名。樲棘，小棘，

〔一〕張栻《孟子説》卷六。

所謂酸棗也。言此以喻人舍大養小，故曰『賤場師』也。」〔一〕

養其一指，而失其肩背而不知也，則爲狼疾人也。

王氏船山云：「《集注》謂『狼善顧，疾走則不能』。〔二〕使果有養指失背之人，可謂其急遽而不能顧乎？狼性暴戾，有如狂者。狼疾，狂病也，猶言牛癎鼠噎，以獸名疾。」〔三〕

飲食之人，則人賤之矣，爲其養小以失大也。

愚按：爲人而專心壹志講求飲食之奉，則卑陋甚矣，焉得不爲人所賤乎？

飲食之人，無有失也，則口腹豈適爲尺寸之膚哉？

張氏云：「飲食之人而不失其大者，則口腹豈但爲養其尺寸之膚哉，固亦理義之所存也。故失其大者，則役於血氣而爲人欲；先立乎其大者，則本諸天命而皆至理。」

〔一〕趙岐《孟子章句》卷一一。

〔二〕朱子《孟子集注》作「疾則不能」，諸本無作「疾走則不能」者，此乃王夫之誤憶，而誤會爲「急遽」以至「狂疾」。朱子意謂狼一但罹疾，便不能發揮其所素善的顧望本能。不能回頭顧視，所以「失其肩背而不知」，原不是指疾走奔跑。寓意只觀一指之微而失去本能的大體。

〔三〕王夫之《四書稗疏》卷二「狼疾」條。

人欲流則口腹之須，何有窮極？此心之所以爲禽獸不遠者也。天理明，則一飲一食之間，亦莫不有則焉，此人之所以成身而通乎天地者也。可不謹其源哉？」〔二〕

愚按：字義，適，祇也。言所養豈祇尺寸之膚也。飲食之人而無有失，是不僅養其口腹而能存其本心也，不弟能衛生而實能養性也。蓋〔三〕人得天地之氣以生，故其氣當與天地清明之氣相往來；人得天地中正之理以生，故其心當與天地中正之理相浹洽。衛生之家日吐納清明之氣，其所養不過尺寸之膚耳，然聖賢之士日研究天地中正之理，涵養天地生生之德，是其所吐納者皆爲善氣，與天地而無際也。兼所愛則兼所養，至普及於天下，故曰：「時人者，聖賢之身也。」〔三〕豈不大哉？豈第善衛生而已哉？

15　公都子問曰：「鈞是人也，或爲大人，或爲小人，何也？」孟子曰：「從其大體爲

〔一〕張栻《孟子説》卷六。
〔二〕「是不僅養其口腹而能存其本心也，不弟能衛生而實能養性也，蓋」，《孟子新讀本》作「此善於衛生者也。然吾有説焉」。
〔三〕韓愈《爭臣論》文。

大人，從其小體爲小人。」

朱注：「大體，心也。小體，耳目之類也。」

（方云：此章以「先立乎其大者」爲主，是孟子爲學之主腦也。學者當日三復之。）〔一〕

愚按：從者，隨也，自從之也，所謂「惟其所擇」也。人生天地間，爲聖爲賢、爲愚爲不肖，慎其所擇而已。

曰：「鈞是人也，或從其大體，或從其小體，何也？」曰：「耳目之官不思，而蔽於物，物交物，則引之而已矣。心之官則思，思則得之，不思則不得也。此天之所與我者，先立乎其大者，則其小者不能奪也。此爲大人而已矣。」

朱注：「官之爲言司也。耳司聽，目司視，各有所職而不能思，是以蔽於外物。既不能思而蔽於外物，則亦一物而已。又以外物交於此物，其引之而去不難矣。心則能思，而以思爲職。凡事物之來，心得其職，則得其理，而物不能蔽；失其職，則不得其理，而物來蔽之。此三者，皆天之所以與我者，而心爲大。若能有以立之，則事

〔一〕唐先生《孟子新讀本》所引。

無不思，而耳目之欲，不能奪之矣。此所以爲大人也。」又引范浚字茂明。《心箴》曰：「茫茫堪輿，俯仰無垠。人於其間，眇然有身。是身之微，太倉稊米。參爲三才，曰惟心爾。往古來今，孰無此心。心爲形役，乃獸乃禽。惟口耳目，手足動靜。投間抵隙，爲厥心病。一心之微，衆欲攻之。其與存者，嗚呼幾希。君子存誠，克念克敬。天君泰然，百體從令。」〔一〕

愚按：孟子「先立乎其大」之説，宋陸象山先生恒舉以教人，然有當詳辨者。愚嘗爲説云：陸象山説「先立乎其大」，散見於文集、語録者，不可殫舉。愚考其説，蓋有淺有深，各宜區別。其淺焉者，足以制此心嗜欲之動，與孟子祛耳目之欲同。其深焉者，則欲一空其心之所有，并善念而屏絶之，乃與禪家淨智妙圓、體自空寂同，而與孟子「思則得之」之旨實背。

蓋嘗論之，人之五性皆具於心。然心之爲物，飛揚馳騖，出入無時，一不自持，即逐物欲於軀殼之外，而不能自存。是以孟子言「立乎其大」，而先之曰：「思則得之，不思則不得。」夫人心亦豈有不思者哉？彼愚夫愚婦朝夕憧憧，何嘗不思？特其所思

〔一〕朱子《孟子集注》引。

者，皆耳目之欲，故猶之不思耳。夫耳目之欲，無與於心者也，而心反爲之役，則愈思愈昏而愈窒。聖人之思曰睿，睿者以無欲爲先。陸氏曰：「必有大疑大懼，深思痛省，決去世俗之習，如棄穢惡，如避寇讎，乃謂之先立乎其大」者〔一〕，此誠學者入手之要，而治心之先務也。然究其終乃與孟子異者，孟子言先立其大，欲人決去世俗之習，而用其思於禮義之域，以養其心。象山言先立其大，欲人決去世俗之習，而致其心於空蕩之鄉，并絶其思，此其説之歧乎孟子者也。

夫孟子之學，得力於養氣，而又歸本於集義。集義者，察識四端之發，窮究事物之宜，即《大學》所謂「知止」、《中庸》所謂「明善」、《大易》所謂「窮理」。而「仁者見之謂之仁，智者見之謂之智」〔二〕，蓋吾心之良知，本足以辨善惡之端倪，特不致其體察之功，則不免於「認欲作理」〔三〕，而有害於善念。即所念一出於善，而有偏而不中之處，於事亦終至於眊而不行。是以察識、格致之功，由漸而進，則所謂立乎其大者，乃亦由漸而精。

〔一〕陸九淵《與傅克明》文。

〔二〕《易·繫辭上》文。

〔三〕王守仁《傳習録》載學生問：「專涵養而不務講求，將『認欲作理』，則如之何？」唐先生於《禮記大義》中以「認欲作理」批評戴震。

孟子自言「不動心」而要之以四十，此非四十以前未能自立其心也，蓋以積累之至者言也。而象山乃謂決去世俗之習，則此心之靈，自有其仁，自有其智，自有其勇。吾不知所謂仁智勇者，其能無所過乎？且能無不及乎？又能無雜於氣質之偏乎？此殆因事物之至，而以知覺籠罩之，非所謂仁也，非所謂智與勇也。夫如是，故專認取夫昭昭靈靈者以爲萬象之主，其視事物之理，一切於吾心無與。而其治心也，乃不惟妄念之足爲累，即善念亦足爲障矣，此豈孟子「思則得之」之旨耶？按：詹子南之下樓，忽覺此心中立〔一〕，亦象山之先立其大也。楊慈湖之夜坐不寐，忽心中灑然如物脱去〔二〕，亦象山之先立其大也。故曰：孟子之立乎其大，立此心

〔一〕《象山語録》載：「詹子南一日下樓。忽覺此心澄瑩中立。先生（陸九淵）目逆而視之曰：『此理已顯矣。』」並見載明人陳建《學蔀通辨》卷四。詹阜民字子南，浙江遂安人，累官宗正寺丞，兼駕部郎中，知徽州府。先問學張栻，後師事陸九淵。

〔二〕陳建《學蔀通辨》卷四載《楊慈湖行狀》載：「慈湖初在太學循理齋，嘗入夜憶先訓，默自反觀，已覺天地萬物通爲一體，非吾心外事。至陸先生新第，歸來富陽，慈湖留之，夜集雙明閣上，數提『本心』二字，因從容問曰：『何謂本心？』適平旦，嘗聽扇訟，陸先生即揚聲答曰：『適斷扇訟，見得孰是孰非者，即本心也。』慈湖聞之，忽覺此心澄然清明。亟問，曰：『止如斯耶？』陸曰：『更何有也？』慈湖即北面納拜，終身師事焉，每謂：『某感陸先生。』由是再答一語：『更云云，便支離。』去。已而沿檄，宿山間，觀故書猶疑，終夜坐，不能寐。天曈曈欲曉，忽灑然如物脱去，乃益明。後居妣喪，更覺日用應酬，未能無礙沈思，屢日偶一事相提觸，亟起，旋草廬中，始大悟變化云爲之旨，縱横交錯萬變，虛明不動如鏡中象矣。」唐先生所言楊簡師事陸九淵事，俱出《學蔀通辨》，以故詳引，以見唐先生學術淵源。

之義理；象山之立乎其大，立此心之「精神知覺」。愚故曰象山所謂立乎其大，其淺焉者，固足袪人心妄念之動；其深焉者，則一超而頓悟，直禪氏之秘旨耳。嗚呼！學術誠難言矣哉？

編者謹按：唐先生《紫陽學術發微》卷三《朱子心性學發微》引此章朱注後按語云：「地居天中，天包地外，人在天地之中，而心又在人一身之中。得中理中氣，此其所以爲大體而最貴也。『心之官則思，思則得之』，乃思得仁義禮智之性，非思空虛之理。此其功候，淺者如視思明、聽思聰之屬；深者如《易傳》所謂『寂然不動，感而遂通天下之故』，《洪範》所謂『思曰睿，睿作聖』是也。『天之所與我者』，即《左傳》所謂『人受天地之中以生』[一]也。『先立乎其大』，即孟子『不動心』之學。人能先立其心，方能自立於世界之內，否則一心窒塞而不通，即一身浮游而無據矣，可不懼哉？宋陸氏象山平生學問，以先立乎大爲主，其說有是有非，詳《孟子大義》中。范氏《心箴》鞭策本心，乾乾惕若，可與程子四箴並讀。」

16　孟子曰：「有天爵者，有人爵者。仁義忠信，樂善不倦，此天爵也。公卿大夫，此

[一]《春秋左傳·成公十三年》文。謹按：「人」作「民」字。

人爵也。

張氏云：「天爵謂天之所貴也。仁義又言忠信者，在己爲忠，與人爲信。忠信者，只是誠實此二者也。既曰仁義忠信，而又曰樂善不倦，樂善不倦，好懿德之常性也。惟樂善不倦，則於仁義忠信，斯源源而進矣。」〔一〕（方云：此章是指示棄天爵之人。收句冷峭。令要人爵而棄天爵之人想之，真是無謂。）〔二〕

愚按：「仁義忠信，樂善不倦」者，性分之尊，固有之貴，由天賦者也，故曰天爵。公卿大夫者，外至之榮，緣飾之美，由人合者也，故曰人爵。

古之人修其天爵，而人爵從之。

愚按：「修其天爵而人爵從之」者，非有所求而得之也。古之時，士有德行道藝，升於司徒〔三〕。凡修明德行之士，未有不被選舉者也，故曰：「人爵從之。」

〔一〕張栻《孟子説》卷六。
〔二〕唐先生《孟子新讀本》所引。
〔三〕具見《禮記・王制》。

今之人修其天爵，以要人爵。既得人爵，而棄其天爵，則惑之甚者也，終亦必亡而已矣！」

朱注：「要，求也。修天爵以要人爵，其心固已惑矣。得人爵而棄天爵，則其惑又甚焉，終必並其所得之人爵而亡之也。」

愚按：孟子所謂「今之人」，今世所謂古之人也。蓋戰國之時，用士猶出於推選；降及後世之公卿大夫，幾乎莫不與「仁義忠信、樂善不倦」之詣相背而馳，甚者目爲迂闊而無用。卑鄙齷齪之徒，舍「公卿大夫」而外，別無所求；患得患失，無所不至，浸至人道日乖，豈特亡人爵而已哉！

竊嘗論之：人者，天之所命也；官者，亦天之所命也。人與官宜合而爲一，官箴不外乎人道，故官者當以人爲之。若以官與人歧而爲二，且以爲人之道爲迂，相與笑譏而唾侮之，則所謂官者，將俱無爲人之資格。生民之憔悴困苦，永無復甦之時，而世界之劫運，更日出而不窮矣。故士生今世，必當發明官之與人，宜合而爲一，決不可分而爲二。而彼之營營援援，惟官是求者，決當以非人斥絶之，則庶乎世道有轉移之機，而人道不至於滅息矣。

17　孟子曰：「欲貴者，人之同心也。人人有貴於己者，弗思耳。

張氏云：「人皆有欲貴之心，言人莫不欲貴其身也，而不知在己有至貴者焉，德性之謂也。一人之性，萬善備焉，不其貴乎？善乎孟子之言曰：『人人有責於己者，弗思耳。』惟夫弗思，故雖素有之而莫之能有也。若真知有貴於己者，則見外誘之不足慕矣。」〔一〕

愚按：「人人有貴於己者」謂貴之在於己者也。「公都子」章曰：「弗思耳矣。」「桐梓」章曰：「弗思甚也。」此章曰：「弗思耳。」三言弗思，如呼寐者而使之覺，學者可不瞿然自省耶？

人之所貴者，非良貴也。趙孟之所貴，趙孟能賤之。

張氏云：「『人之所貴』云者，言資於人而貴者也。『良貴』云者，言己素有之善也。『趙孟之所貴，趙孟能賤之』，其所貴者資於人，則能貴之者亦能賤之矣。良貴在我，得於天者也，人可預焉。得於天者公理，而資於人者私欲也。」〔二〕

〔一〕張栻《孟子説》卷六。
〔二〕張栻《孟子説》卷六。

王氏船山云：「《集注》云：『趙孟，晉卿也。』當孟子時，趙已簒晉，且稱王矣，不當復以字稱。且趙氏惟趙武稱趙孟，武柄晉政，亦未嘗以貴人賤人之權自居。此言趙孟者，亦汎然之辭……不必求人以實之。」[一]

愚按：孟子言心則曰「良心」，言知能則曰「良知良能」，言貴則曰「良貴」，良字均極有味。蓋天所賦者皆謂之良，舍乎是而求於外，則不良矣。「趙孟之所貴，趙孟能賤之」者，惟其自賤，故趙孟得而賤之也。至於賤之而禍且及之矣，可不懼乎？

《詩》云：『既醉以酒，既飽以德。』言飽乎仁義也，所以不願人之膏粱之味也。令聞廣譽施於身，所以不願人之文繡也。」

張氏云：「飽乎仁義，而不願膏粱之飫；聞譽施於身，而不願文繡之加，爲其在我者而不願乎外也。雖然，『令聞廣譽』，君子非有欲之之心也；『飽乎仁義』，則令聞廣譽自加焉。」[二]

[一] 王夫之《四書稗疏》卷一「趙孟」條，所舉「猶今俗言趙甲錢乙、張三李四耳」例，唐先生略去。
[二] 張栻《孟子説》卷六。原文句首有「故」字。

（此節極鼓舞酣暢之神。）[一]

愚按：《詩·大雅·既醉》之篇。「飽乎仁義」，其心之饜飫爲何如？「令聞廣譽」，其身之顯榮爲何如？苟失此良貴，而馳逐於名利之場，徒取辱耳。故此章之義，要以自得於己、無求於人爲宗旨。人人有貴於己者，則當求之於己，《中庸》所謂「尊德性」是也。若不知求之於己，而求之於人，則爲人之所貴。人之膏粱之味、人之文繡，其權皆操之於人，乃不得不乞憐於趙孟矣。夫己有良貴，乃至乞憐於趙孟，嗚呼！其可恥也哉。[二]

（愚嘗於《人格》中詮釋富貴二字之義，足補《孟子》之意。特録如下云：「嘗讀《易傳》曰『崇高莫大乎富貴』，心竊疑之，以爲聖人何重富貴若此？又讀《易傳》曰『崇效天』，乃恍然於富貴二字，蓋指天而言。至富貴者莫如天，善養人者亦莫如天。人能體天之心以養人，斯謂之富，反是謂之貧。人能體天之心以教人，斯謂之貴，反是謂之賤。譬諸一人之力能教養十百人，乃竟教養千萬人焉，謂之大富貴可也。一人

[一] 唐先生《孟子新讀本》批語。
[二] 自「故此章之義」至「嗚呼！其可恥也哉」一段，《孟子新讀本》是「愚嘗於《人格》中詮釋富貴二字之義」一段，今並列置，以顯示唐先生的學藝進境。

之身能教養千萬人，乃並不能教養一二人焉，謂之至貧賤可也。古有以匹夫而任教養之責者，孔子是也，不得不謂之大富貴也。有以天子而不能任教養之責者，桀紂是也，不得不謂之至貧賤也。故富貴、貧賤四字，乃係能教養與不能教養之分，不當以境遇而言。自後人誤解以利禄爲富貴，以窮窶爲貧賤，是爲貪鄙之所由起，而志氣亦因之日短矣。由是言之，人可誤求不良之富貴乎哉？」〔二〕

18 **孟子曰："仁之勝不仁也，猶水勝火。今之爲仁者，猶以一杯水救一車薪之火也；不熄則謂之水不勝火，此又與於不仁之甚者也。亦終必亡而已矣。"**

張氏云："此爲有志於仁而未力者言也。仁與不仁，特係乎操舍之間，而天理人欲分焉。天理存則人欲消，固不兩立也，故以水勝火喻之。然用力於仁，貴於久而勿舍，若一暴而十寒，倏得而復失，則暫存之天理，豈能勝無窮之人欲哉？是猶以杯水救車薪之火也。救之不得，而遂以爲仁不可以勝不仁，而不加勉焉，是則同於不仁之甚者，其淪胥以亡也必矣。學者觀於此，其可斯須而不存是心乎？天理寖明，則人欲

〔二〕唐先生《孟子新讀本》所引。又載唐先生《人格・總義》，已録入《唐文治文集》「論説類」。

寖消矣。及其至也，人欲消盡，純是天理，以水勝火，不其然乎？」〔一〕

愚按：《孟子》此章以水火爲喻者，不仁，無形之火也。「仁之勝不仁」，以無形之水，制無形之火也。無形之火，其禍最烈而最速，甚至自焚其身。無形之水，則宜涵養充沛，庶幾有本有源，如原泉之混混而不息，乃足制無形之火而有餘。今若以至微之天理，制極盛之人欲，此猶以至微之水，救極熾之火，豈特不熄，適以助無形之火勢耳。而此至微之水，且爲極盛之火熯乾而同化矣，豈不惜哉？是故庸衆人之良心偶一呈露，如電光石火，然終不足持。而君子涵養擴充之功，所以一日不容或息也。

19　孟子曰：「五穀者，種之美者也；苟爲不熟，不如荑稗。夫仁亦在乎熟之而已矣。」

張氏云：「此章勉學者爲仁，貴於有成也。『五穀不熟，不如荑稗』，言雖種之美，苟爲不熟，亦無益也。仁者人之所以爲人也，然爲之而不至，則未可謂成人。況於乍明乍暗，若存若亡，無篤厚悠久之功，則終亦必亡而已矣，孰之奈何？其亦猶善種者

〔一〕張栻《孟子說》卷六。

乎。勿舍也，亦勿助之長也，深耕易耨而已，而不志於穫也。日夜之所息，雨露之所濡，禾易長畝，苗而秀，秀而實，蓋有不期然而然者。『爲仁之方』，《論語》一書，所以示後世者至矣。致知力行，久而不息，則存乎其人焉，其淺深次弟，亦自知而已矣。要之，未至於顔子之地，皆未可語夫『熟』也。」〔一〕

愚按：此承上章而言。上章言爲仁之道，宜擴充之，以極其大。此章言爲仁之道，宜力行之，以底於成也。上章學者宜體會水不勝火，於心體中如何痛切。此章學者宜體會自心苗之長，以至於成熟，中間如何用灌溉之方，如何用耕耘之力。《禮記》所云：「人情以爲田。修禮以耕之，陳義以種之，講學以耨之，本仁以序之。」〔二〕至於「先難後獲」〔三〕，心體中又復何等大適，孟子曰：「夫仁亦在乎熟之而已矣。」蓋示人以至易，而毋畏難也。

〔一〕張栻《孟子説》卷六。
〔二〕《禮記·禮運》文。
〔三〕《論語·雍也》載孔子語：「仁者先難而後獲，可謂仁矣。」

20 孟子曰：「羿之教人射，必志於彀；學者亦必志於彀。大匠誨人，必以規矩；學者亦必以規矩。」

張氏云：「彀者，弩張向的處也。射者，期於中鵠也。然羿之教人，使志於彀，鵠在彼而彀在『此』。心存乎『此』，雖不中不遠矣。學者爲學，爲志乎聖賢也。聖賢曷爲而可至哉？求之吾身而已。求之吾身，其則蓋不遠，心之所同然者，人所固有也，學者亦存『此』而已。存乎『此』，則聖賢之門牆，可漸而入也。規矩所以爲方員也。大匠誨人，使之用規矩而已。至於巧，則非大匠之所能誨，存乎其人焉。然巧固不外乎規矩也。學者之於道，其爲有漸，其進有序。自洒掃應對，至於禮儀之三百，威儀之三千，猶木之有規矩也，亦循乎『此』而已。至於形上之事，則在其人所得何如。形上而上者，固不外乎洒掃應對之間也，舍是以求道，是猶舍規矩以求巧也。此章所舉二端，教人者與受教於人者，皆不可以不知。」〔一〕

愚按：《大學》言：「君子無所不用其極。」彀者，射之極則也。規矩，方員之至也。聖人，人倫之至也。此章言教人者，必以天下第一等之人格，與天下第一等之學

〔一〕張栻《孟子說》卷六。

術。而學者亦必以是爲志，以是爲法。蓋取法乎上，僅得其中，若等而下之，則愈劣矣。後世教人者，貶其志，棄其規矩，而學者遂以聖賢爲迂闊，視禮義如弁髦，浸至性情囂張，志氣卑下，是而言教言學，嗚呼！難矣哉！

孟子大義卷十二

告子下

1 **任人有問屋廬子曰：「禮與食孰重？」曰：「禮重。」**

愚按：任，薛同姓之國，在齊魯之間。

「色與禮孰重？」

張氏云：「食色雖出於性，而其流則以害性。苟無禮以止之，則將何所極哉？禮之重於食色，固不待較而明矣。惟夫汩於人欲而昧夫天性，於是始有禮與食色孰重之疑矣。」〔一〕

愚按：任人蓋專以食色爲性，而以禮爲後起，故視食色爲重，而以禮爲性外之物

〔一〕張栻《孟子説》卷六。

而輕之也。

曰：「禮重。」曰：「以禮食，則飢而死；不以禮食，則得食，必以禮乎？親迎則不得妻，不親迎則得妻，必親迎乎？」屋廬子不能對，明日之鄒，以告孟子。孟子曰：「於答是也何有？不揣其本而齊其末，方寸之木，可使高於岑樓。

朱注：「方寸之木，至卑，喻食色。岑樓，樓之高鋭似山者，至高，喻禮。若不取其下之平，而升寸木於岑樓之上，則寸木反高，岑樓反卑矣。」

（取喻辨喻，夭嬌奇特。）〔一〕

金重於羽者，豈謂一鉤金與一輿羽之謂哉？

朱注：「鉤，帶鉤也，金本重而帶鉤小，故輕，喻禮有輕於食色者。羽本輕而一輿多，故重，喻食色有重於禮者。」

取食之重者，與禮之輕者而比之，奚翅食重？取色之重者，與禮之輕者而比之，奚翅色重？

愚按：窮理之學，不外乎本末、輕重而已。明乎本末、輕重之故，則吾性明而萬

〔一〕唐先生《孟子新讀本》批語。

事得其序；不明乎此而倒置焉，則異説朋興，而天下之秩序紊矣。夫吾心曷爲而知本末、輕重之數？由吾心中本有此理也。理之節文爲禮，此禮所以爲天下之大防也。**往應之曰：『紾兄之臂而奪之食，則得食；不紾，則不得食，則將紾之乎？踰東家牆而摟其處子，則得妻；不摟，則不得妻，則將摟之乎？』**

張氏云：「任人蓋徇乎人欲者，其問也，意固以食色爲重。若但告之以『寧不食而死，必以禮食也；寧不娶妻，必親迎也』，則理不盡而意有窒，非啓告之道也。故孟子獨循其本而告之，使之反其本而知理之不可易者，則其説將自窮矣。」〔一〕

（此節文法，又與《孟季子章》不同。）〔二〕

愚按：此章言禮之根於天性，而於人道爲至重也。《詩》曰：「人而無禮，胡不遄死。」記曰：「禮義備……而後可以爲人。」〔三〕人苟非有悖逆之行，則紾兄之臂，決不爲之，何也？以其性中有禮也。人苟非有禽獸之行，則踰東家牆，亦必不爲之，何也？以其性中有禮也。可見禮之根於天性，而重莫大焉。夫食色固爲人性，而聖人必制

〔一〕張栻《孟子説》卷六。原文句首有「若」字。
〔二〕唐先生《孟子新讀本》批語。
〔三〕此句約《禮記·冠義》文。

禮以節之，此《召誥》之所以言「節性」也〔一〕。節性者，蓋以義理勝氣質。所謂氣質之性，君子有弗性者也。然則禮之在天下，豈不重哉？

異端之説方紛然而雜陳，惟孟子精於窮理之學，是以辭而闢之，以正萬世。

2　曹交問曰：「人皆可以爲堯舜，有諸？」孟子曰：「然。」

王氏船山云：「趙注云：『曹交，曹君之弟。』《集注》因之。按曹於魯哀公八年爲宋所滅，至戰國時，名其故都爲陶。秦東略地，取之以封魏冉。不知趙氏所云曹君者，果何氏之君邪？按郳、小郳，皆曹姓，則交或二郳之後。又或曹既滅，而其子孫以國爲氏，流寄他邦，而交其後裔，非有介弟之尊也。」〔二〕

（方云：此章論「爲堯舜」之道。先用翻案起，「奚有於是？亦爲之而已矣」句，是主先將「爲」字一提，筆最挺拔。下以「舉百鈞」與「徐行」作兩指點，筆最開拓奇幻。而以「夫人豈以不勝爲患哉？弗爲耳」，「夫徐行者豈人所不能哉？所不爲也」用反

〔一〕《書·召誥》「節性」，孔安國傳謂：「時節其性，令不失中。」於《尚書》，節性乃召公駕馭殷商遺臣之道。於後儒，節性則爲身學之道。

〔二〕王夫之《四書稗疏》卷二「曹交」條。

筆，重頓兩「爲」字，最有力。此上仍是虛説堯舜之道，二句又一提，以下乃實説「爲堯舜」之功。「曰交得見於鄒君」以下，又作一波。收處「人病不求耳」，又與上文兩「不爲」字相應。）〔一〕

愚按：聖人，人倫之至也，堯舜者爲人之規範也。學者必學堯舜，而後及乎人之格。曹交蓋嘗聞孟子之言，故以爲問爾。

「交聞文王十尺，湯九尺，今交九尺四寸以長，食粟而已，如何則可？」曰：「奚有於是？亦爲之而已矣。有人於此，力不能勝一匹雛，則爲無力人矣；今曰舉百鈞，則爲有力人矣。然則舉烏獲之任，是亦爲烏獲而已矣。夫人豈以不勝爲患哉？弗爲耳。

張氏云：「此節〔二〕反覆明備，所謂誨人不倦者也。曰：『奚有於是？亦爲之而已矣。』蓋人皆有是性，故皆可以爲堯舜；而其所以異者，則其不爲之故耳。『力不能勝一匹雛，則爲無力人；能舉百鈞，則爲有力人；能舉烏獲之任，則是亦烏獲。』此言人

〔一〕唐先生《孟子新讀本》所引。
〔二〕「此節」二字唐先生所加。

能爲堯舜之事，則亦是堯舜而已。又曰：『人豈以弗勝爲患哉？弗爲耳。』言人皆可以爲堯舜，非其力不勝也，特不爲耳。」〔二〕

愚按：學者讀此節，志氣自當百倍奮發，亦爲之而已矣！學爲人而已矣！學爲聖賢而已矣！凡人欲作第一等人，即可列入人表第一等。有爲者亦若是，何多讓乎？

徐行後長者，謂之弟；疾行先長者，謂之不弟。夫徐行者豈人所不能哉？所不爲也。堯舜之道，孝悌而已矣。

張氏云：「『徐行後長者』，是乃天理之當然；若『疾行先長者』，則爲不循乎理矣。『夫徐行者，豈人所不能哉？』以其不爲而已。以是而思，則凡天理之存乎人者，初何遠哉？特舍之而不爲，猶不肯徐行者耳。推徐行不敢先之心，是乃孝弟之端也。『堯舜之道，孝弟而已矣』，孝弟足以盡堯舜之道，蓋人性之德，莫大於仁義，仁莫先於愛親，義莫先於從兄，此孝弟之所由立也。盡得孝弟，則仁義亦無不盡。是則堯舜之

〔二〕張栻《孟子説》卷六。

道，豈不可一言蔽之乎？人孰無是心哉？顧體而充之何如耳。」〔一〕

愚按：徐行疾行，舉一事以爲例爾。即一步趨之間，而可以驗其人之規則，見其人之天性，此《曲禮》一篇所以當不時〔二〕三復也。孝弟者，天性所固有，人道之根本也，作聖之基，實始於此。然則爲堯舜亦奚難哉？

子服堯之服，誦堯之言，行堯之行，是堯而已矣；子服桀之服，誦桀之言，行桀之行，是桀而已矣。

朱注：「詳曹交之問，淺陋麤率。必其進見之時，禮貌衣冠言動之間，多不循理，故孟子告之如此兩節云。」

愚按：此申言孝弟之道也。《孝經》云：「非先王之法服不敢服，非先王之法言不敢道，非先王之德行不敢行。」蓋能如是，則「言滿天下無口過，行滿天下無怨惡」〔三〕，此正所以踐孝弟之實也。反是而服桀之服，誦桀之言，行桀之行，其尚得謂之人乎？蓋人道所最尚注意者，服則不可以奇衺也，言則不可以欺誕也，行則不可以暴

〔一〕張栻《孟子說》卷六。原文此段句首有「若」字。
〔二〕「不時」二字脫，據唐先生《孟子新讀本》補入。
〔三〕《孝經·卿大夫章》文。

戾而虚浮也。若汩没其天性，自暴自棄，不孝不弟，未有可列於人格者也。

曰：「交得見於鄒君，可以假館，願留而受業於門。」

朱注：「假館而受業[一]，又可見其求道之不篤。」

曰：「夫道，若大路然，豈難知哉？人病不求耳。子歸而求之，有餘師。」

張氏云：「道者，天下之公，人所共由，初不遠於人，謂之爲難，不可也，故曰：『豈難知哉？』而謂之爲易，亦不可也，故曰：『人病不求耳。』然求之則有道矣，故曰：『歸而求之，有餘師。』謂誠能歸而求之，則其爲師也，抑有餘矣。蓋道無乎不在，貴於求而自得之而已。辭意反復抑揚，學者所宜深味也。」[二]

愚按：歸而求之，有餘師者，盡其孝弟之道而已，學問在家庭中也。此章稱堯舜而歸本於孝弟，亦發明性善之旨也，夫性善豈待外求哉？

3　公孫丑問曰：「高子曰：『《小弁》，小人之詩也。』」孟子曰：「何以言之？」曰：

[一] 朱子《集注》「而」下有「後」字。
[二] 張栻《孟子説》卷六。

「怨。」

朱注：「高子，齊人也。《小弁》，《小雅》篇名。周幽王娶申后，生太子宜臼；又得褒姒，生伯服，而黜申后、廢宜臼。於是宜臼之傅爲作此詩，以叙其哀痛迫切之情也。」

曰：「固哉，高叟之爲《詩》也！有人於此，越人關弓而射之，則己談笑而道之，無他，疏之也。其兄關弓而射之，則己垂涕泣而道之，無他，戚之也。《小弁》之怨，親親也。親親，仁也。固矣夫，高叟之爲《詩》也！」

張氏云：「傳曰：『仁人不過乎物，孝子不過乎物。』[一]物者實然之理也，不以此心事其親者，不得爲孝子。《小弁》之作……家國之念深，故其憂苦；父子之情切，故其辭哀。曰：『何辜於天，我罪伊何？』此與大舜『號泣于旻天』同意，故曰：『《小弁》之怨，親親也。親親，仁也。』其怨慕乃所以爲親親。親親，仁之道也。故引關弓之疏戚爲喻，以見其爲親親者焉。」[二]

[一]《禮記・哀公問》載孔子語。
[二]張栻《孟子説》卷六。

（此節飄忽有神。）〔一〕

愚按：凡學者窮理，必明乎「理一分殊」之恉。談笑而道，垂涕泣而道，一則曷爲疏之？一則曷爲戚之？其分殊焉爾。明乎分殊而親疏遠近別矣，非强爲之別也，性也。

曰：「《凱風》何以不怨？」

朱注：「《凱風》，《邶風》篇名。衛有七子之母，不能安其室，七子作此以自責也。」

曰：「《凱風》，親之過小者也；《小弁》，親之過大者也。親之過大而不怨，是愈疏也；親之過小而怨，是不可磯也。愈疏，不孝也；不可磯，亦不孝也。

朱注：「磯，水激石也。不可磯，言微激之而遽怒也。」

張氏云：「《凱風》之作，以母氏不安於室而已。七子引罪自責，以爲使母之不安，則己之故，其曰：『母氏聖善，我無令人。』又曰：『有子七人，母氏勞苦。』又曰：『有子七人，莫慰母心。』辭氣不迫，蓋與《小弁》異也。其事異故其情異，其情異故其

〔一〕唐先生《孟子新讀本》批語。

辭異。當《小弁》之事，而怨慕不形，則其漠然而不知者也。當《凱風》之事，而遽形於怨，則是激於情而莫遏也。此則皆爲失親親之義而賊夫仁矣，故曰：『親之過大而不怨，是愈疏也；親之過小而怨，是不可磯也。』而皆以不孝斷之，蓋皆爲過乎物，非所以事乎親者也。」〔一〕

（雙收，神完氣固。）〔二〕

愚按：親之過大，曷爲當怨？親之過小，曷爲不當怨？其分殊焉爾。凡《詩》之道，根於天性。司馬遷《屈原傳》曰：「勞苦倦極，未嘗不呼天也；疾痛慘怛，未嘗不呼父母也。」又曰：「《小雅》怨誹而不亂。」蓋事關乎君臣父子之間、家國存亡之際，其不免於怨者，天性然也。即《凱風》亦非不怨，乃自怨也。家庭瑣屑之故，自怨而已，亦天性也，故曰其分殊也。

孟子之爲《詩》如此，後之治經者，可以悟説《詩》之大義，不在區區字句間矣。

孔子曰：『舜其至孝矣，五十而慕。』

〔一〕張栻《孟子説》卷六。原文句首有「若」字。
〔二〕唐先生《孟子新讀本》批語。

張氏云：「舜以慕事親者也，終身安乎天理，而無一毫之間。人樂〔一〕之好色富貴，皆不足以解憂，惟親之慕而已。曰『五十而慕』，以見其至誠不息，終身於此，此萬世之準的也。」〔二〕

（接得奇。變而開發人子之心，愈見其切。）〔三〕

愚嘗疑舜之「五十而慕」與《小弁》不類，而孟子引之者，其怨慕同發於天性，分雖殊而理則一也。且夫慕父母而要以五十者，曷故？蓋星霜寒暑，至五十而其力衰矣；嗜欲名利，至五十而其念淡矣。故以恒人之情言之，有壯年之時，愛慕之心中輟，至五十而追悔涕泣，天真發露者矣。惟舜之慕，五十以前無稍間輟，至五十而愈篤也。且人生上壽不過百年，人子事親之時，最幸者自六十以至七十，至八十而父母逮存，則大幸矣。故夫人至五十，念事親之時，爲期日短，則其愛慕之情，有至老而彌摯者矣。此舜之大孝，所由以五十爲斷。蓋五十以後，其慕愈加而無已也，愈誠而不貳也，此其所以爲至孝也。

〔一〕「樂」字，原刻作「悦」，據張栻《孟子説》原文爲正。
〔二〕張栻《孟子説》卷六。首句的「慕」字，張栻原文作「此」，唐先生徵引，表出「慕」字，以應正文。
〔三〕唐先生《孟子新讀本》批語。

夫怨慕之性，至《小弁》而極矣。然《小弁》處人倫之至變，而舜實處人倫之至艱，事固有不相謀而相感者，其分殊而其理一也。曾子曰：「孝有不及。」夫不及者，至可痛也。孟子引孔子之言，蓋欲天下萬世之爲人子者，知「五十而慕」，其境遇爲至不易得，而於五十以前，五十以後，其慕皆不可須臾或懈者也。

4　宋牼將之楚，孟子遇於石丘。

趙注：「宋牼，宋人名牼……石丘，地名也。」〔一〕

曰：「先生將何之？」

趙注：「學士年長者，故謂之先生。」〔二〕

曰：「吾聞秦楚構兵，我將見楚王，説而罷之。楚王不悦，我將見秦王，説而罷之，二王我將有所遇焉。」

朱注：「遇，合也。按《莊子》書有宋銒者，『禁攻寢兵，救世之戰』，『上説下教，强

〔一〕趙岐《孟子章句》卷一二。
〔二〕趙岐《孟子章句》卷一二。

聒不舍』[一]。《疏》云齊宣王時人，以事考之，疑即此人也。」

曰：「軻也請無問其詳，願聞其指說之將何如？」曰：「我將言其不利也。」曰：「先生之志則大矣，先生之號則不可。

張氏云：「宋牼欲說秦楚之君，使之罷兵，而孟子以爲志則大矣，而號則不可，其故何哉？蓋事一也，而情有異，則所感與其所應皆不同。是以古之謀國者，以理義不以利害。此天理、人欲之所以分，而治忽之所由係，蓋不可不謹於其源也。夫說二君而使之罷兵，非不善也，然由宋牼之說，而說之以利，使其能從，亦利心耳。罷兵雖息一時之爭，而徇利實傷萬世之彝。自衆人論之，惟欲其說行而不覩其害於後，在君子則寧說之不行，不忍失正理而啓禍源。」[二]

（以上兩節，俱係問頓法，而已含變化，生動之致。）[三]

先生以利說秦楚之王，秦楚之王悅於利，以罷三軍之師，是三軍之士樂罷而悅於利

[一]《莊子・天下》載宋人宋鈃思想謂：「見侮不辱，救民之鬥；禁攻寢兵，救世之戰。以此周行天下，上說下教，雖天下不取，强聒而不舍者也。」朱子概括大意。

[二] 張栻《孟子說》卷六。

[三] 唐先生《孟子新讀本》批語。

也。爲人臣者懷利以事其君，爲人子者懷利以事其父，爲人弟者懷利以事其兄，是君臣、父子、兄弟，終去仁義，懷利以相接，然而不亡者，未之有也。先生以仁義説秦楚之王，秦楚之王悦於仁義，而罷三軍之師，是三軍之士樂罷而悦於仁義也。爲人臣者懷仁義以事其君，爲人子者懷仁義以事其父，爲人弟者懷仁義以事其兄，是君臣、父子、兄弟去利，懷仁義以相接也，然而不王者，未之有也。何必曰利？」

張氏云：「二君悦於利而聽從，則三軍之士樂罷而悦於利，以至於觀聽之間，亦莫不動於利焉。上下憧憧，徒知利之爲利，則凡私己自便者無不爲也。人欲肆行，君臣、父子、兄弟之大倫，亦且不暇卹矣，則豈非危亡之道乎？由孟子之説而説以仁義，使二君幸而聽，則是其心復於正道；三軍之士，樂罷而悦於仁義，則皆知仁義爲重；將於君臣、父子、兄弟之際，無非以是心相與，人心正而治道興矣，三代之所以王者，用此道也。然則其説則一，而所説者異，毫釐之間，霄壤之分，可不謹哉？」〔一〕

〔一〕張栻《孟子説》卷六。

（此兩節震動排奡，與「莊暴」章相類，爲韓文之祖。）〔一〕

愚按：《易·乾》卦彖辭言「元亨利貞」，孔子釋之曰：「利者，義之和也。利物足以和義。」又曰：「乾始能以美利利天下。」不言所利，大矣哉！是利者，聖人所亟亟以謀之者也。而《論語》則曰：「君子喻於義，小人喻於利。」《孟子》七篇，首辨義利，此章又辨義利，是利又聖人所深惡而痛絶者，何哉？

蓋聖人所謀者天下之公利，而所痛惡者一人之私利。且古人之所謂利者，不必專指財貨而言，凡開物成務利於人者皆是。以《孟子》本書言之，禹抑洪水，天下之公利也；后稷教民稼穡，樹藝五穀，天下之公利也；周公兼夷狄，驅猛獸，天下之公利也；謳歌訟獄，勞來匡直，亦天下之公利；井田學校，送死養生，所欲與聚，所惡勿施，亦天下之公利。此皆所謂美利也。

降及後世，好貨無厭之徒，出藉口於天下之公利，實乃謀一己之私利。利己之心日甚，則害人之心日深，於是苞苴出入，賄賂公行，黷貨官邪，靡所不至。小者攘奪，大者篡弑；小者亡身，大者亡國。此所謂放於利而行，利即爲害之源。前史所載，禍

〔一〕唐先生《孟子新讀本》批語。

不旋踵，深可惜也。

漢世董子創「正誼不謀利，明道不計功」之説，宋元以下，諸儒遂以利爲聖人所痛惡，功利爲儒者所不道，於是蔽聰塞明，於小民之生計，聽其所自爲，而開物成務之旨，益不明於天下。不知聖人之辨義利，不在形迹而在於心之公私。吾心而公，雖曰言利而無損；吾心而私，雖諱言利而無益。《大學》平天下，戒「長國家而務財用」，而上文即言「生財有大道」；《孟子》首章曰：「未有仁而遺其親者也，未有義而後其君者也。」朱子云：「此言仁義未嘗不利。」然則曾子何嘗不言利？孟子何嘗不言利？朱子何嘗不言利？特視夫利之公與私耳。徒規規然諱言利，所謂：「舍曰欲之而必爲之辭。」庸何益乎？

此章言：「以利説秦楚之王，將使君臣、父子、兄弟懷利以相接，不亡者未之有。」此所謂「放於利而行」，一人之私利也。「以仁義説秦楚之王，將使君臣、父子、兄弟懷仁義以相接，不王者未之有。」此所謂「利者義之和」，天下之公利也。明乎此誼，而後世廉謹之士，慎毋蔽聰塞明，鄙公利爲不足道，轉使天下萬事，隳壞於無形之中。而其有才而多能者，亦慎毋藉口於天下之公利，謀一己之私利，以致害及其身，遂害及其家國。此則生民之幸福也。聖賢微言，要在貫通其大義，讀書勿爲古人所囿，此類是也。

5　孟子居鄒，季任爲任處守，以幣交，受之而不報。處於平陸，儲子爲相，以幣交，受之而不報。

趙注：「季任，任君季弟也。任君朝會於鄰國，季任爲之居守其國也〔一〕，致幣帛之禮以交孟子，受之而未報也〔二〕……儲子，齊相也，亦致禮以交〔三〕孟子，受而未答也。」〔四〕

他日，由鄒之任見季子，由平陸之齊不見儲子。屋廬子喜曰：「連得間矣。」

朱注：「屋廬子知孟子之處此，必有義理，故喜得其間隙而問之。」

問曰：「夫子之任見季子，之齊不見儲子，爲其爲相與？」

朱注：「儲子但爲齊相，不若季子攝守君位，故輕之邪？」

〔一〕趙岐《孟子章句》原文句末無「也」字。
〔二〕「受之而未報也」，趙氏原作「受之而不報」。
〔三〕「交孟子」，趙氏作「交於孟子」。
〔四〕趙岐《孟子章句》卷一二。「受而未答也」句，趙氏原作「孟子亦不答之也」。

曰：「非也。《書》曰：『享多儀，儀不及物，曰不享，惟不役志於享。』

朱注：「《書》，《周書·洛誥》之篇。享，奉上也。儀，禮也。物，幣也。役，用也。言雖享而禮意不及其幣，則是不享矣，以其不用志於享故也。」

（方云：「曰非也」以下，即可接「季子不得之鄒，儲子得之平陸」二句，乃不言明，而但引《書》以釋之，不黏此事正面。正面反在屋廬子口中悟出、説出，真空靈絶妙之文。）[一]

爲其不成享也。

朱注：「孟子釋《書》意如此。」

屋廬子悦。或問之，屋廬子曰：「季子不得之鄒，儲子得之平陸。」

張氏云：「季任爲任處守，守其國而不得越境，遣幣以交，儀及物矣。若儲子相齊，鄒在其境中，則固可得而親造也，而亦遣幣焉，是儀不及物也。或見或不見，皆循乎理之所當然耳。然就世俗之見論之，既受其幣，及之齊而不見之，得無使彼不慊於心乎？在君子則伸公義而絶私情，行吾典章而已，遑恤其他哉？使儲子疑夫不見之

[一] 唐先生《孟子新讀本》所引。

義，反己而深思，庶乎亦有得於義矣！」〔一〕

愚按：古人備儀物以相交際，誠而已矣。《易》曰：「賁于丘園，束帛戔戔，吝終吉。」物雖薄而意則誠也。意之不誠，物於何有？儲子得之平陸而不來見，僅以幣交，此所謂世故周旋者也。慕大賢之高名，作無謂之酬應，惟其世故愈深，而誠意乃愈汩，曾謂孟子而隨世俗爲轉移哉？君子處世，情意不可不周，而門牆不可不峻。張氏之言，最得聖賢之意，乃吾人交際之法則也。

6 淳於髡曰：「先名實者，爲人也。後名實者，自爲也。夫子在三卿之中，名實未加於上下而去之，仁者固如此乎？」

朱注：「名，聲譽也。實，事功也。言以名實爲先而爲之者，是有志於救民者也；以名實爲後而不爲者，是欲獨善其身者也。名實未加於上下，言上未能正其君，下未能濟其民也。」

孟子曰：「居下位不以賢事不肖者，伯夷也。五就湯，五就桀者，伊尹也。不惡汙君，

〔一〕張栻《孟子説》卷六。原文句首有「蓋」字。

不辭小官者，柳下惠也。三子者不同道，其趨一也。一者何也？曰仁也。君子亦仁而已矣，何必同？

趙注：「伊尹爲湯見貢於桀，桀〔一〕不用而歸湯，湯復貢之。如此〔二〕者五，思濟民，冀得施行其道也。此三人雖異道，所履者〔三〕一也。」〔四〕

張氏云：「伯夷之不以賢事不肖，伊尹之五就，柳下惠之不惡不辭，而皆爲趨於仁，以其皆本於天理之正故爾。若徇夫爲人之名以爲仁，而咈其性之理，則所謂愛之本先亡，而其所以爲愛者，特其情之流而已，豈不反害於仁乎？」〔五〕

愚按：唐柳子厚作《伊尹五就桀贊》，序云：「伊尹五就桀。或疑曰：『湯之仁聞且見矣，桀之不仁聞且見矣，夫胡去就之亟也？』柳子曰：『惡是吾所以見伊尹之大者也。彼伊尹，聖人也。聖人出於天下，不夏商其心，心乎生民而已。曰：孰能由吾

〔一〕趙氏原文句首無「桀」字。
〔二〕「此」字，趙氏原作「是」。
〔三〕「者」字，趙氏原作「則」。
〔四〕趙岐《孟子章句》卷一二。
〔五〕張栻《孟子説》卷六。原文句首有「故」字。

言？由吾言者爲堯舜，而吾生人堯舜人矣。退而思曰：湯誠仁，其功遲；桀誠不仁，朝吾從，而暮及於天下可也。於是就桀。桀果不可得，反而從湯。既而又思曰：尚可十一乎？使斯人蚤被其澤也。又往就桀，桀不可，而又從湯。以至於十一、千一、萬一，卒不可，乃相湯伐桀。俾湯爲堯舜，而人爲堯舜之人，是吾所以見伊尹之大者也。仁至於湯矣，四去之；不仁至於桀矣，五就之，大人之欲速其功如此。不然湯、桀之辨，一恒人盡之矣，又奚以憧憧聖人之足觀乎？」此論與湯薦尹於桀之說不同。

曰：「魯繆公之時，公儀子爲政，子柳、子思爲臣，魯之削也滋甚。若是乎賢者之無益於國也！」

趙注：「髡言〔一〕魯繆公時，公儀休爲執政之卿。子柳、子思〔二〕……不能救魯之見削，奪亡其土地者多，若是賢者無所益於國家，何用賢爲？」〔三〕

曰：「虞不用百里奚而亡，秦繆公用之而霸。不用賢則亡，削何可得與？」

〔一〕趙氏原文「言」作「曰」。
〔二〕趙氏原文「子柳」後尚云「泄柳也」，「子思」後尚云「孔子之孫伋也」。
〔三〕趙岐《孟子章句》卷一二。

趙注：「孟子言[一]百里奚所去國亡，所在國霸。無賢國亡，何但得削，豈可不用賢也！」[二]

曰：「昔者王豹處於淇，而河西善謳；緜駒處於高唐，而齊右善歌；華周、杞梁之妻善哭其夫，而變國俗。有諸内，必形諸外。爲其事而無其功者，髡未嘗睹之也。是故無賢者也，有則髡必識之。」

趙注：「王豹，衛之善謳者。淇，水名。《衛詩・竹竿》之篇曰：『泉源在左，淇水在右。』《碩人》之篇曰：『河水洋洋，北流活活。』衛地濱於淇水，在北流河之西，故曰處淇水而河西善謳，所謂鄭衛之聲也。緜駒，善歌者也。高唐，齊西邑，緜駒處之，故曰齊右善歌。華周，華旋也。杞梁，杞殖也。二人齊大夫，死於戎事者，其妻哭之哀，城爲之崩。國俗化之，則效其哭。髡曰：『如是，歌哭者尚能變俗。有中則見外，爲之而無功者，髡不聞也。有功乃爲賢者，不見其功，故謂之無賢者也，如有之，則髡必識之。』」[三]

[一] 趙氏原文「言」作「曰」。
[二] 趙岐《孟子章句》卷一二。
[三] 趙岐《孟子章句》卷一二。「《衛詩・竹竿》之篇曰」句，趙氏原文無「曰」字。「則髡必識之」句，末有「矣」字。

張氏云：「髡以有諸内必形諸外爲言，大抵髡之意皆徇乎外，以事功爲重，而不知理義之所存故也。」〔一〕

曰：「孔子爲魯司寇，不用從而祭，燔肉不至，不税冕而行。不知者以爲爲肉也，其知者以爲爲無禮也。乃孔子則欲以微罪行，不欲爲苟去。君子之所爲，衆人固不識也。」

朱注：「按《史記》：『孔子爲魯司寇，攝行相事。齊人聞而懼，於是以女樂遺魯君。季桓子與魯君往觀之，怠於政事。子路曰：「夫子可以行矣。」孔子曰：「魯今且郊，如致燔於大夫，則吾猶可以止。」桓子卒受齊女樂，郊又不致燔俎於大夫，孔子遂行。』孟子言以爲爲肉者，固不足道；以爲爲無禮，則亦未爲深知孔子者。蓋聖人於父母之國，不欲顯其君相之失，又不欲爲無故而苟去，故不以女樂去，而以燔肉行。其見幾明決，而用意忠厚，固非衆人所能識也。然則孟子之所爲，豈髡之所能識哉！」

（方云：三段文字。首段破「仁者固如是乎」句，二段破「賢者無益於國」句，三段

〔一〕張栻《孟子説》卷六。

破「有則髡必識之」句。又云：孟子去齊，是因齊王不能用。故後二段，兩點「不用」字，然皆就古人事說，不黏齊王身上，極有含蓄。）〔一〕

愚按：孟子之去齊，亦必有微意所在，而爲衆人所不能識者，故以此曉髡也。「微罪」，朱子意似即指燔肉不至而言。按趙注云：「燔肉不至，我黨從祭之禮不備，有微罪乎？」〔二〕此義頗微而婉，得聖人之意矣。

7　孟子曰：「五霸者三王之罪人也，今之諸侯五霸之罪人也，今之大夫今之諸侯之罪人也。」

朱注：「趙氏曰：『五霸，齊桓、晉文、秦穆、宋襄、楚莊也；三王，夏禹、商湯、周文武也。』丁氏名公著，唐蘇州人。曰：『夏昆吾、商大彭、豕韋、周齊桓、晉文，謂之五霸。』」〔三〕

〔一〕唐先生《孟子新讀本》所引。

〔二〕趙岐《孟子章句》卷一二。

〔三〕「夏昆吾、商大彭、豕韋、周齊桓、晉文，謂之五霸」乃《左傳》成公二年「五伯之霸也，勤而撫之，以役王命」之杜預注。按：姚鼐《孟子説》之「五伯説」謂：「宋襄、秦穆、楚莊强弱雖殊，均非有周命爲侯伯者，無與乎伯之目也。」見載《惜抱軒九經説》卷一七。

（先立主意，以下逐段詮釋。唐宋諸家文多用此法。）〔一〕

天子適諸侯曰巡狩，諸侯朝於天子曰述職。春省耕而補不足，秋省斂而助不給。入其疆，土地辟，田野治，養老尊賢，俊傑在位，則有慶，慶以地。入其疆，土地荒蕪，遺老失賢，掊克在位，則有讓。一不朝，則貶其爵；再不朝，則削其地；三不朝，則六師移之。是故天子討而不伐，諸侯伐而不討。五霸者摟諸侯以伐諸侯者也，故曰五霸者三王之罪人也。

張氏云：「三王盛時，天子有巡狩之制，諸侯有朝王之禮，而又有省耕、省斂之常焉。天子之巡狩，入諸國之境，首察其土地田野，遂詢其老者，與其賢者，考其在位者而賞罰之。蓋爲國之道，莫先於農桑，莫要於人才也。諸侯至於貶爵削地而不悛，則天子聲其罪，以六師臨之，所謂『討而不伐』。諸侯之君，各率其賦，從天子之討而致伐焉，所謂『伐而不討』，未有諸侯得專其討者也。五霸徇利而棄義，不稟王命，擅率諸侯以伐人之國，雖使有成功，而廢制紊紀，啓禍兆亂，故以爲三王之罪人也。」〔二〕

〔一〕唐先生《孟子新讀本》批語。
〔二〕張栻《孟子説》卷六。

羅氏羅山云：「論封建者，無不以强侯違命、尾大不掉爲慮。不知先王衆建諸侯，有慶有讓，有貶爵、削地、六師移之之法，可見王者操大柄以賞罰天下，天下臣工罔敢踰越，若綱在綱，有條不紊。是以夏傳四百，商傳六百，周自春秋以前，幾五百年，未聞强侯敢有僭制者。厲王王綱不振，天子失德，是以降而爲春秋。戰國諸侯互爭，非封建之不善，無德以御之故也。夫天子有德，封建亦治，郡縣亦治；天子無德，封建亦亂，郡縣亦亂。後世罷侯置守，寇盜之發，至於長驅中原，莫之敢制，良以州縣之權輕，無侯國以屏藩之故也。立一法則有一法之弊，從古無不弊之法者。然則封建與郡縣，既皆互有得失矣，而先儒多主封建之説，何也？曰：以利害論，則封建與郡縣同；以治民論，則封建大勝於郡縣。王者治天下之法，亦當視其於民何如耳。蓋郡縣行則井田不可復，養民之道壞矣。井田壞，學校不可興，教民之道失矣。教養既失，治道乃乖，欲求世之道一風同，不可得矣。古之聖賢兢兢於封建者，爲民計，非專爲國家之利害計也。」〔一〕

愚按：天子有巡狩入疆之事，則三王時天子之制，非高拱不出明矣。入其疆，土

〔一〕羅澤南《讀孟子劄記》卷二。

先聲也。

至。」百姓之受其荼毒者，不啻一路哭矣。吾民何辜而獲此在上者乎？讓也者，討之

掊克在位，日食民之脂膏，而猶但以聚斂爲事，《大學》所謂「長國家而務財用，菑害並

地荒蕪，生氣蕭條，是何景象也！遺老失賢，是孟子所謂「不信仁賢則國空虚」者也。

五霸桓公爲盛。葵丘之會諸侯，束牲載書而不歃血。初命曰：『誅不孝，無易樹子，無以妾爲妻。』再命曰：『尊賢育才，以彰有德。』三命曰：『敬老慈幼，無忘賓旅。』四命曰：『士無世官，官事無攝，取士必得，無專殺大夫。』五命曰：『無曲防，無遏糴，無有封而不告。』曰：『凡我同盟之人，既盟之後，言歸於好。』今之諸侯皆犯此五禁，故曰今之諸侯，五霸之罪人也。

朱注：「按《春秋傳》僖公九年，『葵丘之會，陳牲而不殺，讀書加於牲上，壹明天子之禁。』樹，立也。已立世子，不得擅易也……取士必得，必得其人也。無專殺大夫，有罪則請命於天子而後殺之也。無曲防，不得曲爲堤防，壅泉激水，以專小利，病鄰國也。無遏糴，鄰國凶荒，不得閉糴也。無有封而不告者，不得專封國邑而不告天子也。」

羅氏羅山云：「齊桓五命，原是假仁義以號召天下，非真欲尊王室也。然當時猶

知假天子之命使天下共懔此『王禁』，今之諸侯則並不知有天子矣。然五霸之所以差勝於今之諸侯者，蓋以當時之天下猶共知有周室，使不假尊周之名，則無以服天下。向使桓文居戰國之時，未始不爲今之諸侯，以其無王室之心則一也。伯圖一盛，『王禁』似因之而明，而『王道』實因之而衰。此五伯所以爲功之首罪之魁也。」[一]

愚按：葵丘初命三端，誠春秋時之諸侯，可謂痛切。然訓今之行，必先自鏡。無易樹子，無以妾爲妻，令晉獻公輩聞之，能無汗下？然内嬖如夫人者六人，身死之後，五公子爭立，何自治之疏也？再命三命，亦治國之本。世禄之家，鮮克由禮，士而世官，則駃豎[二]秉政。未能操刀而使割，所傷實多，愛之而適以害之也。官事而攝，則營營擾擾，奔走不遑，將無一事之能辨，政治廢弛於無形之中。取士而不得其人，稂莠滋生，尤爲百姓之害。曲防遏糴，皆不仁之事；專殺大夫，有封不告，有無君之心。故葵丘之五命，不獨春秋時諸侯當奉以爲法，即後世之居藩服者，皆當以此自鏡也。

長君之惡其罪小，逢君之惡其罪大。今之大夫皆逢君之惡，故曰今之大夫，今之諸侯

[一] 羅澤南《讀孟子劄記》卷二。
[二] 駃豎，駃謂壯丁，豎謂小童，合詞謂凡庸奔競、浮躁不安之輩。

之罪人也。」

（方云：「「長君之惡其罪小」，故意跌一筆，以見「逢君之惡其罪大」耳，非長君之惡罪果小也。」）〔一〕

張氏云：「長君之惡，謂君有惡，從而順承以長之。逢君之惡，謂逆探其君之意而成之。長君之惡固爲罪矣，而逢君之惡者，其詭秘姦譎爲甚，而戕賊蠹害爲深。蓋人君萌不善之念，其始必有所未安於心，未敢以遽達也。已則迎而安之，安之則其發之也必果。君以爲己之意未形於事，而彼能先之，則其愛之也必篤。故長其惡於外者，其罪易見，而逢其惡於中者，其慝難知。易見者，其害猶淺，而難知者，其蠹爲不可言也。自古姦臣之得君，未有不自於逆探其君之意以成其惡，故君臣之相愛不可解，卒至於俱糜而後已。《易》曰：『入于左腹，獲明夷之心，于出門庭。』此之謂也。逢君之惡云者，可謂極小人之情狀矣。」〔二〕

愚按：張氏之言，可爲萬世法戒。近姚姬傳氏《李斯論》云：「君子之仕也，進不

〔一〕唐先生《孟子新讀本》所引。
〔二〕張栻《孟子説》卷六。

隱賢。小人之仕也，無論所學識非也，即有學識其當，見其君國行事，悖謬無義，疾首嚬蹙[一]於私家之中，而矜夸導諛於朝廷之上，知其不義而勸爲之者，謂天下將諒我之無可奈何於吾君，而不吾罪也；知其將喪國家而爲之者，謂當吾身容可以免也。且夫小人雖明知世之將亂，而終不以易目前之富貴，而以富貴之謀，貽天下之亂，固有終身安享榮禄，禍遺後人而彼宴然無與者矣。嗟乎！秦末亡而斯先被五刑、夷三族也，其天之誅惡人，有時而信也邪？」又曰：「人臣善探其君之隱，一以委曲變化從世好者，其爲人尤可畏哉！」[二]其言亦極痛切。

蓋人臣逢君之惡，亦必其君之心先有惡焉，故得而逢之爾。諸葛武侯云：「親賢臣，遠小人，此先漢所以興隆也；親小人，遠賢臣，此後漢所以傾頹也。」[三]人君操何術以遠小人，亦惟自治其心而已。夫毒蛇猛獸在前，則知避之；甘言悦色以奉承我者，則親之狎之。嗟乎！豈不可危矣乎！

[一] 嚬蹙謂憂蹙也。
[二] 姚鼐《李斯論》文，載《惜抱軒文集》卷一「論」。
[三] 諸葛亮《出師表》文。

8　魯欲使慎子爲將軍。

愚按：慎子，魯臣，善用兵者。

孟子曰：「不教民而用之，謂之殃民。殃民者，不容於堯舜之世。

（數語斬釘截鐵，懍然可畏，千載下如聞其聲。）〔一〕

（方云：起筆極陡峭，意極沈痛。「慎子勃然」下一翻，有波瀾。「天子之地」以下，引古制，極開闊。「今魯」以下，入正面，用活筆駁難。末句「仁」字，反應上「殃民」，精神完固。）〔二〕

愚〔三〕謂「不教民」，言無訓練也。何謂「用之」？用之戰也。何謂「殃民」？以不教民戰，殘民之性命也，殃民所以自殃也。何謂「不容於堯舜之世」？堯舜之世，惟仁義道德是重，殃民者爲堯舜所必誅也。後世之用兵者，當知多招一兵，閭閻即多受一累；少養一兵，百姓即多受一福。

〔一〕唐先生《孟子新讀本》批語。

〔二〕唐先生《孟子新讀本》所引。

〔三〕「愚」字，唐先生於《孟子新讀本》作「何」。

一戰勝齊，遂有南陽，然且不可。」

趙注：「山南曰陽，岱山之南，謂之南陽也。」〔一〕

慎子勃然不悦曰：「此則滑釐所不識也。」

趙注：「滑釐，慎子名。」〔二〕

曰：「吾明告子。天子之地方千里，不千里，不足以待諸侯。諸侯之地方百里，不百里，不足以守宗廟之典籍。

趙注：「孟子見慎子不悦，故曰明告子，天子諸侯之〔三〕制如是，諸侯當來朝聘，故言守宗廟。典籍，謂先祖常籍法度之文也。」〔四〕

周公之封於魯，爲方百里也。地非不足，而儉於百里。太公之封于齊也，亦爲方百里也。地非不足也，而儉於百里。

朱注：「二公有大勳勞於天下，而其封國不過百里。儉，止而不過之意也。」

〔一〕趙岐《孟子章句》卷一二。
〔二〕趙岐《孟子章句》卷一二。
〔三〕「之」字，原刻作「地」，據趙氏原文爲正。
〔四〕趙岐《孟子章句》卷一二。

今魯方百里者五，子以爲有王者作，則魯在所損乎？在所益乎？

趙注：「後世兼侵小國，今魯乃五百里矣。有王者作，若文王、武王者。『子以爲魯在所損之乎〔一〕？在所益之乎？』言其必見損也。」〔二〕

徒取諸彼以與此，然且仁者不爲，況於殺人以求之乎？

愚按：徒取徒與，仁者何以不爲？以其非所當取而取之，非所當與而與之，而受之者，即非所當有而有之也。人道以民命爲最重，性命爲天地間之最貴者，而可輕殺人乎？而可妄殺人以冀遂所求乎？而況雖殺人並所求而不得乎？

君子之事君也，務引其君以當道，志於仁而已。

張氏云：「當道，謂志於仁也。志於仁者，存不忍人之心也。存不忍人之心，則其忍爲當時諸侯之所爲乎？然而引君以當道，古之人所以盡其心於事君之際者，其志蓋深矣。程子所謂：『至誠以感動之，盡力以維持之，明義理以致其知，杜蔽惑以

〔一〕此下兩句「乎」字，原刻作「中邪」，據趙氏原文爲正，以趙岐釋述《孟子》：「魯在所損乎？在所益乎？」

〔二〕趙岐《孟子章句》卷一二。

誠其意者。』〔一〕其引之以當道之方歟？」〔二〕

（兩段文氣震盪，結尤激昂，聲大而遠。）〔三〕

愚按：君子之事君也，正一人之身，可以立千萬人之法，則故務引其君以「當道」。養一人之心，可以救千萬人之生命，故務引其君以「志於仁」。讀此節當注重一「務」字。務者，以是爲惟一之宗旨，必至於是而後已也。非然者，君不鄉道，不志於仁，惟有奉身而退焉爾。

9　孟子曰：「今之事君者皆曰：『我能爲君辟土地，充府庫。』今之所謂良臣，古之所謂民賊也。君不鄉道，不志於仁，而求富之，是富桀也。

愚按：「辟土地，充府庫」，何以謂之民賊？蓋其所辟、所充者，皆民之脂膏也。「君不鄉道」，以爲於我無與也，君自不鄉道也。「不志於仁」，以爲於我無與也，君自不志於仁也。而求富之者，非真求富君也，求富己也。竭億萬衆之汗血，以肥一二人

〔一〕程頤《伊川易傳·睽》卦釋文，並見載於《近思録》「政事」第十。
〔二〕張栻《孟子説》卷六。
〔三〕唐先生《孟子新讀本》批語。

之身家，充其心以爲君國雖滅，我猶可坐擁厚資而無恙。嗚呼！此天地之所必誅，人人欲得而甘心者也。

『我能爲君約與國，戰必克。』今之所謂良臣，古之所謂民賊也。君不鄉道，不志於仁，而求爲之强戰，是輔桀也。

愚按：「約與國，戰必克」，何以謂之民賊？蓋其所以約、所以戰者，皆所以殘民之性命也。「君不鄉道，不志於仁」，以爲君固不必鄉道，不必志於仁也，道與仁皆迂闊而無當者也。而求爲之强戰者，戰而不已，而猶爲之强戰；民不欲戰，而猶爲之强戰；民命俱盡，而猶爲之强戰。嗚呼！此亦天地之所必誅，人人欲得而甘心者也。

由今之道，無變今之俗，雖與之天下，不能一朝居也。」

張氏云：「此章大抵與前章意同。戰國之臣所以事君者，徒以能『富國强兵』爲忠，而其君亦固以此爲臣之忠於我也，而孟子以爲民賊，何哉？蓋君不鄉道，不志於仁，而但爲之爲富强之計，則君益以驕肆，而民益以憔悴。是上成君之惡，而下絶民之命也。當時諸侯，乃以民賊爲良臣，豈不痛哉！孟子之言曰：『爲今之道，無變今之俗，雖與之天下，不能一朝居也。』此聖賢拔本塞源之意。今之道，功利之道也；今之俗，功利之俗也。由是而不變其俗，本源既差，縱使其間節目之善，亦終無以相遠也，故必以『不由其道』爲先。『不由其道』則由仁義之道矣，由仁義之道，變而爲仁義之俗，然後名正言順，而事可成也。所謂『不能一朝居』者，功利既勝，人紀隳喪，雖得天下，何以維持主守之乎？故功愈就而害愈深，利愈大而禍愈速。『富國强兵』之説至於秦，可謂獲其利矣，然自始皇初并天下，固已在絶滅之中，人心内離，豈復爲秦之臣也哉！孟子謂『雖與天下不能一朝居』者，寧不信乎？知此義而後可以謀人之國矣。」〔一〕

愚按：今之道，今世之人所倡之道也；今之俗，今世之人所成之俗也。且夫富也强也，治國之要圖也。然必君能鄉道，能志於仁，乃可以致富强；且得富强之後，乃可以安且久。今乃不鄉道，不志於仁，而猶亟亟焉日圖富强者，欲得天下而居之也。夫誠得天下而居之，未嘗不享一日之尊榮也，乃無何而患生几席之下矣！無何而禍起蕭牆之内矣！無何而斬木揭竿者至矣！無何而應人革命者興矣！無何而身死國滅爲天下笑矣！「雖與之天下，不能一朝居也」，何其言之痛也！上篇曰：「夜氣不足以存，則其違禽獸不遠。」此章曰：「我能爲君辟土地，充府庫，約與國，戰必克。」

〔一〕張栻《孟子説》卷六。

則是率獸而食人者也。率獸食人，則人將得而食之也。然而，桀也雖死而不悟也。

10　白圭曰：「吾欲二十而取一，何如？」

愚按：《史記·貨殖傳》：「白圭，周人也，能薄飲食，忍嗜欲，與童僕同苦樂。樂觀時變，人棄我取，人取我與。」[一]欲二十而取一者，蓋有鑑於當時什一之外，横征苛斂，無所限制，故欲更定税法，以力矯其弊。

孟子曰：「子之道，貉道也。

朱注：「貉，北方夷狄之國名也。」

愚按：白圭之道，大抵以堅忍茹苦爲主，故其趨時也，若猛獸鷙鳥之發，而其言曰：「雖欲學吾術，終不告之矣。」[二]是其爲人，類似北方夷狄之俗，故斥之曰：「子之道，貉道也。」

萬室之國，一人陶，則可乎？」曰：「不可，器不足用也。」

〔一〕《史記·貨殖傳》白圭事，出朱子《孟子集注》注引。
〔二〕白圭語，見載《史記·貨殖列傳》。

愚按：天下之事，非一手一足之列。如圭之法，猶萬家之國而以一人陶瓦器，其不能供給也明矣！

曰：「夫貉，五穀不生，惟黍生之。無城郭、宫室、宗廟、祭祀之禮，無諸侯、幣帛、饔飧，無百官有司，故二十取一而足也。

朱注：「北方地寒，不生五穀，黍早熟，故生之。饔飧，以飲食饋客之禮也。」

今居中國，去人倫，無君子，如之何其可也？

朱注：「無君臣、祭祀、交際之禮，是去人倫；無百官有司，是無君子。」

陶以寡，且不可以爲國，況無君子乎？

愚按：立國以養賢爲最重，故於「無君子」，特重言之。

欲輕之於堯舜之道者，大貉小貉也；欲重之於堯舜之道者，大桀小桀也。」

趙注：「堯舜以來，什一而稅，足以行禮，故以此爲道。今欲輕之二十稅一者，夷貉爲大貉，子爲小貉也；欲重之過什一，則夏桀爲大桀，子爲小桀也。」〔一〕

〔一〕趙岐《孟子章句》卷一二。「今欲輕之二十稅一者」，趙氏原文「之」後有「而」字。「則夏桀爲大桀」，「則」後有「是」字。「子爲小桀也」，「爲」後有「之」字。

羅氏羅山云：「許行欲矯世之病民者，創爲並耕之説。白圭欲矯世之重斂者，創爲二十取一之説。非惟不知道，亦不識世務者也。天子治天下，諸侯治一國，原自有極多事業。有極多事，又必需極多人理之。有極多人，必得多數財用以濟之，何能二十而取一？此固於事勢有不能行者。聖人立教，定爲尊卑之分，勞心者治人，治於人者食人，又酌爲什一之税，使濟天下家國之用，非好爲尊大，廣自封殖也，其事有不能不然者，此天理自然之準也。孟子於世之害民者，力以道闢之，所以遏其私欲也。於許行、白圭，力以道闢之，所以息其邪説也。」〔一〕

（結得奇妙，而責當時諸侯苛斂之罪，自在言外。）〔二〕

愚按：輕之於堯舜之道者，其等不一，故曰「大貉」「小貉」；重之於堯舜之道者，其等亦不一，故曰「大桀」「小桀」。孟子意以小貉目圭，蓋原圭之心，未嘗不善，特循其道，則弊必至去人倫、無君子而後已。若科其罪，則大桀、小桀，固尤浮於大貉、小貉也。後之人慎毋借孟子之言，藉口以苛斂吾民也。

〔一〕羅澤南《讀孟子劄記》卷二。
〔二〕唐先生《孟子新讀本》批語。

11 **白圭曰：「丹之治水也，愈於禹。」**

趙注：「丹，名，圭字也。當時諸侯有小水，白圭爲治除之，因自謂過禹也。」〔一〕

孟子曰：「子過矣。禹之治水，水之道也。

愚按：禹之治水，乃循上古時水之故道而疏濬之，故曰：「水之道。」說見《滕文公》篇「好辯」章。

是故禹以四海爲壑。今吾子以鄰國爲壑。

張氏曰：「順下者，『水之道』也。禹之治水，未嘗用己私智也，因水之所以爲水者耳。故以四海爲壑，順其性而納之。今白圭欲免其之害，而以鄰國爲壑，天理、私意之廣狹如此。」〔二〕

水逆行，謂之洚水。洚水者，洪水也，仁人之所惡也。吾子過矣。」

朱注：「水逆行者，下流壅塞，故水逆流。今乃壅水以害人，則與洪水之災無

〔一〕趙岐《孟子章句》卷一二。「當時諸侯有小水」，趙氏原文「當時諸侯」作「當諸侯之時」；「因自謂過禹也」，「過」後有「乎」字。

〔二〕張栻《孟子説》卷六。

異矣。」

愚按：逆之爲洚，猶逆之爲逢。洚、洪古疊韻字，均大字義。

12 孟子曰：「君子不亮，惡乎執？」

趙注：「亮，信也。《易》曰：『君子履信思順。』若爲君子之道，舍信將安執之？」〔一〕

朱注：「亮，信也，與諒同。惡乎執，言凡事苟且，無所執持也。」

愚按：《易·繫辭傳》曰：「天之所助者，順也；人之所助者，信也。」信者，人道也。故趙注謂：「君子之道，舍信將安執之？」〔二〕其説是也。然則孔子曷爲言「君子貞而不諒」〔三〕？謹按《易·文言傳》曰：「貞固足以幹事。」君子有貞固之德，乃可以不諒。孔子之言君子，指已成德之君子也；孟子之言君子，指未成德之君子也。未成

〔一〕趙岐《孟子章句》卷一二。「舍信將安執之」，趙氏原文句末有「邪」字。
〔二〕「舍信將安執之」，趙氏原文句末有「邪」字。
〔三〕《論語·衛靈公》載孔子語。

德之君子，不諒則不信，朱子謂：「凡事苟且，無所執持。」其説亦是也。執，如「擇善固執」之執。焦氏禮堂引「所惡執一者」解之，謂：「君子所以不諒者，惡乎執也。」〔一〕與趙注違異，其説非也。

孔子又嘗曰：「友諒。」又曰：「民無信不立。」蓋君子惟能諒，然後能執。能執，然後能貞。能貞，然後能不諒。諒在執之先，不諒在貞之後。孟子言大人「言不必信」，而孔子論士品則曰「言必信」，與此互相發明。子張曰：「執德不宏，信道不篤，焉能爲有？焉能爲亡？」〔二〕吾人之求執德者，必自諒始。

13 魯欲使樂正子爲政。孟子曰：「吾聞之，喜而不寐。」

朱注：「喜其道之得行。」

公孫丑曰：「樂正子强乎？」曰：「否。」「有知慮乎？」曰：「否。」「多聞識乎？」曰：「否。」

〔一〕焦循《孟子正義》卷二五。焦氏原文「惡乎執也」前，有「非惡乎信」句。

〔二〕《論語·子張》載子張語。

朱注：「此三者，皆當世之所尚，而樂正子之所短，故丑疑而歷問之。」

愚按：好善之人性質多偏於柔，故樂正子不能「强」。忠厚勝則逆億之念少，故「智慮」短。「多聞識」者亦指諳練世故而言，非謂讀書稽古也。

「然則奚爲喜而不寐？」

曰：「其爲人也好善。」

愚按：好者，篤之至也。人之一生，常具好善之心足矣，乃生生之機也。

「好善，足乎？」

愚按：丑蓋疑僅「好善」一端，未足以爲政也。「好善」應作讀〔一〕，下節同。

曰：「好善，優於天下，而況魯國乎？」

（以下筆情飛舞。）〔二〕

愚按：「優」字最有味。記曰：「優優大哉！」〔三〕言充好善之量，則能優美於天下

〔一〕後世標點本俱不讀句。從唐先生説，「好善」讀句。
〔二〕唐先生《孟子新讀本》批語。
〔三〕《中庸》句，指聖人之道。

也。好善有原於天資者，有出於學力者。原於天資者，有若無，實若虛，求賢若渴，其情固結而不可解者也。出於學力者，能克其私，能克其私則中虛，譬諸器皿然，苟虛其中，則寶漿珍液，惟其所盛，無所不受，其器乃益顯其優美；反是而泥滓實之，則終於污濁而爲廢器矣。夫在物爲廢器，不可用；在人爲廢人，尤不可用。

夫苟好善，則四海之内，皆將輕千里而來告之以善。

愚按：《易傳》曰：「雲從龍，風從虎，同心之言，其臭如蘭。」韓子曰：「世有伯樂，然後有千里馬。」〔一〕凡人之性情，多以氣類相感。故上有善者，則四海之善人，不求而自至。於是集天下之善以爲善，私心悉泯，公理昭彰，而國乃大治矣。

夫苟不好善，則人將曰：『訑訑予既已知之矣。』訑訑之聲音顔色，距人於千里之外。士止於千里之外，則讒諂面諛之人至矣。與讒諂面諛之人居，國欲治，可得乎？」

張氏云：「善者，天下之公也。苟自以爲是，則專己而絶天下之公理，其蔽孰甚焉……『與讒諂面諛之人居』，則志氣日以驕肆，禍至而不自知。原其始，起於『予既已知之』之意萌於中而已，然則可不畏乎？使斯人而雖强也、有智慮也、多聞識也，而一己之

〔一〕韓愈《雜説（四）》文。

智識，其與幾何？終亦必亡而已矣！秦穆之誓曰：『如有一介臣，斷斷猗，無他技；其心休休焉，其如有容。人之有技，若己有之；人之彥聖，其心好之；不啻若自其口出，是能容之，以保我之子孫黎民。』信斯言也，然則亦異乎後世之論人才者矣！」〔一〕

（此節尤極沉痛，後世剛愎之士，當日三復之。）〔二〕

愚按：自古國家之亡，多亡於泄泄及訑訑之人。何謂泄泄？怠緩而盲從也。何謂訑訑？自足其智而不嗜善言也。一爲陰柔之惡，一爲陽剛之惡。紂之不善，不過智足以拒諫，言足以飾非，人人皆非而我獨是。故訑訑之亡，更速於泄泄。

14　陳子曰：「古之君子，何如則仕？」孟子曰：「所就三，所去三。

顧氏亭林云：「『免死而已矣』，則亦不久而去矣，故曰所去三。」〔三〕

迎之致敬以有禮，言將行其言也，則就之；禮貌未衰，言弗行也，則去之。

〔一〕張栻《孟子説》卷六。原文句首有「蓋」字。
〔二〕唐先生《孟子新讀本》批語。
〔三〕顧炎武《日知録》卷七「所去三」條。

朱注：「所謂見行可之仕，若孔子於季桓子是也，受女樂而不朝，則去之矣。」

愚按：君子之仕也，欲以行其道也。言弗行，即道不行也，則可以去義也。

其次，雖未行其言也，迎之致敬以有禮，則就之；禮貌衰，則去之。

朱注：「所謂際可之仕，若孔子於衛靈公是也。故與公遊於囿，公仰視蜚雁，而後去之。」

愚按：致敬有禮，非爲虛拘也，亦冀得行其道也。禮貌既衰，是慢賢也，則豈有不去之義！

其下，朝不食，夕不食，饑餓不能出門户。君聞之曰：『吾大者不能行其道，又不能從其言也，使饑餓於我土地，吾耻之。』周之亦可受也，免死而已矣。」

朱注：「所謂公養之仕也，君之於民，固有周之之義，況此又有悔過之言，所以可受。然未至於飢餓不能出門户，則猶不受也。其曰：『免死而已。』則其所受亦有節矣。」

（上兩節極整齊。此節文法特變，可悟化板爲活之法。）[一]

愚按：「吾大者不能行其道，又不能從其言也」，是尚能知人也。「使飢餓於我土

[一] 唐先生《孟子新讀本》批語。

地，吾耻之」，是尚有良心也。此周之所以可受，曰：「免死而已。」其所受之節，曷裁之？裁之於義而已。君子曰：去就，人之大節也，不可苟也。所就三，所去三，皆義也，尤當盟諸心也。

15　孟子曰：「舜發於畎畝之中，傅説舉於版築之間，膠鬲舉於魚鹽之中，管夷吾舉於士，孫叔敖舉於海，百里奚舉於市。

朱注：「舜耕歷山，三十登庸；説築傅巖，武丁舉之；膠鬲遭亂，鬻販魚鹽，文王舉之；管仲囚於士官，桓公舉以相國；孫叔敖隱處海濱，楚莊王舉之爲令尹；百里奚事見前篇。」

王氏船山云：「膠鬲爲殷之老臣，觀孟子言輔相之與微、箕並列，可知已。記稱武王甲子遇雨，恐紂以膠鬲視師之言不實而殺賢臣。則鬲之歸周，與商容同在滅殷之後矣。或謂文王遣鬲爲間於殷，説尤詭誣。膠鬲之舉，當在紂父帝乙之世，未嘗一日立於文王之廷。《集注》謂：『文王舉之。』誤已。」〔一〕

〔一〕王夫之《四書稗疏》卷二「膠鬲」條。

（方云：首二節即古聖賢指點，三節即常人之情指點，四節即國家指點，收處方點出正意。）〔一〕

愚按：士生今世，不爲聖賢即爲豪傑。聖賢具盛德大業，豪傑有奇才異能。舜，大聖人也，傅説以下皆豪傑也。若而人者，半由天資，半由學力，如下節「苦其心志」云云，即學力也。中人以上，俱可企之。

故天將降大任於是人也，必先苦其心志，勞其筋骨，餓其體膚，空乏其身，行拂亂其所爲，所以動心忍性，曾益其所不能。

羅氏羅山云：「凡人當富貴時，其欲易遂，人亦皆順其意，所以於世事之艱難險阻多有不知；惟當困苦時，行事皆不如意，險阻艱難，嘗之殆盡，是以於人情世故，無不備悉其曲折。大凡人之真情，晏安之時易汩，急迫之際常發，心有所不忍爲之事，境遇迫之以必爲，則惻隱之心，不禁油然以生。心有所不能受之事，境遇驅之以必受，則羞惡之心，不禁愧然以動。耳目口體之欲亦氣稟之性所不能無者，命實不猶，只得忍耐。他如躁暴難制，到幾經頓挫，氣自能平……由是而動心，則本然之量日

〔一〕唐先生《孟子新讀本》所引。

充；由是而忍性，則物欲之私日窒。前日之所不能，今則增益其所不能，可以當大任而不難矣……『貧賤憂戚，玉汝於成』〔一〕，豈虛語哉！」〔二〕

（一提，有振衣千仞岡之概。）〔三〕

愚按：孟子之學最重心性，而心性要在磨鍊。有學問中之磨鍊，有境遇中之磨鍊，有世故中之磨鍊。「苦其心志」，磨鍊其心思；「勞其筋骨，餓其體膚」，磨鍊其體骨；「空乏其身」，經濟中之磨鍊；「行拂亂其所爲」，處事中之磨鍊。心必動，性必忍，然後能增益其所不能。若不動不忍，則不能者終於不能而已矣。降大任，特孟子之借詞。天不言，在人之自任耳。

人恒過，然後能改。困於心，衡於慮，而後作。徵於色，發於聲，而後喻。

愚按：痛乎！人心之迷而不悟也〔四〕。人與萬物競爭，即日處於悔吝榮辱之境，而萬物皆有與我以悔吝榮辱之權，所恃者吾心性之機警耳。機警失而隨處皆阻礙

〔一〕張載《西銘》文。
〔二〕羅澤南《讀孟子劄記》卷二。
〔三〕唐先生《孟子新讀本》批語。
〔四〕「痛乎人心之迷而不悟也」句，據《孟子新讀本》補入。

矣。「困於心，衡於慮，而後作」，尚不過吾心之悔吝。「徵於色，發於聲，而後喻」，則辱及其身矣，何苦而至於斯極乎？此節「人」字與上節人字不同。上節人字是聖賢豪傑，此節人字指中人以下而言〔一〕。然「恒過而後能改」，猶不失爲凡人。若恒過而不能改，則羞惡之心絶，而不得爲人矣。

入則無法家拂士，出則無敵國外患者，國恒亡。

愚按：此節仍重在一心。凡國之所以存者，在一心之戒慎、恐懼而已。「法家拂士」「敵國外患」皆所以動吾心之戒慎、恐懼者也。若不知戒慎，不知恐懼，國安有不亡者乎？然所謂戒慎、恐懼者，亦非徒託諸空言，要在力行。有「法家拂士」而後知當務之急，有「敵國外患」而後知戒備之方，二者皆力行之事也。故有國者知耻力行，尤宜並進。

然後知生於憂患，而死於安樂也。

（一結，如萬壑朝宗。惟頓住不多説，故有千鈞之力。）〔二〕

〔一〕蓋據文理脈絡取定意義範疇。

〔二〕唐先生《孟子新讀本》批語。

愚按：此節尤重在一心。士生當世，本無所謂「憂患」「安樂」，惟視吾心之生與死耳。處憂患之境，則吾心自然清明。清明者，生機也。處安樂之境，則吾心自然昏濁。昏濁者，死機也。吾心清明，於是進德修業，開物成務，而生機日益暢。吾心昏濁，於是好貨嗜利，作福作威，而死機日益迫。故謂有國家者，祇宜有憂患之時，不宜有安樂之時，此尚是皮傅之論。要知聖賢處境，本無所謂「憂患」，本無所謂「安樂」，惟體驗吾心之生與死耳。茫茫宇宙，誰歟喻此誼者？

16　孟子曰：「教亦多術矣，予不屑之教誨也者，是亦教誨之而已矣。」

愚按：教人之法不容不嚴。嚴則或有所窮，然而不窮者，惟其教思無窮，故其教術亦無窮也。《老子》曰：「聖人善救人，故無棄人；善救物，故無棄物。」〔一〕善救人者，善教人也。聖賢所不屑教誨者，或因其桀驁，或厭其浮夸，或惡其無意識而無信用，然而其心未嘗不憐之也。以爲若人者，何乃爲天地間之棄才也？於是或徵於色，或發於辭，或拒之無形之際，無非欲裁抑其意氣，而激動其良心，實於嚴厲之中，隱寓

〔一〕《老子》第二十七章文。

玉成之意。其所以拒之而絶之者，正所以愛之也。若人者儻或反而憬然悟焉，痛自改焉，以奉教於聖賢，則聖賢未嘗終絶之也。然後知天下「無棄人」，要在自悟而自改，而聖賢之教術，於是爲無窮也。傳曰：「天有四時，春夏秋冬〔一〕，雨露雷風，無非教也。」〔二〕嗚呼！廣矣大矣！

告子篇大義

《易·繫辭傳》言性，《論語》亦言性，其説皆渾淪，至《孟子》而性學始大闡。《告子》首六章發明性善，後數章發明本心。本心何以失？由於陷溺，由於失其養，由於不專心致志，由於不辨禮義，由於放心，故特示人以求放心之學。「心之官則思，思則得之」，先立乎其大，則能作聖矣。求也養也，皆所以爲立之之基也。

曷爲繼以天爵、良貴之説？蓋要人爵欲貴之念，憧憧往來，心性之所以迷惑也。然

〔一〕「春秋冬夏」句脱，據《禮記·孔子閒居》補入。
〔二〕《禮記·孔子閒居》文。

而持一杯水，無濟也；不如荑稗，亦無益也。學者必志於彀，必以規矩。彀與規矩者何？堯舜是也。道性善，必稱堯舜也。禮與食孰重、色與禮孰重，亦食色爲性之誼，知氣質而不知義理，不揣其本而齊其末者也。「夫道若大路然」，性善之證也。「堯舜之道，孝弟而已矣」，「舜其至孝矣，五十而慕」，孝弟之極則也。仁義明而性善顯，利欲熾而本心亡，首篇大義，於兹復明，而以下乃雜記交際出處之節，與政治之大綱，何哉？

鄒衍之言曰：「中國名曰赤縣神州，赤縣神州内自有九州，禹之序九州是也，不得爲州數。中國外如赤縣神州者九，乃所謂九州也。於是有裨海環之，人民禽獸莫能相通者，如一區中者乃爲一州。如此者九，乃有大瀛海環其外，天地之際焉。」見《史記·孟子荀卿列傳》。孟子而不見衍，儻遇衍，必笑之曰：「子之道，貉道也。」庸詎知二千載後，貉不變其道乎〔一〕？

且夫貉，五穀不生，惟黍生之，而今則天産殷盛，萬物棣通矣；無城郭宫室、宗廟祭祀之禮，而今則閎規大啓，禮樂彬彬矣；無諸侯幣帛饔飧〔二〕，無百官有司，而今則會盟約

〔一〕此言古今之巨變，非昔人所可想象，告誡自蔽者也。
〔二〕饔飧，謂朝夕所進之熟食。

信，廊廟濟蹌〔一〕矣；去人倫，無君子，而今則哲學醰粹〔二〕，道德精剛矣。向之人民禽獸莫能相通者，今則懋遷化居，冠裳輻輳。何昔之野而今之文也〔三〕？何昔之闇而今之昌也？何昔之閉僿而今之大同也？「人皆可以爲堯舜」，東海有聖人出焉，此心同，此理同也；西海有聖人出焉，此心同，此理同也〔四〕。人事有不齊，人性無不善也。

性理晦，殺機開，大九州之刦運，潮湧雲興，越裨海以迄禹甸之赤縣神州，於是事君者曰：「我能爲君闢土地、充府庫。」「我能爲君約與國，戰必克。」長君之惡，逢君之惡，專務殺人以求之，由是，「君不鄉道，不志於仁」。入其疆，土地荒蕪，遺老我賢，掊克在位。曲防遏糴，鄰國爲壑。其子弟則多賴多暴，放其良心。其上之人則宫室之美，妻妾之奉，所識窮乏者得我，醉生夢死而不自覺。嗚呼！是富桀也！是輔桀也！是服桀之服、誦桀之言、行桀之行。大桀、小桀，而盈天下皆桀也。向使復有孟子者出，其痛心疾首，當復何如？故垂涕泣而道之曰：「由今之道，無變今之俗，雖與之天

〔一〕廊廟指王廷宗廟，濟蹌謂敬慎舉止。
〔二〕醰粹謂醇厚也。
〔三〕以西方近代文明之進步，勉勵國人奮發自强。
〔四〕句出陸九淵語。

下，不能一朝居也。」

是惟有好善之人，優於天下，鑑拒諫飾非之禍，戒苟合阿世之爲，「苦其心志，勞其筋骨，餓其體膚，動心忍性」，先天下之憂患而憂患，後天下之安樂而安樂。教育之術，被於一世，可以生天下而不至於死一國矣。然則大九州之人，豈孟子所不屑教誨者哉？「天將降大任於是人」，聖賢豪傑，禀山川之靈氣以生，何地而無之乎？夫苟好善，則四海之内，「皆將輕千里而來告之以善」矣，乃所謂性善也。

而或者曰：大九州之人以信。赤縣神州之民，其言其事，多不以諒，故性善之學説，人鮮有信之者。庸詎知孔子曰：「民無信不立。」孟子曰：「君子不諒，惡乎執？」信也，諒也，皆性善之實也。「天生烝民，有物有則，民之秉彝，好是懿德」，然則孔孟之學派，縱見阨於一時，百世而下，其將盛行於大九州以訖天地之際乎？

（前段迤邐停頓，精神已躍躍欲動中。後正大之理，出以奇兵，全篇精義皆供我之運用，縱横億萬里，心理大同，當以斯文爲之兆矣。）〔一〕

〔一〕唐先生《孟子新讀本》自評。

孟子大義卷十三

盡心上

1 **孟子曰：「盡其心者，知其性也。知其性，則知天矣。**

張子云：「大其心，則能體天下之物。物有未體，則心爲有外。世人之心，止於見聞之狹。聖人盡性，不以見聞梏其心，其視天下無一物非我，孟子謂盡心則知性知天以此。天大無外，故有外之心，不足以合天心。」〔一〕

朱注：「心者，人之神明，所以具衆理而應萬事者也。性則心之所具之理，而天又理之所從以出者也。人有是心，莫非全體，然不窮理，則有所蔽，而無以盡乎此心之量。故能極其心之全體而無不盡者，必其能窮夫理而無不知者也。既知其理，則其所從出亦不

〔一〕張載《正蒙·大心篇》文。

外是矣。以《大學》之序言之，知性則『格物』之謂，盡心則『知至』之謂也。」

張氏云：「盡其心者，格物致知。積習之久，私意脱落，萬理貫通，盡得此生生無窮之體也。盡得此體，則知性之禀於天者，蓋無不具也。知性之所素具於我者，則知天之所以爲天者矣。」[一]

（方云：孟子學問，四十歲以前在知言養氣上用功。四十歲以後，齊、梁不用，而歸在深造自得、博學反約上用功。故至老年，則盡心知性以知天，不僅知言也；已存心養性以事天，不僅養氣也已。）[二]

愚幼時讀先儒語録云：「學問之道，必先盡其心。能盡心，然後能知性。」[三]因謂盡心在知性之先。及讀本節朱注云：「知性則格物之謂，盡心則知至之謂。」則盡心又當在知性之後。蓄疑者二年，後質之於業師王紫翔先生，先生云：「知性即窮理。玩朱注云：『不窮理則有所蔽，而無以盡乎此心之量。』是惟知性，然後能盡心。」又云：「釋氏先盡心後知性，吾儒先知性後盡心。」愚乃恍然於盡心者，盡其萬物皆備之

[一] 張栻《孟子説》卷七。
[二] 唐先生《孟子新讀本》所引。
[三] 唐先生概述《朱子語類》卷六〇《孟子十》之語。

體也。知性知天，皆吾心之所包也，皆吾心之知也。《易傳》曰：「窮理盡性以至於命。」此節衹是此義。知天者，《論語》所謂「知天命」也；「五十以學《易》」，故「五十而知天命」也。《中庸》自能盡其性，以至盡人性，盡物性，贊天地之化育。所謂「自誠而明」者，無非吾心中固有之體也，然則心之爲用微矣哉！亦廣矣哉〔一〕！

存其心，養其性，所以事天也。

張氏云：「人雖能盡心之體以知性之理，而存養之未至，則於事事物物之間，其用有未能盡者，則心之體未能周流而無所滯，性之理亦爲有所未完也。故必貴於存心養性焉。存者，顛沛造次必於是也；養者，全之而弗害也。存之養之，是乃所以事天者也。程子云：『事天者，奉順之也。』〔二〕若是而久焉，則有以盡其心之用，而無咈其性之理，而天之道亦備於是矣。」〔三〕

〔一〕知性知天，通明曰聖，先生本《孟子》究性理大義，結穴於心識之爲用也。
〔二〕程頤語，見引於《朱子語類》卷六〇。
〔三〕張栻《孟子說》卷七。

羅氏羅山云：「不知天，固無以盡事天之功；不事天，雖知之，亦奚以爲？君子之學，所以貴乎知行並進也。」〔一〕

愚按：張子《西銘》云：「不愧屋漏爲無忝，存心養性爲匪懈。」存心養性，當自内省不疚始。張子又云：「于時保之，子之翼也。翼，敬也。樂且不憂，純乎孝者也。」朱子注此節云：「存，謂操而不舍；養，謂順而不害。」蓋存其心者，操持功夫多，所謂『于時保之』是也；養其性者，涵養功夫多，所謂『樂且不憂』是也。仁人者事親如事天也，《易傳》曰：「後天而奉天時。」斯善事天者也。若徇欲以放其心，害物以戕其性，則獲罪於天矣。

孟子曰：「平旦之氣，其好惡與人相近也者幾希，苟得其養，無物不長。」孔子曰：「操則存，舍則亡。」當與此節參看。學者用存養之功，當始於平旦之際。《詩》云：「昊天曰明。」又云：「明發不寐。」喜怒哀樂未發之中，斯時最爲純粹，天地生物之心，具在於是。及是時而存養之，儼乎其若思，藹然而無不善矣。張子以爲即「夙夜匪懈」之旨，洵有味哉！洵有味哉！

〔一〕羅澤南《讀孟子劄記》卷二。

殀壽不貳，修身以俟之，所以立命也。

朱注：「殀壽，命之短長也。貳，疑也。不貳者，知天之至。修身以俟死，則事天以終身也。立命，謂全其天之所付，不以人爲害之。」

張氏云：「『殀壽不貳，修身以俟之』，言死生不以貳其心，惟知修身以聽天命而已。修身之事，即其盡心知性、存心養性之見於躬行者也。所謂立命者，所遇係於天，而修德在乎己。係乎天者，不可以人力加焉；修其在己者，以聽天之所爲，則無往不得其正，所謂立命也。」〔一〕

羅氏羅山云：「『殀壽不貳』者，知得天下之理具足吾心，雖殀而此理未嘗缺，雖壽而此理未嘗加。或殀或壽，皆當有以盡其道，而後無愧此生，此知天之至者也。『修身以俟之』者，非徒俟死而已，吾身一日未死，吾身即有一日當盡之道。吾盡吾道，不使此生之理稍虧，或生或死，一聽於天，此事天以終身者也。殀壽不貳，修身以俟，此即其所以立命處。蓋既知得此理，毫無疑似，而在貧賤則盡處貧賤之道，以自立於貧賤；在富貴則盡處富貴之道，以自立於富貴；在患難則盡處患難之道，在安

〔一〕張栻《孟子説》卷七。

樂則盡處安樂之道，以自立於患難安樂。雖至死生之際，絶不以之易其操，任他位置，皆能有以自立。撑持名教，扶維綱常，此正君子立命之學。以義理爲主，氣數不得而限之也。觀乎此，可以知聖學之全功矣。」〔一〕

愚按：張子《西銘》云：「體其受而歸全者，參乎！」立命之學，當法曾子。「如臨深淵，如履薄冰」，「十目所視，十手所指」〔二〕，所以修身也。「仁以爲己任，死而後已」〔三〕，亦所以修身也。殀與壽不貳，不貳其志也。所謂一息尚存，此志不容稍懈也。人不能與天爭，而有時不能不與天爭。不與天爭者，安命也，立乎命之後者也。不能不與天爭者，欲以造命也，立乎命之先者也。

又按：心性之辨，至不易明。愚幼時讀陸清獻《學術辨》，覺其剖析最爲分明，其言曰：「人之生也，氣聚而成形，而氣之精英，又聚而爲心。是心也，神明不測，變化無方，要之亦氣也，其中所具之理則性也。故程子曰：『性即理也。』邵子曰：『心者，

〔一〕羅澤南《讀孟子劄記》卷二。
〔二〕《大學》論「慎獨」徵引曾子語。
〔三〕《論語·泰伯》載曾子語。

性之郛郭。』朱子曰：『靈處是心不是性。』是心也者，性之所寓，而非即性也。性也者，寓於心而非即心也。先儒辨之亦至明矣。若夫禪者，則以知覺爲性，而以知覺之發動者爲心。故彼之所謂性，則吾之所謂心也；彼之所謂心，則吾之所謂意也。其所以滅彝倫，離仁義，張皇詭怪，而自放於準繩之外者，皆由其不知性，而以知覺當之耳。」〔一〕蓋清獻本意在於闢陽明之學，而吾人因此則可以辨心性之同異，而究其精微也。

編者謹按：唐先生《紫陽學術發微》卷三《朱子心性學發微》引此章朱注後按語云：「《易·說卦傳》曰：『窮理盡性以至於命。』《孟子》不言《易》，而書中隨處無非《易》理。以七篇之義言之，《萬章》篇，窮理之學也；《告子篇》，盡性之學也；《盡心》篇，至命之學也。以本章言之，首節知性知天，窮理之學也；次節存心養性，盡性之學也；三節立命，至命之學也。程子曰『進學在致知』，即知性知天之義；『涵養須用敬』〔二〕，即存心養性之義。宋儒窮理居敬並進之説，實權輿於此。若夫命者，有義理之命，有氣數之命；義理有定，而氣數則隨時而變遷，以義理定氣數，故曰立命。《易·乾卦·文言傳》曰：『先天而天弗違，後天而奉天時。』此之謂立命。蓋

〔一〕陸隴其《學術辨》「中」文。
〔二〕《二程遺書》卷一八文。按：原文有「在」前有「則」字。

惟立命然後能造命也。人生富貴貧賤、夷狄患難，皆隨遇而移，而生死一關，尤爲難破。惟朱注言『修身以俟死』，鄙意以爲可商。竊謂『修身以俟之』者，言勉勉循循，上達天德，以造於美大聖神之域耳。於此可見人之一生境遇當立命，而學問尤當立命，是爲至命之學。」

2

孟子曰：「莫非命也，順受其正。

朱注：「此章與上章，蓋一時之言，所以發其末句未盡之意。」

羅氏羅山云：「吉凶禍福，皆有正命。居心立身，準乎義理，無求吉與福之心，而吉福自降，此莫之致而至者，正命也。持身處世，不悖法度，無召凶與禍之端，而凶禍適與相值，此莫之致而至者，亦正命也。『順受其正』，不特凶禍當順受，即吉福亦當順受。吾盡吾道，雖患難、貧賤、死喪皆能有以自立，此順受乎凶禍也。幸值乎吉與福，當思所以承其吉福，蓋富有富之道：安處善，樂循理，制節謹度，不自滿溢，是爲順受乎富。貴則有貴之道：立政教，維風化，靖共爾位，惟恐失墜，是爲順受乎貴。壽則有壽之道：在世一日，盡一日之職，在世百年，盡百年之理，一息尚存，此志不懈，是爲順受乎壽。不然，雖富貴亦爲倖致，壽考亦徒不死，天之所以厚吾生者，皆虛擲矣，尚得謂之順受哉？此章恐人以凶吉禍福一切委之於天，而不盡人事以聽之，故

孟子亹亹言之，欲人盡修身之功也。」〔一〕

是故知命者，不立乎巖牆之下。盡其道而死者，正命也。

朱注：「命，謂正命。巖牆，牆之將覆者。知正命，則不處危地以取覆壓之禍。」

愚按：「立巖牆之下」者，約有二等：一爲毫無意識者，一爲自賈其勇者，而其爲儌倖嘗試則一也。天下希圖儌倖之事，皆謂之不知命，孟子特舉巖牆以爲例焉爾。近人倚賴富貴，自蹈危機，冰山一倒，己身隨之而糜者，何可勝道？皆立巖牆下之類也。

愚按：曾子曰：「啓予足，啓予手，戰戰兢兢，如臨深淵，如履薄冰。」〔二〕可謂盡其道而死矣。然又曰：「戰陳無勇，非孝也。」〔三〕可見盡道者尤視乎義之所宜。體其受而全歸，道也；殺其身以成仁，亦道也。周、孔、顔、曾，盡其道者也；夷、齊、龍、比、睢陽、文山，亦盡其道者也，皆正命也。

〔一〕羅澤南《讀孟子劄記》卷二。
〔二〕《論語·泰伯》載曾子語。
〔三〕《禮記·祭義》與《大戴禮記·曾子大孝》引曾子語。

枉梏死者，非正命也。」

愚按：《孝經》曰：「身體髮膚，受之父母，不敢毁傷，孝之始也。」人分父母之遺體以生，何至干犯法紀，竟有枉梏而死者？傳曰：「人之於天也，以道受命。」〔一〕不若於道者，不孝之至，棄天之命者也。近世青年之士，未能聞道，或擇交不慎，或素性乖張，意氣紛呶，自蹈刑辟。而在上者無哀矜之心，惟以羅織爲事，以致羅枉梏而死者聯踵矣，此可痛之甚者也！吾惟勗學者以讀《孟子》。

3　**孟子曰：「求則得之，舍則失之，是求有益於得也，求在我者也。求之有道，得之有命，是求無益於得也，求在外者也。」**

愚按：「求」之一字祇可自求於我，而不當有求於人。學問行誼在我者也，富貴利達在外者也。「求則得之，舍則失之」，求與舍，在一心而已矣。

張氏云：「所謂『求之有道，得之有命』者，富貴利達之謂也。富貴利達，衆人謂己有求之之道，然不知其有命焉。固有求而得之者矣，是亦有命；而非求之能有益

〔一〕《春秋穀梁傳》莊公二十年文。

也，蓋亦有巧求之而不得者多矣。以此可見其無益於得也，然則亦可已矣。」〔一〕

愚按：此章即「先立乎其大」之説，亦即「天爵人爵」之説也。「求在我者」，先立乎其大，修其天爵也；「求在外者」，修其天爵，以要人爵也。近世之人，不知安命之學，自雞鳴而起，以至嚮晦宴息，營營擾擾，終日爲無益之事，即終身爲無益之人。《老子》曰：「載營魄抱一，能無離乎？」〔二〕營魄，魂魄也。求在外之心勝，則魂魄離矣，寧不大可痛乎？愚嘗立二言以自勗云：「身不爲無益之事，心不爲無益之思。」夫不爲無益，消極之説也。吾身心性命之中，最爲有益者安在？求仁義道德而已矣。

4 孟子曰：「萬物皆備於我矣。

愚按：人之知，良知也；人之能，良能也。良知者，無所不知者也；良能者，無所不能者也。惟人之靈明，無所不知，無所不能，此儒者之道，所以至於參天地、贊化育，極其功用之全，皆爲性分之所固有，而非有所加於内也。然而知能常有窒焉者，

〔一〕張栻《孟子説》卷七。
〔二〕《老子》第十章文。

則氣質錮之，嗜欲塞之也。孟子於人之知能既錮既塞之後，特喚醒之曰：「萬物皆備於我矣。」人欲復其萬物皆備之體，莫要於窮理。窮則能盡己之性，盡己之性，則能盡人之性。盡人之性，則能盡物之性。由是充周不窮，開物成務，乃能使之各得其所。《孝經》曰：「天地之性人爲貴。」《易傳》曰：「曲成萬物而不遺。」

反身而誠，樂莫大焉。

愚按：周子曰：「誠，五常之本，百行之源也。」〔一〕《中庸》：「經綸天下之大經，立天下之大本。」不歸之至聖，而必歸之「至誠」。蓋誠者，天之道也。天以生生爲心，實以至誠爲心。說見《離婁篇》。故凡人之能誠者，天必愛之護之；不能誠者，天必惡之滅之。栽者培之，栽者誠也；傾者覆之，傾者不誠也。凡天所愛之護之者，人亦愛之護之；天所惡之滅之者，人亦惡之滅之。不獨一人之性然也，千萬人之性皆然也；不獨人之性然也，國之性亦然，揆之毫髮而不爽者也。

《春秋穀梁傳》曰：「人之於人也，以言受命……不若於言者，人絕之也。」又曰：「人之所以爲人者，言也……言之所以爲言者，信也。」誠者，不欺而已矣。反身之事

〔一〕周敦頤《通書・誠（下）》文。

非一端，而必自無妄言始。無妄言，則世無詐僞，而天下和而治。凡不欺之人在天下，人未有欺之者也。然則「反身而誠者」，不獨誠於一身，而且推及於天下。

自戒懼慎獨以至於不動而敬，不言而信，則樂莫大焉，《中庸》曰：「誠者，非自成己而已也，所以成物也。」成己，仁也；成物，智也。性之德也，合外内之道也，故時措之宜也。

强恕而行，求仁莫近焉。」

愚按：恕者，如心之謂也；仁者，相人偶也。見《説文》：「猶言人相偶。」〔一〕一人之心，千萬人之心也。因一人而推及於二人，因二人而推及於千萬人，其心無不同也，故曰仁也。《論語》曰：「能近取譬，可謂仁之方也已。」〔二〕何謂譬？譬諸「所惡於上，毋以使下；所惡於下，毋以事上；所惡於前，毋以先後；所惡於後，毋以從前」〔三〕是也。孟子曰：「强恕而行，求仁莫近焉。」何謂强？强者，勉行之謂，亦有强制之義，如毋以

〔一〕此段玉裁《説文解字注》文，非許慎語。
〔二〕《論語·雍也》載孔子語。
〔三〕《大學》言「絜矩之道」文。

使下、毋以事上、毋以先後、毋以從前是也。「爲仁之方」，即求仁之道也。生人之大患，在乎有己而無人。有己無人，則事事隔閡而爭殺起。推厥所原，由有形骸則有血氣，有血氣則有爾我，有爾我則有爭奪，此不仁之人，所以不絕於天下者，皆有己無人之見致之也。孟子知恕之難行也，故曰「强恕」，又欲明仁之非遠也，故曰「求仁莫近焉」。蓋恕者，仁之基也，有立人達人之願，則民胞物與，老安少懷之道在是焉。子貢曰：「有一言而可以終行之者乎？」子曰：「其恕乎。」〔一〕仲弓問仁，子曰：「己所不欲，勿施於人。」〔二〕

5　**孟子曰：「行之而不著焉，習矣而不察焉，終身由之而不知其道者衆也。」**

愚按：《大學》之道，以致知格物爲先，故凡事之所當然，與其所以然，皆當窮之以至乎其極。孔子曰：「知之者不如好之者，好之者不如樂之者。」〔三〕此皆謂道也。

〔一〕《論語・衛靈公》文。
〔二〕見載《論語・顔淵》。
〔三〕《論語・雍也》載孔子語。

而不知者尤可憐也。自其精者言之，愛親敬長，交朋慈幼，未嘗不由之也，然而莫知其道也。自其粗者言之，冬裘夏葛，渴飲飢食，未嘗不由之也，然而莫知其道也。《易傳》曰：「百姓日用而不知。」〔一〕此所謂凡民也，此所謂庸衆也，蓋甚可憐也。

且夫人生世界之内，智愚之分，在知覺運動而已。禽獸之最蠢者，有運動而無知覺；其稍靈者，則有知覺焉；其最靈者，則知覺之分數愈多焉。惟人亦然，其至愚者，知覺最少；其稍智者，知覺漸多焉；其聖者，則得完全之知覺焉。彼其知覺，有出於天者，有由於人者，有禀質清而利欲窒塞之者，有禀質濁而學問開通之者，在人之自勉耳。自世衰道微，人皆昏昏然、悶悶然，有運動而無知覺，求一知道者而不可得，幾何不胥而爲禽獸也？

6 **孟子曰：「人不可以無耻。無耻之耻，無耻矣。」**

（愚嘗謂：經書中用「不」字，有最奇者如《易・繫辭傳》「不耻不仁」、《論語》「不

〔一〕出《易・繫辭上》文。

憤不啓」兩節，均極奇變。此章三句，四「恥」字作三解，亦甚奇特。因此可悟用字變化法。）[一]

愚按：孟子曰：「無羞惡之心，非人也。」羞惡之心，愧恥之本心也。人生當世，孝弟、忠信、禮義，以廉恥爲歸宿。《管子》云：「禮義廉恥，國之四維。四維不張，國乃滅亡。」人道之以有恥爲重，猶日用之以衣食爲重也。人乎人乎，何爲而無恥乎？

吾思人雖至愚至不肖，至猛至悍，然苟闔户而詔以廉恥之道，或令其清夜自思，未有不面赤汗下，憬然悟者。然而此良心發現之時，何其少也。以父母生我清白之軀，甘下同於乞墦之齊人，富貴功名之所在，貨利之所萃，不恤屈吾心、磨吾骨以奔競之，雖爲人厭、爲人惡、受人呵叱，禍害及身，猶戀戀而不舍。或則伺候於公卿之門，奔走於形勢之途，「足將進而趑趄，口將言而囁嚅」[二]，作種種之醜態，以徼倖於萬一，嗚呼！可耻矣！可耻矣！

平居意氣揚揚，自命不凡，見無志節之士，痛詈之不遺餘力；一旦入要津，其卑

[一] 唐先生《孟子新讀本》批語。
[二] 韓愈《送李愿歸盤谷序》文。

鄙齷齪，更有什百倍於他人者，嗚呼！尤可耻矣！學者於此等無耻之事，痛引爲大耻，庶幾不至爲無耻之徒，而羞惡之良，尚不泯於世界乎？

7　孟子曰：「耻之於人大矣。

朱注：「耻者，吾所固有羞惡之心也，存之則進於聖賢，失之則入於禽獸，故所繫爲甚大。」

（首節總冒，次節指巧滑者言，三節指頑鈍者言，僅五句，文法有變化。）〔一〕

爲機變之巧者，無所用耻焉。

張氏云：「此章亦表裏前章之意。而謂『爲機變之巧者，無所用耻焉』，則極小人之情狀者也。小人用機變之巧，飾其小慧，矜其私智，不本於誠意，而務爲掩覆，機變愈巧，而良心愈斲喪。故其爲善也，則務竊其名，而無善之實；其有過也，非惟順之，又從而爲之辭，安於自欺而不卹，是『無所用夫耻』也。」〔二〕

〔一〕唐先生《孟子新讀本》批語。
〔二〕張栻《孟子説》卷七。

愚按：「機變之巧」，非指形器而言，乃指心思而言。人之心思，惟務取巧，必至於欺詐陰險，穿窬害人而後已，故曰：「無所用恥焉。」近時曾滌生先生有言云：「吝召殺，忮召殺，巧召殺。」[一]故凡人之一味取巧者，未有能善終者也。

不恥不若人，何若人有？

張氏云：「既不以己之不若人爲恥，則終不若人而已矣。夫舜何人也？予何人也？舜爲法於天下，可傳於後世，我猶未免爲鄉人，此古人之所恥也。今人乃環視其身，無一可恥，聞古者聖人之言行，顧己不能，而無所動其心焉，則亦末如之何也已矣！」[二]

愚按：張氏之言，至爲深切，然以較乎古人而言也。若推其意而衡之於今，則學問之不若人也，材智之不若人也，行詣之不若人也，推而至於文化之不若人也，武力之不若人也，風俗之不若人也，國勢之不若人也，皆可恥之尤者也。《中庸》云：「知恥近乎勇。」惟知恥而後能愧奮，愧奮而後能自强。故欲求所以免恥之實，當知卧薪

[一] 原出顧炎武《日知録》，曾國藩書之於《日記》。
[二] 張栻《孟子説》卷七。

嘗膽之道矣。嗚呼！「不耻不若人」，則何有若人之一日乎？朱子云：「但無耻一事不如人，則事事不如人矣。」〔一〕此説稍晦，宜糾正之。

8　孟子曰：「古之賢王，好善而忘勢；古之賢士，何獨不然？樂其道而忘人之勢，故王公不致敬盡禮，則不得亟見之。見且由不得亟，而況得而臣之乎？」

張氏云：「在上者每自謙損，不以勢自居，固爲賢矣，而未若好善而忘勢之爲善也。在下者安其貧賤，無慕於人之有勢者，亦爲賢矣，而未若樂其道而忘人之勢者爲深也。在上者忘其勢，而惟恐不得天下之善；在下者忘人之勢，而惟義是從，此爲俱得其道。使二者一旦而相合，則上下交而爲泰矣。故王公不致敬盡禮於賢士，雖欲數見之且不得，況可得而臣之乎？蓋士非以此自高也，其道固當爾也。」〔二〕

（方云：此論出處也。「見且猶不得」二句，氣象雄傑。）〔三〕

〔一〕朱子《孟子集注》當條注語。
〔二〕張栻《孟子説》卷七。
〔三〕唐先生《孟子新讀本》所引。

愚按：《易》曰：「不事王侯，高尚其事。」〔一〕記曰：「儒有上不臣天子，下不事諸侯。」〔二〕不事不臣者，非不願爲世用也，所以尊其道也。夫無其道而妄自驕，是謂之傲；無其道而甘心屈己，是謂之鄙。故儒者必先樂道，乃可以尊己。

9　孟子謂宋句踐曰：「子好遊乎？吾語子遊。

張氏云：「宋句踐之好遊，謂遊於世，如歷聘之類。意句踐之爲人，徇名而外求者，孟子語之以遊，使求之於吾身而已。」〔三〕

人知之，亦囂囂；人不知，亦囂囂。

趙氏云：「囂囂，自得無欲之貌。」〔四〕

（方云：亦論出處也。「人知之」二句，是何等胸次！「尊德樂義」二句，是何等本領！「窮不失義」二句，是何等力量！「故士得已」以下，是何等施爲！又云：此文即

〔一〕《易·蠱》上九爻辭文。
〔二〕《禮記·儒行》文。「下不事諸侯」之「事」字原誤作「臣」，今據《儒行》文爲正。
〔三〕張栻《孟子說》卷七。
〔四〕趙岐原文句末有「也」字。

可爲後世贈序之祖。)[一]

愚按：《易傳》曰：「遯世无悶。不見是而无悶。」[二]无悶者，所謂囂囂也。若人知之而得意自鳴，人不知而意氣頹喪，則其鄙甚矣。

曰：「何如，斯可以囂囂矣？」曰：「尊德樂義，則可以囂囂矣。

朱注：「德，謂所得之善。尊之，則有以自重，而不慕乎人爵之榮。義，謂所守之正。樂之，則有以自安，而不徇乎外物之誘矣。」

故士窮不失義，達不離道。

愚按：此八字，吾人所當遵守。窮與達，與吾性分無關也，吾惟知有道義而已。失義離道，不得謂士。或者曰：「處窮難於處達。」此説不然。達所不離之道，即窮所不失之義也。不失義，其體也；不離道，其用也，無二致也。夫士人處窮困之境，失其所守者固多，然一入仕途，名利引誘之，讒諂面諛之人蒙蔽之，其能不離道者，千百中無一二矣。此百姓之所以憔悴，而世界之所以多亂也。

[一] 唐先生《孟子新讀本》所引。
[二] 《易・乾》初九《文言》文。

窮不失義，故士得己焉；達不離道，故民不失望焉。

愚按：得己，謂不失己。不失望，謂民得遂所望。二者相因，民不失望，正由於得己。未有失己而民不失望者也。

古之人得志，澤加於民；不得志，修身見於世。窮則獨善其身，達則兼善天下。」

愚按：「澤加於民」者，謂匹夫匹婦咸被其澤也。「修身見於世」者，謂著作名山，以淑萬世也。或者曰：「獨善其身」，非也，士皆獨善，如天下何？故必以兼善爲務。此説不然。古之賢士，必先隱居以求其志，潔白乃心，而後可以兼善天下。若以兼善爲藉口，淺露表暴，釣弋名利，是己身先處於不善之地，遑能兼善天下乎？故士之能兼善者，必其能獨善者也。其不能獨善者，皆無兼善之道德學問者也。

10　孟子曰：「待文王而後興者，凡民也。若夫豪傑之士，雖無文王猶興。」

羅氏羅山云：「義理盡人所同，氣禀則豪傑獨異，故能不待於教，自能奮發有爲。然凡能興於有文王之時，即可興於無文王之時。聖賢之書，具在方策，義理昭著，無少蒙蔽。誠使痛自砥礪，奮力向前，致知以擴其識，力行以踐其實，人一己百，有志竟

成。今日之凡民，自不難爲異日之豪傑，又何必待文王而後可興哉？」[一]

（方云：此章與《一鄉之善士章》，於學者最喫緊。立無文猶興之志，懷取善尚友之心，焉有不配古人之理？）[二]

（此章氣象雄傑，讀之令人奮然而起。然以有恒心爲貴，故七篇之書，不可不常讀也。）[三]

愚按：此章孟子自道也。先儒云：「人當轉移風氣，不可爲風氣所轉移。」近儒云：「人當爲造時世之英雄，不當爲時世所造之英雄。」夫豪傑之士，豈天生哉？在乎自爲之而已矣！

11　孟子曰：「附之以韓魏之家，如其自視欿然，則過人遠矣。」

朱注：「附，益也。韓、魏，晉卿富家也。欿然，不自滿之意。」

[一] 羅澤南《讀孟子劄記》卷二。

[二] 唐先生《孟子新讀本》所引。

[三] 唐先生《孟子新讀本》批語。

顧氏亭林云：「人之爲學，不可自小，又不可自大。『得百里之地而君之，皆足以朝諸侯有天下』〔一〕，不敢自小也；『附之以韓魏之家，如其自視欿然，則過人遠矣』〔二〕，不敢自大也。『予將以斯道覺斯民也……思天下之民，匹夫匹婦有不被堯舜之澤者，若己推而内之溝中』〔三〕，則可謂不自小矣。『自耕稼、陶、漁以至爲帝，無非取於人者』〔三〕，則可謂不自大矣。故自小小也，自大亦小也。今之學者，非自小則自大，吾見其同爲小人之歸而已。」〔四〕

12 孟子曰：「以佚道使民，雖勞不怨；以生道殺民，雖死不怨殺者。」

程子云：「以佚道使民，謂本欲佚之也，播穀乘屋之類是也。以生道殺民，謂本欲生之也，除害去惡之類是也。」〔五〕

〔一〕《孟子·公孫丑上》載孟子語。
〔二〕《孟子·萬章下》載孟子語。
〔三〕《孟子·公孫丑上》載孟子語。
〔四〕顧炎武《日知録》卷七「自視欿然」條。
〔五〕朱子《孟子集注》引。

愚按：古之王者，非不使民也，非不殺民也。然而不怨勞，不怨殺者，何也？「以佚道使民」，其所以使民者，爲民也；「以生道殺民」，其所以殺民者，爲民也。善爲政者，本仁義之心，一舉一動，無非爲民，則何有於怨？後世人君，因一己之私而使民，因一己之私而殺民，於是乎民多怨。多怨，而天下之亂於是乎起。

13 **孟子曰：「霸者之民，驩虞如也。王者之民，皞皞如也。**

張氏云：「霸者之爲利，小而近；目前之利，民欣樂之，故曰：『驩虞如也。』王者之化，遠且大；涵養斯民，富而教之，民安於其化，由於其道，而莫知其所以然也，故曰：『皞皞如也。』」〔一〕

（方云：首節分王霸，次節申明皞皞氣象，三節推出所以致民皞皞之故。「豈曰小補之哉」，贊王者即所以黜霸者，一筆作兩筆，首尾相顧，神完氣足。）〔二〕

〔一〕張栻《孟子説》卷七。
〔二〕唐先生《孟子新讀本》所引。

（此章精微廣遠，氣象萬千。孟子晚年有此等文字，秦漢而下，豈能幾及。）〔一〕

殺之而不怨，利之而不庸，民日遷善而不知爲之者。

張氏云：「殺之而不怨者，『以生道殺民』也；利之而不庸者，『以義爲利』〔二〕，而莫見其利之用也。民日遷善而不知爲之者，薰陶長養之深，有以變其俗，而莫知其然也。」〔三〕

愚按：讀此節令人神往。『民日遷善而不知爲之者』，如長日加益而不自知也，所謂「化國之日舒以長也」。然而王者經營擘畫之心，蓋甚苦矣。

夫君子所過者化，所存者神，上下與天地同流，豈曰小補之哉？」

朱注：「君子，聖人之通稱也。『所過者化』，身所經歷之處，即人無不化；如舜之耕歷山而田者遜畔，陶河濱而器不苦窳也。『所存者神』，心所存主處，便神妙不測；如孔子之立斯立，道斯行，綏斯來，動斯和，莫知其所以然而然也。是其德業之盛，乃與天地之化同運並行，舉一世而甄陶之，非如霸者，但小小補塞其罅漏而已。

〔一〕唐先生《孟子新讀本》所引。
〔二〕《大學》文。
〔三〕張栻《孟子説》卷七。

此則『王道』之所以爲大，而學者所當盡心也。」

愚按：過化存神，不必言之過高。蓋此節實與《中庸》「喜怒哀樂之未發謂之中」二節，及「譬如天地之無不持載」二節，義相通。聖人大德敦化，使萬物各得其所，是謂「所過者化」。涵養喜怒哀樂未發之中，使之發皆中節，是謂「所存者神」。「上下與天地同流」，即所謂天地位焉，譬如天地之無不持載，無不覆幬也。羅氏羅山謂：「天地所不能爲者，亦必俟人事以裁成之。如天與民以田里穀粟，使遂其生；而分田制里，則必待乎王制。天與民以仁義禮智以爲性，而講學明倫，則必待乎聖功。」〔二〕此説極爲平實。蓋士君子生當世，本有「代天行事」之責，此《易》所以言「裁成輔相」，《書》所以言「天工人代」也。故謂此節爲聖人精神之流形，原無不可；然若專言精神，而不言事業，要非實事求是之論也。

14　孟子曰：「仁言，不如仁聲之入人深也。

愚按：言而能仁，可謂優美矣，然猶煦煦者所能爲也。若夫仁聲昭著，必其德行

〔二〕羅澤南《讀孟子劄記》卷二。羅氏原文句首有「然有」二字。

實有以感動人者，曰「入人深」，蓋在於無形之際也。

善政，不如善教之得民也。

愚按：三代以下尚政，三代以上尚教。法律家尚政，道德家尚教。夫政而能善，亦可謂優美矣，然不過政令之善而已。若夫善教，則涵育薰陶，能令一世皆底於善，故其得民，亦在於無形之際也。

善政民畏之，善教民愛之，善政得民財，善教得民心。」

愚按：夏日可畏，善政似之；冬日可愛，善教似之。然必善政立而後善教行，富、教恒相資也。善政得民財者，政治秩然，百廢具舉，則財用自足。《易傳》曰：「何以聚人？曰財。」[一]《大學》曰：「生財有大道。」財者亦先王之所甚重，特貴乎生之、理之得其道耳。善教何先？先於庠序。《孟子》曰：「謹庠序之教，申之以孝弟之義。」又曰：「人倫明於上，小民親於下。」蓋申孝悌、明人倫，則有愛情於家庭，乃有愛情於社會，乃有愛情於國家，其漸摩觀感，固非一朝夕之故也。君以民爲天，民以心爲主。先王之有天下，得其民也，得其民者，得其心也。

〔一〕《易·繫辭下》文。

15　孟子曰：「人之所不學而能者，其良能也；所不慮而知者，其良知也。

朱注：「良者，本然之善也。程子曰：『良知良能，皆無所由，乃出於天，不係於人。』」

陸氏桴亭云：「《中庸》『率性之謂道』，率，循也，由也。今人卻看作率意『率』字，動稱『不學不慮』，此釋氏『手持足行，無非道妙』之證。而學者不察，輒爲所惑，哀哉！」又曰：「孟子言不學不慮，是指出性體與不知性之人看，非謂率性當如是也。故不學不慮四字，即生知安行，聖人亦用不著。」[一]

（方云：良知良能乃天德、王道之源，發前聖所未發。）[二]

編者謹按：唐先生於一九三八年所撰《顔、曾、思、孟四賢宗要》解説如下：「良者，本然之善。故可不學而能，不慮而知。《易傳》曰：『乾以易知，坤以簡能。』乾坤之正理，正氣也。然惟不學乃能盡其學，不慮乃能盡其慮。若以不學不慮爲放任法，則近於禪宗矣。」[三]又唐先生《孟子救世編》解説此文如下：「凡人之身，莫不得乾坤之正理，與乾坤之正氣。知屬於天氣者

[一] 唐先生所舉陸世儀語，皆出《思辨録輯要》卷二七「人道類」。

[二] 唐先生《孟子新讀本》所引。

[三] 載唐先生《茹經堂文集》四編卷二，已録入《唐文治文集》「經説類」。

也，能屬乎地質者也。『乾以易知』，即孟子所謂良知也。『坤以簡能』，即孟子所謂良能也。『易簡而天下之理得』，即孟子所謂達之天下也。《尚書》曰：『天工人其代之。』《中庸》曰：『天地之大也，人猶有所憾。』惟人肖天地，故當代天行事，而彌天地之缺憾。此孟子性善之説所以有功於世道也。戴氏震欲破除理字，則《易》所謂『天下之理得』，與夫窮理盡性，順性命之理，皆當破除耶？」〔一〕

孩提之童，無不知愛其親也；及其長也，無不知敬其兄也。

張氏云：「人之良能良知，如飢而食，渴而飲，手執而足履，亦何莫非是乎？何孟子獨以愛親、敬長爲言也？蓋如飢食渴飲、手持足履之類，固莫非性之自然，形乎氣體者也。形乎氣體，則有天理，有人欲。循其自然，則固莫非天理也。然毫釐之差，則爲人欲亂之矣。若愛敬之所發，乃仁義之淵源，故孟子之所以啓告人者，專指夫此，揭天理之粹以示人也。」〔二〕

〔一〕唐先生《孟子救世編》之《孟子周易學》。而唐先生《孝經講義（十）：孝經翼（《孟子》論孝下）》云：「《易》曰：『乾以易知，坤以簡能。』乾坤之知能，天地之氣質也。人得之以爲知能，故曰良。程子曰：『良知良能，皆出於天，不由於人。』」

〔二〕張栻《孟子説》卷七。原文句首有「雖然」二字。

愚按：孩提，幼孩可提抱者[一]。愛敬者，良知之實也。《孝經》曰：「愛親者不敢惡於人，敬親者不敢慢於人。」孟子曰：「仁者愛人，有禮者敬人。」又曰：「仁之實，事親是也。義之實，從兄是也。」而推言之，至於「樂則生矣，生則惡可已也」，凡此皆良知之發也。人生當世，所以居心而接物者，愛敬而已。然則愛敬固生生之理，而人道之大本也。乃孟子言無不知，而世之人蔽其本性，竟多有不知者，何也？

親親，仁也；敬長，義也。無他，達之天下也。」

（此節注重一達字。如何能達？其功夫極精微極廣大。若不能達，則虛有此良知也。）[二]

愚按：「達之天下」者，所謂推而放諸東海而準，推而放諸西海而準，人人親其親、長其長而天下平者也。孟子學問，最重在一「達」字。舉斯心加諸彼，所謂達也；擴充四端以保四海，所謂達也；達之於其所忍，達之於其所爲，無非達也。此達字極

[一]「孩提，幼孩可提抱者」句，乃唐先生《孝經講義》所補釋者。

[二]唐先生《孟子新讀本》批語。

有功夫，自親親以至仁民，自仁民以至愛物，政治家皆當措之於實事，自有其本末輕重之差，先後緩急之序，非謂我有良知，任其性之自然，即可達之於天下也。自王陽明先生提出致〔一〕良知之説以教人，後代宗風，頗稱極盛。然陽明良知之宗旨，實與孟子不同。劉蕺山先生《良知説》、陳定齋先生《良知辨》，論之極詳〔二〕。

劉子之言曰：「王龍溪所傳《天泉問答》曰：『無善無惡心之體，有善有惡意之動，知善知惡是良知，爲善去惡是格物。』實爲〔三〕割裂……知善知惡，與知愛知敬，相似而實不同。知愛知敬，知在愛敬之中；知善知惡，知在善惡之外。知在愛敬中，更無不愛不敬者以參之，是以謂之良知；知在善惡外，第取分別見，謂之良知所發則可，而已落第二義矣。且所謂知善知惡，蓋從有善有惡而言者也。因有善有惡，而後知善知惡，是知爲意奴也，良在何處？又反無善無惡而言者也。本無善無惡，而又知善知惡，是知爲心祟也，良在何處……然則良知何知乎？知愛而已矣！知敬而已

〔一〕「致」字原脱，據唐先生《孝經講義》補入。
〔二〕「論之極詳」句，唐先生《孝經講義》作「駁之甚力」。
〔三〕「實爲」二字，劉氏原文作「益增」。

矣！知皆擴而充之達之天下而已矣！」〔一〕

陳氏之言曰：「孟子之言良知，本愛敬而言；陽明之言良知，離愛敬而言。是假良知之名，而文其靈覺之知也。且陽明既曰『良知即天理』，又曰『良知所知之天理』，是已歧而爲二矣。既曰『良知即性』，又曰『佛氏本來面目，即儒門所謂良知』。夫佛氏本來面目，其果性耶？天理耶？又曰『良知一也，以妙用而言謂之神，以流行而言謂之氣，以凝聚而言謂之精』。朱子曰：『神亦形而下者。』然則神也、氣也、精也，果性耶？果天理耶？陽明又曰：『良知是是非之心。』夫既以良知爲性爲心之本體，而又單屬之是非，是五常缺其四，而心體有不全矣。先儒以仁統四端，未聞以知統四端也。蓋陽明所謂良知者，徹動徹靜，徹晝徹夜，徹古徹今，徹死徹生，無所不照，無所不覺，此禪宗所謂光明寂照，無所不通者，非此心知覺之靈而何？」

是二家者，可謂析之極其精矣。然愚有説焉。儒者修道立教，期於救世而已，期於救人心而已。今人之縱或徇欲害性，靡所不爲，然苟闔户而詔以良知，未有不面赤

〔一〕劉宗周《良知説》文，見載《劉蕺山集》卷一一。先生徵引《天泉問答》「無善無惡心之體，有善有惡意之動」於「無善無惡」「有善有惡」後加「者」字，今據劉氏原文爲正。

汙下，而憬然覺悟者，以其良心之不泯也，陽明之提醒良知宗旨在此。其爲學之近於釋氏，無庸諱言。然其自治也，有以明心而見性；其治人也，足以覺世而牖民。而其唤醒迷繆之人心，則尤爲切摯，是以陸桴亭先生讀《傳習録》亦有「心開目明」之説。而陸清獻作《學術辨》三篇以闢陽明，而湯文正終未以爲然也。天下有真能爲姚江之學〔二〕，而不流於匪僻之行者，吾則友之矣。

16 孟子曰：「舜之居深山之中，與木石居，與鹿豕遊，其所以異於深山之野人者幾希。及其聞一善言，見一善行，若決江河，沛然莫之能禦也。」

朱注：「居深山，謂耕歷山時也。蓋聖人之心，至虚至明，渾然之中，萬理畢具；一有感觸，則其應甚速，而無所不通。非孟子造道之深，不能形容至此也。」

愚按：此章之義説，已見第二篇。《易傳》曰：「无思也，无爲也，寂然不動，感而遂通天下之故，非天下之至神，其孰能與於此？」〔二〕舜之取善，所以如此其速者，神而

〔一〕自此以下，唐先生《孝經講義》作一句云：「可以善國性矣。」

〔二〕《易·繫辭上》文。

已矣。然所謂神者，非别有秘妙也，窮理之至精而至熟也。居深山時，能取衆人之善以爲善，故爲天子時，能集天下之善以爲善。近曾滌生先生謂：「每日須自檢點，取人爲善者若干事，與人爲善者若干事。」愚謂「取人爲善」，談何容易！虚懷若谷，其先務也。然即有虚心好善之誠，而不能窮理，則有以不善爲善者矣。是故好善，天資也；窮理，學力也。二者並進，其庶幾於舜乎。

17 孟子曰：「無爲其所不爲，無欲其所不欲，如此而已矣。」

朱注：「李氏曰：『有所不爲不欲，人皆有是心也。至於私意一萌，而不能以禮義制之，則爲所不爲、欲所不欲者多矣。能反是心，則所謂擴充其羞惡之心者，而義不可勝用矣，故曰如此而已矣。』」〔一〕

愚按：此章與「人皆有所不忍……人皆有所不爲」之義相通。不爲不欲，本心也。爲其所不爲、欲其所不欲，蔽其本心也。無爲其所不爲、無欲其所不欲，提撕其本心也。由所不爲不欲，達之於所爲所欲，擴充其本心也。更有進者，孟子此章特就

〔一〕朱子注所引「李氏」當爲「延平先生」李侗。

遏欲而言爾。若自存理言之，人能於終日之間，常爲所當爲、欲所當欲，則於不爲不欲之事，自然能拒絶之，此以理勝欲之樞機也。

18 **孟子曰：「人之有德慧術知者，恒存乎疢疾。**

（方云：德無慧是頑空，術無智是譎詐。操心危則德有慧，慮患深則術有智。達者，智慧也。）〔一〕

（此章詞極猛厲斬截，所謂「横空盤硬語」也。）〔二〕

愚按：孟子此言，欲人之清明其心也。夫德慧術知，豈必皆出於疢疾？而孟子乃曰「恒存乎疢疾」者，人當安樂之時，則其心昏濁而無所激厲；當憂患之時，其心清明而常有所覺察也。孟子痛乎安樂之徒，其心營營擾擾，其慧其知，皆用之於不正，而自窒其聰明也。故曰「恒存乎疢疾」。

獨孤臣孽子，其操心也危，其慮患也深，故達。」

〔一〕唐先生《孟子新讀本》所引。
〔二〕唐先生《孟子新讀本》批語。

羅氏羅山云：「操心危，是就自己檢點所以爲子臣之道，惟恐陷於不是，得罪君父。慮患深，是就禍變上深心密慮，思患預防……達，是達忠孝之理，而得處置之宜，君父格而忠孝全，此其所以爲達。若止謂保身避禍，不顧君父，則操心慮患，皆出於一己之私矣。蓋盡忠盡孝，臣子之所能爲者也。至於禍變之來，未可逆料。幸而君父感悟，子臣之心安；不幸而不感悟，亦惟盡人事以聽天命而已。新安謂：『操心危而卒無危，慮患深而卒免患。』此說未當，故朱子止以『達於事理』訓之也。」〔一〕

愚按：古有孤臣而不達者，屈原是也，不能避靳尚之譖。古有孽子而不達者，申生是也，不能逃驪姬之難。然則孤臣孽子，豈必盡達乎哉？孟子痛乎非孤臣非孽子者，晏安鴆毒，般樂怠敖，愚蠢昏蒙，絶無知識，勢必至爲人孤臣、爲人孽子而後已。故言「獨孤臣孽子，操心危，慮患深」，見人之不操心、不慮患，必至爲孤臣孽子之時，乃不得已而始知操、始知慮也。然世之不爲孤臣、不爲孽子者，其亦知操心乎？其亦知慮患乎？操心矣，其能危乎？慮患矣，其能深乎？嗟乎！達也者，人事之當然，處世之要道也，而況當戰國競爭之局乎？而乃爲孤臣孽子所獨乎？

〔一〕羅澤南《讀孟子劄記》卷二。

19　孟子曰：「有事君人者，事是君則爲容悦者也。

愚按：「事是君則爲容悦」，是但知有君而不顧其國者也，但知有君而不顧其民者也，但知有君而不顧其良心者也。然亦非真知有君也，知保富貴而已，豈不可畏矣哉？朱注云：「阿徇以爲容，逢迎以爲悦，此鄙夫之事，妾婦之道。」諒哉斯言！

有安社稷臣者，以安社稷爲悦者也。有天民者，達可行於天下，而後行之者也。

張氏云：「以安社稷爲悦，則志存乎功業者也；與爲容悦者固有間矣，然未及乎道義也。蓋志存乎功業，則苟可就其功業而遂其志，則亦所屑爲矣。古之人惟守道明善而已，故雖有蓋世之功業在前可爲，而在我者有一毫未安，則不敢徇也。蓋功業一時之事，而良心萬世之彝，舍彝常而徇近利，君子不忍爲故耳。故所謂『天民』者，必明見夫達，而其道可行於天下，而後行之。蓋其所主在道，而非必於行也。謂之天民者，言能全夫天生此民之理者也。」〔一〕

有大人者，正己而物正者也。」

張氏云：「大人者，即『天民』之得時、得位者也。若伊尹之在莘野，則爲天民；

〔一〕張栻《孟子説》卷七。

出而佐商，則爲大人也。正己而物正者，正己而物自正也。蓋一身者，天下之本，若規規然有意於正物，則其道亦狹矣。至正而天下之感無不通焉，固有不言而信，不令而從者，此大人『正己而物正』之事也。秦漢而下，其間號爲賢臣者，不過極於『以安社稷爲悦』而已，語夫『天民』之事業，則鮮矣，嗟乎！學之不傳，亦已久矣！」〔一〕

愚按：此章與「浩生不害」章相類，所謂人表式也。大人爲第一等，天民爲第二等，安社稷臣爲第三等，事君人爲第四等，惟人自擇而已。天民、大人，非由於天成，乃由於學問；非關於功業，乃由於德行。士苟欲爲天民、大人，即爲天民、大人矣。安社稷臣，後世史書中尚多有之，而事君人者，則盈天下皆是，容悦而已，甚可羞矣！長君之惡，逢君之惡，正此輩也。孟子稱安社稷爲臣，而稱事君者爲人，見其對於國、對於民，皆不得謂之臣也。且曰事君人，見其僅僅乎爲事君之人，而其對於天下，則不得謂之人也。惟天下皆此等人，而國於是乎危，於是乎亡。雖然，世惟有好事君人之君，而後多事君之人。不然，彼小人者，何不可反而爲君子哉？

〔一〕張栻《孟子説》卷七。

20 孟子曰：「君子有三樂，而王天下不與存焉。

（方云：此示人以本分之樂，以抑人外慕之心。而下章尤爲前聖所未發，文之純粹，更不待言。）〔一〕

愚按：君子之志，以王天下爲樂者也。不得位，則退而求三樂。

父母俱存，兄弟無故，一樂也。

愚按：此人生至難得之事，得之而不容忽者也。古人云：「樹欲靜而風欲動，子欲養而親不在。」父母俱存，其福最大；兄弟無故，譬如手足無所虧損也。此人生至難得之事，得之而不容忽其樂者也。

仰不愧於天，俯不怍於人，二樂也。

愚按：事有不可對於天者，於是乎愧；事有不可對於人者，於是乎怍。不可對於天，不可對於人，即其不可對於心者也。故愧怍二字皆从心，皆發於心也。如何而可不愧？在先存其平旦之氣；如何而可不怍？在先去其害人穿窬之心。能不愧，則吾浩然之氣，可以與天地清明之氣相接矣；能不怍，則吾至誠之心，可以感乎萬彙而

〔一〕唐先生《孟子新讀本》所引。

無所不慊矣。《詩》曰：「尚不愧於屋漏。」[一]又曰：「不忮不求，何用不臧。」[二]其庶幾得此樂者乎？

得天下英才而教育之，三樂也。

愚按：聖賢之學，善世爲先，而善世以教育爲本。教育之道，非徒以傳吾學説，廣吾學派也。所謂：「爲天地立心，爲生民立命，爲往聖繼絶學，爲萬世開太平。」[三]俾世道人心，因吾之教而維持焉，而開化焉，而進步焉，此亦樂之大者也。夫教化之行，非可强而致也。有囿於一鄉一黨者矣，有囿於一邑一國者矣。曰「得天下英才」，則其爲教也大矣，非孔子、孟子，其孰能與於斯？

君子有三樂而王天下不與存焉。

愚按：父母兄弟，天倫之樂也；不愧不怍，學問之樂也；教育英才，淑身以淑世之樂也。昔者孔子有言曰：「大道之行，與三代之英，丘未之有逮也，而有志焉。」然則聖人與三代之英，將以求大道之行也。吾故曰：君子之志，固以王天下爲樂也。

[一]《詩·大雅·蕩之什·抑》。

[二]《詩·國風·邶風·雄雉》。

[三]《近思録》卷二載張載語。

《易傳》曰：「見龍在田。」天下文明，君子而不得位者，其有樂乎斯三樂乎？

21　**孟子曰：「廣土衆民，君子欲之，所樂不存焉。**

（此章氣象廣大，有含天蓋地之概，而其氣則蓄而不放，其鋒則斂而不肆，乃知《盡心》一篇文字，實勝於諸篇也。）〔一〕

愚按：孟子論以齊王，曰：「地不改辟矣，民不改聚矣。行仁政而王，莫之能禦。」廣土衆民，可以爲行仁政之地，故君子欲之。

中天下而立，定四海之民，君子樂之，所性不存焉。

愚按：「中天下而立」，猶《易傳》所謂「聖人南面而聽天下，嚮明而治」〔二〕也。此可見君子之志，以王天下爲樂也。後儒薄事功而重性理，以爲「君子之於王天下，若浮雲之過太虛」〔三〕，其説失之過高矣。

〔一〕唐先生《孟子新讀本》批語。
〔二〕《易・説卦傳》文。
〔三〕《唐宋文醇》卷一一總評柳宗元《桐葉封弟辨》之語。

君子所性，雖大行不加焉，雖窮居不損焉，分定故也。

張氏云：「『所性』，謂與生俱生者也，天賦是性，則有是分。然人之不能盡其分者多矣，惟君子爲能全之，故道行乎天下而無所加，獨善於一身而無所損，分定故也。」〔一〕

愚按：士有名分，有位分，有性分，而性分爲特重。分之有尊卑，猶量之有大小。販夫販婦，得一金而莫知其所措者，亦其分也；俗士鄙人，縈情於境遇，終身莫之舍者，亦其分也；君子尊其性，然後能高其分。

或問尊性當奈何？曰：不以富貴利禄動其心，斯可矣。

君子所性，仁義禮智根於心。其生色也，睟然見於面，盎於背，施於四體，四體不言而喻。

朱注：「上言所性之分，與所欲所樂不同。此乃言其藴也。仁義禮智，性之四德也。根，本也。生，發見也。睟然，清和潤澤之貌。盎，豐厚盈溢之意。施於四體，謂見於動作威儀之間也。喻，曉也。四體不言而喻，言四體不待吾言，而自能曉吾意

〔一〕張栻《孟子説》卷七。

也。蓋氣禀清明，無物欲之累，則性之四德，根本於心，其積之盛，則發而著見於外者，不待言而無不順也。」

羅氏羅山云：「仁義禮智，盡人同具，豈獨根於君子之心哉？性，猶果之仁也，根於心猶果之種於土，而根荄深植也。生色，則枝葉發於外矣。衆人之理非不全具，而氣拘物蔽，生理爲之剗斷，如果種之不得其地，人又從而踐踏之，或有全不生根者，或有根旋生而旋壞者。故衆人謂性具於心則可，謂其根於心則未也。君子氣質清明，物欲不得而蔽之，此理具足，無少虧壞；如果種於沃土，根發於内，枝葉自暢於外，是以生色睟然，無所勉强也。然而衆人之性，一君子之性也。雖爲氣拘物蔽，此理究未嘗亡，苟能猛下工夫，無自戕賊，則根心生色之效，亦可以馴致矣。」〔一〕

愚按：「四體不言而喻」，猶孔子所謂「從心所欲，不踰矩」也。從容中道，不勉而中，此蓋孟子晚年自道其所心得也。

22 孟子曰：「伯夷辟紂，居北海之濱，聞文王作，興曰：『盍歸乎來？吾聞西伯善養

〔一〕羅澤南《讀孟子劄記》卷二。

老者。』太公辟紂，居東海之濱，聞文王作，興曰：『盍歸乎來？吾聞西伯善養老者。』天下有善養老，則仁人以爲己歸矣。

（朱注：「己歸，謂己之所歸。」）[一]

五畝之宅，樹牆下以桑，匹婦蠶之，則老者足以衣帛矣。五母雞，二母彘，無失其時，老者足以無失肉矣。百畝之田，匹夫耕之，八口之家足以無飢矣。

（朱注：「此文王之政也。一家養母雞五、母彘二也。」）[二]

陳氏蘭甫云：「『五畝之宅』云云，凡三見：一對梁惠王，一對齊宣王，一言西伯善養老。此亦古書之文，而孟子述之也。西伯善養老，亦兩見：一言文王之政，一言『五畝之宅』云云。然則『五畝之宅』云云，必古書所記文王之政也。」[三]

所謂西伯善養老者，制其田里，教之樹畜，導其妻子，使養其老。五十非帛不煖，七十非肉不飽。不煖不飽，謂之凍餒。文王之民無凍餒之老者，此之謂也。」

[一] 唐先生《孟子新讀本》所引。
[二] 唐先生《孟子新讀本》所引。
[三] 陳澧《東塾讀書記》卷三《孟子》。

愚按：「文王之爲世子，朝於王季，日三。雞初鳴而衣服，至於寢門外，問安否……日中又至，亦如之。日莫又至，亦如之。食上，必視寒煖之節；食下，問所膳。」〔一〕大孝之至，虞舜而後，一人而已。養老之政，所以教民孝也。

「制其田里，教之樹畜」，爲政治中之經畫，而其本意，則在於「導其妻子，使養其老」。「文王之民無凍餒之老者」，可見文王之民無有不孝者矣。孔子曰：「先王有至德要道，以順天下，民用和睦，上下無怨。」〔二〕和氣積於寰區而後政治理，政治理而後國可長久也。明王以孝治天下〔三〕，惟文王足以當之。《詩》曰：「孝子不匱，永錫爾類。」〔四〕無凍餒之老者，其爲錫類也大矣。厥後，周公宗祀文王，於明堂以配上帝〔五〕，所以報之者，夫豈過哉？夫孝，教之所由生也〔六〕，政治之根源也。後世政治家但知政教之並重，而不知教之

〔一〕文見《禮記・文王世子》。
〔二〕《孝經・開宗明義章》文。
〔三〕《孝經・孝治章》文。
〔四〕《詩・大雅・既醉》句。
〔五〕《孝經・聖治章》文。
〔六〕《孝經・開宗明義章》文。

當寓於政，政之當本於教。人君有能以孝爲治，繼文王而興者乎？予日望之矣！

23 孟子曰：「易其田疇，薄其税斂，民可使富也。

趙注：「易，治也。疇，一井也。庶〔一〕民治其田疇，薄其税斂，不踰什一，則民富矣。」〔二〕

愚按：此言開源之法也。「易其田疇」，爲政者非獨田疇當易也，惟中國以農立國，故以田疇爲本事爾。「薄其税斂」，非獨田地税當薄也，亦舉一事以爲例爾。凡生利之區，無論何事，皆當薄其税斂，於是民力舒而民日富，財用日足，孟子曰「民可使富也」，未嘗曰「國可使富也」，蓋富民正所以富國也，此理財之要旨也。

食之以時，用之以禮，財不可勝用也。

張氏云：「『食之以時』，食民之力則以其時，如樂歲寡取，而凶年糞其田而不足，乃取贏焉，則非以時矣。『用之以禮』，如城郭宮室、宗廟祭祀、幣帛饔飧、百官有司之

〔一〕「庶」字原刻作「教」，據趙岐《孟子章句》原文爲正。

〔二〕趙岐《孟子章句》卷一三。

類，是其用之不可闕者，而莫不有制焉，所謂禮也……孟子之所謂理財，蓋如此。」〔一〕

愚按：此言節流之法也。《大學》言：「生財有大道，生之者衆，食之者寡。」謂生利者多，分利者寡也。食之以時，則食之者有制矣；用之以禮，則用之者當理矣，此皆言分利之有節制也。《易傳》曰：「節以制度，不傷財，不害民。」〔二〕節之爲義，非特可以省財，抑且可以養德。《易傳》又曰：「損上益下，民説無疆。」〔三〕《論語》曰：「百姓足，君孰與不足？」〔四〕凡此名言，俱係經濟原理，後世昧焉，日以搜括吾民爲事，而民日貧而國亦日貧，而天下乃日亂。

民非水火不生活。昏暮叩人之門户，求水火無弗與者，至足矣。聖人治天下，使有菽粟如水火。菽粟如水火，而民焉有不仁者乎？」

（方云：水火一喻，意既生新，筆勢亦飛舞。）〔五〕

〔一〕張栻《孟子説》卷七。
〔二〕《易·節》卦彖辭文。
〔三〕《易·益》卦彖辭文。
〔四〕《論語·顔淵》載有若之語。
〔五〕唐先生《孟子新讀本》所引。

愚按：聖人治天下，使有菽粟如水火，裁成經制之道盡矣。水火，民之所最貴也，乃轉而爲賤者，至足故也。菽粟足而民皆興於仁矣。或謂：「此蓋孟子先富後教之意。」愚謂不然。孟子此言，蓋謂民有爲善之資，皆樂於行仁爾。若夫民不可一日無教，猶不可一日無菽粟也。聖賢於富教兩端，實有兼行並進之道。古人稱「十年生聚，十年教訓」，言其期限，大略如此，非謂生聚之時不教訓，教訓之時不生聚也。倘必俟菽粟如水火，而後教吾民，恐無是理矣。

24　孟子曰：「孔子登東山而小魯，登太山而小天下。故觀於海者難爲水，遊於聖人之門者難爲言。

（方云：通章用喻。正面只一兩筆，方得形容不測之神。）〔一〕

（精理内涵，精采不露，而人自見其淵然之光、蒼然之色，是爲至文。井蛙不可以語於海者，拘於虛也。曲士不可以語於道者，束於教也。讀《莊子·秋水》篇，亦有此

〔一〕唐先生《孟子新讀本》所引。

等境界。）〔一〕

朱注：「此言聖人之道大也。東山，蓋魯城東之高山，而太山則又高矣。此言所處益高，則其視下益小；所見既大，則其小者不足觀也。」

張氏云：「莫非水也，而海爲之至。觀於海，則天下之水，皆難以進於前矣。莫非言也，而聖人爲之至。遊於聖人之門，則天下之言道術者，皆難以進於前矣。以其至而不可有加故也。」〔二〕

愚按：《易傳》曰：「修辭立其誠，所以居業也。」〔三〕聖人之言，廣大精微，要以立誠爲主。讀聖人之書，則諸子百家，舉不足道，故曰「難爲言」。

觀水有術，必觀其瀾。日月有明，容光必照焉。

朱注：「此言道之有本也。瀾，水之湍急處也。明者，光之體。光者，明之用也。觀水之瀾，則知其源之有本矣。觀日月於容光之隙無不照，則知其明之有本矣。」

流水之爲物也，不盈科不行；君子之志於道也，不成章不達。」

〔一〕唐先生《孟子新讀本》批語。
〔二〕張栻《孟子説》卷七。
〔三〕《易·乾·文言傳》文。

張氏云：「此章首言聖道之大，次言其無窮。蓋欲知聖道之大，當於其無窮者觀之。而末又言志於此道者，以實有諸己爲貴。若能有諸己，積之久，而後其無窮者可循而達也。」〔一〕

愚按：子貢曰：「夫子之文章，可得而聞也。」〔二〕孔子曰：「吾黨之小子，斐然成章。」聖門之學，成章爲貴。成章者，成文章也。孔子曰：「文王既没，文不在兹乎？」〔三〕不言道而言文者，道必寓於文而始顯也。又曰：「形而上者謂之道，形而下者謂之器。」〔四〕道必麗於器而始見。文章者，氣之最華者也。是故君子之志於道也，不成章不達，言之無文章，則行之不遠也。達字有由近及遠之義。達其意，達其理，而後達其道，而後達之天下，達之萬世也。然則成章者，聖賢傳道之根源也，顧不重哉？若離文章而言道，非失之空虚，即失之鄙俗，終於不達而已矣！或問：「後世學者，如何而可成章？」曰：先讀《孟子》，次讀諸經。

〔一〕張栻《孟子説》卷七。
〔二〕《論語·公冶長》載子貢語。
〔三〕《論語·子罕》載孔子語。
〔四〕《易·繫辭上》文。

25

孟子曰：「雞鳴而起，孳孳爲善者，舜之徒也。

（凡人著書，少年時每多發皇氣象，至中年則漸縝密，至晚年則更收斂而精鍊矣。《孟子》前三篇文極發皇，其中尚不免有枝辭。四、五篇純粹縝密。至《告子》篇則收斂矣，至《盡心》篇則更精鍊。以此章與首篇首章，與六篇「宋牼」章相較，覺精之尤精，鍊之尤鍊矣。而末節一「間」字，尤所謂精義入神者也。）〔一〕

愚按：古語云：「吉人爲善，惟日不足。」〔二〕孳孳爲善者，惟恐不及之意也。吾始以爲舜大聖人也，不可幾及者也。乃孟子言舜，不過曰：「孳孳爲善。」可見舜不過於終日之間取人爲善、與人爲善而已，然則舜亦何難至哉？

雞鳴而起，孳孳爲利者，蹠之徒也。

愚按：古語云：「凶人爲不善，亦惟日不足。」〔三〕孳孳爲利者，亦惟恐不及之意也。吾始以爲蹠，大惡人也，千萬中不得一二者也。乃孟子言蹠，不過曰：「孳孳爲

〔一〕唐先生《孟子新讀本》批語。
〔二〕《書·泰誓中》文。
〔三〕《書·泰誓中》文。

利。」可見蹠不過於終日之間惟利是圖而已。然則天下爲蹠者，何其多哉？

欲知舜與蹠之分，無他，利與善之間也。

朱注：「程子曰：『言間者，謂相去不遠，所爭毫末耳。善與利，公私而已矣。纔出於善，便以利言也。』」〔一〕

愚按：此「間」字最深細。吾始以爲人皆有良心，利與善之間，至易判決。後乃知此「間」字，正不易判決。蓋利善交戰之界，即天人交戰之幾也。或初念爲蹠，而繼念爲舜；或今日爲蹠，而明日爲舜；或少年爲蹠，而晚年爲舜。反而言之，或初念爲舜，而繼念爲蹠；或今日爲舜，而明日爲蹠；或少年爲舜，而晚年爲蹠。孔子曰：「君子喻於義，小人喻於利。」〔二〕蓋至於「喻」，而利與善之間，相去遂如霄壤矣。人禽之判，在此間也，可不懼哉？君子之學舜也，其於好善，無以尚之。其惡不善，如惡惡臭，而又操心以省察之，窮理以精研之，臨事剖決，無所係戀，終身於善，鍥而不舍，其斯以爲舜之徒乎？其斯以爲舜乎？

〔一〕程頤語，見載於《近思録》卷七「出處」。
〔二〕《論語・里仁》文。

26

孟子曰：「楊子取爲我，拔一毛而利天下，不爲也。

朱注：「取者，僅足之意。取爲我者，僅足於爲我而已，不及爲人也。列子稱其言曰『伯成子高不以一毫利物』〔一〕是也。」

愚按：楊朱爲老氏弟子。老氏之學，務在致虚守静，養神自閟，不肯勞其心以爲人。楊子傳其學派，故拔一毛利天下而不爲，蓋自私自利之弊，必至於此。

墨子兼愛，摩頂放踵，利天下，爲之。

趙注：「兼愛他人，摩突其頂，下至於踵，以利天下，己樂爲之也。」〔二〕

焦氏禮堂云：「趙氏以『突』明『摩』，謂摩迫其頂，髮爲之秃也〔三〕……《文選》江淹《上建平王書》注引《孟子》『墨子兼愛，摩頂致於踵，利天下爲之』，劉熙曰：『致，至也。』又任昉《奏彈曹景宗》注引《孟子》『墨子兼愛，摩頂致於踵』，趙岐曰：『致，至也。』周氏廣業《孟子古注考》云：『據此，則趙、劉所有之本注並同矣。』」〔四〕

〔一〕語見《列子·楊朱篇》。

〔二〕趙岐《孟子章句》卷一三。

〔三〕「髮爲之秃也」，焦氏原文句末無「也」字。

〔四〕焦循《孟子正義》卷二七。

按：此説極精審，蓋古本本作「致於踵」。唐宋以後本，誤以「致於」二字合爲一字，遂作「放踵」。

子莫執中，執中爲近之。執中無權，猶執一也。

朱注：「子莫，魯之賢人也，知楊、墨之失中也，故度於二者之間而執其中。近，近道也。權，稱錘也，所以稱物之輕重而取中也。執中而無權，則膠於一定之中而不知變，是亦執一而已矣。」

愚按：「執中」二字，見於古書。此執字非「固執」之執，乃「操執」之執，言執乎過不及之中也，貴乎有權以審度之。《易傳》曰：「巽以行權。」〔一〕巽爲風，言隨時隨地而遷移也，非窮理之至精者，不足以語此。若執中而無權，則爲固執之執矣。

所惡執一者，爲其賊道也，舉一而廢百也。

朱注：「賊，害也。爲我害仁，兼愛害義，執中者害於時中，皆舉一而廢百者也。」又引楊氏云：「禹稷三過其門而不入……苟不當其可，則與墨子無異；顔子在陋巷不改其樂，苟不當其可，則與楊氏無異。子莫……執爲我、兼愛之中而無權，鄉鄰有

〔一〕《易・繫辭下》文。

鬭而不知閉户，同室有鬭而不知救之，是亦猶執一耳，故孟子以爲賊道。禹、稷、顔回，易地則皆然，以其有權也……不然則是亦楊、墨而已矣！」〔一〕

（方云：此章以「惡執一」三字爲主。爲我、兼愛易辨，「執中」一層難辨，非孟子不能發此微言。）〔二〕

愚按：張氏謂執一者，知一而不知萬〔三〕。愚謂不然。孔子曰：「一以貫之。」〔四〕又曰：「推十合一。」〔五〕萬本於一，一推爲萬。凡知理一者，必先知分殊者也。執一者，執其一偏之一，而不知全體之一，是以舉一而廢百。吾故謂執一者，非特不知萬，並不知一。

27　孟子曰：「飢者甘食，渴者甘飲，是未得飲食之正也，飢渴害之也。豈惟口腹有飢渴之害？人心亦皆有害。

〔一〕朱子《孟子集注》引楊時之語，見楊時《龜山集》卷八「經解：孟子解」，朱子徵引，其首句總述原意，非原文。此段文字，常見徵引，惟鮮徵引楊氏原書。

〔二〕唐先生《孟子新讀本》所引。

〔三〕唐先生綜括張栻《孟子説》本章説「統體之一」之大意，非原文。

〔四〕《論語·里仁》載孔子語。

〔五〕《説文解字》「士部」引孔子語。

愚按：人不得食則飢，飢則甘食，愈甘食而愈不得食，乃奔走以求食，而不暇擇食；人不得飲則渴，渴則甘飲，愈甘飲而愈不得飲，乃奔走以求飲，而不暇擇飲，是悖乎生理，而失飲食之正道也，於是乎害及口腹以傷其生。人心甘富貴，乃奔走以求富貴，而愈不得富貴；甘利禄，乃奔走以求利禄，而愈不得利禄。憧憧爾思，失其天命之正，於是乎害其心，喪其名，以喪其身。

人能無以飢渴之害爲心害，則不及人不爲憂矣。

（方云：以飢渴之害爲心害，是千古人心病根。語意警切動人。）〔一〕

愚嘗歎今世之人，揚揚然號於衆曰：「我爲飢而求食也，我爲渴而求飲也，不得已也！」苟得飲食，則廉耻不顧也！是以飢渴之害爲心害也。失其本心，非人也。且夫天下飢者固多，然飢而死者，百不得一也；天下渴者固多，然渴而死者，百不得一也。能立乎其大，暫忍須臾，則無以飢渴之害爲心害矣。聖賢之所以爲聖賢者，不過於利害生死之間，能暫忍焉，則過人遠矣。

〔一〕唐先生《孟子新讀本》所引。

28 孟子曰：「柳下惠不以三公易其介。」

張氏云：「《易》曰：『介于石。』謂其所守之堅也。孟子斯言，發明柳下惠之心，與夫子謂『伯夷、叔齊不念舊惡』同意。夫以夷、齊之不立於惡人之朝，不與惡人言，其不屑就之風，疑於隘矣，而夫子稱其『不念舊惡』，其心量之廣大如此，然則夷、齊之清，可得而論矣。以柳下惠之『不羞汙君，不卑小官』，其不屑去之風，疑於不恭矣，而孟子稱其『不以三公易其介』，其所守之不可奪如此。然則柳下惠之和，可得而論矣。蓋柳下惠『援而止之而止』，其心非有所慕也，亦行其天理之當然者耳。故於小官有所不辭，至於『爲士師，則三黜』矣。彼雖三公之貴，無以易其堅守，則其於世果何所求哉？是乃『和而不流』[一]，而爲和之至也。若執老氏『和光同塵』之論，與物胥變，而謂之師柳下惠，是乃賊夫和之理者也。然則欲知柳下惠者，當於孟子斯玩味之。」[二]

愚按：「不以三公易其介」，與「不卑小官」事相因。世之卑小官者，高自位置，及遇大官，則向之所不屑爲者，皆不憚屈己以求之，卑鄙齷齪之狀態，於是悉露。此無

[一]《中庸》引孔子語。
[二] 張栻《孟子説》卷七。

他，當其卑小官時，其歆羨大官之思，已隱中於其骨也。人不可以有官骨，有官骨，則一日不可不爲官。未官之前，鑽謀倖進；退官之後，侘傺無聊，而所謂介者，乃掃地盡矣。柳下惠所以爲聖之和者，正以其介。介所以立和之體，介以行和，和而後不流也，此其所以爲惠也。而後世竊三公之位者，從俗浮沈，與時俯仰，且曰：「我學和也，我學惠也。無忤於世，庶幾保我高位也。」噫嘻！和哉和哉！其可以爲藉口哉？惠乎惠乎！其可以爲藏身乎？

29　孟子曰：「有爲者，辟若掘井，掘井九軔而不及泉，猶爲棄井也。」

趙注：「有爲，爲仁義也。軔，八尺也。雖深而不及泉，喻有爲者，中道而盡棄前行也。」[一]

張氏云：「天下之事，爲之貴於有成。譬之掘井至於九軔，其用力亦勞矣，若不及泉而止，則亦爲棄井而已。夫士之爲仁義，固當循循不已，以極其至，若用力雖勞，

[一] 趙岐《孟子章句》卷一三。「中道而盡棄前行也」，趙氏原文句首有「能於」二字，「行」後有「者」字。

未有所臻而畫焉，則亦不得爲成人而已。」〔一〕

愚按：此與《論語》「譬如爲山」章義相近。有爲者，精神而已矣。凡人作事所以半途中輟者，非必其無恒心，不善用其精神也。大抵學者無論爲學辦事之次弟，約分三層。其始貴有勇猛邁往之精神，其繼貴有優游涵養之精神，其終貴有貞固不渝之精神。夫然可以無所不用其極，掘井而不及泉者鮮矣。若心不定，志不堅，氣不沈，遑一鬨之氣習，而欲以有爲，吾恐其幷九軔而未能掘也。夫以一國之學者，終日爲棄井，終年爲棄井，終身爲棄井，吁！我心惻矣！天生我有用之精神，果何爲乎？

30　孟子曰：「堯、舜，性之也；湯、武，身之也；五霸，假之也。

朱注：「堯、舜天性渾全，不假修習；湯、武修身體道，以復其性；五霸則假借仁義之名，以求濟其貪欲之私耳。」

張氏云：「『堯、舜性之者』，自誠而明，率性而安行也。『湯、武身之者』，自明而誠，體之於身以盡其性也。『性之』則不假人爲，天然純全；『身之』則致其踐履之功，

〔一〕張栻《孟子說》卷七。

以極其至也。然而其至則一也。此生知、學知之所以異。堯、舜、湯、武之聖，孟子特以兩言明之，而其所以聖者，亦無不盡矣。」〔一〕

（方云：此亦論王霸之辨。「性之」、「身之」、「假之」三層，不但論治，學者心術之際，亦當以此自省。）〔二〕

愚按：假之者，假也，固係假借之，實則假竊之也。固係假飾其行爲，實則假襲其形貌也，故曰假也。

久假而不歸，惡知其非有也。

朱注：「歸，還也。有，實有也。言竊其名以終身，而不自知其非真有。或曰：蓋歎世人莫覺其僞者。亦通。舊説久假不歸即爲真有〔三〕，則誤矣。」

（方云：「久假不歸」二句，可畏之至。初假時，本體未盡迷。到後來，習慣成性，

〔一〕張栻《孟子説》卷七。
〔二〕唐先生《孟子新讀本》所引。
〔三〕朱子《孟子集注》評者，乃趙岐《孟子章句》所言：「五霸而能久假仁義，譬如假物久而不歸，安知其不真有也？」蓋趙氏以爲勸勉語也。

直不認得本來面目矣。）〔一〕

愚按：張氏云：「五霸暫假而暫歸者也。五霸桓公爲盛，召陵之盟，仗王室之事以責楚，亦可謂義矣。而執陳轅濤塗之舉，旋踵而起，葵丘之會，殺牲載書而不歃血，亦可謂信矣。震而矜之，叛者九國，此皆歸之遽者也。若使其久假而不歸，亦豈不美乎……孟子斯言，與人爲善〔二〕，開其自新之道也。」〔三〕蓋張氏之意，以歸爲歸宿之歸，如其説，恐開人作僞之漸，竊有未安。

天下有誠而入僞者矣，未有可作僞以終身者也。張氏以堯、舜爲由誠而明，湯、武爲由明而誠；夫誠與僞不並立者也，五霸假借仁義之名，正所謂假也，僞也。惟其專以作僞爲事，是以春秋時大亂而不治，卒成戰國機械變詐之世。蓋三代以下，人心世道所以日趨於僞者，實以春秋時爲之樞紐，而皆由五霸有以提倡之也。君子論人，觀於心術之微，此仲尼之門，所以羞稱桓文之事也。

愚嘗有言：人君所最忌者曰假，士大夫所當深戒者曰假，國民所當深惡而痛絕

〔一〕唐先生《孟子新讀本》所引。

〔二〕「與人爲善」四字脱，據張栻《孟子説》原文補入。

〔三〕張栻《孟子説》卷七。張栻取義，略同趙岐。

曰假。

31　公孫丑曰：「伊尹曰：『予不狎於不順。』放太甲於桐，民大悅。太甲賢，又反之，民大悅。

朱注：「狎，習見也。不順，言太甲所爲，不順義理也。」

賢者之爲人臣也，其君不賢，則固可放與？」

孟子曰：「有伊尹之志，則可。無伊尹之志，則篡也。」

張氏云：「善乎孟子論伊尹之事也，曰：『有伊尹之志則可。』志，謂所存主處。伊尹受湯之託，居冢宰之任，而太甲初立，固已顛覆湯之典刑。惟伊尹志存乎宗祀，變而得其中。方是時，太甲在諒陰也，故徙之桐宮，廬先王之墓側，去國都而處郊野，使之動心忍性，而有以深思焉。《書》曰：『王徂桐宮居憂。』[一]是伊尹以冢宰攝政，而太甲居憂於桐耳。太甲在桐，克終允德，則於練除之際，稽首奉而歸亳焉。伊尹之心，始終純一，以宗祀爲主，而拳拳乎太甲者也。太甲之克終，雖由其自怨自艾，以能

[一]《書·太甲上》文。

改過，而實亦自於伊尹之至誠無息有以感格之也。然則伊尹之志，蓋可見矣。若無伊尹之志，徒以君不賢而放之，則是篡亂之所爲耳。孟子斯言，所以垂訓來世者嚴矣。」〔一〕

陳氏蘭甫云：「『不以三公易其介』，柳下惠之清也；『一介不取』，伊尹之清也。故曰『聖人之行不同……歸潔其身而已矣』。顧亭林云：『以伊尹之元聖，堯舜其君其民之盛德大功，而其本乃在乎千駟一介之不視不取。』〔二〕澧謂：伊尹放太甲，霍光、徐羨之等效之，其後皆及於禍。若廢而復立，則更無能效之者矣。惟其『禄之以天下弗顧』〔三〕，故太甲被放而不疑其篡，蓋其才略膽氣，固亙萬世而無兩，而所以不及於禍者，『禄之以天下弗顧』也。此亭林所謂本也。」〔四〕

（方云：二句要言不煩，此是孟子老年文字。若在《萬章》篇，則有多少發

〔一〕張栻《孟子説》卷七。
〔二〕顧炎武《與友人論學書》文。
〔三〕《孟子·萬章》載孟子語：「伊尹耕於有莘之野，而樂堯舜之道焉。非其義也，非其道也，禄之以天下，弗顧也。」
〔四〕陳澧《東塾讀書記》卷三《孟子》。

揮矣。)[一]

愚按：蘇子瞻《伊尹論》云：「太甲之廢，天下未嘗有是。而伊尹始行之，天下不以爲驚。以臣放君，天下不以爲僭。既放而復立，太甲不以爲專。何則？其素所不屑者，足以取信於天下也。彼其視天下，眇然不足以動其心，而豈忍以廢放其君求利也哉！後之君子，蹈常而習故，惴惴焉懼不免於天下，一爲希闊之行，則天下羣起而誚之。」[二]蓋非常之事，固非常人所能測其藴也。孟子曰：「有伊尹之志則可。」志者心術之微也。君子之心，亦惟可盟諸天地，可對於天下而已矣！

32 公孫丑曰：「《詩》曰：『不素餐兮。』君子之不耕而食，何也？」孟子曰：「君子居是國也，其君用之，則安富尊榮；其子弟從之，則孝悌忠信。『不素餐兮』，孰大於是！」

張氏云：「《伐檀》之刺，蓋謂在上者無功德於民而享其奉，故以不稼不穡而得

[一] 唐先生《孟子新讀本》所引。
[二] 蘇軾《伊尹論》文。

禾，不狩不獵而得獸者爲比，非必欲君子稼穡而後食也。公孫丑以『君子不耕而食』爲素餐，其爲《詩》也，亦固矣，其弊將至於爲許行之徒之論矣，故孟子告之以不素餐之大者。夫君子仁義修於身，其居是國也，用之則民被其澤而安富，君由其道而尊榮。如其未用，子弟從之，則亦薰陶乎孝弟忠信之習，而足以善俗。君子之教人，使之由於孝悌忠信爲先也。忠信對言之，忠則存於己者無不實，信則待人者無有欺也。君子有益於人之國若是，其爲不素餐孰大焉？」〔一〕

愚嘗有言：禍莫大於素餐，以農工商之脂膏汗血，而士人假虚名安坐而食之，此天道人事所不容者也。君子居是國也，必自考其成績：其君用之，其杌隉乎？其貧弱乎？其子弟從之，其桀驁乎？其浮誕乎？則宜奉身而退。若戀戀不去，則愧耻孰甚焉。夫食者，世之所以濟我，而我所以爲濟世之資者也。倘必如孟子之學問德行，而後謂之不素餐，則天下誠無不素餐之人。然君子處世，必當每日自省其所食，與其所事足以相稱，而後可以仰不愧而俯不怍。不然素餐之禍，吾見蓋不一而足矣。

〔一〕張栻《孟子説》卷七。

33 王子墊問曰："士何事？"

顧氏亭林云："士農工商，謂之四民，其説始於《管子》。三代之時，民之秀者乃收之鄉序，升之司徒，而謂之士，固千百之中不得一焉。太宰以九職任萬民，五曰百工，飭化八材，計亦無多人爾。武王作《酒誥》之書曰：『妹土嗣爾股肱，純其藝黍稷，奔走事厥考厥長。』此謂農也。『肇牽車牛，遠服賈，用孝養厥父母』，此謂商也。又曰：『庶士有正，越庶伯君子，其爾典聽朕教。』〔一〕則謂之士者，大抵皆有職之人矣，惡有所謂『羣萃而州處，四民各自爲鄉之法』哉？春秋以後，游士日多，《齊語》言：『桓公爲游士八十人，奉以車馬衣裘，多其資幣，使周游四方，以號召天下之賢士。』而戰國之君，遂以士爲輕重，文者爲儒，武者爲俠。嗚呼！游士興，而先王之法壞矣。彭更之言、王子墊之問，其猶近古之意與？"〔二〕

愚按：亭林先生之言，至爲深切。許氏《説文》云："士者，事也。"將以任天下之

〔一〕以上三條《書・酒誥》文。

〔二〕顧炎武《日知録》卷七"士何事"。

事也〔一〕。乃戰國以來，士皆無事而食，甚至游談不根，析言破律。亭林先生又嘗云：飽食終日，無所用心，北方之學者也；羣居終日，言不及義，南方之學者也〔二〕。於是游民之外，復有所謂游士者，嗚呼！恥已。

孟子曰：「尚志。」

張氏云：「尚志者，以立志爲先也。主乎仁義，所謂志也；不主乎仁義，則倀倀然何所據乎？謂之志不立可也。」〔三〕

愚按：吾人求學，以立志爲唯一之宗旨。苟立志爲千古第一等人，即爲第一等人。若因循不振，悠悠忽忽，自甘下流，則吾亦末知之何也已矣？程子謂學者不立志，直無可造之望。愚亦嘗謂：今世學者，若不立志爲聖賢，而徒囂然自命，則亦無可造之理。然尚志而務空言，亦無當也，要在躬行實踐而已。

〔一〕《白虎通》卷一「爵」引傳云：「士者，事也，任事之稱也。」段玉裁《説文解字注》云《白虎通》語。唐先生統言「許氏《説文》云」。今特注明，避免輾誤。

〔二〕顧炎武《日知録》卷一三《南北學者之病》條説：「『飽食終日，無所用心，難矣哉』，今日北方之學者是也。『羣居終日，言不及義，好行小慧，難矣哉』，今日南方之學者是也。」唐先生綜其大意。

〔三〕張栻《孟子説》卷七。

曰：「何謂尚志？」曰：「仁義而已矣。殺一無罪，非仁也；非其有而取之，非義也。居惡在？仁是也。路惡在？義是也。居仁由義，大人之事備矣。」

愚按：「殺一無罪，非仁也」，充不忍之心也。若推勘至精深處，即如曾子所云：「斷一木、殺一獸，不以其時，非孝也。」〔一〕皆不忍之心也。如是則國民無負枉者矣，豈有殺人以利一己之事乎？「非其有而取之」者，盜也。伊尹耕於有莘之野，非道非義，一介不以取諸人，足爲千古豪傑之法則。漢楊震却暮夜之金，曰：「天知地知，爾知我知，何謂無知者。」〔二〕更覺大義凜然。士未有不慎於所取，而能成學問事業者也。此節更當與《持志養氣章》參看。「居惡在？仁是也。路惡在？義是也。」居仁由義，而後浩然之氣塞於天地之間。若稍有不仁不義，行有不慊於心，則其氣餒而不能當大任矣。然則「大人之事」，皆吾天性中所固有也。《易》曰「利見大人」，君德也。

34　孟子曰：「仲子，不義與之齊國而弗受，人皆信之，是舍簞食豆羹之義也。人莫

〔一〕《禮記·祭義》文。

〔二〕《後漢書·楊震傳》載楊震語。

大焉，亡親戚、君臣、上下。以其小者信其大者，奚可哉？」

張氏云：「仲子以兄之禄爲不義，避兄離母，處於於陵。齊人高之，以爲若斯人者，不義而與之齊國，亦將必不受也。孟子以爲是舍簞食豆羹之義也。蓋孟子以人倫之際察之，而知其不可信也。人之所以爲人者，莫大於人倫，所謂親戚、君臣、上下是也。今仲子廢親戚、君臣、上下，而欲以潔其身，飾小廉而妨大德，其不知義固已甚矣，又烏能不受不義之齊國乎？古之善觀人者，必於人倫之際察之，而其人之得失淺深，可概見矣。四岳之舉舜，則曰『克諧以孝』而已；堯之降舜以二女，觀其嬪於虞而已，此舜之所以聖也。冀缺與其妻相待如賓，而臼季知其能治民；茅容殺牲，先奉其母，而郭林宗知其可以成德，是亦善觀人者也。若仲子廢天倫而徇私意，以其小廉，信其大節，烏乎可哉？」〔一〕

愚按：此親戚，謂父母兄弟也。《左氏傳》：「親戚爲戮。」《大戴禮記・曾子疾病》篇云：「親戚既殁。」皆指父母而言。讀此章，益見人道以人倫爲重。

〔一〕張栻《孟子説》卷七。原文句首有「於陵」冠名。

35 桃應問曰：「舜爲天子，臯陶爲士，瞽瞍殺人，則如之何？」

朱注：「桃應，孟子弟子也。其意以爲舜雖愛父，而不可以私害公；臯陶雖執法，而不可以刑天子之父。故設此問，以觀聖賢用心之所極，非以爲真有此事也。」

（斷制謹嚴，是爲法律家文字之祖。）〔一〕

孟子曰：「執之而已矣。」

朱注：「言臯陶之心，知有法而已，不知有天子之父也。」

「然則舜不禁與？」曰：「夫舜惡得而禁之？夫有所受之也。」

朱注：「言臯陶之法，有所傳受，非所敢私；雖天子之命，亦不得而廢之也。」

「然則舜如之何？」曰：「舜視棄天下，猶棄敝蹝也。竊負而逃，遵海濱而處，終身訢然樂而忘天下。」

朱注：「蹝，草履也。遵，循也。言舜之心，知有父而已，不知有天下也。孟子嘗言舜視天下猶草芥，而惟順於父母可以解憂，與此意互相發。」

羅氏羅山云：「天下事惟各盡其道而已，事有萬難兩全者，必欲曲爲全之，必至

〔一〕唐先生《孟子新讀本》批語。

違理而從欲，非聖賢之用心也。瞽瞍殺人，在臯陶之道，惟知有執而已。殺人者死，義本於天，豈以天子之父，遂棄法而不論？斯時若爲天子之父計，思欲有以全之，則法必不能全，非士師之道也。在舜之道，則祇有逃而已。朝廷之法，必不可違，愛親之心，詎容稍閒？惟有舉天下而棄之，竊負逃之海濱，則天下之法已伸，而愛親之心已全，斯時稍有眷戀神器之意，依回不去，不舍親以就法，則必棄法以全親。夫以其父之故，至天下之法不能行，非所以爲天子之道；以不肯棄天下之故，致令天下之法，爲吾父不能行，又非所以爲子之道也。曰執曰逃，此是聖賢之各盡其道處，一無所顧慮其間，所以爲天理之極、人倫之至也。」〔一〕

愚按：法者，原於天者也；情者，發於天者也。《書》曰：「象以典刑。」又曰：「天討有罪，五刑五用。」此臯陶之受於帝，而實受於天者也。是以臯陶之心但知有法，法不可撓，雖天子之父，亦不容以不執。天子不得而禁之，所謂司法獨立也。家庭之間，非計較是非之地，不得乎親，不可以爲人。是以舜之心但知有父，雖天下亦所當棄，終身訢然而樂者，至情之不容已也。故法也情也，皆天也，非人之所得而私

〔一〕羅澤南《讀孟子劄記》卷二。

也。法依於理，皋陶執瞽瞍之論，窮理之至也。情根於性，舜竊負而逃之論，盡性之至也。讀《孟子》此章，可以知法理之所從出，可以知情性之所由極。自後世有枉法之事，而天下於是無法；自異學有忘情之言，而天下於是無情。嗚呼！無法無情，而欲求世之大同，吾恐其愈行而愈遠也！

36　孟子自范之齊，望見齊王之子。喟然歎曰：「居移氣，養移體，大哉居乎！夫非盡人之子與？」

朱注：「范，齊邑。居，謂所處之位。養，奉養也。言人之居處，所繫甚大。王子亦人子耳，特以所居不同，故所養不同，而其氣體有異也。」

（方云：此亦可爲記體。曾子固《墨池記》用筆祖此。）〔一〕

愚按：人居高位之地，氣象即儼然不同。雖然，此特氣體之矜異耳，曷足貴乎？孟子一見王子，而即感歎若斯者，蓋德盛仁熟，無往而非道德學問之思也。

孟子曰：

〔一〕唐先生《孟子新讀本》所引。

張氏云：「第一節乃孟子初望見〔一〕王子之時，而有所歎……以下乃孟子既見王子之後，退與門人講論者也。」〔二〕

「王子宮室、車馬、衣服，多與人同，而王子若彼者，其居使之然也；況居天下之廣居者乎？

張氏云：「王子宮室、車馬、衣服，亦多與人同矣；而王子若彼者，以其居是勢位，不知所以然，而氣體爲之移也。況於居天下之廣居，則其氣質所變當如何哉！」〔三〕

魯君之宋，呼於垤澤之門。守者曰：『此非吾君也，何其聲之似我君也？』此無他，居相似也。」

朱注：「垤澤，宋城門名也。孟子又引此事爲證。」

愚按：此章注重一「居」字。大人者，與天地合其德，是以天地爲廣居者也。天地萬物，無不歸吾之位育，此心坦坦蕩蕩，廣大清明，而何跼蹐之有乎？士大夫讀此

〔一〕張氏原文作「此其初見」。
〔二〕張栻《孟子説》卷七。
〔三〕張栻《孟子説》卷七。

章，既消其鄙吝之思，自無鄙倍之氣象矣。

37　孟子曰：「食而弗愛，豕交之也；愛而不敬，獸畜之也。

張氏云：「此章言交際之道。夫徒食之而愛心不加焉，徒愛之而敬心不加焉，則與豕交獸畜何以異？蓋人道之相與，以敬爲主也。」[一]

（豕交獸畜，生辣之至，所謂誅心之論也。）[二]

愚按：戰國時養士，並雞鳴狗盜者而畜之，則其待士之禮可知矣！豕交獸畜，而猶戀戀而不去者，爲利禄耳。嗚呼！儼然人面也，而乃甘同於豕與獸乎？

恭敬者，幣之未將者也。

朱注：「將，猶奉也。《詩》曰：『承筐是將。』程子曰：『恭敬雖因威儀幣帛而後發見，然幣之未將時，已有此恭敬之心，非因幣帛而後有也。』」

恭敬而無實，君子不可虛拘。」

[一] 張栻《孟子説》卷七。

[二] 唐先生《孟子新讀本》批語。

愚按：恭敬之實，非必共天位，食天禄也，但觀其誠意之實耳。朱注：「拘，留也。」愚意留者，自留也；拘者，人拘之也。恭敬無實，不過周旋世故，貌合神離而已，是非其本心之自留也，爲人所拘也。爲利禄所牽，乃爲人所虚拘也，曾君子而出此？

38　孟子曰：「形色天性也；惟聖人然後可以踐形。」

程子曰：「此言聖人盡得人道而能充其形也。蓋人得天地之正氣而生，與萬物不同。既爲人，須盡得人理，然後稱其名。衆人有之而不知，賢人踐之而未盡；能充其形，惟聖人也。」〔一〕

張氏云：「告子謂：『食色性也。』此爲舉物遺則，混於人欲，而莫識天理之一源。若孟子謂：『形色天性。』而繼之以聖人踐形之論，是爲物則兼具者矣。『惟聖人然後可以踐形』，踐之爲言履踐之踐也。蓋二五交運，而賦形萬殊，惟人得其秀而最靈，有是性則具是形以生。人雖有是性，然不能盡其道，則形雖人也，而其實莫之能踐矣。惟賢者則求以踐之，修其身，所以踐形也。『非禮勿視，非禮勿聽，非禮勿言，非禮勿

〔一〕朱子《孟子集注》引程頤語，載《河南程氏遺書》卷一八。

動』，以爲不如是，則爲隳廢天之所命，無以爲人之道，而失其賦形之理故也。然踐之非聖人莫能盡，蓋人之道，至於聖人而後無所虧也……《中庸》曰：『惟天下至誠，爲能盡其性。』盡性則可以踐形矣，蓋形之外無餘性也。或以此章首云『形色』，而其後止云『踐形』爲疑。蓋形之有色，亦其自然者耳。能踐形，則仁義禮智充於内，而睟然生色於外，蓋亦無不盡矣。」〔一〕

陳氏蘭甫云：「僞孫疏甚有精善處。孫奭《正義》係宋邵武士人假託，見《朱子語録》，又《四庫提要》言之甚詳。〔二〕……如《形色天性章》疏云：『惟聖人能因形以求其性，體性以踐其形。故體性以踐目之形，而得於性之明；踐耳之形，而得於耳之聰；以至踐肝之形以爲仁，踐肺之形以爲義，踐心之形以通於神明。凡於百骸、九竅、五臟之形，各有所踐也，故能以七尺之軀，方寸之微，六通四闢，其運無乎不在，兹其所以爲聖人〔三〕與？』如此段精善之至，近人以其僞而蔑棄之，不知其有可取者矣。」〔四〕

〔一〕張栻《孟子説》卷七。
〔二〕唐先生自注。
〔三〕「人」字脱，據孫奭《孟子正義》及陳澧所引原文補入。
〔四〕陳澧《東塾讀書記》卷三《孟子》。

愚按：自程子有義理、氣質之説，後人言性者，多高談義理，惡言氣質。不知人有耳即有當聽之則，有目即有當視之則，有口即有當言之則，以及足容重、手容恭，無非天則也。人若舍形色，豈能爲善？言性者，詎可惡言氣質乎？張子《西銘》云：「其踐形惟肖者也。」肖者，肖乎天也。曷謂肖乎天？喜怒哀樂之得其中，猶春夏秋冬之得其時，風雨晦明之得其節也。故曰惟聖者能之。然則欲盡乎爲人之道者，正當於形色中求天則，不當於虛無處求靈明也。

39　**齊宣王欲短喪。公孫丑曰：「爲朞之喪，猶愈於已乎？」**

張氏云：「喪服之制，本於人心之不可已者，聖人節文之而爲之中制，所謂天理人情之至者也。而宣王乃欲短之，則其良心之陷溺，亦已甚矣。」〔一〕

孟子曰：「是猶或紾其兄之臂，子謂之姑徐徐云爾，亦教之孝弟而已矣。」

朱注：「紾，戾也。教之以孝弟之道，則彼當自知兄之不可戾，而喪之不可短矣。孔子曰：『子生三年，然後免於父母之懷。予也，有三年之愛於其父母乎？』所謂教

〔一〕張栻《孟子説》卷七。

之以孝弟者如此。蓋示之以至情之不能已者，非强之也。」

張氏云：「孟子以『紾兄之臂』爲喻者，知紾兄之爲非，則勿爲可也。而謂之『徐徐』，是亦紾之而已矣。先王之制，不可不及也。三年之間，賢者視之，如白駒之過隙，特以制禮之中，不敢以有過耳。若於此欲有所損焉，則爲廢禮而不仁矣，故曰：『亦教之孝弟而已矣。』夫使其知孝悌之所以然，則爲弟者其忍紾其兄乎？而爲人子者其有不三年者乎？所謂教之孝悌者，亦即其良心而感發之耳。」〔二〕

王子有其母死者，其傅爲之請數月之喪。公孫丑曰：「若此者，何如也？」

朱注：「陳氏曰：『王子所生之母死，厭於嫡母，而不敢終喪。其傅爲請於王，欲使得行數月之喪也。』」

曰：「是欲終之而不可得也。雖加一日愈於已，謂夫莫之禁而弗爲者也。」

張氏云：「孟子意以爲王子有父在，有君母在，王子欲服其母之喪而禁之使不得伸，故其傅爲之請數月之喪，謂『雖加一日猶愈於已』，以王子之心，欲終之而弗得遂其志故爾。若宣王之服喪，則孰爲之禁哉？莫之禁而弗爲，則三年之制，雖一日不可

〔二〕張栻《孟子説》卷七。

以有損也。」〔一〕

愚按：三年之喪，稱情立文〔二〕，以爲之制，發於人心之所不容已也〔三〕。「哀哀父母，生我劬勞」〔四〕，所以報之者，不過如斯而已。曾子曰：「君子思其不可復者而先施焉。」〔五〕三年之喪而短其期，是不可復者也。夫欲終之而不可得，其心可哀也。雖加一日愈於已，其心可原也。莫之禁而弗爲，其本心果安在也？

40　孟子曰：「君子之所以教者五：

愚按：教育之術，千變萬化。孟子所謂「教者五」，不過舉其大綱耳，非必盡於是也。

有如時雨化之者，

〔一〕張栻《孟子説》卷七。

〔二〕《禮記·三年問》起筆説：「三年之喪，何也？曰：稱情而立文。」唐先生本經立義。

〔三〕句出朱子《大學或問》以及《經筵講録》「其所當止者，在於信是皆天理人倫之極致，發於人心之不容已者」。

〔四〕《詩·小雅·蓼莪》句。

〔五〕《大戴禮記·曾子疾病》文。

張氏云：「記曰：『當其可之謂時。』〔一〕所謂『有如時雨化之者』也，言如時雨之造化萬物也。今夫物之萌者欲發，甲者欲坼，於是時也而雨及之，則皆得以遂矣。蓋不先不後，『當其可』而適與之會，無待於彼之求也。君子之教人，其察之精矣，於其時而告之，得之者如物之被時雨焉，其於欲達未達之間，所賴者深矣。龜山楊氏以爲如告曾子以『吾道一以貫之』是也，蓋曾子未嘗問，而夫子呼以告之，『當其可』也。」〔二〕

有成德者，有達財者，

張氏云：「成德者，因其有德而成之，如顏、閔、仲弓之徒，其德之所成，雖存乎其人，而成之者聖人也。達財者，因其材而達之，如賜之達、由之果、求之藝，雖其天資所禀，而達之使盡其材，則教之功也。」〔三〕

愚按：「成」字「達」字甚有味。「德」字之義，从直从心。直道之人，最爲近道，所

〔一〕《禮記·學記》文。
〔二〕張栻《孟子説》卷七。按：張栻所引楊時「當其可」語，見録於楊時《答問》之「答胡德惠輝問」，載《龜山集》卷一四。楊時謂：「曾子未嘗問，而夫子以是告之，蓋當其可也。」未見用「呼以告知」之語，則張栻取其大意而已。
〔三〕張栻《孟子説》卷七。

貴有以成之。「財」字與「材」通，譬之樹木，方在生長，雖有淩霄蔽日之資，無由迅發，所貴有以達之。成者，優游涵泳之義；達者，曲暢旁通之義。

有答問者，

張氏云：「成德達材，答問固在其中。而又有所謂『答問』者，此則專爲凡答其來問者也。雖鄙夫之空空，所以答之者，亦無非竭兩端之教也。」〔一〕

有私淑艾者。

張氏云：「所謂『私淑艾』者，蓋不在於言辭之間，躬行於身而觀者化焉。凡動容周旋之間，無非教也。君子之善治其身，非爲教人也，身修而教在其中，成己成物之道也。」〔二〕

羅氏羅山云：「君子之所以教者五，上四等其品有差，是以及門者定之也。有私淑艾者，其中品誼不一，有竊用其善言善行而成德者，有因其議論行事而達才者，有參考詳辨如相答者，有得不傳之學於遺經，遠接其道統者。是亦教澤有以及之，故皆

〔一〕張栻《孟子説》卷七。
〔二〕張栻《孟子説》卷七。

云君子之所以教也。」[一]

此五者，君子之所以教也。」

愚按：此言教人之法。《易·臨》卦之象傳曰：「君子以教思無窮。」《坎》卦之象傳曰：「君子以習教事。」所以思、所以習者，皆研究教人之法也。自學者而言之，倘軼乎五者範圍之外，而敖焉而惰焉，而浮焉而誕焉，而蒙昧不率教焉，則雖聖人亦無如之何矣！

41 公孫丑曰：「道則高矣美矣，宜若登天然，似不可及也。何不使彼爲可幾及，而日孳孳也？」

愚按：道者，中庸而已，無所謂高也，不必震驚其美也，更無所謂若登天然而不可及也。惟學者不知殫心以求道，而道乃終不可及。

孟子曰：「大匠不爲拙工改廢繩墨，羿不爲拙射變其彀率。

朱注：「彀率，彎弓之限也。言教人者皆有不可易之法，不容自貶以徇學者之不

〔一〕羅澤南《讀孟子劄記》卷二。

能也。」

愚按：聖賢教人，無枉道自貶之理。若廢其繩墨，變其彀率，則不成爲教矣。後世教者，因學人之憚於深造，動輒遷就降格以從之，曰求淺求淺，馴至規矩繩墨，蕩焉無存。稍課以高深之學理，即茫然而不省，學術日陋，程度日卑。屈子曰：「固時俗之工巧兮，偭規矩而改錯。」〔一〕自無異於自窒其智識，自就於淪亡也。悲夫！

君子引而不發，躍如也。中道而立，能者從之。」

張氏云：「君子之教人，『引而不發』，引之使向方，而發則係於彼也。『躍如』者，言其自得之，如有所興起於中也。蓋理義素存乎其心，向也陷溺，而今焉興起耳。道以中爲至，『中道而立』，其能者固從之，其不能者亦莫可如之何也已。亦猶大匠設繩墨，羿爲彀率以示人，其能與不能，則存乎其人耳。『中道而立，能者從之』，此正大之體，而天地之情也。雖然，學者於聖賢之言，當以身體之，以心驗之，循其所謂繩墨彀率者而勿舍焉，及其久也，將自有得。不然，而先起求躍之意，則是蘄獲助長，爲害滋

〔一〕屈原《離騷》文。

甚矣。」〔一〕

愚按：是所謂師範也。愚嘗謂《禮記·學記》一篇，爲後世師範之權輿，其中至精之言曰：「道而弗牽，强而弗抑，開而弗達。」道而弗牽者，謂示以道塗而不牽引之也；强而弗抑者，謂雖勉强之而不抑其志意也；開而弗達者，謂開其端而不竟其緒也，皆所以養其自治自覺之力也。教育之道發之盡，則學者將至於不思，故以開其自治自覺之機爲貴。「引而不發」，即俾其自覺之機也。「躍如」者，即學者之自覺也，非虛無縹渺之道也。「中道而立」，不抗不卑之道也。高者可以俯而就，卑者可以仰而企。聖人設教，「庸言之信，庸行之謹」〔二〕，善世博化，正在於是。「能者從之」，天下皆能者也。惟自安於不能，而自棄其能，則終於不能而已矣。上章言教人有因材之道，故天下無棄人。此章言教人無自貶之道，故國民可進化。

42　孟子曰：「天下有道，以道殉身；天下無道，以身殉道。

〔一〕張栻《孟子説》卷七。「爲害滋甚矣」句，張栻原文作「爲害祇甚矣」。
〔二〕《易·乾·文言傳》文。

張氏云：「天下有道，則身達而道行，所謂以道殉身也；天下無道，則身退而守道，所謂以身殉道也。道之於己，不可離也，故非道殉身，即身殉道……以身殉道者云者〔一〕，可見潛龍確乎不可拔之意，蓋處無道之世爲難也。」〔二〕

（一章五句，老辣如霹靂手，《孟子》中最簡鍊之文。）〔三〕

愚按：「以道殉身」，言以道隨乎身而不離，惟恐或失其道也；「以身殉道」，言以身隨乎道而不舍，惟恐或失其身也。乃不曰「從」、曰「隨」，而曰「殉」者，朱注謂：「殉，如殉葬之殉……以死相從而不離也。」〔四〕其説至爲切實。孔子曰：「守死善道。」〔五〕以死善其道，即以身殉道也。又曰：「天下有道則見，無道則隱。」與此節亦互相發。

未聞以道殉乎人者也。」

〔一〕「云者」二字，據張栻《孟子説》原文補入。
〔二〕張栻《孟子説》卷七。
〔三〕唐先生《孟子新讀本》批語。
〔四〕朱子《孟子集注》本條注文。
〔五〕《論語·泰伯》載孔子語。

朱注：「以道從人，妾婦之道。」

愚按：「以道殉乎人者」，李斯是也。以身殉富貴，以身殉利祿，乃至以身殉五刑，迨乎將死而始悔，晚矣！嗟乎！「以身殉道」者，立身行道，揚名於後世。「以道殉人」者，棄道滅身，遺臭於萬年。揆厥所由，特不過一念之差耳，豈不可懼也哉！

43　公都子曰：「滕更之在門也，若在所禮而不答，何也？」

趙注：「滕更，滕君之弟，來學者也。」[一]

孟子曰：「挾貴而問，挾賢而問，挾長而問，挾有勳勞而問，挾故而問，皆所不答也。滕更有二焉。」

趙注：「挾，接也……滕更有二焉：接貴接賢，故不答矣。」[二] 按：接，持也，言挾持也。

張氏云：「受道者以虛心爲本，虛則受；有所挾，則私意先橫於胸中，而可告語

[一] 趙岐《孟子章句》卷一三。「來學者也」，趙氏原文「學」後有「於孟子」三字。

[二] 趙岐《孟子章句》卷一三。

乎？故空空之鄙夫，聖人未嘗不竭兩端之教，而滕更之在門，『若在所禮而不答』也，使滕更思其所以不答之故，於其所挾，致力以消弭之，其庶幾乎！然則孟子之不答，是亦誨之而已矣。」〔一〕

愚按：《中庸》云：「有弗學，學之弗能弗措也；有弗問，問之弗知弗措也。」問也者，輔學之不逮，發學之所未明者也，乃所以求學也。若意之不誠，豈求學之道乎？雖然，後世更有挾意氣以淩師長者，則獲罪尤大矣。

44　孟子曰：「於不可已而已者，無所不已；於所厚者薄，無所不薄也。」

張氏云：「此觀人之法也。人之秉彝，不可殄滅，故其日用之間有不可已者焉，有所厚者焉，皆其良心之存者也。不可已者，如哭死而哀之類是也。所厚者，人倫之際是也。若於其不可已而已焉，則之人也，何所不已乎？若於厚者而薄焉，則之人也，何所不薄乎？已則生理息，薄則恕道亡，是殘賊陷溺其心之甚者矣。」〔二〕

〔一〕張栻《孟子説》卷七。
〔二〕張栻《孟子説》卷七。

其進鋭者其退速。

張氏云：「天下之理，進之鋭，則退必速，蓋不進則退矣。其進之鋭者，即其所爲退之速者也。《庭燎》之詩始而『夜未央』，中而『未艾』，終而『鄉晨』〔一〕。君子於其未央也，則知其必至於鄉晨也。此三者，雖觀人之法，而亦自治之要也。」〔二〕

愚按：孟子傳子思之學，發明「中庸之道」，此章乃言太過之弊。或謂上節係不及時之弊〔三〕，非也。「不可已而已者」，已之太過，拔一毛利天下而不爲，楊氏之學也。「所厚者薄」，薄之太過，墨氏之學，以薄爲其道也。「進鋭退速」，吾儒之「遵道而行，半塗而廢」者也。孟子於逃楊逃墨之徒，皆思有以受之，而於爲學之助長躁進者，則更欲引之於「中庸之道」也。孔子曰：「中庸其至矣乎！民鮮能久矣！」〔四〕世衰道微，聰明之士，既皆流於異學而忘本，而吾人之爲政治、學術者，皆以求進太速，其升愈

〔一〕《詩·小雅·庭燎》三章，第一章起句是「夜如何其？夜未央」，第二章起句是「夜如何其？夜未艾」，第三章起句是「夜如何其？夜鄉晨」，張栻概括以行文。
〔二〕張栻《孟子説》卷七。
〔三〕指朱子《孟子集注》「此言不及者之弊」，唐先生作「不及時」。此與「太過」一詞相對，應作「不及」，「時」爲衍文。
〔四〕《中庸》文。

驟，其墮愈深，以至學問、事業皆廢於半塗，此尤聖賢之所深憫，而思有以切戒之者也。

45 孟子曰：「君子之於物也，愛之而弗仁；於民也，仁之而弗親。親親而仁民，仁民而愛物。」

張氏云：「理一而分殊者，聖人之道也。蓋究其所本，則固原於一；而循其所推，則不得不殊。明乎此，則知仁義之未嘗不相須矣。夫君子之於物，無不愛者，猶人之一身，無尺寸之膚而非其體，則無尺寸之膚不愛也。然曰：『愛之而弗仁。』何也？夫愛固亦仁也，然物對人而言，則有分矣。蓋人爲萬物之靈，在天地間爲至貴者也。人與人類，則其性同。物則各從其類，而其性不得與吾同矣。不得與吾同，則其分不容不異。『仁之』者，如老其老，幼其幼之類，所以爲交於人之道也。若於物而欲仁之，固無其理。若於人徒愛之而已，則是但以物交，而人之道息矣。故程子曰：『人須仁之，物則愛之。』〔一〕……『親親而仁民，仁民而愛物』，由一本而循其分，惟仁

〔一〕文見《二程遺書》卷六，原文作：「民須仁之，物則愛之。」

者爲能敬而不失也。」〔二〕

愚按：此所謂「等」也。平等之説，實始於墨氏之愛無差等，論者因欲以家庭之愛情，移之於社會；社會之愛情，移之於國家。不知家庭自有家庭之愛情，社會自有社會之愛情，國家自有國家之愛情。其説固已淺陋矣，至欲以親親之事，行之於仁民；仁民之事，行之於愛物，則尤不通之甚者也。夫親親、仁民、愛物，皆發於不忍之心，所謂「理一」也。然親親有親親之道，仁民有仁民之道，愛物有愛物之道，各有其等差而不可越，各有其秩序而不容紊，所謂「分殊」也。夫人道，天地間之最貴者也，然言人道而至於無別，將以施之於父母兄弟者，施之於途人，無論其理之不可也，其事豈可繼乎？近世墨氏之學盛行，平等之説尤熾，吾惜其不讀《孟子》也。夫孟子之學説，所以維人道於敝者也。

又按：親親、仁民之道，第一篇「桓文之事」章、第二篇「不忍人之心」章言之綦詳。而愛物之道，極宜研究。説者曰：「啓蟄不殺，方長不折，即愛物之道也。彼動植物惟不能言耳，其痛苦之情，無異於人也，故當有以體之而恤之。」此仁人之言也，

〔二〕張栻《孟子説》卷七。

吾人所當遵守者。然愚嘗謂：愛物，不但愛天然之物，更當愛人工之物。《老子》曰：「聖人善救物，故無棄物。」此「物」字即指人工物而言。人工物有萃數十人、數人之力而成者，有盡數十年、數年之力而成者，即使爲一人之事，數日之功，亦必竭其心思手足，辛苦艱難而後成。我能造是物，固當愛是物；我不能造是物，尤不當不愛是物。故夫率意毁壞人工物者，皆養成其殘忍之性者也。彼人工物亦惟不能言耳！其所以愛之、護之而補救之，使歸於有用者，與動、植物一也。是故聖賢之愛物，自有情之物，推而至於無情之物。夫然，故天下無棄物，乃可謂之愛物。然則愛情之在天下，何往而不普及乎？

46　孟子曰：「知者無不知也，當務之爲急。仁者無不愛也，急親賢之爲務。堯舜之知，而不徧物，急先務也。堯舜之仁，不徧愛人，急親賢也。

張氏云：「聖人之道，有綱有目，有本有末，非若諸子異端之漫而無統也。堯舜之智而不徧物，堯舜固有所不知者，如百工之事，堯舜豈能盡知乎？惟能『急先務』，故其知無不周焉。『堯舜之仁，不徧愛人』，如博施濟衆，堯舜固以爲病矣，惟其『急親

賢』，故仁無不被焉。皆以『急』爲言者，以言其所當先者也。」〔一〕

愚按：當務爲急，所以爲智，不廢精神於無用之地也。「急親賢」所以爲仁，不令小人間之也。堯舜之「急先務」，正德利用厚生〔二〕，執其兩端，用其中於民〔三〕也。堯舜之「急親賢」，堯以不得舜爲己憂，舜以不得禹、皋陶爲己憂〔四〕，舜有臣五人而天下治〔五〕也。若徒泛鶩其知，而凡事不能提綱挈領，焉得智？小人進用，好惡乖違，焉得仁？

不能三年之喪，而緦小功之察；放飯流歠，而問無齒決，是之謂不知務。」

（朱注：「三年之喪，服之重者也。緦麻三月，小功五月，服之輕者也。放飯，大飯；流歠，長歠；不敬之大者也。齒決，齧斷乾肉，不敬之小者也。」）〔六〕

〔一〕張栻《孟子説》卷七。
〔二〕《書·大禹謨》句。
〔三〕《中庸》文。
〔四〕《孟子·滕文公上》文。
〔五〕《論語·泰伯》文。
〔六〕《孟子新讀本》録朱子《孟子集注》注文，「長歠」二字原缺，據《集注》補。

（二喻極生辣。）〔一〕

愚按：放飯，或任意大飯而多食也；流歠，謂長飲也，二者皆大有害於生理。齒決，齧斷乾肉。既放飯流歠矣，而乃講求細嚼，可謂知衛生之務乎？不能三年之喪，是悖其性理；放飯流歠，是悖其生理。天下不知務者日多，則政治日壞。饑饉之荐臻也，流離之載道也，不察也，乃猥而問牛喘。見《漢書·丙吉傳》。干謁之接踵也，賄賂之公行也，不察也，乃下而摭瑣節。耗數年之心力，研究無益之事，皆可寶之時光也，何其不知務也？竭億萬之貲財，以供給無益之用，皆百姓之脂膏也，何其不知務也？

洎乎後世，闒冗淺妄者流，專欲以「章程條例」治天下，壹意毛舉細故，察察爲明。文網愈密，飾僞愈甚，而天下益以多故矣！嗟夫！不知務而至於鑿其性、汨其性，不仁不智，是人役也。

〔一〕唐先生《孟子新讀本》批語。

孟子大義卷十四

盡心下

1 **孟子曰：「不仁哉梁惠王也！仁者以其所愛及其所不愛，不仁者以其所不愛及其所愛。」**

愚按：「以其所不愛及其所愛」，或謂此氣數之當然，天道也。不知[一]此非數也，實理也。天下之理，有感斯應。殺人之父，人亦殺其父；殺人之兄，人亦殺其兄；則殺人之子弟者，人亦殺其子弟。人道貴乎恕，我不以恕待人，人必不以恕待我，則所謂天道者，皆人事也。天不必設一網也，而人自罹之；天不必設一局也，而人自入之。《大易》盈虛消息之數，非造物者安排於其間也，而人自曲折迷惑以赴之。積不

〔一〕「不知」二字，《孟子新讀本》作「吾謂」。

善之家，必有餘殃，惡不積，不足以滅身，皆感應之理也。然而庸人不悟也，則喻之曰「天道」云爾。

公孫丑問曰：「何謂也？」「梁惠王以土地之故，糜爛其民而戰之。大敗，將復之，恐不能勝，故驅其所愛子弟以殉之，是之謂以其所不愛，及其所愛也。」

愚按：哀哉！王之子弟也！哀哉！王之民也！夫〔一〕惠王必不忍死其子弟也，至於大敗，則亦已矣。而必欲復之者，疑我兵之或不用力，忌我將之或不用命也，於是驅其最親信之子弟以監督之，而子弟死矣。天下疑忌人者，人亦疑忌之；天下欺罔人者，人亦欺罔之。一人之疑忌，必不敵天下人之疑忌也；一人之欺罔，必不敵天下人之欺罔也。此乃所謂恕也，所謂公理也，所謂天道也。

民之子弟皆糜爛，而我所愛之子弟，乃不覺驅而殉之也，此所謂殉者，殉千萬人之性命也。惠王送以殉之也。楚靈王篡上自立，作福作威，至於乾谿之難，聞羣公子之死也，自投於車下，曰：「人之愛其子也，有如余乎？」其僕曰：「小人老而無子，知

〔一〕從起筆「哀哉」至此十四字脱，據《孟子新讀本》補入，以足文氣，蓋「哀哉」二字乃此段解説起結之呼應。

擠於溝壑矣。」王曰：「余殺人子多矣，能無及此乎？」[一]靈王至於將死，而其惻隱之心始露，其是非之心始明也。哀哉！而惠王乃曰：「願比死者一洒之。」則至死而猶不悟矣！哀哉王之子弟也！哀哉王之民也！

2　孟子曰：「《春秋》無義戰。彼善於此，則有之矣。

朱注：「《春秋》每書諸侯戰伐之事，必加譏貶，以著其擅興之罪，無有以爲合於義而許之者。但就中彼善於此者則有之，如召陵之師之類是也。」

（方云：《春秋》二章，可爲題跋之祖，經說之祖。）[二]

征者，上伐下也，敵國不相征也。」

朱注：「征，所以正人也。諸侯有罪，則天子討而正之，此《春秋》所以無義戰也。」

愚按：《孟子》此章發明戰之必出於義。如其義也，敵國相爭，如湯之征葛、西伯之戡黎，皆義師也。如其不義，即上伐下，亦不得爲善。春秋時諸侯皆以私意之喜怒

[一] 事見《左傳》昭公十三年文。
[二] 唐先生《孟子新讀本》所引。

而興師，無出於義者，故曰：「敵國不相征。」

3　**孟子曰：「盡信《書》，則不如無《書》。**

趙注：「書，《尚書》。經有所美，言事或過。若《康誥》曰：『冒聞於上帝。』《甫刑》曰：『帝清問下民。』[一]《梓材》曰：『欲至於萬年。』又曰：『子子孫孫，永保民。』人不能聞天，天不能問於民，萬年永保，皆不可得爲書，[二]豈可案文而皆信之哉？」[三]

吾於《武成》，取二三策而已矣。

趙注：「《武成》，逸《書》篇名……取其二三策可用者而已。」[四]

仁人無敵於天下。以至仁伐至不仁，而何其血之流杵也？」

[一]《甫刑》即《吕刑》，此句《吕刑》原文作「皇帝清問下民」。

[二]「若《康誥》曰」至「皆不可得爲書」一段趙岐《孟子章句》文，據《孟子新讀本》移入。

[三]趙岐《孟子章句》卷一四。「言事或過」，趙氏原文「事」作「爭」。

[四]趙岐《孟子章句》卷一四。「《武成》，逸《書》篇名」，趙氏原文作「《武成》，逸《書》之篇名」。「取其二三策可用者而已」，原作「故吾取《武成》兩三簡策可用者耳」。

張氏云：「仁人蓋無敵人，『以至仁伐至不仁』，天人應之，又何待戰鬬殺傷之多也，以是知『血流漂杵』之言爲不足信者矣。戰國之際，日以干戈相尋，糜爛其民而莫之卹，意者『血流漂杵』之言，未必不爲藉口耳。雖然，詳味當時《武成》之所記，特以形容紂有如林之衆，離心離德，前徒倒戈，自攻其後，而有漂杵之勢，用以見周之無敵。然而漂杵之言，則不無過矣。學者讀書要當默會其理，若執辭以害義，則失之遠矣。」〔一〕

王氏船山云：「《集注》云：『杵，舂杵也。』雖云《書》不足信，然言事亦必有其理而後成文。師行糧食，戰則齎糗糒，守則輸米以炊，未有挾杵臼以行者。如云居民廬舍中之舂杵，則甲子之師，陳於牧野，非擣壘陷城，何至入民廬舍而殺人？按：杵本樐字之譌，謂盾也。凡爲盾之木，材必輕而製必薄，故有可漂流之理。雖爲已甚之辭，然亦後世尉繚、白起之兵所或有也。」〔二〕

按：賈誼《過秦論》云：「流血漂樐。」樐即盾也，即隱用「血流漂杵」義。〔三〕

〔一〕張栻《孟子説》卷七。
〔二〕王夫之《四書稗疏》卷一《孟子》「血之流杵」條。
〔三〕唐先生按語。

愚按：《書》不可盡信，爲孟子特創之論，非豪傑之士，不能發此言。在戰國時，古書已不可盡信，而況秦火之後乎！彼拘文牽義、傅會穿鑿者，何容復置其喙乎！雖然，孟子曰取二三策而已矣，韓子曰辨古書之真僞[一]。惟能信古書，而後能辨古書。後之學者，要在博學論世，然後能廣其見聞，高其學識，亦毋因孟子之言而輕疑載籍也。

4　孟子曰：「有人曰：『我善爲陳，我善爲戰。』大罪也。

（起得突兀。以下局勢尤極開展。）[二]

愚按：「善戰者服上刑」。孰刑之？天刑之也。天不能刑人，則人刑之也。「我善爲陳，我善爲戰，大罪也。」孰罪之？天罪之也。天不能討有罪，則人罪之也。

且夫古之用兵者，「兼形勢，包陰陽，用技巧」[三]，《漢書・藝文志》載此三家。則善爲陳、善爲戰，何嘗非兵家之要略？然而孟子痛惡之者，惡其以教戰爲本務也。教貪，

[一] 韓愈《答李翊書》原文作「識古書之正僞」。
[二] 唐先生《孟子新讀本》批語。
[三] 《漢書・藝文志》文。

罪也。教詐，罪也。教戰，大罪也。一人教戰，則千百人好戰。千百人好戰，則被其禍害者，千萬人而不足，而其流毒之久，至數十年而無窮。彼其以殘殺爲快心，以戰攻爲得意，日日言「練兵」，日日言「自衛」。少年血氣未定之士，靡然從風，侈口高談，兒戲生命。釁端一開，鋒鏑交於朝市，骸肉暴於郊原。民吾同胞，呼號滿路，而殘忍之性，漠然無所見聞，且詡詡自得，以爲强國之計在是焉。至是而造物好生之心，澌滅無餘。旦夕之間，其性命，其身家，其子孫，皆與之而俱盡，痛矣夫！蓋教戰者，天道之所深惡，亦人道之所必誅也。三世爲將，道家且以爲忌矣，曾明哲者而猶不悟乎？

國君好仁，天下無敵焉。

愚按：此二語者，世皆以爲迂矣。然而縱觀史册，不仁之君，未有能敵人而不敗者也。樂殺人之君，未有得志於天下者也。好仁者，好生也，好生則生氣翕聚而天與之。好生之德，感於民心而人歸之，則天下未有能敵之者也，然而世且以爲迂言也。

南面而征北狄怨，東面而征西夷怨，曰：『奚爲後我？』

愚按：此引湯之事以證之也，見其民之和也。

武王之伐殷也，革車三百兩，虎賁三千人。

愚按：此引武王之事以證之也，見其兵之少也。革車，兵車也。三百兩，三百乘也。虎賁，武士也。

王曰：『無畏，寧爾也，非敵百姓也。』若崩厥角稽首。

愚讀周武王之言，不禁爲之流涕也。

嗚呼！百姓，我之百姓也，其心皆嚮我者也。我苟非大不仁，則未有背我者也，而忍敵之也？

嗚呼！百姓，我之百姓也，皆我之赤子也，其飢其寒、其生其死，皆我之責任也，而忍敵之也？

嗚呼！百姓，我之百姓也，宅爾宅，田爾田[一]，終歲勤動，納賦稅以盡力於公家者也，何以使之斷脰[二]而折足也，而忍敵之也？

嗚呼！百姓，我之百姓也，家人父子，驩樂嬉嬉，循分善良者也，何以使之肝腦塗地也，而忍敵之也？

[一]「宅爾宅」兩句，《尚書・多方》文。

[二] 脰，頸項也。

嗚呼！百姓，我之百姓也，至愚者百姓也，至誠者百姓也，一旦有事，至苦者亦百姓也，而忍敵之也？

嗚呼！百姓，我之百姓也，事我者也，養我者也。我所衣者，百姓之指膚也；我所飲者，百姓之汗血也；我所食者，百姓之脂膏也。然而我之處心積慮者，非爲他人，爲敵百姓也；我之秣馬厲兵者，非爲他人，爲敵百姓也；我之勞師糜饟〔一〕，殺人如草芥，而所過爲墟者，非爲他人，爲敵百姓也。我食於百姓，而原野食百姓之肉；我飲於百姓，而川谷流百姓之血，皆爲敵百姓也〔二〕。

「王曰：非敵百姓也。」此真仁人之言也，此周武王之有天下，所以至八百年也。

嗚呼！百姓，我之百姓也，世固未有敵百姓者也，然而世常有敵百姓者也。

嗚呼！我亦百姓也，世固未有敵百姓之人也，然而世之人則常有敵百姓之心也。

竊願以斯言感其良心也〔三〕。

〔一〕饟同餉。
〔二〕言當道者之不仁。
〔三〕此淋漓之筆墨乃痛籲國内分裂割據之内戰也。

征之爲言正也，各欲正己也，焉用戰？」

愚按：「征之爲言正也」，此訓故字法。征从正字得聲也。正己之道，奈何？修德、行仁、爲善而已矣。各正己而百寧矣。余嘗作《善戰者服上刑論》，已見《離婁篇》。

5　**孟子曰：「梓匠輪輿能與人規矩，不能使人巧。」**

愚按：聖人既竭目力，繼之以規矩，以爲方員，不可勝用。規矩所以爲巧，巧即在規矩之中。《易傳》曰：「形而上者謂之道，形而下者謂之器。」器者，規矩也。「道寓於器之中」〔一〕，學者即器而深思之，進而悟乎道，乃所以爲巧也。《莊子》輪扁之告桓公曰：「不徐不疾，得之於手，而應於心……是以行年七十而老斲輪。」見《天道》篇。此所謂因器而悟巧道也。大匠與人規矩，即所以使人巧也；而其能巧與不能巧，則存乎其人。學者受規矩而不思不爲，或思之而不精，爲之而不熟，則終身不能以成

〔一〕道器關係，乃宋明性理學之「實學」議題。

巧。自《周官·考工記》而後，藝學竟至中絕。記曰：「作者之謂聖，述者之謂明。」[一]深有望於吾國之工業家也。

6　孟子曰：「舜之飯糗茹草也，若將終身焉；及其爲天子也，被袗衣，鼓琴，二女果，若固有之。」

朱注：「飯，食也。糗，乾糒也。茹，亦食也。袗，畫衣也。二女，堯二女也。果，女侍也。言聖人之心，不以貧賤而有慕於外，不以富貴而有動於中；隨遇而安，無預於己，所性分定故也。」

顧氏亭林云：「享天下之大福者，必先天下之大勞；宅天下之至貴者，必執天下之至賤。是以殷王小乙，使其子武丁舊勞於外，知小人之依。而周之后妃，亦必『服澣濯之衣，修煩縟之事。及周公遭變，陳后稷先公王業之所由者，則皆農夫女工衣食之務也』原注：干寶《晉紀論》。古先王之教，能事人而後能使人。其心不敢失於一物之

[一]《禮記·學記》文。

細，而後可以勝天下之大。舜之聖也，而飯糗茹草。禹之聖也，而手足胼胝，面目黧黑〔一〕，此其所以道濟天下，而爲萬世帝王之祖也，况乎其不如舜禹者乎？」〔二〕

王氏船山云：「袗，元衣也。王者衮服，上衣元，象天；下裳黄，象地。《集注》云畫衣。袗衣雖畫，而袗不訓畫；且公侯之衣亦畫，而不得名爲袗衣也。」〔三〕

7　孟子曰：「吾今而後知殺人親之重也。殺人之父，人亦殺其父。殺人之兄，人亦殺其兄。然則非自殺之也，一間耳。」

愚嘗引《孟子》此章之義，爲辭以警當世云：

咄嗟！天下有剸刃以殺其父者乎？無有也。有揮戈以殺其兄者乎？無有也。然而日日自殺其父、自殺其兄者，何也？殺人之父，即以自殺其父；殺人之兄，即以自殺其兄也。

咄嗟！「吾今而後知」者，知之久矣，不忍言也。乃曠觀世界，殺其父、殺其兄者，

〔一〕「手足胼胝，面目黧黑」見《墨子·備梯》，言備極辛勞也。
〔二〕顧炎武《日知録》卷七「飯糗茹草」。
〔三〕王夫之《四書稗疏》卷一《孟子》「袗衣」條。

不絶於耳目，至此而不忍不言也。

咄嗟！「非自殺之」者，實自殺之也。「一間」者，間接也。天下無直接殺其父、殺其兄者，乃皆間接以殺其父、殺其兄者也。

咄嗟！好戰而敵百姓也，爭地以戰，殺人盈野；爭城以戰，殺人盈城；日日殺人之父，殺人之兄，不轉瞬而人亦殺其父也，殺其兄也。

咄嗟！搜括而斂民財也，剥人之膚，椎人之髓，敲人之骨，吸人之血；日日殺人之父，殺人之兄，不踰時而人亦殺其父，殺其兄也。

咄嗟！曾子有言：「出乎爾者，反乎爾者也。」吾常謂反動力之在天下，如空氣然，無隙不入，是故無言不讎，無德不報。人惟嗜殺，而使人之父、人之兄，宛轉哀號於吾梃刃之下、犴獄之中，庸詎知吾之父、吾之兄，亦將宛轉哀號於人之梃刃之下、犴獄之中？此廼人道之當然也，此廼天演之公理也，如響之斯應也，如影之隨形也，不得免也，無可逃也〔二〕。

咄嗟！《孝經》有言：「敬其父則子悦，敬其兄則弟悦，敬一人而千萬人悦。」蓋孝

〔二〕極言官逼民反情狀，以警貪竊權位、拷剥民命者。

弟之至，和氣所積，通於神明；不孝不弟之至，戾氣所積，乃至殺其父、殺其兄者，累軌連踵，舉目而皆是。氣之感捷，似石吸鐵，此非必造物之有省記也，然而無銖兩之或差也；此不必如釋氏之言因果也，然而無毫髮之或爽也。

咄嗟！吾今而不知宇宙怨毒之氣，何日而消？而太和之氣，何時而方長也？咄嗟咄嗟！

8　**孟子曰：「古之爲關也，將以禦暴。**

（朱注：「譏察非常。」）〔一〕

今之爲關也，將以爲暴。」

（朱注：「征税出入。」）〔二〕

愚按：此承上章而言。設關爲暴，正所以殺人也。小民負販，所得幾何，而忍重税以苦之乎？古者致天下之民，聚天下之貨，交易而退，各得其所。故天下之貨，貴

〔一〕據《孟子新讀本》補入。

〔二〕據《孟子新讀本》補入。

乎源源而流通，則藏富於商賈，而國用自饒。今乃重重爲關，以阻之遏之，使貨不得出，於是乎民日困而國日貧，故夫後世關之爲害，譬蝮蛇之伏於心，其毒未有能救者也。關吏之遇商民，叫囂隳突，似待獄囚，而百姓每至度關，駭然喪膽，或稍稍賄之，不饜其慾，罰且百倍，嗟夫！孔子曰：「苛政猛於虎也。」夫苛政未有甚於重税者也。地方官吏之爲暴也，不啻縱百萬虎狼於都邑而噬人也。然而戰國時之爲關也，不啻使百萬虎狼以當關而噬人也。然而戰國時之爲關也，雖爲暴也，而國猶得獲其利也；後世之爲關也，雖爲暴也，而國並不能享其利也。其利歸於一二人之私橐，而民怨乃叢於其君，嗟夫！民怨積而人思奪之矣。

9　孟子曰：「身不行道，不行於妻子；使人不以道，不能行於妻子。」

（朱注：「身不行道者，以行言之。不行者，道不行也。使人不以道者，以事言之。不能行者，令不行也。」）[一]

愚按：此孟子述曾子之學説也。《大學》曰：「所藏乎身不恕，而能喻諸人者，未

[一] 據《孟子新讀本》補入。

之有也。」此即「身不行道，不行於妻子」之説也；孟子所謂道，即「恕道」也。《大學》

曰：「慈者，所以使衆也，其所令反其所好，而民不從。」此即使人不以道，不能行於妻夫子之説也；孟子所謂道，即「慈道」也。《大學》曰：「宜其家人，而後可以教國人。」夫不行於妻子，不能行於妻子，而欲以行於國人，豈不慎哉？

10　孟子曰：「周於利者，凶年不能殺；周於德者，邪世不能亂。」

愚按：孟子以利與德並舉，蓋有深意存焉。且夫人世最可怖者，曰凶，曰邪；人生最可懼者，曰殺，曰亂。亂者，亂於利也，自亂之也。世之不能周於德者，曰：「我無利也，將爲凶年所殺也。」則孳孳以謀利。夫藉口於凶年以謀利，是以飢渴害其心也；不知「放於利而行多怨」，則人人皆欲殺之，故孟子特表之曰：「周於利者，凶年不能殺。」言但爲凶年所不能殺爾。

世界一大學校也，故士君子處治世，則德行日進；處亂世，則德行日退。學者受邪世之教育，譬諸受洪爐之鎔鈞，身銷骨化，其不亂者幾希。惟周於德者，葆其本心，壁立千仞，能不爲世俗所惑，不爲世風所撓。《易·履》之初九曰：「素履往，无咎。」象曰：「素履之往，獨行願也。」説者曰：此即「君子素其位而行，不願乎其外」也。夫素位而行，獨行其願，則往何咎矣？故其九二曰：「履道坦坦，幽人貞吉。」象曰：「幽人貞吉，中不自亂也。」夫中不自亂，而不爲利所亂，不爲世所亂，乃不爲邪世之人所殺。

11　孟子曰：「好名之人，能讓千乘之國；苟非其人，簞食豆羹見於色。」

愚按：此孟子教人以存誠也。存心以立誠爲貴。「簞食豆羹見於色」，卑鄙之情畢露矣，不誠未有不露者也。君子之道，敬於内則慎獨，敬於外則戒僞。小人終身作僞，而人之視己，如見其肺肝然者，掩覆未有能久者也。蘇子瞻曰：「人能碎千金之璧，而不能不失聲於破釜。」〔一〕蓋碎千金之璧，不難矯飾以爲之；若失聲破釜之時，則其誠不覺一顯焉，所謂莫顯乎微也，是故君子誠之爲貴也。雖然語有之，三代而下，惟恐不好名。後世之士，則多能讓簞食豆羹，而於千乘之國則盜之者。

12　孟子曰：「不信仁賢，則國空虚。

〔一〕蘇軾《黠鼠賦》文。

愚按：嗚呼〔一〕！仁賢者國之寶也，而竟有不信者，何也？剛愎以拒之，柔闇以敷衍之，讒諂以間之，貌敬而神離之。蓋彼有所謂仁，有所謂賢。而其所信爲仁者，乃正不仁者也；所信爲賢者，乃正不賢者也。於是仁賢者乃遂相率肥遯，入山入林，而惟恐其不遠。入其疆，土地荒蕪，閭閻凋敝，若無人者然，鄰國睨之曰：「嘻！此空虚之國也。」則以爲殖民之地矣。嗚呼！仁賢者，國之寶也。《詩》曰：「誨爾諄諄，聽我藐藐。」又曰：「聽用我謀，庶無大悔。」彼仁賢者，方且懷忠愛之誠，纏綿悱惻之意，冀幸君之一悟，民之一蘇；乃爲人君者，曾是莫聽而大命以傾也，豈不悲哉？

無禮義則上下亂，

愚讀此節，而知平等之説必不可行於天下也〔二〕。夫惟盛世，在上者之對於下，常存平等之念而與之相儕；在下者之對於上，常存不敢平等之念而與之相抗。夫然後名分定，國家治。《易傳》曰：「天尊地卑，乾坤定矣。卑高以陳，貴賤位矣。」此言《乾》《坤》「六十四卦」之位，禮義行乎其中也。

〔一〕「嗚呼」二字脱，據《孟子新讀本》補入。

〔二〕「愚讀此節，而知平等之説必不可行於天下也」句，《孟子新讀本》作：「嗚呼！平等之説其可行於今世乎？」

禮者，人道之綱；義者，人事之宜也。有禮有義，則尊卑貴賤，井然釐然，秩序明而萬事理；無禮無義，則賊民興，犯上作亂，秩序紊而萬事淆矣。

且夫等者，階之級也，縱有並之之心，而實無並之之道者也。洎乎衰世，在上者之對於下，絶無平等之念；而在下者之對於上，則日持平等之論，以爲若何能而居我上也？於是乎詆之毁之，攻之擊之，思所以驅除之，夫是之謂亂。

《易傳》曰：「履霜，堅冰至。」非一朝夕之故也。而無識之徒，猶欲倡爲邪説，以爲禮義迂談，非所宜於今之世。雖有老成典型，莫之或信，國事乃蜩螗沸羹，馴至於危亡而不可收拾，豈不悲哉？

無政事則財用不足。」

愚按[一]：今之治國者，日日憂貧，乃日日言理財，而並不知有政事，此絶可憐而尤可痛者也。《周易》言：「理財正辭。」《大學》言：「生財有大道。」理財之本，依乎生財，未有不生財而能理財者。生財之道，備於《周官》《管子》，而莫要於農工商礦四

〔一〕「愚按」二字，《孟子新讀本》作「嗚呼」。

政。四政者修，所謂「生之者衆，食之者寡，爲之者疾，用之者舒，則財恒足」者也〔一〕。大同之世，天不愛其道，地不愛其寶，民不愛其力者，政事修於上也。

顧或者謂：農工商礦，其效非旦夕致，緩不濟急，當奈何？曰：自古理財家之樞紐，開源節流，當兼營而並進。譬諸歲用二萬萬之財，則惟有節省而用之，在支配之得其當而已。節流以待開源，本事足而歲計有餘，久之自源源而不竭矣。今乃不知生財，而求理財。理之無可理，而惟思貸財。至於貸之無可貸，國且因此亡矣。嗚呼！此其故何也？不知有政事也。

不知有政事，而國於是無政事。政事愈廢，而財用愈匱。財用愈匱，而取於民者愈無制。取民無制，民不能供，而搜括之計，愈日出而不窮。於是向之急公奉上者，至是而敲剥無餘；向之依賴公家者，至是而窮餓且死。杼柚俱空〔二〕，上下交困，束手無策，而猶紛紛然曰「貸財貸財」，嗚呼！豈不悲哉？

〔一〕《大學》文。

〔二〕「柚」同「軸」，句出《詩·小雅·大東》「小東大東，杼柚其空」，鄭玄箋云：「言其政偏，失砥矢之道也。譚無他貨，維絲麻爾，今盡杼柚不作也。」上無道而下無以維生也。

13　孟子曰：「不仁而得國者，有之矣；不仁而得天下者，未之有也。」

愚按：不仁豈能得國？然不仁而得國，亦偶有之者，何也？一國之民勢弱，團結力薄，猶可以私智牢籠之，以武力壓服之，然亦僅有之事耳。若不仁而得天下，則自古以來未之有也。蓋天下之人心，咸歸於仁。不仁者好人之所惡，惡人之所好，不特非民心所樂歸，且爲民怨所交集，豈能强致？蓋人心難得而易失，民情至愚而難欺，不可以利誘，亦不可以威劫也。雖然，既不仁而得國矣，乃往往欲覬天下，權謀相尚，干戈相爭，馴至身死國滅，爲天下笑。即偶有倖得之者，亦一再傳而失之，猶不得也，而其獲禍則尤酷，此前史所載不仁之君常如此者，非一世也。孔子曰：「進而不已必困。」〔一〕《老子》曰：「知足不辱，知止不殆。」〔二〕吾深願其鑑於前車，返於迷復，幡然而爲仁，斯天下之幸，亦一己之福也。

14　孟子曰：「民爲貴，社稷次之，君爲輕。

〔一〕《易·序卦傳》文，原文作「升而不已必困」。
〔二〕《老子》第四十四章文。

（方云：首節奇語、險語横空而來。）〔一〕

（下三節承明之，方見是極平實道理，章法整。）〔二〕

愚按：民者，天地之心所寄，與天子共維持天下者〔三〕，其好惡之心，協於一世之大公，故爲貴。君者，天子是也，何以知其爲天子？以下文言「天子」而知之也，爲民而設，經理民事，故爲輕。雖然「民貴君輕」之説，孟子發明之已久，而後世尠稱述之者。

爲民而闇無知識，甚乃嚚然不靖，顛倒是非，則失其爲民之資格。而爲君者，又輒逞一己之私意，藉口於民智之卑劣，倚勢作威，以欺民而壓民，故輕重倒置，至二千餘年。

今欲發明「民貴君輕」之義，當注重於民德、民智二者，皆當通於孟子之學説。民德何先？孟子所謂不失其良心是也；民智何先？孟子所謂謹庠序之教是也。

是故得乎丘民而爲天子，得乎天子爲諸侯，得乎諸侯爲大夫。

〔一〕唐先生《孟子新讀本》所引。
〔二〕唐先生《孟子新讀本》批語。
〔三〕此君民一體，共治天下之意。

王氏船山云：「山謂之丘，積物如山亦謂之丘。《易》『渙有丘』，大也，衆也。積之衆則大矣。四井爲丘，亦取積多之義……丘民者，衆民也。所謂天下之民歸心也，若偶然獲譽於隴首之農夫，而爲豪傑之士所不與，亦何足以爲天子？」[一]

愚按：戰國時未有「共和」之説，周厲王時共和行政，與後代共和意異。而孟子曰「得乎丘民而爲天子」者，開共和之學説自孟子始。蓋天子者，民之所推戴。故民爲邦本，君以民爲天。若不爲民所愛戴者，則禍逮夫身而失天下，故曰「得乎丘民而爲天子」也。「得乎天子爲諸侯，得乎諸侯爲大夫者」，任用諸侯大夫，天子之權，民不得而干預之，其有貪墨庸劣不稱職者，糾彈之可也。若民掣君之肘，而侵其用人之權，則事機滯，政將不理，而天下亂。

諸侯危社稷，則變置。

愚按：諸侯以守土地爲職者也，不能守其國，將爲人所滅，而民亦將隕墜其身家性命，則不得不變置之。其所以變置者，爲民也，爲民所以安社稷也。

犧牲既成，粢盛既潔，祭祀以時，然而旱乾水溢，則變置社稷。」

[一] 王夫之《四書稗疏》卷一《孟子》「丘民」條。

愚按：朱子云：「祭祀不失禮，而土穀之神不能爲民禦災捍患。」則自當變置之。其所以變置者，亦民之心理也，皆所以爲民也。夫諸侯社稷皆可變置，若民則萬世以來不可得而變置者也，此其輕重，不待通儒閎識而知之也。然而更有進者，旱乾水溢，當爲治本之策。禹之豐功，在奠大川，而其平生盡力者，則在溝洫。蓋治水利，正所以重民食、保民命也。孟子特以社稷與民較輕重，故不及此。

15　孟子曰：「聖人，百世之師也，伯夷、柳下惠是也。故聞伯夷之風者，頑夫廉，懦夫有立志；聞柳下惠之風者，薄夫敦，鄙夫寬。奮乎百世之上，百世之下聞者莫不興起也。非聖人而能若是乎，而況於親炙之者乎？」

（方云：此夷、惠贊也。起句有嚮往之神。「奮乎百世」以下，極其思慕。太史公論贊多用此法。）[一]

愚按：此章言夷、惠而不及孔子者，天下有「興起之師」，有「成德之師」，説已見第二篇。韓子《祭田横墓文》曰：「事有曠百世而相感者，余不自知其何心。非今世

[一] 唐先生《孟子新讀本》所引。

之所稀，孰爲使余歔欷而不可禁？」其所感者深也。若夷、惠二聖，豈直田横氏而已哉？首陽山石巍巍然矣，窮天地、亙萬世而不顧，斯千古氣節之大宗也。至於遺佚而不怨，阨窮而不憫，偶乎進於樂天知命之學矣。孟子曰：「百世之下聞者莫不興起也。非聖人而能若是乎？」望後學者之興起於無窮也。《詩》有之：「高山仰止，景行行止。雖不能至，心嚮往之。」後世亦有聞孟子之風而興起者乎？夫學聖人者，詎能皆得而親炙之？則讀其書，學其爲人也，斯可矣。

16 **孟子曰：「仁也者，人也。合而言之，道也。」**

愚按：「仁也者，人也。」此解字法也。《説文》「仁」隸「人部」，故得以人解仁也。造字先有人字，後有仁字。仁，从人从二，言人相偶也。凡事自一人始，而行仁取人相偶者，有己即有人。己欲立而立人，己欲達而達人，一人之心，千萬人之心也。《中庸》曰：「仁者，人也。」此孟子述師説也。

又曰：「合而言之，道也。」此孟子特創之解字法也。先儒云：「仁者，人之所以爲人也。」可見求仁即爲人，背仁即非人。《中庸》曰：「率性之爲道。」可見率其性之仁，則爲人之道；失其性之仁，即非人之道。許叔重曰：「道，所行道也。一達謂之道。」韓子曰：「由是而之焉之謂道。」張子曰：「由氣化有道之名。」前一者之説拘，後二者之説虚。合二字解一字之法，孟子前無之，孟子後無之，訓故家無之，理學家無之。

17 **孟子曰：「孔子之去魯，曰：『遲遲吾行也。』去父母國之道也。去齊，接淅而行，去他國之道也。」**

18 **孟子曰：「君子之戹於陳蔡之間，無上下之交也。」**

愚按：二章言孔子之事，感己之不遇也。

女樂啁啲，益牢愁矣。龜山作操，思離憂矣。

宗邦之隕，涕浪浪矣。遲遲吾行，側身傍徨矣。

泱泱東海，道不行矣。一變至魯，既無望矣。接淅而行，不可久留矣。

流離陳蔡，更爲吾黨痛矣。四科十哲，獨與二三子共矣。

上交不諂，君弗周之矣。下交不瀆，臣不我知矣。

俯仰天地，幾無所容矣。確乎不拔，箴潛龍矣。苞苴干謁，詎肯屈吾節矣。

吁嗟乎！一身之戹，無入而不自得矣。萬姓之戹，悲其無所極矣。彈琴一歌，不怨而不尤矣。世有孔子，吾將從之遊矣[一]。

19 **貉稽曰：「稽大不理於口。」**

趙注：「貉，姓。稽，名。仕者也，爲衆口所訕。」[二]

愚按：趙注訓「理」爲賴[三]，朱注從之，説似迂曲。竊謂「不理於口」，言不爲衆口所理直爾。

孟子曰：「無傷也，士憎茲多口。」

趙注：「審己之德，口無傷也，離於凡人而爲士者益多口。」[四]據此則「憎」當從「土」。惟據下文兩愠字自當指士見憎於人而言，作「増」恐非。[五]

[一] 此先生因釋寄懷之歌。
[二] 趙岐《孟子章句》卷一四。
[三] 趙岐《孟子章句》卷一四。
[四] 趙岐《孟子章句》卷一四。「離於凡人而爲士者益多口」句，趙氏原文作「離於凡人而仕者，亦益多口」。
[五] 唐先生原注。

愚按：韓子有言：「德修而謗興，道高而毁來。」[一]人生今世，而欲免於衆口，豈不難哉？然吾聞三代以上，是非與毁譽常相因；三代而下，是非與毁譽適相反。夫毁譽既不足憑，則多口何傷？且末世風俗澆薄，厭者惟士，忌者惟士，排擠者惟士，笑譏唾侮者惟士。非遭衆口之訕，不足以爲士。士乎士乎！其惟自修我德乎！

《詩》云：『憂心悄悄，愠於羣小。』孔子也。『肆不殄厥愠，亦不殞厥問。』文王也。」

朱注：「《詩》《邶風·柏舟》及《大雅·緜》之篇也。悄悄，憂貌。愠，怒也。本言衛之仁人，見怒於羣小；孟子以爲孔子之事，可以當之。肆，發語辭。隕，墜也。問，聲問也。本言太王事昆夷，雖不能殄絶其愠怒，亦不自墜其聲問之美；孟子以爲文王之事，可以當之。」

（斷章取義，悄然以悲，意遠思深，情韻無限。）[二]

愚按：文王、孔子，大聖人也，處亂世之末流，既畏讒而畏譏，復跋前而躓後，「屈心而抑志兮，忍尤而攘詬」[三]，固知道德之爲忌兮，忍而不能舍也。孔子繫《易》，撫韋

[一] 韓愈《原毁》原文作「事修而謗興，德高而毁來」。
[二] 唐先生《孟子新讀本》批語。
[三] 《離騷》句。

編而歎曰：「《易》之興也，其於中古乎？作《易》者其有憂患乎？」蓋謂文王也。然則吾人處憂患之時，惟用「九卦」以修我德而已[一]。九卦者，《履》、《謙》、《復》、《恒》、《損》、《益》、《困》、《井》、《巽》是也。而九卦之中，尤以「三卦」爲主。三卦者，《履》、《謙》、《困》是也。履，德之基也；謙，德之柄也；困，德之辨也。履和而至，謙尊而光，困窮而通，賢者遠禍，哲人知幾，其庶幾乎[二]？《困》之《彖傳》曰：「困而不失其所，亨。」其惟聖人乎？豈惟聖人乎？士乎士乎！其亦知生於憂患而增益其所不能乎？

20　孟子曰：「賢者以其昭昭，使人昭昭；今以其昏昏，使人昭昭。」

朱注：「昭昭，明也。昏昏，闇也。」又引尹氏云：「《大學》之道，在自昭明德，而施於天下國家，其有不順者寡矣。」

愚按：世界有一綫之光明，然後人得循之而行。然世界之光明，必賴人心之光

[一] 謂憂患九卦。
[二] 詳參《周易編》之《周易憂患九卦大義》。

明，而後世界光明，漸以朗澈。「以其昭昭，使人昭昭」，賢者本心之光明。若本心蒙蔽，良知闇塞，以是人而司教育之權，訑訑然放言高論，而欲人之昭昭，是以夜人而欲爲晝人之語也。夫人也日益昏，則世界日益暗，可痛哉！雖然，既以其昏昏矣，而猶使人昭昭者，何也？其本心固尚在也。善教育者，牖其昏昏，明其明德，其庶幾豁然而開朗乎？傳曰：「《易》不可見，則乾坤或幾乎息。」此言天地之道不容息也。若以其昏昏使人昭昭，則人死而乾坤晦矣。

21　孟子謂高子曰：「山徑之蹊閒，介然用之而成路。爲間不用，則茅塞之矣。今茅塞子之心矣。」

（末句語奇而辣。）〔一〕

趙注：「高子……學於孟子，鄉道而未明，去而學於他術……山徑，山之領，領，通作嶺。〔二〕有微蹊，介然人遂用之不止，則蹊成爲路。『爲間』，有間也，謂廢而不用，則

〔一〕唐先生《孟子新讀本》批語。
〔二〕唐先生自注。

茅草生而塞之，不復爲路。以喻高子學於仁義之道，當遂行之，而反中止，比若山路，故曰茅塞子之心也。」[一]

愚按：上章戒人心之昏蒙，此章艾[二]人心之荆棘，所以訓高子者至矣。「山徑之蹊間」，至窄境也。「介然用之」，良知偶露之頃也。「成路」，居然可由之徑也。「爲間不用，則茅塞之」，本無存養之功，故不移時而莠念蔓滋也。「茅塞子之心」，今日學者大都如斯也。然則當奈何？曰：斬其茅，養其苗，隨地隨時省察深思，以葆我良知。

22 **高子曰：「禹之聲，尚文王之聲。」**

朱注引豐氏[三]曰：「言禹之樂，過於文王之樂。」

孟子曰：「何以言之？」曰：「以追蠡。」

朱注引豐氏曰：「追，鐘紐也，《周禮》所謂旋蟲是也。蠡者，齧木蟲也。言禹時

[一] 趙岐《孟子章句》卷一四。

[二] 救治也。

[三] 豐稷（一〇三三～一一〇七），字相之，浙江鄞縣人；宋仁宗嘉祐四年（一〇五九）進士，仕至徽宗朝禮部尚書，廉直著稱，卒謚清敏，著有《孟子注》，今佚。

鐘在者，鐘紐如蟲齧而欲絶，蓋用之者多。而文王之鐘不然。是以知禹之樂過於文王之樂也。」

曰：「是奚足哉？城門之軌，兩馬之力與？」

（方云：引喻以破以追蠡之説，何等活脱！不黏不滯，正是爲拘泥人解頤。）〔一〕

朱注引豐氏曰：「奚足，言此何足以知之也。軌，車轍迹也。兩馬，一車所駕也。城中之涂容九軌，車可散行，故其轍迹淺；城門惟容一車，車皆由之，故其轍迹深，蓋日久車多所致，非一車兩馬之力能使之然也。言禹在文王前千餘年，故鐘久而紐絶；文王之鐘，則未久而紐全，不可以此而議優劣也。」

愚按：學者之患，莫大乎附和流俗人之議論，而自昧其知識。人以爲尚，則我亦云尚也；人以爲下，則我亦云下也；人以爲善，則我亦云善也；人以爲否，則我亦云否也。泛泛悠悠，絶不用心以究事實，久之而是非之心失，久之而天下遂無是非。吾嘗謂天下之亡，先亡於人心。人心之亡，先亡於無是非，而皆無意識之議論有以致之。追蠡，細故也，然高子居大賢之門，而隨流俗人之論，惜哉！

〔一〕唐先生《孟子新讀本》所引。

23 齊饑。陳臻曰：「國人皆以夫子將復爲發棠，殆不可復。」

趙注：「棠，齊邑也。孟子嘗勸王發棠邑之倉以振貧窮，時人賴之。今齊人復饑，陳臻言一國之人，皆以爲夫子將〔一〕復若發棠時勸王也，殆不可復言之也。」〔二〕

孟子曰：「是爲馮婦也。晉人有馮婦者，善搏虎，卒爲善士。則之野，有衆逐虎。虎負嵎莫之敢攖，望見馮婦，趨而迎之。馮婦攘臂下車。衆皆悦之，其爲士者笑之。」

羅氏羅山云：「發棠之不可復，不必論王之聽與不聽也，即聽其言而復發，於義亦不可請。蓋孟子之於王，欲行道耳。前此之發棠，以王方信孟子之言，故孟子從而請之；今王既不能用，萬民之水火塗炭，已不能行道以拯之，徒欲沾沾發粟，屢快國人之心，尚可謂合於道乎？蓋王能用孟子，則齊人之饑即爲同室之鬭；不能用孟子，則齊人之饑，已爲鄉鄰之鬭矣。孟子非不欲請，義已不可請耳。」〔三〕

（方云：「是爲馮婦」句，接得奇幻突兀。以下叙馮婦事，不黏一句正面，而自然

〔一〕「將」字脱，據趙岐《孟子章句》原文補入。
〔二〕趙岐《孟子章句》卷一四。
〔三〕羅澤南《讀孟子劄記》卷二。

句句與正意相對，真妙文也。）〔一〕

愚按：出處與語默，義常相因。時而宜處也，亦宜默矣。「樂歲終身苦，凶年不免於死亡，老弱轉乎溝壑，壯者散而四方」，齊之饑也，非天時也，人事爲之也。向使齊王能用孟子，則國不至於屢饑矣。馮婦之喻，孟子蓋無聊之至，行將去齊矣。嗚呼！苛政猛於虎也，齊民何罪而常饑哉？

又按：或讀「卒爲善」句，「士則之」句，「野有衆逐虎」句〔二〕，於義亦通。

24　**孟子曰：「口之於味也，目之於色也，耳之於聲也，鼻之於臭也，四肢之於安佚也，性也，有命焉，君子不謂性也。**

程子曰：「五者之欲，性也，然有分，不能皆如其願，則是命也。不可謂我性之所有，而求必得之也。」〔三〕

〔一〕唐先生《孟子新讀本》所引。
〔二〕明代成化時期陳公懋、陸容等主張此句讀。
〔三〕朱子《孟子集注》引。

愚按：張子云：「形而後有氣質之性，善反之，則天地之性存焉。」〔一〕故氣質之性，君子有弗性者焉。口之於味五者，氣質之性也，然不知有命以限之，則縱其欲者，正所以害其性。故君子不謂之性，非特可以寡欲，正所以養性也，是能以義理勝氣質者也，所謂以天勝人也，君子知命之學蓋如此。

仁之於父子也，義之於君臣也，禮之於賓主也，知之於賢者也，聖人之於天道也，命也，有性焉，君子不謂命也。」

程子曰：「仁、義、禮、智、天道，在人則賦於命者，所稟者有厚薄清濁，然而性善可學而盡，故不謂之命也。」〔二〕

朱注：「愚聞之師曰：『此二條者，皆性之所有而命於天者也。然世之人以前五者爲性，雖有不得，而必欲求之；以後五者爲命，一有不至，則不復致力。故孟子各就其重處言之，以伸此而抑彼也。』張子所謂：『養則付命於天，道則責成於己。』其言約而盡矣。」

〔一〕張載《正蒙・誠明》文。
〔二〕朱子《孟子集注》引。

羅氏羅山云：「『君子不謂命也』，命字有兩説：一以所稟言，如《集注》所謂『清而厚、濁而薄』者也；一以所值言，如《語類》『仁之於父子，如舜之於瞽瞍；義之於君臣，如文王之於紂而在羑里』是也。舜遇父之不慈，命也，然而不可以父之不慈，不盡爲子之道；文遇紂之不仁，命也，然而不可以君之不仁，不盡爲臣之道。舜致底豫，文勤服事，此舜、文盡性之事。禮之於賓主亦然。雖值人不以禮待我，我不可遂不以禮待人也。但以所值言，於知之於賢否。『聖人之於天道』説不去，蓋知能辨人之賢否。聖人稟天命之性，不關際遇上事，故《集注》祇以所稟者言，不以所值者言也。」〔一〕

愚按：仁、義、禮、智、天道五者，皆性之所固有也。然而有命以限之者，一則囿於氣稟之厚薄，一則因乎境遇之窮通也。凡人棄其性，適所以隳其命，故君子不謂之命者，是能以義理勝氣數也，所謂以人勝天也。是故聖賢躬被道德，有盡性之學，乃有勝天之權。

25　浩生不害問曰：「樂正子，何人也？」孟子曰：「善人也，信人也。」

〔一〕羅澤南《讀孟子劄記》卷二。

趙注：「浩生，姓。不害，名。齊人也。」〔一〕

「何謂善？何謂信？」曰：「可欲之謂善，

張氏云：「可欲者，動之端也。蓋人具天地之性，仁義禮智之所存，其發見則爲惻隱、羞惡、辭遜、是非，所謂可欲也。以其淵源純粹，故謂之善，蓋於此無惡之可萌也。至於爲不善者，是則知誘物化，動於血氣，有以使之而失其正，非其所可欲者矣。」〔二〕

有諸己之謂信，

張子云：「志仁無惡之謂善，誠善於身之謂信。」〔三〕

愚按：有諸己者，謂實有諸己，非第好善而已也。善而未有諸己，譬諸爲他人之物，有諸己而後實爲己物也。

充實之謂美，

〔一〕趙岐《孟子章句》卷一四。

〔二〕張栻《孟子説》卷七。

〔三〕朱子《孟子集注》引張載《正蒙》語，文云：「可欲之謂善，志仁則無惡也。誠善於心之謂信，充内形外之謂美，塞乎天地之謂大，大能成性之謂聖，天地同流、陰陽不測之謂神。」

張氏云：「充實者，充盛篤實也。美者，美在其中，成章之謂也。」〔一〕

充實而有光輝之謂大，

朱注：「和順積中而英華發外，美在其中而暢於四支，發於事業，則德業至盛，而不可加矣。」

大而化之之謂聖，

朱注：「大而能化，使其大者，泯然無復可見之迹，則不思不勉，從容中道，而非人力之所能爲矣。」

聖而不可知之之謂神。

張氏云：「神是聖人之妙，人不可得而測者，不疾而速，不行而至是也。非聖人之外復有所謂神，神即聖人之不可知者也。」〔二〕

樂正子，二之中，四之下也。

程子云：「士之所難者，在有諸己而已。能有諸己，則居之安，資之深，而美且大

〔一〕張栻《孟子説》卷七。
〔二〕張栻《孟子説》卷七，首句原文：「若乎所謂神，是聖人之妙。」

可以馴致矣。徒知可欲之善，而若存若亡而已，則能不受變於俗者鮮矣。」[一]

愚按：此即班氏《古今人表》式也。「樂正子，二之中，四之下」，言在弟四等之下，第五六等之中，蓋在善信間也。學者讀此，可以得學道之方也。

士生當世，以好善爲惟一之宗旨。譬諸建築房屋然，好善其基阯也，人心之好善，猶屋之有基也。然雖好善，而或信之不篤，則所謂善者，焉能爲有？焉能爲亡？譬諸建築房屋然，雖有基礎，而無畚築之功，終歸於坍塌而已。故貴繼之以信，信之進而爲美，譬諸建築房屋然，基礎既堅，造作必須完固，而加以華飾也。美之進而爲大，譬諸建築房屋然，華飾之餘，更宜擴充琱琢，俾壯麗而崇閎也。大而化之，不勉而中，不思而得，從心所欲之境也。聖之進而爲神，《易傳》曰：「過此以往，未之或知也。窮神知化，德之盛也。」言其過化存神，爲人所不能測爾，非虛無杳渺之道也；非如禪家所謂心之精神，光明寂照，乃謂之神也。然則聖神之詣，實因善信二字，切實精進，造乎其極，更非有靈妙不傳之秘，可以一超而頓悟也。故曰：學者讀此，可以得學道之方也，終身勉勉循循於此足矣。

[一] 朱子《孟子集注》引。

或者曰：「班氏《人表》列九等，孟子何以僅列六等[一]？」曰：尚有小人、邪人、惡人[二]，不列於聖賢之門，故爲孟子所不言。

又按：此六等極似《易》卦之六爻。《易》例，凡初爻爲陽爻者皆善[三]，此喜怒哀樂之萌芽也，所謂「可欲之善」也。「有諸己之謂信」，《易・乾》二爻「庸言之信，庸行之謹」也。「充實之謂美」，《易・乾》三爻「忠信所以進德也」。「充實而有光輝之謂大」，君子以「剛健篤實，輝光，日新其德」[四]，此《大畜》之所以爲大也。「大而化之之謂聖」，《易・乾》五爻之「飛龍在天」，位乎天德，「大人造也」。學問之道，以有諸己爲主，而必以造於聖人爲極功，猶《易》例「内卦」以二爻爲主，「外卦」以五爻爲主也。「聖而不可知之之謂神」，則是「所過者化，所存者神，上下與天地同流」矣。此卻與《易》卦之上爻微有不同。蓋《易》忌於盈，故上爻每以過爲戒；而君子之學道，進而

〔一〕孟子列浩生不害在二之中而四之下，即分列人物爲「六等」。

〔二〕合此三者則九等。

〔三〕孔穎達《周易正義》釋《乾》初九云：「第一言初者，欲明萬物積漸，從無入有，所以言初，不言一與下也。」唐先生取《易》卦初九原生義以説性，貫通《孟子》義理。

〔四〕《易・大畜》卦彖辭文。

不已，則必造於無以復加之域，猶《中庸》「尚絅」章之六節，其第五節「至於篤恭而天下平」，可謂極盛矣，然必極於「上天之載，無聲無臭」之妙，其進德之次第，亦與此章相類。先儒謂孟子不明言《易》，而所言無非《易》理〔二〕，若此等處是也。此說雖似穿鑿，然愚自謂頗有心得，爰著之以質夫後世之求道者〔三〕。

26　孟子曰：「逃墨必歸於楊，逃楊必歸於儒。歸，斯受之而已矣。

趙注：「墨翟之道，兼愛無親疏之別，最爲違禮。楊朱之道，爲己愛身，雖違禮，尚得不敢毁傷之義。逃者，去也，去邪歸正，故曰歸。去墨歸楊，去楊歸儒，則當受而安之也。」〔三〕

愚按：逃墨必歸於楊，非謂楊之學勝於墨也，亦非謂楊之害減於墨也。蓋戰國時墨氏之學盛行，家庭之愛寖薄，特舉其甚者而言，故曰：「必歸於楊。」至其必歸於

〔一〕清初王心敬《豐川易説·通論》言：「神而明之，存乎其人。《孟子》不言《易》，而所行無非《易》也。」
〔二〕《孟子》通於《易》，此唐先生經學造詣之心得，詳參本編《孟子救世編》卷一〇《周易學》。
〔三〕趙岐《孟子章句》卷一四。

儒則一也。「歸，斯受之」者，聖賢以救天下爲心者也，欲救天下，先救異端。

今之與楊墨辯者，如追放豚，既入其苙，又從而招之。

趙注：「苙，闌也。招，罥[一]也。今之與楊、墨辯爭道者，譬如追放逸之豕豚，追而還之入闌則可，又復從而罥之，太甚。以言去楊、墨歸儒則可，又復從而罪之，亦云太甚。」[二]

張氏云：「如追放豚，入其闌苙，又從而縶之者，惟恐其復逸也。聖賢之待人，其歸也，受之而已，固不保其往也。畔與不畔，蓋在彼也，若恐其畔去，而必欲堅之，則是私意之所加，而非天之理矣。故夫歸而不受，則是逆詐億不信而拒乎物矣；受而必欲其不去，則是有固有必而滯於物矣。有一於此，皆非聖賢之心，故辨異端之失以待來者，而不固焉，此聖賢之心，乃天地之心也。」[三]

（此喻奇横，句法尤要。）[四]

〔一〕罥，縎繫也。
〔二〕趙岐《孟子章句》卷一四。
〔三〕張栻《孟子説》卷七。
〔四〕唐先生《孟子新讀本》批語。

27 孟子曰：「有布縷之征，粟米之征，力役之征。君子用其一，緩其二。用其二而民有殍，用其三而父子離。」

趙注：「征，賦也。國有軍旅之事，則横興此三賦也。布，軍卒以爲衣；縷，鉄鎧甲之縷也。鉄，縫也。粟米，軍糧也。力役，民負荷斯養之役也。君子爲政，雖遭軍旅，量其民力，不並此三役，更發異時，急一緩二，民不苦之。若並用二，則路有餓殍；若並用三，則分崩不振，父子離析，忘禮義矣。」〔一〕

愚按：趙氏之説，古説也，蓋孟子爲窮兵黷武者戒也。日用其一緩其二，用其一，國有征伐，或出於不得已。若用其二，用其三，是何心也？且夫人世最苦者惟餓，至於民有殍〔二〕而慘極矣；人生最悲痛者惟别離，至於父子離而慘更極矣。爲民上者，好武傷財，竭民膏血，搜括而外，更不知有何事，吾恐其獲報，更不止殍與離而已也〔三〕。

〔一〕趙岐《孟子章句》卷一四。「軍卒以爲衣」句，趙氏原文句末有「也」字。
〔二〕殍，餓死也。
〔三〕言自食更難堪之苦果。

28　孟子曰：「諸侯之寶三：土地、人民、政事。寶珠玉者，殃必及身。」

趙注：「諸侯正其封疆，不侵鄰國，鄰國不犯，寶土地也；使民以時，居〔一〕不離散，寶人民也；修其德教，布其惠政，寶政事也。若寶珠玉，求索和氏之璧、隋氏〔二〕之珠，與强國爭之，强國加害，殃及身也。」〔三〕

（此章簡而辣。）〔四〕

愚按：有土地而後有人民，有人民而後有政事，故諸侯有三寶。然土地所以養人民者也，政事所以治人民者也，然則諸侯之寶，皆爲人民也。寶珠玉者，兒女子之事也。諸侯舍其人民，而效兒女子之嗜好，不旋踵而殃及於人民，揆諸天道人事，不殃其身何待？

29　盆成括仕於齊。孟子曰：「死矣盆成括！」盆成括見殺。門人問曰：「夫子何以

〔一〕「居」字原作「民」，據趙氏文改。
〔二〕「氏」字原作「侯」，據趙氏文改。
〔三〕趙岐《孟子章句》卷一四。
〔四〕唐先生《孟子新讀本》批語。

知其將見殺？」曰：「其爲人也小有才，未聞君子之大道也，則足以殺其軀而已矣。」

朱注：「盆成，姓；括，名也。恃才妄作，所以取禍。」

張氏云：「才，如辯給敏捷之類。小有才而未聞大道，則必求所以用其才，謂聰明智力之可以有爲，而不知理義之顧若是者，極其才而不知所止，不至於顛覆則不止。故盆成括仕於戰國之時，孟子知其必見殺也。道者，非他也，理義之存乎人心者也。於此有聞，則其進退語默之際，皆有所據，而才有所不敢持矣。故夫人之有才，本不足以爲人害，惟其無所本而徒用其才，於是而才始足以病己，甚至於有取死之道也。夫小有才而未聞道者，身且不能保，而爲國者，乃信而用之，亡國敗家，其何日之有？」〔一〕

（末三句有驚心動魄之致，令有才者讀之，悚然自省。）〔二〕

愚按：朱注「恃才妄作」四字，最精覈。蓋恃才則必驕吝，驕氣吝色，足以殺其軀

〔一〕張栻《孟子説》卷七。
〔二〕唐先生《孟子新讀本》批語。

也；恃才則必忮巧，忮志巧機，足以殺其軀也；恃才則必虚誕，虚誕而不實不信，足以殺其軀也；恃才則必貪鄙，貪鄙而予取予求，足以殺其軀也；恃才則必放恣，放恣而作福作威，足以殺其軀也。夫才者，木之未成材者也，君子所欲造就之者也。乃因未聞道而足以殺其軀，惜乎未奉教於君子也！惜乎天下後世盆成括之多也！

30　孟子之滕，館於上宫。有業屨於牖上，館人求之弗得。

趙注：「館，舍也。上宫，樓也……屨，扉屨也。匪屨，草屨也[一]。業織之有次，業而未成也。」[二]

或問之曰：「若是乎從者之廋[三]也？」曰：「子以是爲竊屨來與？」曰：「殆非也。夫子之設科也，往者不追，來者不拒。苟以是心至，斯受之而已矣。」

趙注：「廋，匿也。孟子與門徒相隨，從車數十，故曰侍從者所竊匿也。孟子謂

[一]「匪屨，草屨也」脱，據趙岐《孟子章句》原文補入。
[二] 趙岐《孟子章句》卷一四。
[三] 廋同廋，藏匿也。

館人曰：『子以是衆人來隨事我，本爲欲竊屨故來邪？』館人曰：『殆非，爲是來事夫子也。』自知問之過。孟子曰：『夫我設教授之科，教人以道德也。其去者亦不追呼，來者亦不逆拒，誠以是學道之心來至，我則斯受之。』……見館人言：『殆非爲是來。』亦云：『不能保知。』謙以答之。」〔一〕

張氏云：「讀此章，可見孟子於世俗酬酢，無不曲盡其理也。疑從者之廋屨，其人亦難告語矣。孟子應之，辭氣不迫，不曰『從者之必不然』，但問之曰『子以是爲竊屨來與』，謂子以彼來從我者爲竊屨而來與？此雖甚愚人，亦知其不然也，故曰『殆非也』。則告之以『予之設科，其往者固不追，而來者亦不拒也，以是心至，則受之矣』，固不能無其往，而含洪廣大，無固無必。所以酬酢之者，可謂無不盡矣。」〔二〕

愚按：此章文義多可疑，恐有脱簡。夫子，或作「夫予」〔三〕，爲孟子之言。細味語氣，當以趙氏、張氏説爲長。

〔一〕趙岐《孟子章句》卷一四。
〔二〕張栻《孟子説》卷七。
〔三〕朱子《孟子集注》：「夫子，如字。舊讀爲扶余（夫予）者，非。」

31　孟子曰："人皆有所不忍，達之於其所忍，仁也。人皆有所不爲，達之於其所爲，義也。

（此章盤旋曲折，精透無倫。）〔一〕

愚按：人皆有所不忍、有所不爲，此本心之良知也。達之於其所忍、所爲，其工夫非止一層。譬諸不忍於親，而忍於民；不忍於民，而忍於物；不忍於動物，而忍於植物。如何而達，要在舉斯心而加諸彼。譬諸不爲於簞食豆羹，而爲於數十鎰百鎰；不爲於數十鎰百鎰，而爲於千鍾萬鍾；不爲於千鍾萬鍾，而爲於千駟萬乘。如何而達？要在舉乎小以進於大，必推勘到極精極深處，充類至盡，方可爲仁，方可爲義。

人能充無欲害人之心，而仁不可勝用也；人能充無穿窬之心，而義不可勝用也。

愚按："無欲害人之心"，"無穿窬之心"，本心之良知也。有良知而不知所以充之，最易於汩没。今驟責人以害人穿窬，人決以爲必無是心。然試返躬自省，己心果有所忮乎？稍有所忮，是即害人之心也。己心果有所求乎？稍有所求，是即穿窬之心也。亦必推勘到極精極深處，斯"仁不可勝用，義不可勝用"。明陸桴亭先生釋忌

〔一〕唐先生《孟子新讀本》批語。

字義云：忌字上非从已，乃係从己。己者，古文蛇字[一]。人有一蛇盤踞於心，故被害者最爲慘烈。然是蛇也，噬人不已，轉而自噬，則其慘烈更百倍於被害之人。故欲去害人之心，當先去一「忌」字。

又按：孔子曰：「色厲而内荏，譬諸小人，其猶穿窬之盜也與？」夫色厲内荏，不過作僞，而孔子即譬之於穿窬者，蓋盜利固盜，盜名亦盜。天下之作僞而希冀有所得者，皆盜行也，皆盜心也。故欲去穿窬之心，當先去一「僞」字。

人能充無受爾汝之實，無所往而不爲義也。

愚按：爾汝，人所輕賤之稱[二]。受爾汝之實，即所謂奴僕性質也。人生以堂堂七尺之軀，曷爲而有奴僕之性？爲其好依賴也，好干求也。「能充無受爾汝之實」，此「充」字亦非爲易，須有獨立之知識，獨立之學問精神，斯能不事干求，生長其浩然之氣，而漸進於道義之途。故曰：「無所往而不爲義也。」

士未可以言而言，是以言餂之也；可以言而不言，是以不言餂之也，是皆穿窬之

[一] 陸世儀《思辨録輯要》卷六「誠正類」謂：「忌者己心也。己字古文作蛇。蛇有毒害之意，故人心莫毒於忌。」
[二] 朱子《孟子集注》義。

類也。」

（方云：「是皆穿窬之類也」，意警句警。言餂、不言餂，字新鮮。）〔一〕

愚按：士生當世，以誑言爲第一大戒，而誑言猶不如以言餂〔二〕人、以不言餂人之尤爲可惡。曷爲而以言餂人、以不言餂人？爲其心之有所求也。人生多一分干求之心，即增一分盗竊之行，故孟子曰：「是皆穿窬之類。」穿窬者盗人之物，顯於有形；餂人者盗人之意指，藏於無形。然穿窬之人，終必有發覺之時，惟其術淺者發覺速，其術工者發覺遲，而發覺遲者，其罪爲尤大。餂人之人，亦必有覺察之時，惟其術淺者覺察速，其術工者覺察遲，而覺察遲者，其爲人所賤惡鄙棄爲尤甚。先儒有言：「對人言貧，此是何意？」〔三〕又云：「逢人即有求，所以百事非。」〔四〕此其人非無聰明機警之資，而卒至於名譽掃地，事業無成，皆爲其有所干求也，豈不大可痛惜哉！孟

〔一〕唐先生《孟子新讀本》所引。

〔二〕餂，鉤取也，意爲刺探。

〔三〕原出宋儒胡安國。胡安國在去職之後，曾告誡學子説：「對人言貧者，其意將何求？」事載《宋元學案》及《伊洛淵源録》卷一三。

〔四〕宋人吕舍人詩，見引《朱子語録》卷一三。

子此節，專爲當時游士干謁無耻者而言，後世儒者，可以鑑已。

32 孟子曰：「言近而指遠者，善言也。守約而施博者，善道也。君子之言也，不下帶而道存焉。

（此章開首以言與守並列，實則側重守字。「君子之守，修其身而天下平」爲一章主腦。此章樸質中自有色澤，由於前後兩用喻之妙。）〔一〕

愚按：此孟子傳曾子學説也。曾子之言曰：「近者不親，不敢圖遠；小者不審，不敢言大。」見《大戴禮記·曾子疾病篇》。君子之學，要在切實。若徒舍近而求遠，舍約而務博，虛夸無實，心則馳於外而不定，氣則浮於上而不沈，求其進於善也難矣。「君子之言也，不下帶而道存焉」，所以居其近也，將以平其心而斂其氣也。

君子之守，修其身而天下平。

愚按：此孟子傳曾子學説也。曾子之言曰：「言不遠身，言之主也；行不遠身，行之本也。」見《大戴禮記·曾子疾病篇》。又曰：「自天子以至於庶人，壹是皆以修身爲

〔一〕唐先生《孟子新讀本》批語。

本。」身修而後家齊，家齊而後國治，國治而後天下平。修身之學，先在正心。君子之守，守之於心而行之於身也。《書·洪範》言「有猷有爲」，必歸於「有守」〔一〕。有守者，有猷有爲之根基也。未有失其所守，而能有猷有爲者也。

人病舍其田而芸人之田，所求於人者重，而所以自任者輕。」

愚按：此孟子傳曾子學説也。曾子之言曰：「其本亂而末治者否矣。其所厚者薄，而其所薄者厚，未之有也。」惟所厚者薄，於是舍其田而芸人之田；惟所薄者厚，勢不能繼，於是轉而求於人者無限。而所以自任者，戔戔〔二〕之事，甚至縹緲而無所憑，蓋徒求泛博，則其弊必至於此。既昧乎本末厚薄之理，則輕重亦必倒置。君子觀於人心輕重之故，而天下之平與不平，概可知矣。得乎本末、厚薄、輕重之序，天下未有不平者也；失乎本末、厚薄、輕重之序，天下未有不亂者也。孟子知世道之升降，學術之邪正是非，皆原於此，故特正言以揭示之曰：「君子之守，修其身而天下平。」修其身者，不過審乎本末、厚薄、輕重之數，其道至實而至約也。

〔一〕《書·洪範》文：「凡厥庶民，有猷、有爲、有守，汝則念之。」
〔二〕戔戔，淺小之意。

夫《中庸》言道體，始於天命之性，終於上天之載，無聲無臭，可謂廣矣大矣。乃其中特申言之曰：「道之不明也」，「道之不行也」，「人莫不飲食也，鮮能知味也。」，又曰：「君子之道，譬如行遠必自邇，譬如登高必自卑。」然則學道者務於日用踐履之間，切實求之可矣。

33　孟子曰：「堯舜，性者也；湯武，反之也。

張氏云：「前言堯舜性之也，今言『性者也』，語愈密矣。『反之者』，復之者也，自明而誠，復其天性之本然者也。」〔一〕

（首節一提，第二節承「性者」，第三節承「反之」，而三節只用一句，以承作結。可悟文法變化之妙。）〔二〕

動容周旋中禮者，盛德之至也；哭死而哀，非爲生者也；經德不回，非以干禄也；言語必信，非以正行也。

〔一〕張栻《孟子説》卷七。
〔二〕唐先生《孟子新讀本》批語。

朱注：「細微曲折，無不中禮，乃其盛德之至，自然而中，而非有意於中也。經，常也。回，曲也。」

愚按：此皆無所爲而爲，出於天性，所謂性者也。

君子行法，以俟命而已矣。」

愚按：此言修身之學，所謂反之也。曷以知其爲修身之學也？《盡心》篇首章曰：「修身以俟之，所以立命也。」行法者，所以修身，即所以立命也。朱注云：「法者，天理之當然也。」理原於心，法亦根於心，苟非出於人心，何能定法？君子行法以俟命，君子終身在法律之中也。《離婁》篇曰：「下無法守也。」言政治中之法也。

此章曰「君子行法」，言心理中之法也。天下惟守法之人，乃可以言安命；惟行法之人，乃可以言俟命。或者不達，則又告之曰：子思子嘗言「居易以俟命」矣。居易者，素位而行，自是不越乎本分之外，是爲行法，故曰「俟命」。

34　孟子曰：「説大人，則藐之，勿視其巍巍然。

張氏云：「大人者，當世尊貴之稱。藐，當讀爲眇。《左氏傳》曰：『以是藐諸孤。』藐之云者，小之也，小之者，小其所挾者也，故曰：『勿視其巍巍然。』視其巍巍然

則動於中。動於中，則慕夫在彼之勢，而詘其在我之義矣。」〔一〕

（此章氣象光昌，色澤純厚，以或爲七類之祖。）〔二〕

堂高數仞，榱題數尺，我得志弗爲也；食前方丈，侍妾數百人，我得志弗爲也；般樂飲酒，驅騁田獵，後車千乘，我得志弗爲也。在彼者，皆我所不爲也；在我者，皆古之制也，吾何畏彼哉？」

陳氏蘭甫云：「閻百詩云：『「説大人」章孟子以己之長，方人之短，猶有此等氣象，在孔子則無之矣。此楊龜山語，何苛論孟子？如曾子之「彼以其富，我以吾仁；彼以其爵，我以吾義，吾何慊乎哉？」曾子何獨不然？』〔三〕澧謂：『在彼者，皆我所不爲』，不同流俗也。『在我者，皆古之制』，君子反經也。此後儒不可不恪遵者，而況可苛論乎？」〔四〕

愚按：此章重在得志後修明先王之制，猶孔子從先進之意也。先王宮室，自有

〔一〕張栻《孟子説》卷七。
〔二〕唐先生《孟子新讀本》批語。
〔三〕閻若璩《四書釋地》文。
〔四〕陳澧《東塾讀書記》卷三《孟子》。

其制；飲食侍御，自有其制；蒐苗獮狩，又各有其制。自後世諸侯奢侈無度，乃皆以建制閎麗，流連荒亡爲務。游士卑鄙，伺候趨承之不暇，及一得志，乃一效彼之所爲。蓋今時之諂媚，即爲後日之驕恣也。孟子痛之，故曰：「在彼者，皆我所不爲也；在我者，皆古之制也。」此其意欲當時諸侯，納身於軌物之中，與孔子所言「畏大人」，初不相悖。蓋諸侯之遵守古制者，固當畏之；其蔑棄古制者，則當藐之也。如以貧賤驕人，則顔斶、蘇季子之徒優爲之矣。

35　孟子曰：「養心莫善於寡欲。其爲人也寡欲，雖有不存焉者寡矣。其爲人也多欲，雖有存焉者寡矣。」

（方云：《孟子》七篇中，始説義氣，繼説養性，終説養心，可見孟子爲學，與年俱進。）〔一〕

愚按：君子治心之功有二：一出於積極，一出於消極。孔子曰：「克己復禮爲仁。」克己，消極之事也；復禮，積極之事也，未有不克己而能復禮者也。孟子曰：

〔一〕唐先生《孟子新讀本》所引。

「養心莫善於寡欲。」養心，積極之事也；寡欲，消極之事也，未有不寡欲而能養心者也。存者何？存理義之心也。寡欲當奈何？泊然而無思乎？淡然而無爲乎？記曰：「清明在躬，志氣如神；嗜欲將至，有開必先。」〔一〕聖賢亦不能無欲，惟於念慮未發之先，莊敬以清明之。念慮已發之後，察識以辨别之〔二〕，其合於理乎？不合於理乎？合於理者存之，不合於理者去之，則夫理義之心，雖有不存焉者寡矣。

多欲則奈何？生人之嗜欲，以聲色、貨利爲大端，而貨利之爲害尤烈。傳所謂「專利而不厭，予取予求」是也。惟專利而不厭，計較日益精，機變日益巧，於是其心刻，久之而其心邪，又久之而其本心愈斲愈喪，雖有存焉者寡矣。不存焉者寡，未必即爲聖賢也，然而去聖賢一間矣。存焉者寡，未必即爲禽獸也，然而爲禽獸不遠矣。

36 曾皙嗜羊棗，而曾子不忍食羊棗。

張氏云：「曾子不忍食羊棗之意，愛敬之篤，不死其親者也。親之所嗜，見

〔一〕《禮記·孔子閒居》文。
〔二〕此度心之義。

之而不忍食焉。推是一端，則凡其日用之間，所以感發於其親者多矣。常人於其親日遠而日忘矣，惟君子則不然，親雖日遠，而其心不可泯也。故雖事事物物之間，親心之所存者，吾亦存之未嘗忘，而況於其言行乎？此之謂不死於其親。」〔一〕

愚按：孟子言仁，必言「不忍」。而此言孝，亦言不忍。孝中之不忍，孺慕之誠，痛心之至也。

公孫丑問曰：「膾炙與羊棗孰美？」孟子曰：「膾炙哉！」公孫丑曰：「然則曾子何爲食膾炙而不食羊棗？」曰：「膾炙所同也，羊棗所獨也。諱名不諱姓，姓所同也，名所獨也。」

（此節極詠奇。發明一「獨」字，尤足感動人心。）〔二〕

愚按：《小戴禮記》曰：「父没而不能讀父之書，手澤存焉爾；母没而不能執母之器，口澤之氣存焉爾。」不能者不忍也。不忍之思，充滿於中，有觸斯應，見所獨而

〔一〕張栻《孟子説》卷七。
〔二〕唐先生《孟子新讀本》批語。

感發，見所同而未嘗不感發焉。然惟獨知之者，其悽愴爲尤甚，而不忍爲尤深也。不忍，性也，人而無性，非人也。不忍之發，情也，人而無情，非人也。曾子，性情中人也，其孝足爲萬世法也。

37 萬章問曰：「孔子在陳曰：『盍歸乎來！吾黨之小子狂簡，進取不忘其初。』孔子在陳，何思魯之狂士？」

（方云：此孟子思傳道之人，託孔子之思狂獧，以自寫其幽思也。又云：先將狂獧一提，次申明狂，次申明獧，次又舉一與狂獧相反之鄉原，翻一波瀾，文極恣肆。）〔一〕

愚按：此見《論語》第五篇，而其辭略異。「狂簡」，志大而略於事。「不忘其初」，不能忘其舊也。學業以日新又新爲貴，食不新則積，水不新則淤，然而不忘其初者，皆可造之才也。人必不忘其舊時之所學，乃能進於新學也。

孟子曰：「孔子『不得中道而與之，必也狂獧乎！狂者進取，獧者有所不爲也』。孔子

〔一〕唐先生《孟子新讀本》所引。

豈不欲中道哉？不可必得，故思其次也。」

（此章「太陰識度」[一]之文也。陳蘭甫先生謂合《論語》三章而論之[二]，信然。孔孟取狂狷而黜似是而非之鄉原，所以成人才而維世道者，從可知矣。文之幽峭拔俗，特其餘事。）[三]

愚按：此見《論語》第十三篇。《易·復》之六四曰：「中行獨復。」象曰：「中行獨復，以從道也。」言中道而行也。中道而行，既不易得，故思狂獧。狂者，過非中也，然而其志高，高故勇於進取。獧者不及，非中也，然而其志潔，潔則有所不爲。

「敢問何如，斯可謂狂矣？」

愚按：此問其人也。

曰：「如琴張、曾皙、牧皮者，孔子之所謂狂矣。」

[一] 「太陰識度」是曾國藩「古文四象論」之一，四象爲：太陽氣勢，少陽趣味，太陰識度，少陰情韻。

[二] 陳澧《東塾讀書記》卷三《孟子》。

[三] 唐先生《孟子新讀本》批語。

朱注：「琴張，名牢，字子張。子桑户死，琴張臨其喪而歌，事見《莊子》……季武子死，曾皙倚其門而歌，事見《檀弓》。又言志『異乎三子者之撰』，事見《論語》。牧皮，未詳。」

「何以謂之狂也？」

愚按：此問其行也。

曰：「其志嘐嘐然，曰：『古之人，古之人。』夷考其行，而不掩焉者也。

愚按：《説文・口部》云：「嘐，誇語也。」志大言大，是誇語也。其志嘐嘐然，曰：「古之人，古之人。」其心常嚮往乎古人，而欲則效乎古人也。愚嘗謂學者志氣狂而品行獧，即爲中行。惟志大言大，而於其行有不檢束之處，故偏於狂。不掩者，不自掩藏也，事無不可對人言，所以能進取也。後世之狂者，虚浮而誕，叫囂而蕩，非所謂狂也。

狂者又不可得，欲得不屑不潔之士而與之，是獧也，是又其次也。

陳氏蘭甫云：「《後漢書・獨行傳序》引《論語》而論之曰：『有所不爲，亦將有所必爲者矣。既云進取，亦將有所不取者矣。』此則通狂獧而爲一。王蘭泉云：『狂之志……既與古爲徒，則豈能閹然媚世之爲？勢必極於踽踽涼涼不止。故狂獧之

異，異以迹，其實未嘗不同也。』〔一〕此與范蔚宗之説相發明。」〔二〕

愚按：不潔者，處汙穢而不羞也。士惟不屑不潔如惡惡臭，而後可以入道。然惟僅能不屑不潔，而寡於進取，故偏於獧。雖然，一介不取，與皭然泥而不滓者，豈易覯哉？生乎三代以下，渾渾然，汶汶然，吾安得獧者而與之？

孔子曰：『過我門而不入我室，我不憾焉者，其惟鄉原乎？鄉原，德之賊也。』」曰：「何如，斯可謂之鄉原矣？」

朱注：「原，與愿同。《荀子》『原愨』字皆讀作『愿』，謂謹愿之人也……孔子以其似德而非德，故以爲德之賊。」

曰：「『何以是嘐嘐也？言不顧行，行不顧言，則曰：古之人，古之人。行何爲踽踽涼涼？生斯世也，爲斯世也善，斯可矣。』閹然媚於世也者，是鄉原也。」

愚按：狂獧皆近道者也；鄉原攻狂者、攻獧者，因以自炫其長，其居心之鄙可知矣。無是無非，惟社會之意向是徇，是爲閹然媚於世。閹者，閉藏之至也；媚者，所

〔一〕王昶《張策時華海堂集序》文，載《春融堂集》卷三八。

〔二〕陳澧《東塾讀書記》卷三《孟子》。

以爲賊也。自古社會風氣之壞，皆鄉原爲之也。「生斯世也，爲斯世也善」，確肖鄉原語氣，即其媚世之辭也。舊讀爲「斯世也」句[一]，非。

萬子曰：「一鄉皆稱原人焉，無所往而不爲原人，孔子以爲德之賊，何哉？」

愚按：萬章，古本作「萬子」。《論語》子貢問：「鄉人皆好之，何如？」而孔子以爲未可。「無所往而不爲原人」，天下豈有是理？惟其無所往而不媚耳！蓋鄉原最善揣摩者也，安得不爲德之賊乎？

曰：「非之無舉也，刺之無刺也；同乎流俗，合乎汙世；居之似忠信，行之似廉潔；衆皆悦之，自以爲是而不可與入堯舜之道，故曰德之賊也。

愚按：「非之無舉，刺之無刺」，媚之術也。「同乎流俗，合乎汙世」，媚之骨也。「居之似忠信，行之似廉潔」，媚之飾也。如是而「衆皆悦之」矣，悦者，悦其媚也。天下豈有媚世之人，而可以入堯舜之道者乎？故曰媚者所以爲賊也。

孔子曰：『惡似而非者：惡莠，恐其亂苗也；惡佞，恐其亂義也；惡利口，恐其亂信

[一] 指朱子《孟子集注》之斷句「爲斯世也，善斯可矣」，唐先生讀爲「爲斯世也善，斯可矣」。按：唐先生句讀更切合鄉原式之柔滑語氣。

若似是而非，則辨之不易，而闢之尤難。**也」，惡鄭聲，恐其亂樂也」，惡紫，恐其亂朱也」，惡鄉原，恐其亂德也。』**

愚按：天下之患，莫大乎是非倒置。然以非爲是，有識者猶易辨也；

似是而非之情狀奈何？論時政則悄然其若憂，論學術則莊然其若正。論事理則常餂〔一〕人之意向，其正者則必曲詞以消沮之，其邪者則必巧辯以附和之。蓋鄉原未有不兼利口者，鼓其似是而非之辭，模稜兩可，壹意阿世之所好，而不顧事實之所安。如是而社會悦之，則社會危；邦家悦之，則邦家覆。嗚呼！觀人者其尚慎之哉！

又按：孔子「不得中行而與之」者，末世之所謂中行，皆鄉原也。鄉原之自以爲是，自以爲中行也，故曰：「似是而非。」言似中行而非中行也。**君子反經而已矣。經正則庶民興，庶民興，斯無邪慝矣。」**

陳氏蘭甫云：「孟子卒章歷序羣聖，講道統者喜言之。澧謂堯、舜、湯、文王、孔子，非後儒所可擬也……其上一章取《論語》狂簡、狂獧、鄉原三章，合而論之，乃七篇之大義，故將至終篇而特著之，此學者所宜勉耳。孔子曰狂者進取，孟子申之曰：

〔一〕 餂，探。

『其志嘐嘐然，曰古之人，古之人。』孔子曰獧者有所不爲，孟子申之曰：『不屑不潔。』然則狂獧者，古與潔也。孔子曰鄉原德之賊，孟子申之曰：『非之無舉，刺之無刺，居之似忠信，行之似廉潔。』其爲賊安在哉？在『閹然媚於世』之一言，在『同乎流俗，合乎汙世』之兩言而已矣。狂獧古潔不媚世，不同流合汙，則孔子謂之吾黨。鄉原媚世，同流合汙，則孔子謂之賊。不媚、不同、不合，則可以入堯舜之道，是謂反經。媚也、同也、合也，則恐其亂德，是謂邪慝。經者常道也，即古與潔之道也……鄉原非常道也，故必反之於古潔，而後爲君子也。」[一]

（方云：「『惡鄉原恐其亂德』一句，收『過我門』以下五節。『君子反經』收束通篇，神完氣固。」）[二]

（此節與《好辯章》末節同。孟子總結全章，常有悠然不盡之意，此最宜學。）[三]

愚按：經者何？聖道也。聖道亘古常存，而有賴乎君子之反之者，蓋處士横議，

[一] 陳澧《東塾讀書記》卷三《孟子》。
[二] 唐先生《孟子新讀本》所引。
[三] 唐先生《孟子新讀本》批語。

莠言龐雜，以僞亂真，以邪干正，則聖道因之晦蒙。有以反之，而大經始正於天下也，《易》曰：「反復其道。」傳曰：「撥亂世，反之正。」世界之由剥而爲復，撥亂而爲正者，實賴聖道以爲之主，君子則躬行以提倡之，於是經正而學術純，人心静，淑氣溢於寰區，庶民皆興起而爲善。當斯時也，如日月之經天，障翳全消；如江河之行地，淤塞盡去，又安有邪慝作於其間哉？是故君子之救世，反經而已矣，所謂匹夫與有責焉者也。

38　孟子曰：「由堯舜至於湯，五百有餘歲。若禹、臯陶，則見而知之；若湯，則聞而知之。

趙注：「言五百歲聖人一出，天道之常也。亦有遲速，不能正五百歲，故言有餘歲也。」[一]

（上下千古，如此方許稱大文字。）[二]

[一] 趙岐《孟子章句》卷一四。
[二] 唐先生《孟子新讀本》批語。

愚按：見知、聞知，知其道也。「堯舜之道」爲數千載之主，若《易》之有《乾》《坤》二卦，爲六十四卦運行之主也。

由湯至於文王，五百有餘歲。若伊尹、萊朱，則見而知之；若文王，則聞而知之。

趙注：「萊朱，湯賢臣也，一曰仲虺，是也。《春秋傳》曰：『仲虺，居薛，爲湯左相。』」〔一〕

愚按：「湯之道」爲五百餘歲之主，若《易》六十四卦，每卦之有主爻也。

由文王至於孔子，五百有餘歲。若太公望、散宜生，則見而知之；若孔子，則聞而知之。

朱注：「散，氏；宜生，名。文王賢臣也。」

愚按：《論語》曰：「文王既没，文不在兹乎？」孔子學文王之道者也。文王之道，爲五百餘歲之主，亦如《易》六十四卦中之主爻也。

由孔子而來至於今，百有餘歲，去聖人之世，若此其未遠也；近聖人之居，若此其甚也，然而無有乎爾！則亦無有乎爾！」

〔一〕趙岐《孟子章句》卷一四。「湯賢臣也」句，趙氏原文句首有「亦」字。

（此節一結，如雲水蒼茫，煙波無幪。）〔一〕

愚按：「孔子之道」爲千萬世之主，亦如《易》之《乾》《坤》二卦，終古不息。孟子私淑孔子者也，故曰：「去聖人之世，若此其未遠也；近聖人之居，若此其甚也。」其拳拳服膺，低徊不置如此。「然而無有乎爾，則亦無有乎爾」，天也，亦人也。後世言政治者，非失之雜，即失之浮；言學術者，非失之虛，即失之鑿。國家之教育，不足以造人才，斯乃人也。鳳鳴於岐，麟見於野，雖讖緯之詞，然而縱橫億萬里，上下千百年，無復有名世者出於其間，斯乃天也。由孔子而上，上而爲君，而天之休徵應。由孔子而下，下而爲臣，而天之運會衰。哲人不作，天道晦蒙，於是之廢孔之卮言，「卮言」見《莊子》：「卮滿則傾，空則仰。」比之於言因物隨變也。乃日出而不息，乾坤正氣，寖久寖微。洛！此非賢豪崛起之時乎？

盡心篇大義

悲哉聖賢之處世！幸哉世之尚有聖賢！曷悲乎爾？論性理而世不信，論政治而

〔一〕唐先生《孟子新讀本》批語。

世不信，又論教育而世亦不信。曷幸乎爾？夫政治原於性理者也，教育亦原於性理者也。政治而不根於性理，無本之政治也；教育而不根於性理，不良之教育也。後世無有知政治、性理之宜合爲一，乃有假借性理以爲教育者，異學朋興，莠言雜出，不有聖賢，何以匡救？孟子於晚年，作《盡心》一篇，吾讀其書，而醰醰乎有味也〔一〕。

盡性立命之學，其始於有耻乎？無耻而不能順受其正，無耻而求在外，無耻而反身不誠不恕，無耻而終身行之不知其道〔二〕。處士横議，機變日深，性學云亡，政治大壞。孟子恫焉，爰流涕而言之曰：「人不可以無耻。」何謂士？「樂道而忘勢」謂之士，「窮不失義，達不離道」謂之士，「雖無文王猶興」謂之豪傑之士〔三〕。内重外輕，自視欿然者，其性分定也。

性之發爲知。良知之在天下，大矣神矣！「民雖勞而不怨，雖殺之而不怨」，良知之相感也；「所過者化，所存者神」，良知之相感也；「善政得民財，善教得民心」，得

〔一〕王褒《洞簫賦》云：「哀悁悁之可懷兮，良醰醰而有味。」醰，酒味苦也。以苦味開下文。
〔二〕四排句極言無耻之行。
〔三〕極言士必知耻。

民心，良知之相感尤深也〔二〕。無他，達之天下也。「聞一善言，見一善行」，深山之野人，皆有良知也。「無爲其所不爲，無欲其所不欲」，天人交戰之時，當以良知勝人欲也，操心慮患，動心忍性，所以磨礱其良知也。「正己物正，大人者，不失其赤子之心」，即不失其良知也。君子有三樂，天性中之至樂，良知中之至樂也〔二〕。仁義禮智根於心，「中天下而立，定四海之民」；由是達於政治，「民無凍餒之老者，菽粟如水火」，民無不仁。良知周浹於宇宙，太和之氣，洋溢充積，何其盛也？吾乃知周之所以王也，吾乃知政治之必根於性理也〔三〕。

孔子，萬世教育之宗也。教人爲善，教人行權，教人治心，教人有爲〔四〕。舜性之也，湯武身之也〔五〕。柳下惠，聖之和而不易其介者也；伊尹，聖之任而有天下弗顧之志者也〔六〕，皆教育之模範也。五霸久假而不歸，春秋之天下，一變而爲戰國之天下，

〔一〕極言上下同心。
〔二〕極言良知之貴。
〔三〕極言良知之效。
〔四〕四排句鋪開教育要義。
〔五〕此聖王之道，無異致。
〔六〕此賢者之志，無異道。

謀詐用而縱横短長之説起，游士羣萃州處，無事素餐，其志不可問矣。仲子之不義也，皋陶之執法也，舜之大孝也，皆窮理盡性之論也。能窮理盡性，乃能「居天下之廣居」而爲大丈夫。彼戰國策士，爲人豕交獸畜，而虛拘於侯之門，豈不悲哉〔一〕？孟子教之曰：「惟聖人然後可以踐形。」踐形者，所以盡性而符人格也。吾故曰：教育必根於性理也。

齊宣王欲短喪，本心尚有存焉者乎？人心如此，孟子更不得已而言教育。君子之所以教者五，孔子之教也；中道而立，能者從之，孟子之教也；以道殉人，妾婦之道，蘇秦、張儀、公孫衍徒之教也〔二〕。滕更若在所禮而不答，不以道殉人之徵也。天下大亂，賢聖不明，道德不一，各執其所學，以自爲方。孟子知千載以後，墨氏之學，必將盛行，於是發明曾子之微言，曰：「其所厚者薄，而其所薄者厚，未之有也。」親親仁民，仁民愛物，差等不容紊也。「堯舜之知而不徧物，堯舜之仁不徧愛人」，其本亂而末治者否矣。古之大政治，古之大教育，皆原於性理也。若假性理以爲教育，非心

〔一〕逮至戰國，上下失心無耻。
〔二〕聖賢、小人之教，判然可知。

也？非性也？非天也？

孟子以性理教育提倡天下，而不仁之梁惠王方殺人盈野、殺人盈城、殺人之父、殺人之兄，寖以自殺其子弟，可痛哉！孟子曰：「是不善讀《春秋》，不善讀《書》者也。《春秋》無義戰也，《書》之血流漂杵，不足信也。「我善爲陳，我善爲戰，大罪也，是敵百姓者也」。「公輸子之巧，不以規矩，不能成方圓。堯舜之道，不以仁政，不能平治天下」。若人者，既不能躬行節儉，嘗飯糗茹草之苦，而惟横征爲暴，以搜括吾民，此其道豈能使人以樂從哉？

《易》曰：「天地閉，賢人隱。」又曰：「儉德避難。」賢人君子居邪世之中，惟恐爲渾濁所亂，出處取與，兢兢自守，惟一簞食、一豆羹，必折衷於道義。蓋莘野渭濱之間，大有人矣，然而不信仁賢者如故也，無禮義、無政事者如故也。孟子曰：「不仁哉！以是而欲得天下，自殺而已矣。」

不仁之君，横恣如斯，孟子乃發明民貴之説，以救萬世。此其説實本諸《周禮》司民之職，「獻民數於王，王拜受之」，朱子曰：「人惟萬物之靈，而王者之所天也。」此其義又本諸孔子。孔子曰：「式負版者。」又曰：「天地之性人爲貴也。」而當世忌其説，相與齮齕〔一〕之，唾侮之，尠有信從之者，徒令百世之下聞風而興起焉爾。司馬遷曰：「持〔二〕方枘欲納圓鑿，其能入乎？」〔三〕吁！人道幾何其不息乎？此孟子困於齊梁，所以與仲尼之菜色陳蔡，同悲而共歎者也。

「憂心悄悄，慍於羣小」，雖情殷〔四〕救世，而荆棘滿地，讒謗交棻，寰宇昏昏然，求一刻之昭昭〔五〕而不可得，痛哉痛哉！不得已，與高子之徒論治心，考古樂，閉户不與世通聞問。不幸饑饉荐臻，流亡載道，人以所望於孟子之行道者，下而望其振卹，然而苛政猛於虎，則持杯水以救車薪，無益也，乃并振卹而不言，蓋聖賢之傷心久矣！

聖賢雖不得志，而盡性立命之學，更不容不講也。美大聖神，則道高無尚矣！歸斯受之，則德博而化矣！然而蒿目時艱，民有殍，父子離，珠玉以爲寶。政治之中，絶無教育，復輔以盆成括之徒，小有才而未聞君子之大道，天下其能不亂乎哉？當是

〔一〕齮齕，譭謗傾軋。
〔二〕持字刻作執，據《史記・孟子荀卿列傳》文爲正。
〔三〕此用司馬遷之感慨孔孟之不遇與困厄，對照媚俗之徒予取予攜，「有意阿世俗苟合」，相形而見氣骨也。
〔四〕殷謂熱切。
〔五〕謂人心之明難得。

時，君子悲憫無窮，設科救世，往者不追，來者不拒，然而害人穿窬之類，必不容於教育之門也〔一〕。博施濟衆，堯舜猶病；行法俟命，而性理之教育宏矣。修明古制，先在寡欲，性理教育之綱要也。繼志述事，事死如生，思所樂而思所嗜，性理教育之根基也〔二〕。

或者曰：孔子，大教育家也。孟子，何如人乎？孟子，狂者也，「友天下之善士爲未足，又尚論古之人也」。孟子，狷者也，「仕而不受禄」，枉尺直尋而不爲也。由狂狷而進中行，用是疾惡如讎，而黜媚世之鄉原。蓋狂狷可與研性理，鄉原不可與言教育也，君子反經而已矣〔三〕。

乾坤消息〔四〕，一龍一蛇。庶民不興，則傳道而已矣〔五〕！茫茫神州，莘莘學士，孰爲見而知之者乎？孰爲聞而知之者乎？豪傑之士，雖無文王其猶興乎？雖無孔子其

〔一〕言慎擇傳道之門人。
〔二〕「性理教育」，乃變化國民氣質之教化綱領也。
〔三〕言聖人之徒必狂狷，非鄉原小人。
〔四〕消息謂變化之幾，詳參《周易編》所録《周易消息大義》。
〔五〕有望於來者也。

猶興乎？有能淑政治，傳性理，開萬世之教育，其在斯人乎？其在斯人乎？（洞政治之原，包大道之要，上下古今，感喟蒼涼。韓子云：後欲求之此其躅矣。）〔一〕

〔一〕唐先生《孟子新讀本》自評。

附録：桐城方宗誠論《孟子》文法

諸子之書，理純義正，氣盛詞達，奇縱變化，而語不離宗，未有如孟子者也。孟子並非有意爲文，其言曰：「我知言，我善養吾浩然之氣。」知言則理無不明，養氣則義無不集。明理集義，根心而發，其言自充實而有光輝。讀《孟子》者，當求其本，不當求其文。然不知其文，則其發言之苦心，誘人之深意，精神之鼓舞，變化不測，義理之充足，層出不窮，亦不能見焉。是以觀水有術，必觀其瀾。即文之盛，可以知其本之盛。既知孟子之不學文，而文若斯之盛，則學亦不可不求其本矣〔一〕。

凡讀一書，須得其宗旨。「仁義」二字，是七篇宗旨，無一章一言非發揮此也。「性善」是仁義之原頭，尊王黜伯〔二〕，辨異端，崇聖學，皆是扶持仁義也。

七篇之中，前數篇論治體、治法之文多，中數篇傷時道古之文多，末數篇直指心體、著明性善之文多。前數篇文字多發皇氣象，光燄百丈。後數篇文字多純粹，去孔子氣象不遠，蓋孟子前時是在

〔一〕謂知本。
〔二〕伯同霸。

知言養氣上用功，又有經世之志，故發出氣象如彼；後來知世不可爲，專在盡心知性、存心養性上用功，故發出氣象又自不同。即文辭氣象，亦可見古人進德無時而已也。

《孟子》書是《論語》大中之注脚，其論治不外乎井田學校，即「富之」「教之」注脚也。其論學不外於知言養氣、盡心知性、存心養性、察識擴充，即格致誠正、博文約禮、明善誠身之注脚也。其論本體，不外乎性善、仁義、本心，即明德、天命、率性之注脚也。但聖人之言高渾，孟子發揮得光明詳細，有英華，有精采。

《孟子》之文，一段有一段之章法，一章有一章之章法，又有連數章是一章，又有連一篇是一章章法者，所謂大營包小營也。分觀合觀，無所不妙。其開合縱横、虚實先後、起伏照應、綫索串插，極齊整亦極變化，無非是義理精熟、一以貫之之妙。

《孟子》之言，最善設喻、善引證、善開、善離、善縱、善挑剔、善翻瀾、善騰挪、善宕漾，尤妙在善轉身入正面，拍合正旨。只用一兩筆，輕便毫不費力。所以然者，方其設喻引證時，開縱翻瀾時，其注意原在乎此也，所以能一句便轉。《孟子》之言，不喜説腐語，不獃講正面，不喜用直筆，不喜用順接筆。無一章不整密，無一章不變幻。

《孟子》之言，有「辨論體」，如對梁惠、齊宣數章，辨許行、告子諸章之類是也。有「論古之文」，如與萬章論舜、禹、伊尹諸章之類是也。有「奏疏體」「書説體」，如對梁惠、齊宣、鄒穆，及告諸弟子所問之類是也。有「列傳體」，如伯夷隘、伯夷聖之清諸章之類是也。有「傳記體」，如《齊人章》是也。

有「記事體」，如「見梁襄王」及「自范之齊」、「致爲臣而歸」諸章之類是也。有「遊記體」，如「沼上」章、「雪宮」章、「自范之齊」章之類是也。有「策論體」，如「晉國天下莫强」、「齊人伐燕」、「鄒與魯鬨」、「滕小國也」諸章之類是也。有「經説體」，如《小弁》、盡信《書》、《春秋》無義戰諸章之類是也。有「考典文字」，如《班爵禄章》是也。有「贈序體」，如「滕文公爲世子」、「宋牼將之楚」、「魯欲使慎子爲將軍」、「魯欲使樂正子爲政」諸章之類是也。後人謂文體自司馬遷、韓愈始備，不知皆原於《孟子》。又《孟子去齊尹士語人章》，情韻之美，獨有千古，後來歐公本此，人多不知也。

文治按：《孟子》中説經體之最善者，如咸丘蒙曰一節是也。又有表式，浩生不害問一章是也，《漢書・古今人表》即本此〔一〕。

《孟子》文於正面處，只在空處説，或對面使人説，設喻説，引證説。入正面只用一點便醒，蓋必如此，方能挑出人本明之心也。

《孟子》文起處，最善提掇，善渾涵。中間最善開縱恣肆，條理燦然。末段最善神氣完固。吾嘗論孔子論樂曰：「始作翕如也，縱之純如也，皦如也，繹如也。」〔二〕以成是千古論文之秘。《孟子》文實有此妙。

〔一〕 唐先生按語。

〔二〕 《論語・八佾》載孔子語。

論治之文不可腐，論學之文亦不可腐。觀《孟子》之論治，言言是就本原上論，卻是審時度勢，洞悉利害，通達人情，坐而言，直可起而行，不悖古而亦不泥古，雖賈、董不及也。賈生論治，真亦救時之才，規模亦大，而本原不及。董生論治有本原，而語氣平緩，不及《孟子》有精采，是其才弱，亦其根本未深也。觀孟子之論學，無一語不是挑剔人心，然卻多就眼前習聞習見之事指點，或就人意想不到處，設喻啓發，反之吾心而即是，驗之事物而皆合，不蔓不支，有始有卒，雖程朱不及也。程朱理極純正而精采不及，陽明有精采，不拘泥而又好新奇，有偏駁，不及《孟子》言雖新而理則正大無疵。

韓、歐以下多閑文字，惟《孟子》無一句閑話。韓、歐以下説道理多竭力，惟《孟子》如海水泛溢不費力。韓、歐辨異端之文，説到聖賢實際便乾枯，惟孟子發揮吾道有精采。程朱論理極有實際，然多是平實説去，不如《孟子》只是指點挑撥，令人心自明快。

《孟子》之言，如告梁王五章，只不違二節是正意；如告齊宣王十餘章，只制民恒産數節是正意，其餘俱是挑剔其本心，詰駁其病根，怵之以大害，動之以大利，全是一片愷惻纏綿之意，鼓舞興起之神，若直説正面，一二節便覺迂腐質實，不能動人。《孟子》亦非有意要動人，只是立言當如此，須觀天地日月、風雲雷雨之生長萬物，是何等精神！何等光輝！

論治之文不可腐，論學之文亦不可腐。觀《孟子》之論治，言言是就本原上論，卻是審時度勢，洞悉利害，通達人情，坐而言，直可起而行，不悖古而亦不泥古，雖賈、董不及也。賈生論治，真亦救時之才，規模亦大，而本原不及。董生論治有本原，而語氣平緩，不及《孟子》有精采，是其才弱，亦其根本未深也。觀孟子之論學，無一語不是挑剔人心，然卻多就眼前習聞習見之事指點，或就人意想不到處，設喻啓發，反之吾心而即是，驗之事物而皆合，不蔓不支，有始有卒，雖程朱不及也。程朱理極純正而精采不及，陽明有精采，不拘泥而又好新奇，有偏駁，不及《孟子》言雖新而理則正大無疵。

韓、歐以下多閑文字，惟《孟子》無一句閑話。韓、歐以下説道理多竭力，惟《孟子》如海水泛溢不費力。韓、歐辨異端之文，説到聖賢實際便乾枯，惟孟子發揮吾道有精采。程朱論理極有實際，然多是平實説去，不如《孟子》只是指點挑撥，令人心自明快。

《孟子》之言，如告梁王五章，只不違二節是正意；如告齊宣王十餘章，只制民恒産數節是正意，其餘俱是挑剔其本心，詰駁其病根，悚之以大害，動之以大利，全是一片愷惻纏綿之意，鼓舞興起之神，若直説正面，一二節便覺迂腐質實，不能動人。《孟子》亦非有意要動人，只是立言當如此，須觀天地日月、風雲雷雨之生長萬物，是何等精神！何等光輝！